ABSOLUTE

수능대비 영어독해 기출분석

전국연합 학력평가 2021학년도

앱솔루트 수능대비 영어독해 기출분석
전국연합 학력평가 2021학년도

지은이 정윤호
펴낸이 임상진
펴낸곳 (주)넥서스

출판신고 1992년 4월 3일 제311-2002-2호 ①
10880 경기도 파주시 지목로 5
Tel (02)330-5500 Fax (02)330-5555

ISBN 979-11-6683-257-4 54740
979-11-6683-225-3 (SET)

www.nexusbook.com

전국연합 학력평가

2021 학년도

앱솔루트 ABSOLUTE

영어 1등급을 위한 절대적인 수능의 길

정윤호 지음

수능대비 영어독해 기출분석

NEXUS Edu

Preface

이 책을 펴내며

수능에서 영어가 절대평가(2018년 수능 첫 적용, 시행일은 2017년)로 바뀐 후, 영어의 중요성이 상대적으로 낮아지긴 했지만, 그렇다고 수능 영어를 무시하면 원하는 대학에 진학하는 데 있어 치명적일 수 있다. '풍선효과'로 인해 난이도가 상승한 수학과 국어에 치우친 상태로 수능 준비를 하는 '정시 Fighter'와, 학교 내신에 매진하여 수능 영어를 멀리하는 '수시 Fighter' 모두에게 '올바른 영어 학습의 길'을 안내할 수 있는 방법이 무엇일까? 그동안 현장에서 직접 영어를 가르친 선생님으로서 영어를 공부하는 수험생들의 공통된 문제점을 보면 보통 다음과 같다.

1. 영어 사전에서 단어를 찾다가 시간을 다 보낸다.
2. 아는 단어임에도 문맥에서 다른 뜻으로 사용될 경우 뜻을 몰라 당황한다.
3. 해석과 독해를 따로 공부하여, 한글 해석을 봐도 무슨 내용인지 몰라 자신의 국어 실력을 의심한다.
4. 정답의 근거는 어찌어찌 아는데 왜 오답인지는 몰라 인강을 찾느라 시간을 보내다 결국 유튜브를 보며 잠이 든다.
5. 학교 시험에 문법 문제가 많이 나오는데 이에 대한 교재가 마땅하지 않아 문제를 다 찍고 '정시 Fighter'로 울며 갈아탄다.

그렇다면 시간에 쫓겨 인스턴트 음식으로 끼니를 때우는 수험생들의 소중한 시간에 대해서 누가 책임질 것인가? EBS 수능연계교재가 시행되면서 처음에는 EBS 의존도가 높았지만, 지금처럼 EBS 직접 연계율이 낮아지는 추세에서 EBS만큼 중요한 자료는 무엇일까? 시험을 준비할 때 가장 중요한 학습 자료가 바로 기출문제라는 것에는 모든 이가 동의하리라 생각한다. 바로 기출문제가 수능과 내신을 준비하는 수험생들에게 인스턴트 음식이 아니라 잘 차려진 건강에 좋은 엄마가 차려 주는 '집밥'이라고 할 수 있겠다. 전투에는 전략과 전술이 존재하는 것처럼, 본서에서는 수험생들이 느끼는 공통된 문제점에 대한 해결책으로 가장 중요한 기출문제 분석을 제시한다. 본서가 제시하는 7가지 내용을 잘 활용한다면 여러분의 꿈을 현실화 시키는 데 도움이 되리라 확신한다.

(오른쪽의 7가지를 가급적이면 순서대로 학습하길 바란다.)

7 Steps to Your Goal 이 책의 활용법

1
어휘 정리
수험생들에게 시간은 금보다 더 중요, 영어 사전 찾기는 대학 가서 하자!

- 사전이 필요 없는 구성: 1등급 ~ 9등급까지 모든 학습자에게 100% 도움이 되는 어휘 정리
- 단어, 구동사, 숙어, 중요 불규칙동사, 중요 동사의 능동/수동태 변화형, 동의어/반의어, 철자(영국식 영어/미국식 영어), 다의어

2
본문 구문 분석
정확한 해석이 되지 않아 의미 파악에 어려움을 가진 수험생들에게 꼭 필요한 훈련

- 모든 문장 5형식 구조 표기: 소괄호( ), 중괄호{ }, 대괄호[ ], 홑화살괄호〈 〉, 겹화살괄호《 》
- 주성분 7개 모두 표기: S, V, O(I · O, D · O), S · C, O · C
- 수식어구 모두 표기: 관계대명사/관계부사(모든 선행사와 격 표기), 형용사(구)(절), 부사(구)(절), 종속접속사(절) 등

3
Grammar 정리
수능과 내신에 잘 나오는 문법 완벽 정리

- 모든 문장에 나오는 중요 문법 완벽 정리, 특히, 수험생들이 가장 어려워하는 도치와 생략 등 특수 구문 완벽 정리
- 수능과 내신 그리고 영어 실력을 올릴 수 있는 기회

4
해석
위의 1~3번을 통한 해석 훈련

- 의역: 우리말 어순이 편한 수험생들이 선택
- 직독직해: 끊어서 해석하는 것이 편한 수험생들이 선택

5
문제 해설
정답만 보지 말고 오답이 되는 원리도 파악하기

- 문제의 정답률 표기: ebsi에서 제시한 정답률 data 활용
- 문제의 정답 및 오답 분석
- 영어로 된 보기(선지): 모두 우리말로 해석

6
본문 내용 분석
논리적인 접근 방법으로 단락의 주제를 파악하는 능력 배양하기

- 주제: 주제 요약, 주제문에 해당하는 문장에 주제문(T.S.) 표기
- 제목: 제목 요약
- 논리: 수능 영어 독해 논리 10가지 중 해당하는 논리 표기

7
어법 선택 & 연결어
둘 중 무엇이 정답인지 어설프게 생각하지 말고 의미와 해석을 부여하면서 학습하기

- 단락에 있는 모든 어법과 연결어 self-test
- 특히, 내신 Fighter에게는 최고의 아이템

Structure 이 책의 구성과 특징

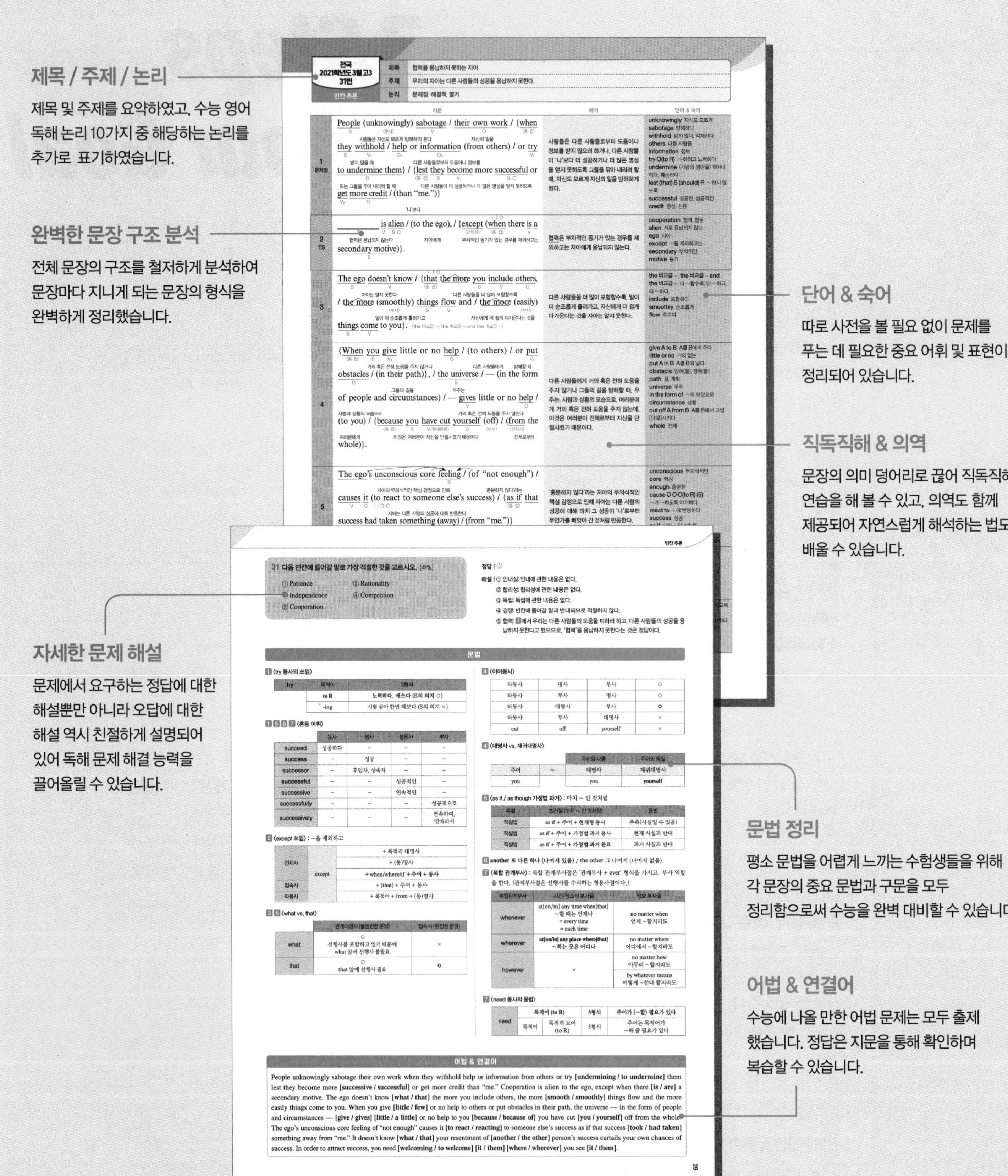

제목 / 주제 / 논리

제목 및 주제를 요약하였고, 수능 영어 독해 논리 10가지 중 해당하는 논리를 추가로 표기하였습니다.

완벽한 문장 구조 분석

전체 문장의 구조를 철저하게 분석하여 문장마다 지니게 되는 문장의 형식을 완벽하게 정리했습니다.

단어 & 숙어

따로 사전을 볼 필요 없이 문제를 푸는 데 필요한 중요 어휘 및 표현이 정리되어 있습니다.

직독직해 & 의역

문장의 의미 덩어리로 끊어 직독직해 연습을 해 볼 수 있고, 의역도 함께 제공되어 자연스럽게 해석하는 법도 배울 수 있습니다.

자세한 문제 해설

문제에서 요구하는 정답에 대한 해설뿐만 아니라 오답에 대한 해설 역시 친절하게 설명되어 있어 독해 문제 해결 능력을 끌어올릴 수 있습니다.

문법 정리

평소 문법을 어렵게 느끼는 수험생들을 위해 각 문장의 중요 문법과 구문을 모두 정리함으로써 수능을 완벽 대비할 수 있습니다.

어법 & 연결어

수능에 나올 만한 어법 문제는 모두 출제했습니다. 정답은 지문을 통해 확인하며 복습할 수 있습니다.

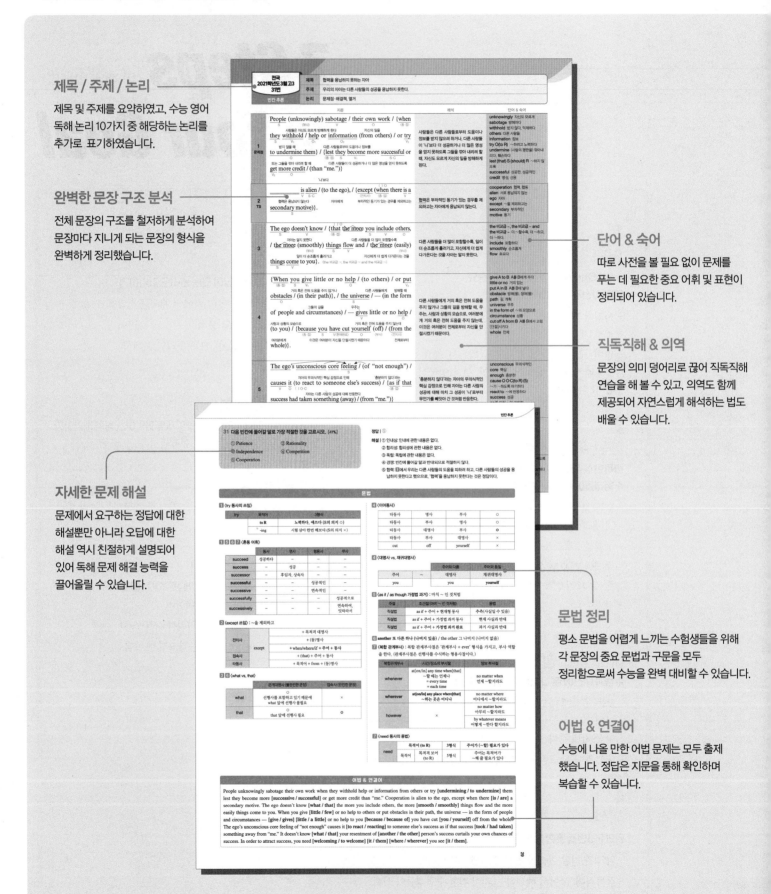

용례

S	주어
가S	가주어
진S	진주어
비S	비인칭주어
의S	의미상 주어
V	동사
R	동사원형
-ing	현재분사/동명사
p.p.	과거분사
O	목적어
가O	가목적어
진O	진목적어
I·O	간접목적어
D·O	직접목적어
C	보어
S·C	주격 보어
O·C	목적격 보어
종·접	종속접속사
관·대	관계대명사
주·관	주격 관계대명사
목·관	목적격 관계대명사
소·관	소유격 관계대명사
관·부	관계부사
간·의	간접의문문

Contents 목차

ABSOLUTE

앱솔루트

2021학년도

3월

고3 전국연합 학력평가

전국 2021학년도 3월 고3 18번	제목	판매 상품 안내
글의 목적	주제	판매 상품에 대한 정보를 제공하겠다.
	논리	열거

	지문	해석	단어 & 숙어
1	Dear Ms. Emily Dashwood, Emily Dashwood 씨께	Emily Dashwood 씨께	dear ~에게[께], ~ 귀하 Ms. (여성이 미혼(Miss)인지 기혼(Mrs.)인지 모를 때 성·성명에 붙여) ~ 씨, ~ 님
2	I(S) write(V) / {to thank(①) you(O) (for your recent orders) / and also to make(②) a suggestion(O〈선행사〉)} / {which(〈주·관〉) (I(S) feel(V) certain(S·C)) will be(V) agreeable(S·C) (to you)}. 저는 편지를 씁니다 / 귀하의 최근 주문에 대해 감사드리고 / ( ): 〈삽입절〉 / 또한 제안을 하려고 / 귀하의 마음에 드실 것이라 확신하는	저는 귀하의 최근 주문에 대해 감사드리고 또한 귀하의 마음에 드실 것이라 확신하는 제안을 하려고 편지를 씁니다.	thank A for B B에 대해 A에게 감사하다 recent 최근(의) order 주문 make[offer] a suggestion 제안[제의]하다 certain 확신하는, 확실한 agreeable 마음에 드는, 기분 좋은
3	We(S) / are(V) (now) (in the height of the fruit and green groceries season). 저희는 / 현재 과일과 채소류가 한창인 계절에 있습니다	저희는 현재 과일과 채소류가 한창인 계절에 있습니다.	in the height of ~이 한창인 groceries 식료품류 green groceries 채소류 season 계절
4 열거1	{Among(〈전치사〉) the (specially(〈부사〉)) good(〈형용사〉) things(O〈선행사〉)} / {that(〈목·관〉) I(S) have(V) on hand (at present)} / are(V) some potatoes(S) (of exceptional quality). 특별히 좋은 상품 중에는 / 제가 현재 보유하고 있는 / 아주 뛰어난 품질의 감자가 약간 있습니다	제가 현재 보유하고 있는 특별히 좋은 상품 중에는 아주 뛰어난 품질의 감자가 약간 있습니다.	among ~ 중에 specially 특별히 have A on hand A를 보유하다 at present 현재, 지금 exceptional 아주 뛰어난, 특별한, 비범한 quality 품질
5 열거2	(In the fruit line), / raspberries($S_1$①) and blackberries($S_1$②) / are(V_1) (now) (at their best), / and I(S_2) have(V_2) the best(O). 과일 품목에서 / 라즈베리와 블랙베리가 / 지금 가장 좋은 때이고 / 저에게 최상품이 있습니다	과일 품목에서 라즈베리와 블랙베리가 지금 가장 좋은 때이고, 저에게 최상품이 있습니다.	line 품목, 종류 best 최상의, 제일 좋은 ; 최상품
6 TS 열거3	Other good things(S_1) will follow(V_1), / and I(S_2) will take care(V_2) / to let you(O) know all(O·C) (about them). 다른 좋은 상품들도 이어서 나올 것이며 / 저는 신경 쓰겠습니다 / 그것들에 관한 모든 것을 알려 드리려고	다른 좋은 상품들도 이어서 나올 것이며, 저는 그것들에 관한 모든 것을 신경 써서 알려 드릴 것입니다.	follow (시간·순서상으로) 뒤를 잇다, 잇따라 ~하다 take care to R ~에 신경을 쓰다 let O O·C(R) (5) ~가 …하도록 하다
7	(Very respectfully), / John Pippin John Pippin 배상	John Pippin 배상	respectfully 공손히, 삼가

18 다음 글의 목적으로 가장 적절한 것은? [77%]

① 상품 선호도를 조사하려고
② 새로운 마케팅 전략을 제안하려고
③ 판매 상품에 대한 정보를 제공하려고
④ 판매 계약 연장에 대해 논의하려고
⑤ 농산물 축제에 초대하려고

정답 | ③

해설 | ① 상품 선호도에 관한 내용은 없다.
② 마케팅 전략에 관한 내용은 없다.
③ 4, 5, 6에서 판매 상품에 대한 정보를 제공하고 있으므로 정답이다.
④ 계약 연장에 관한 내용은 없다.
⑤ 농산물 축제에 관한 내용은 없다.

문법

2 〈비난/감사/칭찬〉

주어	완전 타동사	목적어	전치사	목적어
	blame			
	criticize			
	thank		for	
	praise			
	punish			
	scold			

2 〈삽입〉 : 주격 관계대명사 which절 안에 '주어 + 동사'가 삽입되어 있는 경우 / 선행사를 포함하고 있는 관계대명사 what 사용 불가

	주격 관계대명사절					
선행사(주어)	주격 관계대명사	주어	동사	주격 보어	~~주어~~	동사
a suggestion	which	I	feel	certain		will be
		삽입절				

4 〈between vs. among〉

전치사	between	~ 사이에	둘 사이	혼용
	among		셋 이상	

4 〈부사구 문두 도치〉 : 부사구가 문장 앞에 위치하면 도치됨.

부사구	동사	주어
Among ~ at present	are	some potatoes ~

4 〈목적격 관계대명사 that〉 : 3형식에서 타동사의 목적어가 없는 경우 / 선행사를 포함하고 있는 관계대명사 what 사용 불가

	목적격 관계대명사절			
선행사	목적격 관계대명사	주어	타동사	~~목적어~~
things	(that) 생략 가능	I	have	

4 〈what vs. that〉

	관계대명사 (불완전한 문장)	접속사 (완전한 문장)
what	○ 선행사를 포함하고 있기 때문에 what 앞에 선행사 불필요	×
that	○ that 앞에 선행사 필요	○

6 〈take care 용법〉

take	care	**to 동사원형**	~하는 데 신경 쓰다
		of (동)명사(구)	
		that + 주어 + 동사	

6 〈사역동사〉 : 목적어와 목적격 보어의 관계가 능동일 경우

주어	사역동사	목적어	목적격 보어
	have		
	let		동사원형(R)
	make		

7 〈손윗사람에게 보내는 편지의 정중한 맺음말 관련 표현〉

Yours truly[cordially, sincerely, **respectfully**, ever], Truly[Cordially, Faithfully, Sincerely, Respectfully] yours, With kind regards

7 〈respect 품사별 변화에 따른 의미〉

	명사	동사	형용사	부사
respect	존경, 존중	존경[존경]하다	–	–
respectful	–	–	존중하는	–
respectfully	–	–	–	**공손하게, 정중하게**
respectable	–	–	존경할만한, 꽤 많은	–
respective	존경할 만한 사람	–	–	–
respectively	–	–	–	각각

어법 & 연결어

Dear Ms. Emily Dashwood,

I write to thank you for your recent orders and also **[make / to make]** a suggestion **[what / which]** I feel **[certain / certainly]** will be agreeable to you. We are now in the height of the fruit and green groceries season. Among the **[special / specially]** good things **[that / what]** I have on hand at present **[is / are]** some potatoes of exceptional quality. In the fruit line, raspberries and blackberries are now at their best, and I have the best. Other good things will follow, and I will take care to let you **[know / to know]** all about **[it / them]**.

Very respectfully,

John Pippin

전국 2021학년도 3월 고3 19번		
심경 · 심경 변화	제목	'나'의 시험 합격
	주제	'나'는 시험에 합격하고, 아버지께 알린 후 기뻐한다.
	논리	이야기

	지문	해석	단어 & 숙어
1	I was waiting (outside) / {when the exam grades were posted / (on the bulletin board)}. I: S / was waiting: V(과거진행) / when: (종·접) / the exam grades: S / were posted: V(수동태) 나는 밖에서 기다리고 있었다 / 시험 성적이 게시될 때 / 게시판에	게시판에 시험 성적이 게시될 때, 나는 밖에서 기다리고 있었다.	exam grade 시험 성적 post[place, put up] A on the bulletin board A를 게시판에 붙이다
2	I was perspiring. I: S / was perspiring: V(과거진행) 나는 땀이 나고 있었다	나는 땀이 나고 있었다.	perspire 땀을 흘리다
3	My heart / started beating (fast). My heart: S / started: V / beating: O(동명사) 내 심장은 / 빠르게 뛰기 시작했다	내 심장은 빠르게 뛰기 시작했다.	start O(to R/-ing) ~하기를 시작하다 beat (심장이) 뛰다
4	What if I failed? I: S / failed: V 내가 불합격하면 어떻게 하지	내가 불합격하면 어떻게 하지?	what if ~? ~하면 어쩌지? fail 불합격하다
5	A swarm of students rushed (forward) / (to see the exam results). A swarm of students: S / rushed: V / the exam results: O 한 무리의 학생들이 앞으로 급히 달려갔다 / 시험 결과를 보려고	한 무리의 학생들이 시험 결과를 보려고 앞으로 급히 달려갔다.	swarm 무리, 떼, 군중 rush forward 돌진하다 exam result 시험 결과
6	Fortunately, / I was tall / (enough to see over their heads). I: S / was: V / tall: S·C 다행히도 / 나는 키가 컸다 / 그들의 머리 너머로 볼 수 있을 만큼 충분히	다행히도, 나는 그들의 머리 너머로 볼 수 있을 만큼 충분히 키가 컸다.	fortunately 다행히도 enough to R ~하기에 충분히 ~한 see over ~ 너머로 보다
7	(The minute (that) I saw the results), / all my anxiety disappeared. The minute (that): (종·접) / I: S / saw: V / the results: O / all my anxiety: S / disappeared: V 시험 결과를 보자마자 / 나의 모든 걱정은 사라졌다	시험 결과를 보자마자 나의 모든 걱정은 사라졌다.	the minute (that) S V ~하자마자 anxiety 불안, 걱정 disappear 사라지다
8	I walked (quickly) / (back) (to my dormitory) / and phoned my father. I: S / walked: V_1 / phoned: V_2 / my father: O 나는 빨리 걸어가서 / 기숙사로 다시 / 아버지께 전화를 했다	나는 다시 기숙사로 빨리 걸어가서 아버지께 전화를 했다.	walk back to ~로 걸어서 돌아가다 quickly 빨리[빠르게] dormitory 기숙사
9	"Dad," / I mumbled (in a haze). I: S / mumbled: V "아빠" / 나는 흐려진 눈으로 우물거리며 말했다	"아빠," 나는 흐려진 눈으로 우물거리며 말했다.	mumble 우물거리다, 중얼거리다 in a haze (눈이) 흐릿하여
10	"You won't believe this, / but I passed the exams." You: S_1 / won't believe: V_1 / this: O / I: S_2 / passed: V_2 / the exams: O "이 말이 믿기지 않으시겠지만 / 제가 시험에 합격했어요"	"이 말이 믿기지 않으시겠지만 제가 시험에 합격했어요."	believe 믿다 pass 합격하다
11	My father was speechless. My father: S / was: V / speechless: S·C 아버지는 말씀을 하지 못하셨다	아버지는 말씀을 하지 못하셨다.	speechless 말이 안 나오는
12	Finally / he said, / "Son, that *is* good news. / I (frankly) never thought / (you'd do it)." he: S / said: V / that: S_1 / *is*: V_1 / good news: S·C / I: S_2 / never thought: V_2 / (종·접 that) you: S / 'd do: V / it: O / ( ): O 마침내 / 아버지께서 말씀하셨다 / "아들아, '정말' 좋은 소식이구나 / 솔직히 생각하지 못했단다 / 네가 해낼 거라고"	"아들아, '정말' 좋은 소식이구나. 솔직히 네가 해낼 거라고 생각하지 못했단다." 라고 마침내 아버지께서 말씀하셨다.	finally 마침내 frankly 솔직히
13	I was overjoyed / {as if I were walking / (on the cloud)}. I: S / was: V / overjoyed: S·C / as if: (종·접) / I: S / were walking: V(과거진행) 나는 너무나 기뻤다 / 걷고 있는 것처럼 / 구름 위를	나는 구름 위를 걷고 있는 것처럼 너무나 기뻤다.	overjoy 매우 기쁘게 하다 as if 마치 ~인 것처럼 cloud 구름

19 다음 글에 드러난 'I'의 심경 변화로 가장 적절한 것은? [88%]

① anticipating → disappointed
② worried → delighted
③ surprised → calm
④ curious → envious
⑤ bored → excited

정답 | ②

해설 | ① 고대하는 → 실망한: 시험 결과를 기다린다는 점에서 '고대하는' 심경은 맞는다고 볼 수도 있으나, 13에서 합격 후 기뻐하고 있으므로 '실망한' 내용은 드러나지 않는다.
② 걱정하는 → 아주 기뻐하는: 3, 4, 7에서 시험 결과를 보기 전 걱정하고 있음을 알 수 있고, 13에서 합격한 후 기뻐하는 모습이 드러나므로 정답이다.
③ 놀란 → 침착한: 놀라고, 침착한 심경은 드러나지 않는다.
④ 호기심 가득한 → 질투하는: 시험 결과를 궁금해한다는 점에서 '호기심 가득한' 심경은 맞는다고 볼 수도 있으나, 질투하는 심경은 드러나지 않는다.
⑤ 지루한 → 흥분한: 합격 후 흥분한 심경은 드러나나, 지루해한 적은 없다.

문법

3 〈3형식에서 목적어 자리에 to부정사/동명사 둘 다 사용 가능〉

주어	완전 타동사	목적어
–	begin(~을 시작하다) / cease(~을 중단하다) / continue(~을 계속하다) / dislike(~을 싫어하다) / hate(~을 싫어하다) / like(~을 좋아하다) / love(~을 사랑하다) / neglect(~하는 것을 소홀히 하다) / prefer(~쪽을 좋아하다) / **start(~을 시작하다)**	to R / **-ing** (의미 차이 없음)

6 〈enough 수식〉

전치 수식	enough	명사
후치 수식	명사	enough
	형용사/부사/동사	enough
		enough for (동)명사
		enough to 동사원형

7 〈~하자마자 …했다〉

(As soon as / The moment / **The minute** / The instant / Directly / Instantly) + 주어 + 동사 ~, 주어 + 동사 ….

12 〈목적격 종속접속사 that 생략〉 : 완전 타동사의 목적어로 사용된 경우 / 관계대명사 what 사용 불가

	종속절 (명사절: 목적어) (완전한 절)		
완전 타동사	목적격 종속접속사	주어	동사
thought	(that) 생략 가능 (~하는 것을)	you	would do

13 〈감정과 관련된 완전 타동사〉 : 동사가 분사화되어 주격/목적격 보어 자리에 나올 때 일반적인 구별법

주어	동사	주격 보어(S·C)
사람		**과거분사(p.p.) – 수동 (~되어진, ~당한)**
사물		현재분사(-ing) – 능동 (~하고 있는, ~하는)
I	was	overjoyed

13 〈even vs. as〉

종속접속사	even though	+ 주어 + 동사	비록 ~일지라도	양보/대조
	even if			
	as though		마치 ~처럼	가정법
	as if			

13 〈as if / as though 가정법 과거〉 : 마치 ~인 것처럼

주절	조건절 (마치 ~인 것처럼)	용법
직설법	as if + 주어 + 현재형 동사	추측(사실일 수 있음)
직설법	as if + 주어 + **가정법 과거 동사**	사실과 반대

어법 & 연결어

I was waiting outside when the exam grades **[posted / were posted]** on the bulletin board. I was perspiring. My heart started beating fast. What if I failed? A swarm of students rushed forward to see the exam results. (   ), I was **[tall enough / enough tall]** to see over their heads. The minute I saw the results, all my anxiety **[disappeared / was disappeared]**. I walked quickly back to my dormitory and phoned my father. "Dad," I mumbled in a haze. "You won't believe this, but I passed the exams." My father was speechless. (   ) he said, "Son, that *is* good news. I frankly never thought you'd do **[it / them]**." I was **[overjoyed / overjoying]** as if I **[were / had been]** walking on the cloud.

전국 2021학년도 3월 고3 20번	제목	학생 중심의 학습
	주제	학습할 때 유추와 재구성은 학생 중심이어야 한다.
글의 주장	논리	원인·결과

	지문	해석	단어 & 숙어
1	Good teachers know / 〈that learning occurs / [when students compare / {what they (already) know} / (with the new ideas) / {presented (by the teacher or textbook)}]〉. 훌륭한 교사들은 알고 있다 / 학습이 일어난다는 것을 / 학생들이 비교할 때 / 이미 알고 있는 것을 / 새로운 아이디어와 / 교사나 교과서가 제시하는 (〈 〉: O, 〈종·접〉, { }: O, 〈목·관〉, △: 〈compare A with B〉, 〈선행사〉 (which are) p.p.)	훌륭한 교사들은 학생들이 이미 알고 있는 것을 교사나 교과서가 제시하는 새로운 아이디어와 비교할 때 학습이 일어난다는 것을 알고 있다.	learning 학습 occur 일어나다, 발생하다 compare A with B A와 B를 비교하다 already 이미 present 제시하다 textbook 교과서
2 TS 원인 결과	It is the students / {who decide (whether or not to reconstruct their conceptions)}; / therefore, / teaching should be student centered / rather than teacher centered. 바로 학생이다 / 자신의 개념을 재구성할 것인지 아닌지를 결정하는 사람은 / 그러므로 / 가르치는 것은 학생 중심이어야 한다 / 교사 중심보다는 (〈It be ~ who 강조구문〉, 〈주·관〉, ( ): O〈간·의〉, 〈의문사 대용어〉, 〈A rather than B〉)	자신의 개념을 재구성할 것인지 아닌지를 결정하는 것은 바로 학생이다. 그러므로 가르치는 것은 교사 중심보다는 학생 중심이어야 한다.	decide 결정하다 whether or not ~인지 아닌지, (어떻든지) reconstruct 재구성하다 conception 개념 therefore 그러므로 student centered 학생 중심의 A rather than B B라기보다는 A teacher centered 교사 중심적
3	This means / {that students should be (actively) involved / (in making and interpreting analogies)}. 이것은 의미한다 / 학생들이 적극적으로 참여해야 한다는 것을 / 유추를 하고 해석하는 데 ({ }: O, 〈종·접〉, 〈부사〉, V〈수동태〉, 〈동명사〉$_1$, 〈동명사〉$_2$)	이것은 학생들이 유추를 하고 해석하는 데 적극적으로 참여해야 한다는 것을 의미한다.	mean 의미하다 actively 적극적으로 be involved in ~에 참여하다 make an analogy 유사성을 밝히다, 유추하다 interpret 해석하다
4	[If we believe / {that analogy use is an effective way / (to help students think and learn)}], / then / it makes sense / {to help students / (generate their own analogies) / or (reconstruct the teacher's analogies) / (to fit in with their own experiences)}. 만약 우리가 믿는다면 / 유추를 사용하는 것이 효과적인 방법이라고 / 학생들이 생각하고 배우도록 돕는 / 그때 / 이치에 맞다 / 학생들을 돕는 것이 / 학생들이 그들 자신만의 유추를 하거나 / 교사의 유추를 재구성하도록 / 그들 자신의 경험에 맞게 (〈종·접〉, { }: O, (to) O·C$_1$, (to) O·C$_2$, 〈가S〉, ( ): O·C$_1$, ( ): O·C$_2$, { }: 〈진S〉)	만약 유추를 사용하는 것이 학생들이 생각하고 배우도록 돕는 하나의 효과적인 방법이라고 믿는다면, 학생들이 그들 자신만의 유추를 하거나 교사의 유추를 그들 자신의 경험에 맞게 재구성하도록 돕는 것이 이치에 맞다.	effective 효과적인 help O O·C((to) R) (5) ~가 …하도록 돕다 make sense 이치에 맞다 generate 만들어 내다 fit in with ~에 잘 들어맞다 experience 경험

20 다음 글에서 필자가 주장하는 바로 가장 적절한 것은? [72%]

① 학습 내용은 학생 수준에 맞는 난이도로 구성되어야 한다.
② 다양한 사례를 활용하여 학생의 이해를 도와야 한다.
③ 교사는 수업 중 학생과 상호 작용을 많이 해야 한다.
④ 교육 활동에서 이론보다 실습의 비중을 더 높여야 한다.
⑤ 유추를 해내고 재구성하는 과정이 학생 중심이어야 한다.

정답 | ⑤

해설 | ① 난이도에 관한 내용은 없다.
② 다양한 사례에 관한 내용은 없다.
③ 교사와 학생의 상호 작용에 관한 내용은 없다.
④ 실습의 중요성에 관한 내용은 없다.
⑤ 2에서 유추와 재구성 과정은 학생 중심이어야 한다고 했으므로 정답이다.

문법

1 3 4 〈what vs. that〉

	관계대명사 (불완전한 문장)	접속사 (완전한 문장)
what	O 선행사를 포함하고 있기 때문에 what 앞에 선행사 불필요	×
that	○ that 앞에 선행사 필요	O

1 〈목적격 관계대명사 what〉 : 타동사의 목적어가 없는 경우 / 선행사가 필요한 목적격 관계대명사 that 사용 불가

	〈목적격 관계대명사절〉 : 타동사 compare의 목적어			
선행사	목적격 관계대명사	주어	타동사	~~목적어~~
없음	what	they	know	

1 〈주격 관계대명사 + be동사 생략〉

–	생략 가능	
명사 (선행사)	(주격 관계대명사 + be동사)	현재분사(-ing) – 능동 (~하고 있는, ~하는)
		과거분사(p.p.) – 수동 (~되어진, ~당한)
		명사
		형용사(구) (~하는, ~할)
		부사
		전치사구
ideas	(which/that are)	presented

2 〈It be A that B 강조구문〉 : B한 것은 바로 A이다

It	be동사	강조하고 싶은 말	that (경우에 따라 아래처럼 바꿔 사용 가능)	
~~This That There~~	시제에 따라 달라짐	주어 목적어 보어 부사(구, 절) 〈동사는 사용 불가〉	**관계대명사**	**who** whom which
			관계부사	when where
It	is	the students	who ~	

2 〈간접의문문〉 : 〈의문사 to 동사원형〉 = 의문사 + 주어 + should + 동사원형

완전 타동사	목적어		
decide	〈간접의문문〉: 명사절		
	의문사 (대용어)	to	동사원형
	whether	to	reconstruct

2 〈whether 용법〉

종류				명사절	부사절
whether	(or not)	주어	동사	~인지 아닌지	~든지 말든지, ~하든 말든, ~인지 아닌지
	(or not)	**to R**			
	주어	동사	(or not)		
	A	or	B	A 이거나 B	

4 〈help 동사의 쓰임〉

help	목적어		3형식
	(to) R		
help (준사역동사)	목적어	목적격 보어	5형식
		(to) **R**	

4 〈부사 vs. 접속부사〉

시간	**Then**	주어	동사		
	When	주어	동사,	주어	동사 ~
장소	There	주어	동사		
	Where	주어	동사,	주어	동사 ~

4 〈가주어, 진주어 구문〉

가주어	동사	진주어
It (this, that, there 사용 불가)	–	that + 주어 + 동사 (완전한 절)
		to 동사원형
		동명사
		의문사 + 주어 + 동사 (간접의문문)
		if/whether + 주어 + 동사
it	makes	to help

4 〈소유격을 강조하는 표현〉 : '소유격 + own(~ 자신의) + 명사'

	own은 소유격대명사 강조		
타동사/전치사	소유격	own	명사
generate	their	own	analogies
with	their	own	experiences

어법 & 연결어

Good teachers know **[what / that]** learning **[occurs / is occurred]** when students compare **[that / what]** they already know with the new ideas **[presented / presenting]** by the teacher or textbook. **[This / It]** is the students who **[decide / to decide]** **[if / whether]** or not to reconstruct their conceptions; (   ), teaching should be student **[centered / centering]** rather than teacher centered. This means **[what / that]** students should be actively **[involved / involving]** in making and **[interpret / interpreting]** analogies. If we believe **[what / that]** analogy use is an effective way to help students **[think / thinking]** and learn, then **[that / it]** makes sense to help students **[generate / generating]** their own analogies or **[reconstruct / reconstructs]** the teacher's analogies to fit in with their own experiences.

전국 2021학년도 3월 고3 21번		
밑줄 의미	제목	사용자 습관 변화의 어려움
	주제	장기적인 사용자 습관을 성공적으로 바꾸는 것은 매우 어려운 일이다.
	논리	예시

	지문	해석	단어 & 숙어
1	{While user habits are a boon / (to companies) (fortunate) / (enough to generate them)}, / their existence (inherently) makes success less likely / (for new innovations and startups) / {trying (to disrupt the *status quo*)}.	사용자 습관은 그것들을 만들어 낼 만큼 운 좋은 기업에게는 요긴한 것인 반면에, 그것들의 존재는 본질적으로 현재 상태를 무너뜨리려는 새로운 혁신과 신생 기업이 성공할 가능성을 더 적게 만든다.	boon 요긴한 것 fortunate 행운의, 운이 좋은 generate 만들어 내다 existence 존재 inherently 본질적으로 likely ~할 것 같은 startup 신생 기업 try O(to R) ~하려고 노력하다 disrupt 무너뜨리다, 방해하다 status quo 현재 상태
2 TS	The fact is, / {(successfully) (changing long-term user habits) / is (exceptionally) rare}.	사실, 장기적인 사용자 습관을 성공적으로 바꾸는 것은 대단히 드문 일이다.	successfully 성공적으로 long-term 장기의 exceptionally 대단히 rare 드문
3	(Altering behavior) requires / not only an understanding / {of (how to persuade people to act)} / but also necessitates (getting them to repeat behaviors) / (for long periods), / (ideally) (for the rest of their lives).	행동을 변화시키는 것은 사람들이 행동하도록 설득하는 방법에 대한 이해뿐만 아니라, 그들이 오랫동안, 이상적으로는 남은 인생 동안, 행동 방식을 반복하도록 만드는 것 역시 필요로 한다.	alter 바꾸다 persuade O O·C(to R) (5) ~가 …하도록 설득하다 (수동태 시, be persuaded S·C(to R)) necessitate O(-ing) ~을 필요로 하다 get O O·C(to R) (5) ~가 …하도록 하다 ideally 이상적으로 for the rest of one's life 남은 인생 동안, 죽을 때까지
4	Companies / {that succeed (in building a habit-forming business)} / are (often) associated / {with game-changing, (wildly) successful innovation}.	습관 형성 사업을 성공적으로 이루는 기업은 판도를 바꾸는, 크게 성공한 혁신과 자주 관련된다.	succeed in ~에 성공하다 habit-forming 습관성의 business 사업 be associated with ~와 관련되다 game-changing 판도를 바꾸는, 획기적인 wildly 크게, 몹시 successful 성공한 innovation 혁신, 쇄신
5	But / (like any discipline), / habit design has rules / {that define and explain / (why some products change lives)} / (while others do not).	하지만 여느 분야와 마찬가지로, 습관 설계에도 어떤 제품들은 삶을 바꾸는 반면 다른 것들은 그렇지 않은 이유를 규명하고 설명하는 규칙이 있다.	discipline 분야, 훈련 design 설계 rule 규칙 define 규명하다 explain 설명하다 product 제품 life 삶 while 반면에
6 예시1	(For one), / new behaviors have a short half-life, / [as our minds tend {to return / (to our old ways) (of thinking and doing)}].	한 예로 우리의 마음은 우리의 예전 사고방식과 행동 방식으로 되돌아가는 경향이 있기 때문에 새로운 행동 방식은 짧은 반감기를 가진다.	short 짧은 half-life 반감기 as ~ 때문에 tend to R ~하는 경향이 있다 return to ~로 되돌아가다
7 예시2 (실험)	Experiments show / [that lab animals {habituated (to new behaviors)} / tend {to regress (to their first learned behaviors) / (over time)}].	새로운 행동 방식에 익숙해진 실험동물들이 시간이 지남에 따라 처음 학습된 행동 방식으로 되돌아가는 경향이 있다는 것을 여러 실험이 보여준다.	experiment 실험 lab 실험실(의) (= laboratory) habituated to ~에 길들여진[익숙한] regress to ~로 되돌아가다 over time 오랜 시간에 걸쳐
8	{To borrow a term (from accounting)}, / behaviors are LIFO / — "last in, first out."	회계 용어를 빌리자면, 행동 방식은 LIFO이다. 즉, '마지막으로 들어온 것이, 제일 먼저 나간다.'	borrow 빌리다 term 용어, 기간 accounting 회계

21 밑줄 친 last in, first out이 다음 글에서 의미하는 바로 가장 적절한 것은? [3점] [38%]

① The behavior witnessed first is forgotten first.
② Almost any behavior tends to change over time.
③ After an old habit breaks, a new one is formed.
④ The habit formed last is the hardest to get rid of.
⑤ The habit most recently acquired disappears soonest.

정답 | ⑤

해설 | ① 처음에 목격이 된 행동이 먼저 잊혀진다: 7에서 새로운 행동 방식이 먼저 사라진다고 했으므로 적절하지 않다.
② 거의 어떤 행동이든지 오랜 시간이 걸쳐서 변하는 경향이 있다: 7에서 시간이 흐르며 새로운 행동 방식은 사라졌지만, 처음 학습된 행동 방식은 유지되므로 적절하지 않다.
③ 오래된 옛 습관이 없어지고 난 뒤, 새로운 습관이 만들어진다: 7에서 새로운 습관이 없어지고, 오래된 옛 습관으로 돌아갔으므로 밑줄 친 부분이 의미하는 바와 반대된다.
④ 마지막에 만들어진 습관이 없애기가 가장 힘들다: 7에서 마지막에 만들어진 습관이 없어졌으므로 적절하지 않다.
⑤ 가장 최근에 얻게 된 습관이 가장 먼저 사라진다: 7에서 실험동물들이 새로운 행동 방식에 익숙해져도, 다시 처음 학습된 행동 방식으로 돌아온다고 했으므로 정답이다.

문법

1 5 〈while 용법〉

부사절을 이끄는 종속접속사		
while	시간	~ 동안에
	양보/대조	반면에

1 〈주격 관계대명사 + be동사 생략〉: companies [(which/that are) fortunate(형용사)] / new ~ startups [(which/that are) trying(현재분사)] : 형용사와 현재분사가 앞에 있는 명사를 후치 수식하는 경우

1 〈enough 수식〉

전치 수식	enough	명사
후치 수식	명사	enough
	형용사/부사/동사	enough
		enough for (동)명사
		enough to 동사원형

2 〈종속접속사 that 생략〉: 2형식에서 주격 보어 자리에 사용한 종속접속사 that은 생략 가능하고 이때 콤마(,)로 대체할 수 있음

		주격 보어		
The fact	is	종속접속사	changing ~	is
주어	동사	(that) 생략 가능	동명사구 주어	동사

3 〈간접의문문〉: 〈의문사 to 동사원형〉 = 의문사 + 주어 + should + 동사원형

전치사	목적어		
of	〈간접의문문〉: 명사절		
	의문사	to	동사원형
	how	to	persuade

3 〈목적격 보어 자리에 to R을 취하는 동사〉: 수동태 전환 시, 2형식 문장(be p.p. + to R)

주어	불완전 타동사	목적어	목적격 보어
–	advise / allow / ask / assume / beg / bring / cause / command / compel / condition / decide / design / drive / enable / encourage / expect / forbid / force / inspire / instruct / intend / invite / lead / like / motivate / order / permit / **persuade** / predispose / pressure / proclaim / prod / program / provoke / push / require / teach / tell / train / trust / urge / want / warn / wish 등	–	to 동사원형

3 〈get 동사의 쓰임〉: 5형식일 경우

get	목적어	목적격 보어	5형식	목적어와 목적격 보어와의 관계
		형용사	~을 …의 상태가 되게 하다	능동
		현재분사	~을 …의 상태가 되게 하다	
		to 동사원형	(남에게) …시키다	
		과거분사	(물건을) …하게 하다	수동

3 〈목적어 자리에 동명사를 취하는 완전 타동사〉

주어	완전 타동사	목적어
–	admit / avoid / consider / delay / deny / enjoy / escape / experience / finish / give up / imagine / include / involve / mind / mute / **necessitate** / practice / put off / quit / recommend / replace / report / risk 등	-ing (동명사)

4 5 〈주격 관계대명사절의 수의 일치〉: 선행사를 포함하고 있는 관계대명사 what 사용 불가

	주격 관계대명사절		
선행사(주어)	주격 관계대명사	~~주어~~	동사
Companies	that		succeed
rules	that		define and explain

4 5 7 〈what vs. that〉

	관계대명사(불완전한 문장)	접속사(완전한 문장)
what	○ 선행사를 포함하고 있기 때문에 what 앞에 선행사 불필요	×
that	**○** that 앞에 선행사 필요	**○**

7 〈to부정사를 취하는 불완전 자동사〉

주어	불완전 자동사	
–	aim / appear / arrange / bother / consent / fight / hesitate / hurry / long / prepare / seem / serve / strive / struggle / **tend** / yearn / wait 등	to 동사원형

어법 & 연결어

While user habits are a boon to companies **[enough fortunate / fortunate enough]** to generate **[it / them]**, their existence inherently makes success less **[alike / likely]** for new innovations and startups **[trying / tried]** **[disrupting / to disrupt]** the **[statue / status]** *quo*. The fact is, successfully **[change / changing]** long-term user habits **[is / are]** **[exceptional / exceptionally]** rare. **[Altering / Altered]** behavior requires not only an understanding of how to persuade people to act but also necessitates **[get / getting]** them **[to repeat / repeated]** behaviors for long periods, ideally for the rest of their lives. Companies **[what / that]** succeed in building a habit-forming business are often **[associated / associating]** with game-changing, wildly **[successive / successful]** innovation. (   ) **[like / alike]** any discipline, habit design has rules **[what / that]** define and **[explain / explains]** **[why do some products change / why some products change]** **[to live / lives]** while others **[are not / do not]**. For one, new behaviors have a **[short / shortly]** half-life, as our minds tend **[to return / returning]** to our old ways of thinking and **[do / doing]**. Experiments show **[that / what]** lab animals habituated to new behaviors tend **[regressing / to regress]** to their first **[learning / learned]** behaviors over time. To borrow a term from accounting, behaviors are LIFO — "last in, first out."

전국 2021학년도 3월 고3 22번		
글의 요지	제목	정치 관련 보도 자료에서 시각 자료의 중요성
	주제	시각 자료는 정치 관련 보도 자료에서 강한 영향력을 가지므로 소홀히 해서는 안 된다.
	논리	인용, 문제점

	지문	해석	단어 & 숙어
1	{Despite numerous studies / (on the influence) / (of mediated agendas) / (on politics)}, / most studies examine text (only) / — {as if media (only) deliver words}. Despite 〈전치사〉 / numerous studies O / 수많은 연구에도 불구하고 / 영향에 관한 / mediated p.p. / 전달되는 안건이 미치는 / 정치에 / most studies S / examine V / 대부분의 연구는 글만 검토한다 / text O / as if 〈종·접〉 / media S / deliver V / words O / 마치 언론이 말만 전달한다는 듯이	(매체에 의해) 전달되는 안건이 정치에 미치는 영향에 관한 수많은 연구에도 불구하고, 대부분의 연구는 마치 언론이 말만 전달한다는 듯이 글만 검토한다.	despite ~에도 불구하고 (= in spite of) numerous 수많은 study 연구 influence 영향 mediate (매체를 통해) 전달하다 agenda 안건, 의제 politics 정치 examine 조사하다 as if 마치 ~인 것처럼 deliver 전달하다
2	These studies looked [at / {how reporters, analysts, and commentators / (verbally) describe and criticize the candidates}]. { }: O〈간·의〉 / These studies S / looked V / 이 연구들은 살펴보았다 / at 〈전치사〉 / how 〈의문사〉 / reporters S_1 / analysts S_2 / commentators S_3 / 기자들, 분석가들, 논평가들이 어떻게 / verbally 〈부사〉 / describe V_1 / criticize V_2 / 후보자들을 '말로' 묘사하고 비판하는지를 / candidates O	이 연구들은 기자들, 분석가들, 논평가들이 어떻게 후보자들을 '말로' 묘사하고 비판하는지를 살펴보았다.	look at ~을 보다[살피다] (= examine) reporter 기자 analyst 분석가 commentator 논평가 verbally 말로 describe 묘사하다 criticize 비판하다 candidate 후보자
3 문제점	**But** / they (often) neglect / another important source (of influence): / visuals. 하지만 / they S / neglect V / 그것들은 자주 소홀히 한다 / another important source O / 영향력의 또 다른 중요한 원천인 / 시각 자료를	하지만 그것들은 자주 영향력의 또 다른 중요한 원천인 시각 자료를 소홀히 한다.	neglect 소홀히 하다, 무시하다 source 원천 influence 영향력 visual 시각 자료, 시각의
4 TS 인용	(As some communication scholars said), / "Stories are (often) complex combinations / (of visual and verbal content) / — (all too often) / the visual information is so powerful / (that it overwhelms the verbal)." As 〈종·접〉 / some communication scholars S / said V / 몇몇 커뮤니케이션학 학자들이 말했듯이 / Stories S / are V / complex combinations S·C / "이야기는 자주 복잡한 결합이다 / 시각적인 내용과 언어적인 내용의 / 아주 흔히 / the visual information S / is V / 시각적 정보는 너무나 강력해서 / powerful S·C / that 〈종·접〉 / it S / overwhelms V / the verbal O / 〈so 형/부 that S V ~〉 / 언어적인 내용을 압도한다"	몇몇 커뮤니케이션학 학자들이 말했듯이, "이야기는 자주 시각적인 내용과 언어적인 내용의 복잡한 결합이다. 아주 흔히 시각적 정보는 너무나 강력해서 언어적인 내용을 압도한다."	scholar 학자 complex 복잡한 combination 결합 verbal 언어적인 content 내용 all too 너무나, 정말 information 정보 so 형/부 that S V ~ 너무 ~해서 그 결과 …하다 powerful 강력한 overwhelm 압도하다
5	The challenge {of tackling visuals / (to examine their influence)} / is multifaceted. The challenge S / tackling 〈동명사〉 / visuals O / 시각 자료를 다루는 어려움은 / their influence O / 그것들의 영향력을 알아보기 위해 / is multifaceted V〈수동태〉 / 다면적이다	시각 자료의 영향력을 알아보기 위해 그것들을 다루는 어려움은 다면적이다.	challenge 난제, 어려움 tackle 다루다 multifaceted 다면적인
6	The difficulties / [(of gathering and coding visual data) / and {of attributing impact (to specific parts of images)}] / have (no doubt) caused / veritable scholars to shy away. The difficulties S / 어려움은 / gathering 〈동명사〉$_1$ / coding 〈동명사〉$_2$ / visual data O / 시각 자료를 수집하고 부호화하는 것과 / attributing 〈동명사〉 / impact O / 영향력을 이미지 중 특정한 몇몇 탓으로 돌리는 것의 / have caused V〈현재완료〉 / 틀림없이 하도록 했다 / veritable scholars O / 진정한 학자들이 / to shy away O·C / 피하게	시각 자료를 수집하고 부호화하는 것과 영향력을 이미지 중 특정한 몇몇 탓으로 돌리는 것에 어려움이 있어 진정한 학자들이 피하게 되었음이 틀림없다.	difficulty 어려움 gather 수집하다 code 암호화하다 attribute A to B A를 B의 탓으로 돌리다 impact 영향력 specific 특정한 no doubt 틀림없는 cause O O·C(to R) (5) ~가 …하도록 야기하다 veritable 진정한 shy away 피하다
7	**But** / the potential impact (of visuals) / (on people's perceptions) / is (simply) too important (to ignore). 그러나 / the potential impact S / 시각 자료의 잠재적인 영향력은 / 사람들의 인식에 미치는 / is V / simply 〈부사〉 / important S·C / 〈too 형/부 to 동사원형〉 / 그야말로 너무 중요해 무시할 수 없다	그러나 시각 자료가 사람들의 인식에 미치는 잠재적인 영향력은 그야말로 너무 중요해 무시할 수 없다.	perception 인식 too 형/부 to R 너무 ~해서 …할 수 없다 ignore 무시하다
8	**Furthermore**, / the importance {of understanding / both visuals and text (in tandem)} / cannot be understated. 또한 / the importance S / 이해하는 것의 중요성이 / understanding 〈동명사〉 / 〈both A and B〉 / visuals O_1 / text O_2 / 시각 자료와 글을 동시에 / cannot be understated V〈수동태〉 / 과소평가되어서는 안 된다	또한, 시각 자료와 글을 동시에 이해하는 것의 중요성이 과소평가되어서는 안 된다.	furthermore 뿐만 아니라, 더 나아가 both A and B A와 B 둘 다 in tandem 동시에 understate 축소해서 말하다

22 다음 글의 요지로 가장 적절한 것은? [44%]

① 시각 자료는 정치 관련 보도 자료 연구의 중요한 대상이다.
② 전문가들의 의견도 철저하게 검증하고 보도할 필요가 있다.
③ 다양한 관심사를 반영하는 뉴스 프로그램 편성이 요구된다.
④ 지나치게 방대한 시각 자료는 보도 내용 이해에 방해가 된다.
⑤ 언론인은 보도에서 자신의 정치적 편향을 드러내서는 안 된다.

정답 | ①

해설 | ① 4, 7, 8에서 시각 자료의 중요성에 관해 설명하고 있으므로 정답이다.
② 전문가들의 의견에 관한 내용은 없다.
③ 다양한 관심사에 관한 내용은 없다.
④ 방대한 시각 자료의 문제점에 관한 내용은 없다.
⑤ 정치적 편향에 관한 내용은 없다.

문법

1 〈혼동 어휘〉

	대명사	형용사	부사
most	대부분의 것들[사람들]	**대부분의**	가장
almost	–	–	거의
mostly	–	–	주로, 일반적으로

1 〈as if / as though 가정법 과거〉 : 마치 ~인 것처럼

주절	조건절(마치 ~인 것처럼)	용법
직설법	as if + 주어 + **현재형 동사**	추측(사실일 수 있음)
직설법	as if + 주어 + 가정법 과거 동사	사실과 반대

1 〈even vs. as〉

종속접속사	even though	+ 주어 + 동사	비록 ~일지라도	양보/대조
	even if			
	as though		**마치 ~처럼**	가정법
	as if			

2 〈혼동어휘〉 : look at ~을 쳐다보다 / look after ~을 돌보다 / look over ~을 대충 훑어보다[살펴보다](= watch) / look in ~을 들여다보다, 조사하다, 검토하다 / look into ~을 조사하다 / look up ~을 올려다보다 / look around ~을 둘러보다 / look on 구경하다[지켜보다] / look out ~을 내다보다, 조심하다 / look for ~을 찾다, 구하다, 바라다

2 〈간접의문문〉

	〈간접의문문〉 : 전치사의 목적어		
전치사	의문사	주어	동사
at	how	reporters ~ commentators	describe and criticize

3 another 또 다른 하나 (나머지 있음) / the other 그 나머지 (나머지 없음)

4 〈원인과 결과를 동시에 나타내는 표현〉 : '너무 ~해서 그 결과 …하다' (종속접속사 that 생략 가능)

〈원인〉 : 너무 ~해서				〈결과〉 : 그 결과 …하다		
so	**형용사**	**(a(n) + 명사)**		**(that)**	**주어**	**동사**
such	(a(n))	형용사	명사	that	주어	동사

4 〈what vs. that〉

	관계대명사(불완전한 문장)	접속사(완전한 문장)
what	○ 선행사를 포함하고 있기 때문에 what 앞에 선행사 불필요	×
that	○ that 앞에 선행사 필요	**○**

6 〈3형식에서 '탓/덕분 동사 + 목적어 + to + 목적어'〉

ascribe	A	to	B	A를 B의 탓으로 돌리다
attribute				**A를 B의 탓으로 돌리다**
owe				A는 B의 덕분이다, A는 B때문이다, A를 B에 빚지다
credit				A를 B 덕분으로 돌리다
impute				A(죄·불명예 등)를 B의 탓으로 하다

6 〈5형식 불완전 타동사의 목적격 보어〉 : 수동태 전환 시, 2형식 문장(be p.p. + to 동사원형)

주어	불완전 타동사	목적어	목적격 보어
–	advise / allow / ask / assign / assume / beg / bring / **cause** / command / compel / condition / decide / design / drive / enable / encourage / expect / forbid / force / inspire / instruct / intend / invite / lead / like / motivate / order / permit / persuade / predispose / prepare / pressure / proclaim / prod / program / provoke / push / require / teach / tell / train / trust / urge / want / warn / wish 등	–	to 동사원형

7 〈so ~ that 주어 can't 동사원형 vs. too ~ to 동사원형〉 : (is simply **too** important **to ignore**. = is simply **so** important **that** we **cannot ignore** it.)

너무[아주] ~해서		…할 수 없다			
too	**형용사/부사**	**to 동사원형**			
so	형용사/부사	as	not	to 동사원형	
so	형용사/부사	that	주어	can't	동사원형

8 〈접속부사 : 추가/첨가(게다가, 더하여)〉 : Furthermore / In addition / Additionally / Moreover / What is more / Besides / Further / Plus / As well / Again

어법 & 연결어

[Despite / Although] numerous studies on the influence of **[mediating / mediated]** agendas on politics, **[most / almost]** studies examine text only — as if media only deliver words. These studies looked at how reporters, analysts, and commentators **[verbal / verbally]** describe and **[criticize / criticized]** the candidates. (   ) they often neglect **[the other / another]** important source of influence: visuals. As some communication scholars said, "Stories are often complex combinations of visual and verbal content — all too often the visual information is so powerful **[what / that]** it overwhelms the verbal." The challenge of tackling visuals to examine their influence is multifaceted. The difficulties of gathering and coding visual data and of attributing impact to specific parts of images **[have / to have]** no doubt **[caused / causing]** veritable scholars to shy away. (   ) the potential impact of visuals on people's perceptions **[is / are]** simply too **[important / importantly]** to ignore. (   ), the importance of understanding **[either / both]** visuals and text in tandem **[cannot understate / cannot be understated]**.

전국 2021학년도 3월 고3 23번		
글의 주제	제목	배우와 맡은 배역 사이 정체성 혼란
	주제	배우들은 자신이 맡은 배역과의 정체성 혼란을 겪는다.
	논리	열거

	지문	해석	단어 & 숙어
1	(Despite excellent training), / actors (inevitably) experience / the visceral life (of their characters), / {even if it is (for brief moments) / (during a performance)}. 〈전치사〉 O S 〈부사〉 V 뛰어난 훈련에도 불구하고 / 배우들은 어쩔 수 없이 경험한다 O 〈종·접〉 S V 자신의 배역 인물이 마음속에서 느끼는 삶을 / 비록 짧은 순간이라도 〈전치사〉 공연 중의	뛰어난 훈련에도 불구하고, 배우들은 비록 공연 중의 짧은 순간이라도 어쩔 수 없이 자신의 배역 인물이 마음속에서 느끼는 삶을 경험한다.	despite ~에도 불구하고 (= in spite of) excellent 훌륭한, 탁월한 training 훈련 inevitably 어쩔 수 없이 visceral 마음속에서 느끼는 even if (비록) ~일지라도 brief 짧은, 단시간의 performance 공연
2	Self-perceptions are altered / (during the course of a performance), / and (even) more so / (during long performance seasons). S V〈수동태〉 〈전치사〉 O 자기 인식은 변화한다 / 공연을 하는 동안에 〈강조〉 〈전치사〉 훨씬 더 많이 변화한다 / 긴 공연 시즌 동안에는 O	(배우들의) 자기 인식은 공연을 하는 동안에 변화하고, 긴 공연 시즌 동안에는 훨씬 더 많이 변화한다.	self-perception 자기 인식 alter 변하다, 달라지다 course (때의) 경과, 진행
3 TS 열거1	(For many actors), / they experience / greater empathy and social cognition / (for their character), / (which may intensify identity boundary blurring). S V O_1 많은 배우들에 경우 / 그들은 경험한다 O_2 〈주·관〉 V 더 큰 감정 이입과 사회적 인식을 / 자신의 배역 인물에 대해 O 그것은 정체성의 경계를 더욱 모호하게 할 수도 있다	많은 배우들이 자신의 배역 인물에 대해 더 큰 감정 이입과 사회적 인식을 경험하는데, 그것은 (배우와 배역 인물의) 정체성의 경계를 더욱 모호하게 할 수도 있다.	empathy 감정 이입, 공감 cognition 인식, 인지 intensify 심화시키다, 강화하다 identity 정체성 boundary 경계, 영역 blur 모호해지다, 흐려지다
4 열거2	As well, / actors tend / (to employ more dissociative processes), / (which increase potential character boundary blurring). S V O 또한 / 배우들은 경향이 있는데 / 더 많은 분리적 과정을 사용하는 〈주·관〉 V O 이는 배역 인물과의 잠재적 경계를 더욱 모호하게 한다	또한 배우들은 더 많은 분리적 과정을 사용하는 경향이 있는데, 이는 배역 인물과의 잠재적 경계를 더욱 모호하게 한다.	as well 또한 tend to R ~하는 경향이 있다 employ 사용하다 dissociative 분리적인 process 과정 increase 증가시키다 potential 잠재적인
5 열거3	Actors (also) experience / more unresolved mourning / (for past trauma and loss experiences) / {because they (continually) draw / (from these experiences)} / (when portraying characters). S V p.p. O 배우들은 또한 경험하는데 / 더 많은 해결되지 않은 슬픔을 〈종·접〉 S 과거의 정신적 외상과 상실의 경험에 대한 〈부사〉 V 〈종·접〉 왜냐하면 그들은 계속해서 이용하기 때문이다 / 이러한 경험을 〈현재분사〉 O 배역 인물을 묘사할 때	배우들은 또한 과거의 정신적 외상과 상실의 경험에 대한 더 많은 해결되지 않은 슬픔을 경험하는데, 왜냐하면 그들은 배역 인물을 묘사할 때 이러한 경험을 유용하게 이용하기 때문이다.	unresolved 해결되지 않은 mourning 슬픔, 애도 trauma 트라우마, 정신적 외상 continually 계속해서 draw from ~을 활용하다 portray 묘사하다
6 열거4	{ }: 〈분사구문〉 {Adding to this tendency / (to merge with the creative work)}, / audience members (also) confuse / the character's personality / (with the actor's personality). 〈현재분사〉 이런 경향을 가중시키며 / 창작물과 하나가 되는 S V O 관객 또한 혼동한다 / 배역 인물의 성격과 배우의 성격을	창작물과 하나가 되는 이런 경향을 가중시키며, 관객 또한 배역 인물의 성격과 배우의 성격을 혼동한다.	add to ~에 더하다[보태다] tendency 경향 merge with ~와 하나가 되다 creative 창의적인 audience 관객 confuse A with B A를 B와 혼동하다 personality 성격
7	Audience attribution errors / may increase distress / (in the actor), / {including fearing / (that their personality identity is not stable)}. ( ): O { }: 〈분사구문〉 S V O 관객의 귀속 오류는 / 괴로움을 가중시킬지 모른다 / 배우의 〈현재분사〉 〈동명사〉 〈종·접〉 S 두려워함을 포함하여 / 자신들의 성격 정체성이 안정적이지 않다는 것을 V S·C	(배우) 자신들의 성격 정체성이 안정적이지 않다는 것을 두려워함을 포함하여, 관객의 귀속 오류는 배우의 괴로움을 가중시킬 수 있다.	attribution error 귀인 오류 distress 괴로움, 고통 include 포함하다 fear 두려워하다 personality identity 성격 정체성 stable 안정적인

23 다음 글의 주제로 가장 적절한 것은? [75%]

① criteria for evaluating an actor's performance
② difficulties in portraying complicated characters
③ background knowledge for appreciating the play
④ confusion of identity between actor and character
⑤ psychological barriers between actors and the audience

정답 | ④

해설 | ① 배우의 연기를 평가하기 위한 기준: 연기 평가에 관한 내용은 없다.
② 복잡한 등장인물을 묘사하는 데 있어서의 어려움: 복잡한 등장인물에 관한 내용은 없다.
③ 연극을 감상하기 위한 배경 지식: 배경 지식에 관한 내용은 없다.
④ 배우와 자기가 맡은 배역 사이에 정체성 혼란: 3에서 배우가 배역 사이에 정체성의 혼란을 겪는다고 했으므로 정답으로 적절하다.
⑤ 배우와 관객 사이에 심리적인 장벽: 배우와 관객 사이 장벽에 관한 내용은 없다.

문법

1 〈양보/대조〉

종속접속사	though	+ 주어 + 동사	비록 ~일지라도
	although		
	even though		
	even if		
	as		
	while		반면에
	whereas		
전치사	in spite of	+ 명사 / 명사 상당어구	~에도 불구하고
	despite		
	for all		

1 〈even vs. as〉

종속접속사	even though	+ 주어 + 동사	비록 ~일지라도	양보/대조
	even if			
	as though		마치 ~처럼	가정법
	as if			

2 〈비교급 vs. 원급 강조〉

	비교급 강조 표현	원급 강조 표현
훨씬 ~한	much, **even,** still, by far, far, a lot, lots, a great deal	very, so, quite, really, extremely, too
조금 더 ~한	a little, slightly, a bit	

3 4 〈주격 관계대명사절〉 : 계속적 용법으로는 that 사용 불가 (, which = and it[this, that] / , which = and they)

		주격 관계대명사절		
선행사	콤마(,)	주격 관계대명사	~~주어~~	동사
앞 문장	계속적 용법	which		may intensify
processes		which		increase

4 〈to부정사를 취하는 불완전 자동사〉

주어	불완전 자동사	
–	aim / appear / arrange / bother / consent / delight / fight / hesitate / hurry / long / prepare / seem / serve / strive / struggle / **tend** / yearn / wait 등	to 동사원형

5 〈원인/이유: ~ 때문에〉

전치사	because of	+ (동)명사 / 명사 상당어구
	due to	
	for	
	on account of	
	owing to	
	thanks to	
종속접속사	as	+ 주어 + 동사 ~
	because	
	now (that)	
	since	

5 〈종속절 안에 주어 + be동사 생략 가능〉 : 주절과 종속절의 위치가 서로 바뀌어도 무관

주절		종속절 → 분사구문		
주어	동사	종속접속사 〈그대로 사용하면 의미 강조〉	(주어 + be동사) 〈주절의 주어와 같을 경우 생략 가능〉	**-ing(현재분사)** / p.p.(과거분사) / 형용사 / 명사
they	draw	when	(they are)	portraying

6 〈Adding ~,〉 : 〈분사구문〉이 문두에 나오는 경우 (능동)

7 〈including 용법〉

including	현재분사 (형용사)	~을 포함하는	명사를 뒤에서 후치 수식함
	분사구문 (부사)	**~을 포함하여**	**부대상황 (무인칭 독립분사구문)**
	전치사	~을 포함하여	형용사구, 부사구
			유사 표현 : regarding, concerning, considering

7 〈what vs. that〉

	관계대명사 (불완전한 문장)	접속사 (완전한 문장)
what	○ 선행사를 포함하고 있기 때문에 what 앞에 선행사 불필요	×
that	○ that 앞에 선행사 필요	○

어법 & 연결어

[Although / Despite] excellent training, actors inevitably experience the visceral life of their characters, **[even if / as if]** it is for brief moments **[while / during]** a performance. Self-perceptions **[alter / are altered]** **[while / during]** the course of a performance, and **[even / very]** more so during long performance seasons. For many actors, they experience greater empathy and social cognition for their character, **[what / which]** may intensify identity boundary blurring. ( ), actors tend **[to employ / employing]** more dissociative processes, **[which / what]** increase potential character boundary blurring. Actors also experience more **[unresolving / unresolved]** mourning for past trauma and loss experiences **[because / because of]** they continually draw from these experiences when **[portraying / portrayed]** characters. **[Add / Adding]** to this tendency to merge with the creative work, audience members also confuse the character's personality with the actor's personality. Audience attribution errors may increase distress in the actor, including fearing **[what / that]** their personality identity is not stable.

전국 2021학년도 3월 고3 24번

글의 제목	
제목	스스로 만든 문제를 직접 해결한 Yates
주제	Yates는 자신이 동상에 의복을 입혔던 문제를 직접 해결했다.
논리	이야기

	지문	해석	단어 & 숙어
1	There is a story / (about F. Yates, a prominent UK statistician). V S = 〈동격〉 이야기가 있다 영국의 저명한 통계학자 F. Yates에 대한	영국의 저명한 통계학자, F. Yates에 대한 이야기가 있다.	prominent 저명한 statistician 통계학자
2	{During his student years / (at St. John's College, Cambridge)}, / Yates had been keen / (on a form of sport). 〈전치사〉 학생 시절에 Cambridge의 St.John's College에 다니던 S V〈과거완료〉 S·C Yates는 매우 관심이 많았다 스포츠의 한 형태에	Cambridge의 St. John's College에 다니던 학생 시절에, Yates는 스포츠의 한 형태에 매우 관심이 많았다.	during ~ 동안에 keen on ~을 아주 좋아하는, ~에 관심이 많은 form 형태
3	It consisted / {of climbing about the roofs and towers / (of the college buildings) / (at night)}. S V 〈동명사〉 그것은 구성되었다 지붕과 탑들을 올라 다니는 것으로 대학 건물들의 밤에	그것은 밤에 대학 건물들의 지붕과 탑들을 올라 다니는 것으로 구성되었다.	consist of ~로 구성되다 climbing 등반 roof 지붕 tower 탑 college 대학 at night 야간에, 밤에
4	In particular, / the chapel of St. John's College / has a massive neo-Gothic tower / (adorned with statues of saints), / and (to Yates) / it appeared obvious / [that it would be more decorous / {if these saints were (properly) attired (in surplices)}]. S V 특히 St. John's College 예배당에는 O p.p. 거대한 신고딕 양식의 탑이 있는데 성인들의 동상으로 장식된 [ ]: 〈진S〉 〈가S〉 V S·C 〈종·접〉 S Yates에게는 분명해 보였다 V S·C 〈종·접〉 S 더 품위 있어 보일 것이 이 성인들에게 적절하게 흰 가운을 입혀 주면 V〈수동태〉	특히, St. John's College 예배당에는 성인들의 동상으로 장식된 거대한 신고딕 양식의 탑이 있는데, Yates에게는 이 성인들에게 적절하게 흰 가운을 입혀 주면 더 품위 있어 보일 것이 분명해 보였다.	in particular 특히 chapel 예배당 massive 거대한 neo-Gothic 신고딕 양식의 adorn 장식하다, 꾸미다 statue 동상, 조각상 saint 성인 It appears (to me) that S V 분명히 ~인 것 같다, ~이 명백해지다 obvious 분명한, 확실한 decorous 품위 있는 attire (옷을) 차려 입히다 surplice 흰 가운
5	(One night) / he climbed up and did the job; / (next morning) / the result was (generally) (much) admired. S V_1 V_2 O 어느 날 밤 그는 기어올라서 그 일을 했으며 S V〈수동태〉 다음날 아침 그 결과는 대체로 많은 칭찬을 받았다	어느 날 밤 그는 기어올라서 그 일을 했으며, 다음날 아침 그 결과는 대체로 많은 칭찬을 받았다.	climb up ~(위)에 오르다 do the job 일을 하다 result 결과 generally 대체로 admire 칭찬하다, 감탄하다
6	But / the College authorities were unappreciative / and began [to consider means / {of divesting the saints (of their (newly) acquired garments)}]. S V_1 S·C 하지만 [ ]: O 대학 당국자들은 인정해 주지 않았으며 V_2 O 〈동명사〉 O 방안에 대해 고려하기 시작했다 그 성인들에서 새롭게 획득한 그들의 의복을 벗기는 〈부사〉 p.p. O	하지만 대학 당국자들은 인정해 주지 않았으며 그 성인들에게서, 새롭게 획득한 그들의 의복을 벗기는 방안에 대해 고려하기 시작했다.	authorities 당국자, 관계자 unappreciative 인정하지 않는 begin O(to R) ~하기 시작하다 means 방법 divest 벗기다 acquire 획득하다 garment 의복
7	This was not easy, / {since they were well out of reach / (of any ordinary ladder)}. S V S·C 〈종·접〉 S V S·C 이것은 쉽지 않았다 그것들은 도무지 닿을 수 없는 곳에 있었기 때문에 일반 사다리로는	그것들은 일반 사다리로는 도무지 닿을 수 없는 곳에 있었기 때문에, 이것은 쉽지 않았다.	since ~ 때문에 out of reach 손이 닿지 않는 곳에, 힘이 미치지 않는 곳에 ordinary 일반적인 ladder 사다리
8	An attempt / {to lift the surplices (off) (from above)}, / {using ropes (with hooks attached)}, / was unsuccessful. S O { }: 〈분사구문〉 시도는 ( ): 〈부대상황〉 위에서 흰 가운을 들어 올리려는 〈현재분사〉 O O O·C〈p.p.〉 V S·C 갈고리가 달린 밧줄을 사용하여 성공하지 못했다	갈고리가 달린 밧줄을 사용하여 위에서 흰 가운을 들어 올리려는 시도는 성공하지 못했다.	an attempt to R ~하려는 시도 lift A off A를 들어 떼어 내다, 올리다 hook 갈고리 attach 붙이다, 달다 unsuccessful 성공하지 못한
9	No progress was being made / and (eventually) Yates came (forward) / and volunteered / to climb up (in the daylight) / and bring them down. S_1 V_1〈과거진행수동〉 S_2 $V_2$① 아무런 진전도 이루어지지 않았다 그래서 결국 Yates가 나섰다 $V_2$② O 그리고 자원했다 대낮에 기어 올라가 $V_2$③ O 그것들을 갖고 내려오겠다고	아무런 진전도 이루어지지 않았으며 결국 Yates가 나서서 대낮에 기어올라 그것들을 갖고 내려오겠다고 자원했다.	progress 진전, 진척 eventually 결국 come forward (도움 등을 주겠다고) 나서다 volunteer O(to R) ~에 자원하다, 자진하다 in the daylight 대낮에 bring A down A를 가지고 내려오다
10	This he did / (to the admiration) / (of the crowd) / (that assembled). O S V 〈선행사〉 〈주·관〉 V 그는 이 일을 하여 감탄하게 했다 군중을 모인	그는 이 일을 하여 모인 군중을 감탄하게 했다.	admiration 감탄 crowd 군중, 사람들 assemble 모이다, 조립하다

24 다음 글의 제목으로 가장 적절한 것은? [47%]

① A Scary Legend About the Statues at St. John's College
② A Student Who Solved a Problem of His Own Making
③ Standards of Beauty Varying from Person to Person
④ A Smart Professor Who Identified a Criminal
⑤ A Success Story of a Mysterious Architect

정답 | ②

해설 | ① St. John's College의 조각상에 관한 무서운 전설: 무서운 전설에 관한 내용이 아니다.
② 스스로 만든 문제를 푸는 학생: 5에서 Yates는 성인들의 동상에 의복을 입혔고, 9에서 그 문제를 해결하기 위해 Yates가 직접 의복을 벗겼으므로 정답이다.
③ 사람마다 다른 미의 기준: 미의 기준에 관한 내용은 없다.
④ 범죄자를 식별하는 현명한 교수: 범죄자를 식별한다는 내용은 없다.
⑤ 신비한 건축가의 성공한 이야기: 건축가에 관한 내용은 없다.

문법

1 〈There/Here is 도치구문〉

긍정문	There (Here)	is	단수 주어	~이 있다 (여기에 ~이 있다)
		are	복수 주어	
부정문	There (Here)	is no	단수 주어	~이 없다 (여기에 ~이 없다)
		are no	복수 주어	

1 〈동격〉 : A(명사), B(명사) (B라는 A) : F. Yates, a prominent UK statistician

2 〈keen 용법〉

keen	on/about/for	(동)명사(구)	~을 좋아하는, ~에 열심인
	to	동사원형	~하고 싶은

3 〈consist of〉

be	composed	of	~로 구성되다
	comprised		
	made up		
= **consist of**			

4 〈주격 관계대명사 + be동사 생략〉 : tower [(which/that is) adorned(과거분사)] : 과거분사가 앞에 있는 명사를 후치 수식하는 경우

4 〈혼동 어휘〉 : state 주, 국가, 말하다, 상태 / **statue 동상** / stature 키, 신장, 위상 / status 지위, 상태

4 〈가주어, 진주어 구문〉 : It(가주어) ~ that절(진주어)

4 〈appear 동사의 쓰임〉 : ~처럼 보이다 : appear + S·C[**that**절 / to부정사 / 분사 / (to be) 보어 / as 보어] (2형식)

4 10 〈what vs. that〉

	관계대명사(불완전한 문장)	접속사(완전한 문장)
what	○ 선행사를 포함하고 있기 때문에 what 앞에 선행사 불필요	×
that	○ that 앞에 선행사 필요	○

6 〈3형식에서 목적어 자리에 to부정사/동명사 둘 다 사용 가능한 동사들〉 : **begin** / cease / continue / dislike / hate / like / love / neglect / prefer / start 등

6 〈3형식에서 '분리/제거/박탈 동사 + 목적어 + of + 목적어'〉 : rob 빼앗다 / absolve 무죄선고를 내리다 / clear 제거하다 / deprive 빼앗다 / **divest 빼앗다** / relieve 걱정을 덜다 / rid 제거하다 / strip 박탈하다 / cure 없애다

8 〈using ~〉 : 〈분사구문〉이 문중에 있는 경우 (능동)

8 〈with 부대상황〉

with	목적어	목적격 보어		
~하면서, ~한 채로		형용사(구)		
		부사(구)		
		전치사구		
		분사	현재분사 (-ing)	능동 (목적어가 목적격 보어를 ~하고 있는, ~하는)
			과거분사 (p.p.)	수동 (목적어가 목적격 보어에게 ~당하는, ~되어진)
(with)	hooks	attached		

9 〈목적어 자리에 to부정사를 취하는 완전 타동사〉

주어	완전 타동사	목적어
–	afford / agree / ask / attempt / care / choose / claim / dare / decide / demand / desire / determine / elect / expect / fail / guarantee / hope / intend / learn / manage / need / offer / plan / pretend / profess / promise / refuse / resolve / seek / threaten / **volunteer** / want / wish 등	to 동사원형

9 〈이어동사〉

타동사	명사	부사	○
타동사	부사	명사	○
타동사	대명사	부사	○
타동사	부사	대명사	×
bring	down	them	×

10 〈목적어 문두 도치〉 : This(목적어) + he(주어) + did(동사)

10 〈to one's(소유격) 추상명사(감정명사)〉 : ~가 …하게도 (= to the 감정명사 of) : to the admiration of = to his admiration

10 〈주격 관계대명사 that절〉 : 선행사를 포함하고 있는 관계대명사 what 사용 불가

	주격 관계대명사절		
선행사	주격 관계대명사	~~주어~~	동사
the crowd	that		assembled

어법 & 연결어

There **[is / are]** a story about F. Yates, a prominent UK statistician. **[During / While]** his student years at St. John's College, Cambridge, Yates had been keen on a form of sport. It **[consisted / was consisted]** of climbing about the roofs and towers of the college buildings at night. (   ), the chapel of St. John's College has a massive neo-Gothic tower **[adorning / adorned]** with **[statuses / statues]** of saints, and to Yates it appeared **[obvious / obviously]** **[what / that]** it would be more decorous if these saints were properly **[attiring / attired]** in surplices. One night he climbed up and did the job; next morning the result was generally much admired. (   ) the College authorities were unappreciative and began to consider means of divesting the saints of their newly acquired garments. This was not easy, since they were well out of reach of any ordinary ladder. An attempt to lift the surplices off from above, **[used / using]** ropes with hooks **[attaching / attached]**, was unsuccessful. No progress **[was making / was being made]** and eventually Yates came forward and volunteered **[climbing / to climb]** up in the daylight and **[bring down them / bring them down]**. This he did to the admiration of the crowd **[that / what]** assembled.

전국 2021학년도 3월 고3 29번	
어법	
제목	전통적인 거래의 다양한 형식
주제	전통적인 거래는 다양한 방식이 있다.
논리	예시

	지문	해석	단어 & 숙어
1 TS	The formats and frequencies / (of traditional trade) / encompass a spectrum. (S1: The formats, S2: frequencies, V: encompass, O: a spectrum) 형식과 빈도는 / 전통적인 거래의 / 전 범위를 망라한다	전통적인 거래의 형식과 빈도는 전 범위를 망라한다.	format 형식 frequency 빈도(수) traditional 전통적인 trade 거래 encompass 망라하다, 포함하다 spectrum 전 범위, 영역
2 예시1	(At the simplest level) / ①are the occasional trips / {made by individual !Kung and Dani / (to visit their individual trading partners) / (in other bands or villages)}. (〈도치〉 V: are, S: the occasional trips, p.p.: made, O: their individual trading partners) 가장 단순한 단계에서 / 이따금 왕래가 있다 / Kung족과 Dani족 일원이 하는 / 그들 각자의 거래 상대를 방문하기 위해 / 다른 무리나 마을에 있는	가장 단순한 단계에서 Kung족과 Dani족 일원이 다른 무리나 마을에 있는 그들 각자의 거래 상대를 방문하기 위해 이따금 하는 왕래가 있다.	level 수준, 단계 occasional 가끔, 이따금 trip 이동, 출장, 여행 individual 각자의 visit 방문하다 band 무리 village 마을
3 예시2	②Suggestive (of our open-air markets and flea markets) were / the occasional markets / {at which Sio villagers (living on the coast of northeast New Guinea) / met New Guineans / (from inland villages)}. (S·C: Suggestive, 〈도치〉 V: were, S(선행사): the occasional markets, 〈전치사 + 관·대〉: at which, S: Sio villagers, 〈현재분사〉: living, V: met, O: New Guineans) 우리의 노천 시장과 벼룩시장을 연상시켰다 / 이따금 서는 시장은 / 뉴기니 북동쪽 해안에 사는 Sio 마을사람들이 / 뉴기니 사람들을 만나는 / 내륙 마을에서 온	뉴기니 북동쪽 해안에 사는 Sio 마을 사람들이 내륙 마을에서 온 뉴기니 사람들을 만나는 이따금 서는 시장은 우리의 노천 시장과 벼룩시장을 연상시켰다.	suggestive 연상시키는 open-air market 노천 시장 flea market 벼룩시장 coast 해안 northeast 북동의[에 있는, 에 면한] inland 내륙의
4	Up to a few dozen people / (from each side) / ③sat down (in rows) / (facing each other). (S: Up to a few dozen people, V: sat, 〈현재분사〉: facing, O: each other, ( ): 〈분사구문〉) 수십 명에 이르는 사람들이 / 각각의 편에서 / 줄지어 앉았다 / 서로 마주 보고	각각의 편에서 온 수십 명에 이르는 사람들이 서로 마주 보고 줄지어 앉았다.	up to ~에 이르는 dozen 수십(의) sit down 앉다 in rows 줄지어 face ~을 마주보다[향하다] each other 서로
5	An inlander pushed (forward) / a net bag / {containing (between 10 and 35 pounds of taro and sweet potatoes)}, / and the Sio villager {sitting (opposite)} / responded / (by offering a number of pots and coconuts) / {④judging equivalent (in value) / (to the bag of food)}. (S1: An inlander, V1: pushed, 〈부사〉: forward, O: a net bag, 〈현재분사〉: containing, 〈between A and B〉, S2: the Sio villager, 〈현재분사〉: sitting, 〈부사〉: opposite, V2: responded, 〈동명사〉: offering, O: a number of pots and coconuts, 〈현재분사〉: judging, S·C: equivalent) 한 내륙인이 앞으로 내밀면 / 망태기를 / 10에서 35파운드 사이의 타로토란과 고구마가 든 / 맞은편에 앉은 Sio 마을 사람은 / 응수했다 / 몇 개의 단지와 코코넛을 내놓아 / 가치가 같다고 판단되는 / 그 망태기에 든 음식과	한 내륙인이 10에서 35파운드 사이의 타로토란과 고구마가 든 망태기를 앞으로 내밀면, 맞은편에 앉은 Sio 마을 사람은 그 망태기에 든 음식과 가치가 같다고 판단되는 몇 개의 단지와 코코넛을 내놓아 응수했다.	inlander 내륙 사람 push forward A A를 앞으로 내밀다 net bag 망태기 between A and B A와 B 사이의 pound 파운드(영국의 화폐 단위) taro (식물) 타로토란 sweet potato 고구마 sit opposite 맞은 편에 앉다 offer A to B A를 B에 제공하다 pot 냄비, 솥 judge + O + O·C(to be) (5) ~을 …로 판정하다 (수동태 시, be judged + S·C(to be)) equivalent in ~이 같은, 동등한 value 가치
6 예시3	Trobriand Island canoe traders conducted / similar markets / (on the islands) / (⑤that they visited), / {exchanging utilitarian goods / (food, pots, and bowls) / (by barter)}, / (at the same time) / {as they and their individual trade partners gave / each other reciprocated gifts / (of luxury items) / (shell necklaces and armbands)}. (S: Trobriand Island canoe traders, V: conducted, O: similar markets, 〈선행사〉: the islands, 〈목·관〉: that, S: they, V: visited, 〈현재분사〉: exchanging, O: utilitarian goods, { }: 〈분사구문〉, 〈종·접〉: as, S1: they, S2: their individual trade partners, V: gave, I·O: each other, p.p.: reciprocated, D·O: gifts) Trobriand 섬의 카누 상인들은 운영하며 / 비슷한 시장을 / 섬에서 / 자신들이 방문하는 / 실용품을 교환했고 / (음식, 단지, 그릇) / 물물교환으로 / 동시에 / 그들과 그들의 개별 거래 상대들은 주었다 / 서로에게 답례품으로 / 사치품을 / (조개목걸이와 팔찌)	Trobriand 섬의 카누 상인들은 자신들이 방문하는 섬에서 비슷한 시장을 운영하며, 물물교환으로 실용품(음식, 단지, 그릇)을 교환했고, 동시에 그들과 그들의 개별 거래 상대들은 서로에게 사치품(조개목걸이와 팔찌)을 답례품으로 주었다.	trader 상인, 거래자 conduct 운영하다, 관리하다 similar 비슷한 island 섬 exchange 교환하다 utilitarian 실용적인 goods 상품 bowl 사발, 공기, 볼 barter 물물교환 at the same time 동시에 reciprocate 답례하다 gift 선물 luxury 사치(품) shell 조개 necklace 목걸이 armband 완장, 팔찌

29 다음 글의 밑줄 친 부분 중, 어법상 틀린 것은? [3점] [40%]

정답 | ④

해설 | ① 주어와 동사의 수의 일치: 밑줄 친 are는 동사인데 이에 대한 주어는 복수명사 trips이다. 부사구 At the simplest level이 문두로 자리 이동하면서 주어와 동사의 어순이 서로 바뀐 도치임을 인지해야 한다.

② 형용사 vs. 부사: the occasional markets가 주어이고 were가 동사인데 이에 대한 주격 보어로 밑줄 친 형용사 Suggestive가 사용되어 어법상 올바르다. 보어 자리이기에 부사형 Suggestively는 어법상 올바르지 않다.

③ 동사 vs. 준동사: 밑줄 친 sat은 본동사로 주어는 people이다. 동사가 필요하기에 sat은 어법상 올바른데 이 자리에 to sit이나, sitting을 사용할 수 없다.

④ 현재분사 vs. 과거분사: 밑줄 친 현재분사 judging은 과거분사 judged로 고쳐야 하는데, 앞의 명사 a number of pots and coconuts와의 관계가 수동이기 때문이다.

⑤ 목적격 관계대명사 that vs. 목적격 관계대명사 what: 이 둘은 모두 뒤 문장에서 목적어 없이 불완전한 문장이 나온다. 여기에서는 타동사 visit의 목적어가 없으니 어법상 둘 다 올바르지만, what은 앞에 선행가 없어야 하지만 이 문장에서는 선행사 the islands가 있기에 선행사가 필요한 that이 어법상 올바르다.

문법

2 〈부사구 문두 도치〉

부사구	동사	주어
At the simplest level	are	the occasional trips

2 3 5 〈주격 관계대명사 + be동사 생략〉

–	생략 가능	
명사 (선행사)	(주격 관계대명사 + be동사)	**현재분사(-ing) – 능동 (~하고 있는, ~하는)**
		과거분사(p.p.) – 수동 (~되어진, ~당한)
		명사
		형용사(구) (~하는, ~할)
		부사
		전치사구
trips	(which/that are)	made
Sio villagers	(who/that were)	living
a net bag	(which/that was)	containing
the Sio villagers	(who/that were)	sitting
a number of pots and coconuts	(which/that were)	judged

3 〈보어 문두 도치〉

주격 보어	동사	주어
Suggestive	were	the occasional markets

3 〈전치사 + 관계대명사 vs. 관계대명사〉 : at which = where

관계부사와 같기 때문에 뒤 문장이 완전한 문장이 나온다. 전치사는 맨 뒤로 보낼 수 있는데 이때 전치사의 목적어가 없기 때문에 관계대명사절은 불완전하다.

선행사	전치사 + 관계대명사 = 관계부사	주어	동사			완전한 문장
	관계대명사	주어	동사	전치사	~~목적어~~	불완전한 문장

4 〈sit / seat / set〉

원형	과거	과거분사	현재분사	뜻
sit	**sat**	sat	sitting	vi. 앉다, ~에 놓여있다
seat	seated	seated	seating	vt. 앉히다
set	set	set	setting	vt. 두다, ~을 놓다

4 facing ~ : 〈분사구문〉이 문미에 있는 경우 (능동) (= as they faced[were facing])

4 6 〈each other vs. one another〉

서로서로	**each other**	둘 사이	혼용
	one another	셋 이상	

5 〈불완전 타동사 + 목적어 + 목적격 보어[to be 보어(명사/형용사)]〉 : 수동태 시, be p.p. + 주격 보어[(to be) 보어]

주어	불완전 타동사	목적어	목적격 보어
–	assume / announce / believe / claim / conceive / consider / declare / deem / feel / find / guess / hold / imagine / intend / **judge** / presume / proclaim / prove / show / suppose / take / think / wish / discover / imagine / know	–	(to be) 보어

6 〈목적격 관계대명사 that〉 : 타동사의 목적어가 없는 경우 / 선행사를 포함하고 있는 관계대명사 what 사용 불가

	목적격 관계대명사절			
선행사	목적격 관계대명사	주어	타동사	~~목적어~~
the islands	(that) 생략 가능	they	visited	

6 〈exchanging ~〉 : 〈분사구문〉이 문미에 있는 경우 (능동) [= as they exchanged / = and (they) exchanged]

어법 & 연결어

The formats and frequencies of traditional trade encompass a spectrum. At the simplest level **[is / are]** the occasional trips **[making / made]** by individual !Kung and Dani to visit their individual trading partners in other bands or villages. **[Suggestive / Suggestively]** of our open-air markets and flea markets were the occasional markets **[which / at which]** Sio villagers **[lived / living]** on the coast of northeast New Guinea met New Guineans from inland villages. Up to **[a little / a few]** dozen people from each side sat down in rows **[facing / faced]** each other. An inlander pushed forward a net bag **[containing / contained]** between 10 **[or / and]** 35 pounds of taro and sweet potatoes, and the Sio villager **[sit / sitting]** opposite responded by offering a number of pots and coconuts **[judging / judged]** **[equivalent / equivalently]** in value to the bag of food. Trobriand Island canoe traders conducted similar markets on the islands **[what / that]** they visited, **[exchanging / exchanged]** utilitarian goods (food, pots, and bowls) by barter, at the same time as they and their individual trade partners gave each other **[reciprocating / reciprocated]** gifts of luxury items (shell necklaces and armbands).

전국 2021학년도 3월 고3 30번		
어휘 추론	제목	과학적으로 설명되지 않으면 무시하는 서양의 과학 연구
	주제	서양의 과학 연구는 대체 의학과 같이 과학적으로 설명되지 않는 것에 반대한다.
	논리	비교·대조

	지문	해석	단어 & 숙어
1 TS	Those / {who limit themselves (to Western scientific S〈선행사〉 〈주·관〉 V O 사람들은 서양의 과학 연구에 국한된 research)} / have (virtually) ①ignored anything / {that V〈현재완료〉 O〈선행사〉 〈주·관〉 무엇이든 거의 무시해왔다 cannot be perceived / (by the five senses) / and (repeatedly) V_1〈수동태〉 〈부사〉 감지할 수 없고 오감으로 measured or quantified}. V_2 V_3 반복적으로 측정하거나 정량화할 수 없는 것은	서양의 과학 연구에 국한된 사람들은 오감으로 감지할 수 없고 반복적으로 측정하거나 정량화할 수 없는 것은 무엇이든 거의 무시해 왔다.	those who ~하는 사람들 limit A to B A를 B로 제한하다, 한정하다 scientific research 과학 연구 virtually 거의, 사실상 ignore 무시하다 perceive 감지하다 five senses 오감 repeatedly 반복적으로 measure 측정하다, 재다 quantify 정량화하다
2	Research is dismissed / as superstitious and invalid / {if it S V〈수동태〉 S·C 〈종·접〉S 연구는 일축된다 미신적이고 무효한 것으로 cannot be (scientifically) explained / (by cause and effect)}. V〈수동태〉 과학적으로 설명될 수 없으면 원인과 결과에 의해	연구는, 원인과 결과에 의해 과학적으로 설명될 수 없으면, 미신적이고 무효한 것으로 일축된다.	dismiss 일축하다, 묵살하다 superstitious 미신적인 invalid 무효한, 효력 없는 scientifically 과학적으로 explain 설명하다 cause and effect 원인과 결과
3	Many / continue to ②object / (with an almost religious passion) S V O 많은 사람이 계속 반대한다(→ 집착한다) 거의 종교적 열정을 가지고 / (to this cultural paradigm) / (about the power of science) / — 이 문화적 패러다임에 과학의 힘 (more specifically), / the power / (that science gives them). 〈선행사〉 〈목·관〉 S V I·O 더 구체적으로 힘에 대한 과학이 그들에게 주는	많은 사람이 과학의 힘, 더 구체적으로 과학이 그들에게 주는 힘에 대한 이 문화적 패러다임에 거의 종교적 열정을 가지고 계속 반대한다(→ 집착한다).	continue O(to R/-ing) 계속 ~하다 object 반대하다 cling 집착하다 cultural 문화적인 paradigm 패러다임(어떤 한 시대 사람들의 견해나 사고를 지배하고 있는 이론적 틀이나 개념의 집합체) specifically 구체적으로 말하면
4	{By dismissing / non-Western scientific paradigms as 〈동명사〉 O 일축함으로써 비서양의 과학적 패러다임을 열등하고 inferior / (at best) / and inaccurate / (at worst)}, / the $O·C_1$ $O·C_2$ 기껏해야 부정확하다고 최악의 경우 most rigid members / (of the conventional medical S 가장 완고한 구성원들은 종래의 서양 의학 연구 단체의 research community) / try (to ③counter the threat) / {that V ( ):O O 〈목·관〉 위협에 반격하려 한다 alternative therapies and research pose / (to their work, S_1 S_2 V 대체 의학 요법과 연구가 가하는 their well-being, and their worldviews)}. 자신들의 연구, 자신들의 행복, 그리고 자신들의 세계관에	비서양의 과학적 패러다임을 기껏해야 열등하고 최악의 경우 부정확하다고 일축함으로써, 종래의 서양 의학 연구 단체의 가장 완고한 구성원들은 대체 의학 요법과 연구가 자신들의 연구, 자신들의 행복, 그리고 자신들의 세계관에 가하는 위협에 반격하려 한다.	dismiss O O·C(as) (5) A를 B로 일축하다, 묵살하다, 치부하다 inferior 열등한 at best 기껏[잘 해야] inaccurate 부정확한 at (the) worst 최악의 경우에 rigid 완고한, 엄격한 conventional 전통적인, 종래의 medical research community 의학 연구회(단체) try O(to R) ~하려고 노력하다 counter 반격하다, 반박하다 alternative therapy 대체의학, 보완요법 pose a threat to A A에 위협을 가하다 well-being (건강과) 행복 worldview 세계관
5	And yet, / biomedical research cannot explain / many of S V O 그럼에도 불구하고 생물 의학 연구는 설명할 수 없다 the phenomena / {that ④concern alternative practitioners / 〈선행사〉 〈주·관〉 V O 현상 중 많은 것에 대해 대체 의학 시술자들과 관련된 (regarding caring-healing processes)}. 〈현재분사〉 〈현재분사〉 O 돌봄 치료 과정과 관련하여	그럼에도 불구하고, 생물 의학 연구는 돌봄 치료 과정과 관련하여 대체 의학 시술자들과 관련된 현상 중 많은 것에 대해 설명할 수 없다.	and yet 그럼에도 불구하고 biomedical 생물 의학의 phenomena 현상(phenomenon의 복수형) concern ~에 관한[관련된] 것이다 practitioner 시술자, (전문직 종사자, 특히) 의사 regarding ~에 관하여[대하여] care 돌보다
6	[When therapies / (such as acupuncture or homeopathy) 〈종·접〉 S 치료법이 침술이나 동종 요법 같은 / are observed / (to result in a physiological or clinical V〈수동태〉 〈선행사〉 관찰될 때 생리적 또는 임상적 반응을 초래하는 것이 response) / {that cannot be explained / (by the biomedical 〈주·관〉 V〈수동태〉 설명될 수 없는 생물 의학적 모델에 의해 model)}], / many have tried / (to ⑤deny the results / rather S V〈현재완료〉 ② O 〈A rather than B〉 많은 사람이 애써 왔다 그 결과를 부정하려 than modify the scientific model). ① O ( ):O 과학적인 모델을 수정하기보다는	침술이나 동종 요법 같은 치료법이 생물 의학적 모델에 의해 설명될 수 없는 생리적 또는 임상적 반응을 초래하는 것이 관찰될 때, 많은 사람이 과학적인 모델을 수정하기보다는 그 결과를 부정하려 애써 왔다.	A such as B B와 같은 A acupuncture 침술 homeopathy 동종 요법(질병과 비슷한 증상을 일으키는 물질을 극소량 사용하여 병을 치료하는 방법) observe 관찰하다 result in 결과적으로 ~이 되다 physiological 생리적인 clinical 임상의 response 반응 deny 부정하다 A rather than B B라기 보다는 오히려 A modify 수정하다

30 다음 글의 밑줄 친 부분 중, 문맥상 낱말의 쓰임이 적절하지 않은 것은? [3점] [21%]

정답 | ②

해설 | ① 2에서 과학적으로 설명될 수 없는 것은 무효한 것으로 여긴다고 했으므로, 측정되지 않는 것을 무시한다는 ignored는 적절하다.

② 2에서 과학적으로 설명될 수 없는 것은 무효한 것으로 여긴다고 했으므로, 과학이 주는 힘에 집착하는 것이 적절하다. 즉, 과학이 주는 힘에 반대한다는 object는 적절하지 않다. object → cling

③ 4에서 비서양의 과학적 패러다임을 열등하고, 부정확하다고 여겼으므로, 이러한 위협에 대해 반격한다는 counter는 적절하다.

④ 2에서 서양 과학은 과학적으로 설명될 수 없는 것은 무효한 것으로 여긴다고 했고, 4에서 대체 의학은 서양의 과학에 위협을 가한다고 했으므로, 대체 의학과 '관련된' 현상에 관해 설명할 수 없다는 concern은 적절하다.

⑤ 4에서 서양 의학 단체는 대체 의학 요법에 반격한다고 했으므로, 침술이나 동종요법 같은 치료법의 결과를 부정한다는 deny는 적절하다.

문법

1 **〈those who〉**: ~하는 사람들

	주격 관계대명사절		
선행사	주격 관계대명사	~~주어~~	복수동사
those	who		limit

1 **〈주격 관계대명사 that절〉**: 선행사를 포함하고 있는 관계대명사 what 사용 불가

	주격 관계대명사절		
선행사	주격 관계대명사	~~주어~~	동사
anything	that		cannot be perceived

1 **〈공통 관계〉**: A가 공통

A	(X + Y)	=	AX + AY
A	(X + Y + Z + α)	=	AX + AY + AZ + Aα
(X + Y)	A	=	XA + YA
A	**(X + Y + Z)**	=	**AX + AY + AZ**
cannot be	(perceived + measured + quantified)	=	cannot be perceived and (cannot be) measured or (cannot be) quantified

2 4 **〈5형식 불완전 타동사의 목적격 보어〉**: 수동태 전환 시, 2형식 문장(be p.p. + as 보어)

주어	불완전 타동사	목적어	목적격 보어
–	accept / achieve / announce / characterize / cite / consider / count / deem / define / describe / disguise / **dismiss** / identify / interpret / look at / look upon / perceive / praise / present / read / reckon / refer to / recognize / regard / remember / respect / see / speak of / think of / train / treat / use / view / visualize 등	–	as 보어

3 **〈3형식에서 목적어 자리에 to부정사/동명사 둘 다 사용 가능한 동사들〉**: begin / cease / **continue** / dislike / hate / like / love / neglect / prefer / start 등

3 **〈목적격 관계대명사 that 생략〉**: 수여동사의 직접목적어가 없는 경우 / 선행사를 포함하고 있는 관계대명사 what 사용 불가

	목적격 관계대명사절				
선행사	목적격 관계대명사	주어	수여동사	간접목적어	~~직접 목적어~~
the power	(that) 생략 가능	science	gives	them	

4 6 **〈try 동사의 쓰임〉**

try	목적어	3형식
	to R	노력하다, 애쓰다 (S의 의지 ○)
	동명사	시험 삼아 한번 해보다 (S의 의지 ×)

4 **〈목적격 관계대명사 that〉**: 타동사의 목적어가 없는 경우 / 선행사를 포함하고 있는 관계대명사 what 사용 불가

	목적격 관계대명사절			
선행사	목적격 관계대명사	주어	타동사	~~목적어~~
the threat	(that) 생략 가능	alternative ~ research	pose	

5 6 **〈주격 관계대명사절의 수의 일치〉**: 선행사를 포함하고 있는 관계대명사 what 사용 불가

	주격 관계대명사절		
선행사(주어)	주격 관계대명사	~~주어~~	동사
the phenomena	that		concern
a ~ response	that		cannot be explained

5 **〈~에 관해서는, ~의 점에서는〉**: **regarding** / about / concerning / pertaining to / as to / as for / in regard to[of] / as regards / with regard to

6 **〈result from/in 차이점〉**

원인	**result**	**in**	결과	(어떠한) 원인으로 (어떠한) 결과가 생기다
결과	result	from	원인	(어떠한) 결과는 (어떠한) 원인으로부터 발생하다

어법 & 연결어

Those who **[limit / limits]** **[them / themselves]** to Western scientific research **[have / has]** virtually ignored anything **[that / what]** **[cannot perceive / cannot be perceived]** by the five senses and **[repeated / repeatedly]** measured or quantified. Research **[dismisses / is dismissed]** as superstitious and invalid if it cannot be scientifically **[explaining / explained]** by cause and effect. Many continue to cling with an **[most / almost]** religious passion to this cultural paradigm about the power of science — more specifically, the power **[what / that]** science gives them. By dismissing non-Western scientific paradigms as inferior at best and inaccurate at worst, the **[most / almost]** rigid members of the conventional medical research community try **[countering / to counter]** the threat **[what / that]** alternative therapies and research pose to their work, their well-being, and their worldviews. (　　　　　　), biomedical research cannot explain many of the phenomena **[what / that]** concern alternative practitioners **[regarding / regarded]** caring-healing processes. When therapies such as acupuncture or homeopathy **[observe / are observed]** to result **[from / in]** a physiological or clinical response **[that / what]** **[cannot explain / cannot be explained]** by the biomedical model, many have tried **[denying / to deny]** the results rather than modify the scientific model.

전국 2021학년도 3월 고3 31번	제목	협력을 용납하지 못하는 자아
빈칸 추론	주제	우리의 자아는 다른 사람들의 성공을 용납하지 못한다.
	논리	문제점·해결책, 열거

	지문	해석	단어 & 숙어
1 문제점	People (unknowingly) sabotage / their own work / {when they withhold / help or information (from others) / or try to undermine them} / {lest they become more successful or get more credit / (than "me.")} 사람들은 자신도 모르게 방해하게 된다 / 자신의 일을 / 받지 않을 때 / 다른 사람들로부터 도움이나 정보를 / 또는 그들을 깎아 내리려 할 때 / 다른 사람들이 더 성공하거나 더 많은 명성을 얻지 못하도록 / '나'보다	사람들은 다른 사람들로부터 도움이나 정보를 받지 않으려 하거나, 다른 사람들이 '나'보다 더 성공하거나 더 많은 명성을 얻지 못하도록 그들을 깎아 내리려 할 때, 자신도 모르게 자신의 일을 방해하게 된다.	unknowingly 자신도 모르게 sabotage 방해하다 withhold 받지 않다, 억제하다 others 다른 사람들 information 정보 try O(to R) ~하려고 노력하다 undermine (사람의 평판을) 깎아내리다, 훼손하다 lest (that) S (should) R ~하지 않도록 successful 성공한, 성공적인 credit 명성, 신용
2 TS	__________ is alien / (to the ego), / {except (when there is a secondary motive)}. 협력은 용납되지 않는다 / 자아에게 / 부차적인 동기가 있는 경우를 제외하고는	협력은 부차적인 동기가 있는 경우를 제외하고는 자아에게 용납되지 않는다.	cooperation 협력, 협동 alien 서로 용납되지 않는 ego 자아 except ~을 제외하고는 secondary 부차적인 motive 동기
3	The ego doesn't know / {that the more you include others, / the more (smoothly) things flow and / the more (easily) things come to you}. 〈the 비교급 ~, the 비교급 ~ and the 비교급 ~〉 자아는 알지 못한다 / 다른 사람들을 더 많이 포함할수록 / 일이 더 순조롭게 흘러가고 / 자신에게 더 쉽게 다가온다는 것을	다른 사람들을 더 많이 포함할수록, 일이 더 순조롭게 흘러가고, 자신에게 더 쉽게 다가온다는 것을 자아는 알지 못한다.	the 비교급 ~, the 비교급 ~ and the 비교급 ~ 더 ~할수록, 더 ~하고, 더 ~하다. include 포함하다 smoothly 순조롭게 flow 흐르다
4	{When you give little or no help / (to others) / or put obstacles / (in their path)}, / the universe / — (in the form of people and circumstances) / — gives little or no help / (to you) / {because you have cut yourself (off) / (from the whole)}. 거의 혹은 전혀 도움을 주지 않거나 / 다른 사람들에게 / 방해할 때 / 그들의 길을 / 우주는 / 사람과 상황의 모습으로 / 거의 혹은 전혀 도움을 주지 않는데 / 여러분에게 / 이것은 여러분이 자신을 단절시켰기 때문이다 / 전체로부터	다른 사람들에게 거의 혹은 전혀 도움을 주지 않거나 그들의 길을 방해할 때, 우주는, 사람과 상황의 모습으로, 여러분에게 거의 혹은 전혀 도움을 주지 않는데, 이것은 여러분이 전체로부터 자신을 단절시켰기 때문이다.	give A to B A를 B에게 주다 little or no 거의 없는 put A in B A를 B에 넣다 obstacle 방해(물), 장애(물) path 길, 계획 universe 우주 in the form of ~의 모양으로 circumstance 상황 cut off A from B A를 B에서 고립[단절]시키다 whole 전체
5	The ego's unconscious core feeling / (of "not enough") / causes it (to react to someone else's success) / {as if that success had taken something (away) / (from "me.")} 자아의 무의식적인 핵심 감정으로 인해 / '충분하지 않다'라는 / 자아는 다른 사람의 성공에 대해 반응한다 / 마치 그 성공이 무언가를 빼앗아 간 것처럼 / '나'로부터	'충분하지 않다'라는 자아의 무의식적인 핵심 감정으로 인해 자아는 다른 사람의 성공에 대해 마치 그 성공이 '나'로부터 무언가를 빼앗아 간 것처럼 반응한다.	unconscious 무의식적인 core 핵심 enough 충분한 cause O O·C(to R) (5) ~가 …하도록 야기하다 react to ~에 반응하다 success 성공 as if 마치 ~인 것처럼 take A away from B B로부터 A를 가지고 가다, 빼앗다
6	It doesn't know / {that your resentment (of another person's success) / curtails your own chances of success}. 자아는 알지 못한다 / 여러분이 다른 사람의 성공에 대해 분개하면 / 여러분 자신의 성공 기회가 줄어든다는 것을	자아는 다른 사람의 성공에 대해 여러분이 분개하면 여러분 자신의 성공 기회가 줄어든다는 것을 알지 못한다.	resentment 분개 curtail 줄이다 chance 기회
7 해결책	(In order to attract success), / you need to welcome it / (wherever you see it). 성공을 끌어들이려면 / 그것을 기꺼이 받아들여야 한다 / 그것을 어디서 보든지	성공을 끌어들이려면 그것을 어디서 보든지 그것을 기꺼이 받아들여야 한다.	in order to R ~하기 위해서, ~하도록 attract 끌어들이다 need O(to R) ~하는 것이 필요하다 welcome 받아들이다, 환영하다 wherever 어디든지

31 다음 빈칸에 들어갈 말로 가장 적절한 것을 고르시오. [41%]

① Patience ② Rationality
③ Independence ④ Competition
⑤ Cooperation

정답 | ⑤

해설 | ① 인내심: 인내에 관한 내용은 없다.
② 합리성: 합리성에 관한 내용은 없다.
③ 독립: 독립에 관한 내용은 없다.
④ 경쟁: 빈칸에 들어갈 말과 반대되므로 적절하지 않다.
⑤ 협력: 1에서 우리는 다른 사람들의 도움을 피하려 하고, 다른 사람들의 성공을 용납하지 못한다고 했으므로, '협력'을 용납하지 못한다는 것은 정답이다.

문법

1 〈try 동사의 쓰임〉

try	목적어	3형식
	to R	**노력하다, 애쓰다 (S의 의지 ○)**
	-ing	시험 삼아 한번 해보다 (S의 의지 ×)

1 5 6 7 〈혼동 어휘〉

	동사	명사	형용사	부사
succeed	성공하다	–	–	–
success	–	성공	–	–
successor	–	후임자, 상속자	–	–
successful	–	–	성공적인	–
successive	–	–	연속적인	–
successfully	–	–	–	성공적으로
successively	–	–	–	연속하여, 잇따라서

2 〈except 쓰임〉 : ~을 제외하고

전치사	except	+ 목적격 대명사
전치사	except	+ (동)명사
전치사	except	+ when/where/if + **주어 + 동사**
접속사	except	+ (that) + 주어 + 동사
타동사	except	+ 목적어 + from + (동)명사

3 6 〈what vs. that〉

	관계대명사 (불완전한 문장)	접속사 (완전한 문장)
what	○ 선행사를 포함하고 있기 때문에 what 앞에 선행사 불필요	×
that	○ that 앞에 선행사 필요	**○**

4 〈이어동사〉

타동사	명사	부사	○
타동사	부사	명사	○
타동사	대명사	부사	**○**
타동사	부사	대명사	×
cut	off	yourself	×

4 〈대명사 vs. 재귀대명사〉

		주어와 다름	주어와 동일
주어	~	대명사	재귀대명사
you		you	**yourself**

5 〈as if / as though 가정법 과거〉 : 마치 ~인 것처럼

주절	조건절 (마치 ~인 것처럼)	용법
직설법	as if + 주어 + 현재형 동사	추측(사실일 수 있음)
직설법	as if + 주어 + 가정법 과거 동사	현재 사실과 반대
직설법	as if + 주어 + **가정법 과거 완료**	과거 사실과 반대

6 another 또 다른 하나 (나머지 있음) / the other 그 나머지 (나머지 없음)

7 〈복합 관계부사〉 : 복합 관계부사절은 '관계부사 + ever' 형식을 가지고, 부사 역할을 한다. (관계부사절은 선행사를 수식하는 형용사절이다.)

복합관계부사	시간/장소의 부사절	양보 부사절
whenever	at[on/in] any time when[that] ~할 때는 언제나 = every time = each time	no matter when 언제 ~할지라도
wherever	**at[on/in] any place where[that] ~하는 곳은 어디나**	no matter where 어디에서 ~할지라도
however	×	no matter how 아무리 ~할지라도
		by whatever means 어떻게 ~한다 할지라도

7 〈need 동사의 용법〉

need	목적어 (to R)		3형식	주어가 (~할) 필요가 있다
	목적어	목적격 보어 (to R)	5형식	주어는 목적어가 ~해 줄 필요가 있다

어법 & 연결어

People unknowingly sabotage their own work when they withhold help or information from others or try **[undermining / to undermine]** them lest they become more **[successive / successful]** or get more credit than "me." Cooperation is alien to the ego, except when there **[is / are]** a secondary motive. The ego doesn't know **[what / that]** the more you include others, the more **[smooth / smoothly]** things flow and the more easily things come to you. When you give **[little / few]** or no help to others or put obstacles in their path, the universe — in the form of people and circumstances — **[give / gives] [little / a little]** or no help to you **[because / because of]** you have cut **[you / yourself]** off from the whole. The ego's unconscious core feeling of "not enough" causes it **[to react / reacting]** to someone else's success as if that success **[took / had taken]** something away from "me." It doesn't know **[what / that]** your resentment of **[another / the other]** person's success curtails your own chances of success. In order to attract success, you need **[welcoming / to welcome] [it / them] [where / wherever]** you see **[it / them]**.

전국 2021학년도 3월 고3 32번		
빈칸 추론	제목	원기를 회복하게 하는 멈춤
	주제	원기를 회복하게 하는 멈춤을 통해 일과 관련된 문제를 사라지게 하고, 가정생활에 집중할 수 있다.
	논리	일화, 원인·결과, 인용

	지문	해석	단어 & 숙어
1 일화	Jeffrey A. Rodgers, / {a vice president (of a big company)}, / was (once) taught / the simple idea / (of pausing to refresh). (= 〈동격〉, S, V〈수동태〉, O, 〈동명사〉) Jeffrey A. Rodgers는 / 한 대기업의 부사장인 / 예전에 배웠다 / 간단한 아이디어를 / 원기 회복을 위해 잠시 멈추는	한 대기업의 부사장인 Jeffrey A. Rodgers는 예전에 원기 회복을 위해 잠시 멈추는 간단한 아이디어를 배웠다.	a vice president 부사장 big company 대기업 once 이전에 teach I·O D·O (4) ~에게 …을 가르치다 (수동태 시, be taught D·O) refresh 원기를 회복하다
2 결과	It began / 〈when Jeff realized / [that {as he drove home (from work) (each evening)} / his mind was (still) focused / (on work-related projects)]〉. (S, V, 〈종·접〉, S, V, 〈종·접〉, 〈종·접〉, S, V, [ ]: O, S, V〈수동태〉, p.p.) 그것은 시작되었다 / Jeff가 깨달았을 때 / 직장에서 집으로 차를 몰고 가던 중 매일 저녁 / 자신의 마음이 아직도 집중되어 있다는 것을 / 업무 관련 프로젝트에	그것은 Jeff가 매일 저녁 직장에서 집으로 차를 몰고 가던 중 자신의 마음이 아직도 업무 관련 프로젝트에 집중되어 있다는 것을 깨달았을 때 시작되었다.	begin 시작하다 (begin – began – begun – beginning) realize 깨닫다 mind 마음 still 아직도, 여전히 focus A on B A를 B에 집중시키다 (수동태 시, A be focused on B) work-related 일과 관련된 project 계획, 기획, 설계
3	We all know / this feeling. (S, V, O) 우리는 모두 안다 / 이 기분을	우리는 모두 이 기분을 안다.	
4 원인	We may have left / the office / (physically), / but we are (very much) (still) (there) (mentally), / [as our minds get caught / (in the endless loop) / {of replaying the events of today / and worrying (about all the things)} / {we need to get done / (the following day)}]. (S_1, V_1, O, 〈부사〉, S_2, V_2, 〈종·접〉, S, V, S·C, 〈동명사〉$_1$, O, 〈동명사〉$_2$, 〈선행사〉, (목·관 that), S, V, O) 우리는 떠났을지 모른다 / 사무실을 / 육체적으로는 / 하지만 정신적으로는 매우 많이 아직 그곳에 있다 / 왜냐하면 우리의 마음이 사로잡혀 있기 때문이다 / 끝없는 루프에 / 오늘의 사건들을 재생하고 모든 일에 대해 걱정하는 / 처리해야 할 필요가 있는 / 이튿날	우리는 육체적으로는 사무실을 떠났을지 모르지만, 정신적으로는 매우 많이 아직 그곳에 있는데, 왜냐하면 우리의 마음이 오늘의 사건들을 재생하고 이튿날 처리해야 할 필요가 있는 모든 일에 대해 걱정하는 끝없는 루프에 사로잡혀 있기 때문이다.	may have p.p. ~했을지도(이었을지도) 모른다 physically 육체적으로 mentally 정신적으로 as ~ 때문에 get caught in ~에 사로잡히다 endless 끝이 없는 loop 루프 (반복 실행되는 일련의 명령) replay 재생하다 need O(to R) ~을 할 필요가 있다 get S·C(p.p.) (어떤 상태가) 되다, ~ 당하다 the following day 그 다음날
5 TS	So / now, / {as he gets to the door (of his house)}, / he applies / (what he calls "the pause that refreshes.") (〈종·접〉, S, V, S, V, 〈목·관〉, S, V, O·C, ( ): O) 그래서 / 지금 / 집 문 앞에 이르러 / 그는 적용한다 / 그가 '원기를 회복하게 하는 멈춤'이라고 부르는 것을	그래서 지금, 집 문 앞에 이르러, 그는 자칭 '원기를 회복하게 하는 멈춤'을 적용한다.	get to ~에 도착하다, 닿다 apply 적용하다 call O O·C(명사) (5) ~을 …라고 부르다 (수동태 시, be called S·C(명사))
6	He stops / (for just a moment). (S, V) 그는 멈춘다 / 아주 잠깐	그는 아주 잠깐 멈춘다.	stop 멈추다 for a moment 잠시 동안, 당장 그때만
7	He closes / his eyes. (S, V, O) 그는 감는다 / 눈을	그는 눈을 감는다.	close one's eyes 눈을 감다
8	He breathes (in and out) / (once): / (deeply and slowly). (S, V) 그는 숨을 들이쉬고 내쉰다 / 한 번 / 깊게 그리고 천천히	그는 한 번, 깊게 그리고 천천히 숨을 들이쉬고 내쉰다.	breathe in 숨을 들이쉬다 (= inhale) breathe out 숨을 내쉬다 (= exhale) deeply 깊이[크게]
9	(As he exhales), / he / ____________________. (〈종·접〉, S, V, S) 숨을 내쉬면서 / 그는 / 일과 관련된 문제를 서서히 사라지게 한다	숨을 내쉬면서 그는 일과 관련된 문제를 서서히 사라지게 한다.	exhale (숨을) 내쉬다 fall away 서서히 사라지다
10	This allows / him / (to walk through the front door) / (to his family) / (with more singleness of purpose). (S, V, O, ( ): O·C) 이것은 허락한다 / 그가 현관문을 통해 걸어가는 것을 / 그의 가족에게 / 한 가지 목표에 더 몰두하면서	이렇게 하고 나면 그는 한 가지 목표에 더 몰두하면서 현관문을 통해 그의 가족에게 걸어갈 수 있게 된다.	walk through A to B A를 통해 B로 걸어가다 singleness of purpose 한 가지 목적에만 몰두함
11 인용	It supports / the sentiment / (attributed to Lao Tzu): / "(In work), / do (what you enjoy). / (In family life), / be (completely) present." (S, V, O, p.p., V, 〈목·관〉, S, V, ( ): O, V, 〈부사〉, S·C) 그것은 뒷받침한다 / 정서를 / 노자가 말한 것으로 여겨지는 다음과 같은 / "직장에서는 / 당신이 즐기는 것을 하라 / 가정생활에서는 / 온전히 참여하라"	그것은 노자가 말한 것으로 여겨지는 다음과 같은 정서를 뒷받침한다. "직장에서는 당신이 즐기는 것을 하라. 가정생활에서는 온전히 참여하라."	support 지지하다, 뒷받침하다 sentiment 감정, 정서 attribute A to B A를 B의 결과로[덕분으로] 보다 (수동태 시, A be attributed to B) Lao Tzu 노자 (중국의 사상가, 도가 학파 창시자) completely 완전히, 온전히 present 참석[출석]한 (↔ absent)

32 다음 빈칸에 들어갈 말로 가장 적절한 것을 고르시오. [50%]

① lets the work issues fall away

② makes plans for tomorrow's work

③ retraces the projects not completed yet

④ feels emotionally and physically exhausted

⑤ reflects on the achievements he made that day

정답 | ①

해설 | ① 일과 관련된 문제를 서서히 사라지게 한다: 2에서 Jeff는 일과 관련된 문제에 사로잡혀 있음을 알 수 있고, 10에서 '빈칸'을 한다면 한 가지 목표(가정생활)에 더 몰두할 수 있게 된다고 했으므로 일과 관련된 문제를 사라지게 한다는 것이 정답이다.

② 내일의 일을 위한 계획을 세운다: 내일의 계획에 관한 내용은 없다.

③ 아직 완료되지 않은 프로젝트를 다시 되짚어 본다: 일과 관련된 문제를 사라지게 하는 것이 정답으로 적절하므로 빈칸에 들어갈 말과 반대된다.

④ 감정적으로 그리고 육체적으로 피곤함을 느낀다: 피곤함에 관한 내용은 없다.

⑤ 그가 그날 이룬 성취에 대해 되돌아본다: 성취를 되돌아본다는 내용은 없다.

문법

1 〈동격〉 : A(명사), B(명사) (A가 주어)

동격(B라는 A)				동사
명사(A) : 주어	,(콤마)	명사(구/절)(B)	,(콤마)	동사
Jeffrey A. Rodgers		a vice ~ company		was

1 10 〈5형식 불완전 타동사의 목적격 보어〉 : 수동태 전환 시, 2형식 문장(be p.p. + to R)

주어	불완전 타동사	목적어	목적격 보어
–	advise / **allow** / ask / assume / beg / bring / cause / command / compel / condition / decide / design / drive / enable / encourage / expect / forbid / force / inspire / instruct / intend / invite / lead / like / motivate / order / permit / persuade / predispose / pressure / proclaim / prod / program / provoke / push / require / **teach** / tell / train / trust / urge / want / warn / wish 등	–	to 동사원형

1 〈to부정사를 취하는 불완전 자동사〉

주어	불완전 자동사	
–	aim / appear / arrange / bother / consent / fight / hesitate / hurry / long / **pause** / prepare / seem / serve / strive / struggle / tend / yearn / wait 등	to 동사원형

2 〈what vs. that〉

	관계대명사 (불완전한 문장)	접속사 (완전한 문장)
what	○ 선행사를 포함하고 있기 때문에 what 앞에 선행사 불필요	×
that	○ that 앞에 선행사 필요	○

4 〈목적격 관계대명사 that〉 : 3형식에서 타동사의 목적어가 없는 경우 / 선행사를 포함하고 있는 관계대명사 what 사용 불가

	목적격 관계대명사절			
선행사	목적격 관계대명사	주어	타동사	~~목적어~~
all the things	(that) 생략 가능	we	need to get	

4 〈need 동사의 용법〉

need	목적어 (to R)		3형식	주어가 (~할) 필요가 있다
	목적어	목적격 보어 (to R)	5형식	주어는 목적어가 ~해 줄 필요가 있다

4 〈get 동사의 쓰임〉 : 5형식일 경우

get	목적어	목적격 보어	5형식	목적어와 목적격 보어와의 관계
		형용사	~을 …의 상태가 되게 하다	능동
		현재분사	~을 …의 상태가 되게 하다	능동
		to 동사원형	(남에게) …시키다	능동
		과거분사	(물건을) …하게 하다	수동

5 〈목적격 관계대명사 생략〉 : 5형식에서 목적어가 없는 경우 / 선행사가 필요한 목적격 관계대명사 that 사용 불가함.

	목적격 관계대명사절				
선행사	목적격 관계대명사	주어	동사	~~목적어~~	목적격 보어
없음	what	he	calls		"the ~ refreshes."

9 〈사역동사〉 : 목적어와 목적격 보어의 관계가 능동일 경우

주어	사역동사	목적어	목적격 보어
	have		동사원형(R)
	let		
	make		

11 〈주격 관계대명사 + be동사 생략〉 : the sentiment (which/that is) [attributed (과거분사)] : 과거분사가 앞에 있는 명사를 후치 수식하는 경우

11 〈직접명령문〉 : do ~ / be ~

직접명령문	긍정문	**동사원형**	**~해라**
		Please + 동사원형	~해 주세요
	부정문	Don't + 동사원형	~하지 마라
		Never + 동사원형	

11 〈목적격 관계대명사 what〉 : 선행사가 필요한 목적격 관계대명사 that 사용 불가

	〈목적격 관계대명사절〉: 명사절 (타동사 do의 목적어)			
선행사	목적격 관계대명사	주어	타동사	~~목적어~~
없음	what	you	enjoy	

어법 & 연결어

Jeffrey A. Rodgers, a vice president of a big company, was once **[teaching / taught]** the simple idea of pausing to refresh. It began when Jeff realized **[what / that]** as he drove home from work each evening his mind was still **[focusing / focused]** on work-related projects. We all know this feeling. We may have left the office physically, but we are very much still there mentally, as our minds get caught in the endless loop of replaying the events of today and **[worry / worrying]** about all the things we need **[getting / to get]** **[to do / done]** the following day. (   ) now, as he gets to the door of his house, he applies **[that / what]** he calls "the pause that refreshes." He stops for just a moment. He closes his eyes. He breathes in and out once: deeply and slowly. As he exhales, he lets the work issues **[fall / to fall]** away. This allows him **[to walk / walking]** **[through / thorough]** the front door to his family with more singleness of purpose. It supports the sentiment **[attributing / attributed]** to Lao Tzu: "In work, do what you enjoy. In family life, **[be / being]** completely present."

전국 2021학년도 3월 고3 33번	제목	생존을 위해 화학적 혼합물을 제조하는 식물
	주제	식물은 화학적 혼합물을 제조하는 능력으로 생존해 나간다.
빈칸 추론	논리	예시

	지문	해석	단어 & 숙어
1	Plants / are genius chemists. S V S·C 식물은 천재적인 화학자다	식물은 천재적인 화학자다.	plant 식물 genius 천재 chemist 화학자
2 TS	They rely / (on their ability) / (to manufacture chemical S V 그것들은 의존한다 능력에 화학적 혼합물을 제조하는 compounds) / (for every single aspect) / (of their survival). 모든 측면 하나하나를 생존의	그것들은 생존의 모든 측면 하나하나를 화학적 혼합물을 제조하는 능력에 의존한다.	rely on ~에 의지[의존]하다 ability 능력 manufacture 제조하다 chemical 화학적인 compound 혼합물 aspect 측면, 방면 survival 생존
3 예시1	A plant (with juicy leaves) / can't run away / (to avoid being S V O〈동명사의 수동〉 즙이 많은 잎을 가진 식물이 달아날 수는 없다 먹히는 것을 피하려고 eaten).	즙이 많은 잎을 가진 식물이 먹히는 것을 피하려고 달아날 수는 없다.	juicy 즙[수분]이 많은 leaves 잎 (leaf의 복수형) run away 달아나다, 도망가다 avoid O(-ing) ~을 피하다
4	It relies / (on its own chemical defenses) / (to kill microbes, (to) S V ① O 그것은 의존한다 자체의 화학적 방어 수단에 deter pests, or (to) poison would-be predators). ② O ③ 〈형용사〉 O 세균을 죽이거나, 해충을 저지하거나, 잠재적 포식자를 독살하기 위해	그것은 자체의 화학적 방어 수단에 의존해 세균을 죽이거나, 해충을 저지하거나, 잠재적 포식자를 독살한다.	chemical defense 화학방어 microbe 미생물, 세균 deter 저지하다 pest 해충 poison 독살하다 would-be ~이 되려고 하는 predator 포식자
5	Plants (also) need / to reproduce. S V O 식물은 또한 해야 한다 번식도	식물은 또한 번식도 해야 한다.	need O(to R) ~을 할 필요가 있다 reproduce 번식하다
6	They can't impress / a potential mate / {with a fancy dance, S V O ① 식물은 감동시킬 수 없다 잠재적인 짝을 화려한 춤이나 / a victory (in horn-to-horn combat), / or a well-constructed ② p.p. 뿔 대 뿔 결투에서의 승리 혹은 잘 지어진 둥지로 nest / (like animals do)}. ③ 〈종·접〉 S V 동물이 하듯이	식물은 동물이 하듯이 화려한 춤이나 뿔 대 뿔 결투에서의 승리, 혹은 잘 지어진 둥지로 잠재적인 짝을 감동시킬 수 없다.	impress 감동[감명]을 주다 potential 잠재적인 mate 짝 fancy 화려한 victory 승리 horn (양소 등의) 뿔 combat 결투 construct 건설하다, 짓다 nest 둥지
7	{Since plants need / to attract pollinators / (to accomplish 〈종·접〉 S V O 식물은 해야 하기 때문에 꽃가루 매개자를 끌어들여야 reproduction)}, / they've evolved / intoxicating scents, sweet S V〈현재완료〉 〈현재분사〉 O_1 O_2 번식을 완수하기 위해서는 그들은 진화시켜 왔다 nectar, and pheromones / (that send signals) / (that bees O_3〈선행사〉 〈주·관〉 V O〈선행사〉 〈목·관〉 S_1 취하게 하는 향기, 달콤한 화밀, 그리고 페로몬을 신호를 보내는 and butterflies can't resist). S_2 V 벌과 나비가 저항할 수 없는	번식을 완수하기 위해서는 꽃가루 매개자를 끌어들여야 하기 때문에, 식물은 취하게 하는 향기, 달콤한 화밀, 그리고 벌과 나비가 저항할 수 없는 신호를 보내는 페로몬을 진화시켜 왔다.	since ~ 때문에 attract 끌어들이다 pollinator 꽃가루 매개자 accomplish 완수하다 reproduction 번식 evolve 진화시키다 intoxicating 취하게 하는 scent 향기 nectar 화밀, 과즙 pheromone 페로몬, 유인(誘引) 물질 signal 신호 resist 저항하다
8	{ }: O_1 [When you consider / {that plants solve almost all of their 〈종·접〉 S V 〈종·접〉 S V O 고려해 볼 때 식물이 거의 자신의 모든 문제를 해결한다는 것과 problems / (by making chemicals)}, / and {that there are 〈동명사〉 O 〈종·접〉 { }: O_2 V 화학 물질을 만들어 nearly 400,000 species (of plants) / (on Earth)}], / it's no S 〈가S〉 V 거의 40만 종의 식물이 있다는 것을 지구상에 wonder / (that the plant kingdom is ____________). ( ): 〈진S〉 S·C 〈종·접〉 S V 전혀 놀랍지 않다 식물 왕국이 놀랍도록 많은 유용한 물질의 공급원이라는 것이	식물이 거의 모든 문제를 화학 물질을 만들어 해결한다는 것과 지구상에 거의 40만 종의 식물이 있다는 것을 고려해 볼 때, 식물 왕국은 놀랍도록 많은 유용한 물질의 공급원이라는 것이 전혀 놀랍지 않다.	solve a problem 문제를 풀다 by +-ing ~함으로써 nearly 거의 species 종 (It is) no wonder (that) S V ~인 것은 조금도 이상하지 않다, 놀랄 일이 아니다 kingdom 왕국 source 원천 dazzling 눈이 부신 an array of 다량, 다수의 useful 유용한 substance 물질

33 다음 빈칸에 들어갈 말로 가장 적절한 것을 고르시오. [37%]

① a factory that continuously generates clean air
② a source for a dazzling array of useful substances
③ a silent battlefield in which plants fight for sunshine
④ a significant habitat for microorganisms at a global scale
⑤ a document that describes the primitive state of the earth

정답 | ②

해설 | ① 깨끗한 공기를 끊임없이 만드는 공장: 깨끗한 공기에 관한 내용은 없다.
② 놀랍도록 많은 유용한 물질의 공급원: 2에서 식물은 생존을 위해 화학적 혼합물을 제조한다고 했으므로, 식물을 유용한 물질의 공급원이라 한 것은 정답이다.
③ 식물들이 햇빛을 받기 위해 싸우는 침묵의 전쟁터: 식물이 생존을 위해 경쟁한다는 내용은 없다.
④ 세계적 규모의 미생물을 위한 중요한 서식지: 미생물에 관한 내용은 없다.
⑤ 지구의 원시 상태를 묘사하는 문서: 지구의 원시 상태에 관한 내용은 없다.

문법

2 4 〈rely on〉

주어	동사	해석
사람/동·식물	**rely on**, depend on, count on, bank on, draw on, turn to, resort to	~에 의지[의존]하다
사물		~에 좌우되다, ~에 달려 있다

3 〈목적어 자리에 동명사를 취하는 완전 타동사〉

주어	완전 타동사	목적어
–	admit / **avoid** / consider / delay / deny / enjoy / escape / experience / finish / give up / imagine / include / involve / mind / mute / practice / put off / quit / recommend / replace / report / risk 등	-ing (동명사)

3 〈동명사의 태/시제/부정〉 : being eaten

태	능동	-ing
	수동	**being p.p.**
시제	단순시제 : 본동사 시제와 동일	-ing
	완료시제 : 본동사 시제보다 한 시제 앞선 시제	having p.p.
	완료 수동	having been p.p.

5 7 〈need 동사의 용법〉

need	목적어 (to R)		3형식	주어가 (~할) 필요가 있다
	목적어	목적격 보어 (to R)	5형식	주어는 목적어가 ~해 줄 필요가 있다

6 〈대동사〉 : 동사(구)를 대신하는 말 (do = impress a potential mate with ~)

동사	→	대동사
be		be
조동사		조동사
일반동사		**do**/does/did

7 〈since 용법〉

종속접속사	시간	~이래 (죽), ~한 때부터 내내
	이유	**~이므로, ~이니까**
전치사	시간	~이래 (죽), ~부터 (내내)
부사	시간	(그때)이래 (죽), 그 뒤[후] 줄 곧

7 〈주격 관계대명사절의 수의 일치〉 : 선행사를 포함하고 있는 관계대명사 what 사용 불가

	주격 관계대명사절		
선행사	주격 관계대명사	~~주어~~	동사
pheromones	that		send

7 〈목적격 관계대명사 that〉 : 타동사의 목적어가 없는 경우 / 선행사를 포함하고 있는 관계대명사 what 사용 불가

	목적격 관계대명사절			
선행사	목적격 관계대명사	주어	타동사	~~목적어~~
signals	(that) 생략 가능	bees and butterflies	can't resist	

7 8 〈what vs. that〉

	관계대명사 (불완전한 문장)	접속사 (완전한 문장)
what	○ 선행사를 포함하고 있기 때문에 what 앞에 선행사 불필요	×
that	○ that 앞에 선행사 필요	○

8 〈종속접속사 that 생략 불가〉 : 대등접속사로 이어지는 뒤에 있는 종속절에서 종속접속사 that은 생략 불가

		생략 가능			대등접속사	생략 불가		
주어	완전 타동사	(that)	주어	동사	and	**that**	주어	동사
		종속절 1			but	종속절 2		
					or			

8 〈wonder / wander〉

	동사	명사
wonder	궁금해하다	**놀라움**, 불가사의한 물건
wander	돌아다니다	산책, 거닐기

8 〈There/Here is 도치구문〉

긍정문	**There** (Here)	is	단수 주어	~이 있다 (여기에 ~이 있다)
		are	**복수 주어**	
부정문	There (Here)	is no	단수 주어	~이 없다 (여기에 ~이 없다)
		are no	복수 주어	

어법 & 연결어

Plants are genius chemists. They rely on their ability to manufacture chemical compounds for every single aspect of their survival. A plant with juicy leaves can't run away to avoid **[eating / being eaten]**. It relies on its own chemical defenses to kill microbes, deter pests, or poison would-be predators. Plants also need **[to reproduce / reproducing]**. They can't impress a potential mate with a fancy dance, a victory in horn-to-horn combat, or a well-constructed nest **[like / alike]** animals **[are / do]**. Since plants need to attract pollinators to accomplish reproduction, they've evolved intoxicating scents, sweet nectar, and pheromones **[what / that]** **[send / sends]** signals **[what / that]** bees and butterflies can't resist. When you consider **[that / what]** plants solve **[most / almost]** all of their problems by making chemicals, **[and / and that]** there **[is / are]** nearly 400,000 species of plants on Earth, it's no wonder **[that / what]** the plant kingdom is a source for a dazzling array of useful substances.

전국 2021학년도 3월 고3 34번

빈칸 추론

제목	노력과 분투를 강조하는 능력주의
주제	능력주의는 타고난 재능이 주는 난처함에 대해, 노력과 분투의 중요성을 부풀린다.
논리	비교·대조, 예시

	지문	해석	단어 & 숙어
1	The meritocratic emphasis / (on effort and hard work) / seeks (to vindicate the idea) / {that, (under the right conditions), / we are responsible (for our success) / and thus capable (of freedom)}. 능력주의의 강조는 / 노력과 근면에 대한 / 생각을 입증하려 한다 / 정당한 조건하에서는 / 우리가 우리의 성공에 책임이 있고 / 따라서 자유를 누릴 수 있다는	노력과 근면에 대한 능력주의의 강조는 정당한 조건하에서는 우리가 우리의 성공에 책임이 있고 따라서 자유를 누릴 수 있다는 생각을 입증하려 한다.	meritocratic 능력주의의 emphasis 강조 (복수형: emphases) hard work 근면 seek O(to R) ~하려고 노력하다 vindicate (정당성을) 입증하다 under the right conditions 바른 상태에서는 be responsible for ~에 책임이 있다 thus 따라서 be capable of ~을 할 수 있다
2	It (also) seeks / (to vindicate the faith) / {that, (if the competition is truly fair), / success will align (with virtue)}; / those {who work (hard) and play (by the rules)} / will earn the rewards / (they deserve). 그것은 또한 추구한다 / 믿음을 입증하려 / 경쟁이 정말 공정하다면 / 성공은 미덕과 같은 선상에 놓일 것이고 / 열심히 노력하고 규칙을 따르는 사람들은 / 보상을 받게 될 것이라는 / 자신이 마땅히 받아야 할	그것은 또한, 경쟁이 정말 공정하다면, 성공은 미덕과 같은 선상에 놓일 것이고, 열심히 노력하고 규칙을 따르는 사람들은 자신이 마땅히 받아야 할 보상을 받게 될 것이라는 믿음을 입증하려 한다.	faith 믿음 competition 경쟁, 경기 truly 정말로, 진심으로 fair 공정한 align with ~와 나란하다 virtue 미덕 those who ~하는 사람들 play by the rules 규칙[원칙]대로 하다 earn 얻다[받다] reward 보상 deserve 받을 가치가 있다
3	We want [to believe / {that success, (in sports) and (in life), / is something / (we earn), / not something / (we inherit)}]. 우리는 믿고 싶어 한다 / 스포츠와 인생에서 성공이란 / 것이라고 / 우리가 획득하는 / 것이 아니라 / 우리가 물려받는	우리는 스포츠와 인생에서 성공이란 우리가 물려받는 것이 아니라 획득하는 것이라고 믿고 싶어 한다.	want O(to R) ~하기(를) 원하다 believe 믿다 B, not A A가 아니라 B (= not A but B) inherit 상속받다, 물려받다
4	Natural gifts and the advantages / (they bring) / embarrass the meritocratic faith. 타고난 재능과 이점은 / 그것이 가져다 주는 / 능력주의의 믿음을 난처하게 만든다	타고난 재능과 그것이 가져다 주는 이점은 능력주의의 믿음을 난처하게 만든다.	natural 선천적인, 타고난 gift 재능 advantage 이점 embarrass 난처하게 하다 meritocratic 성적[능력] 중시 주의의 faith 믿음[신뢰]
5	They cast doubt / (on the conviction) / {that praise and rewards flow (from effort) alone}. 그것은 의구심을 제기한다 / 신념에 / 오직 노력의 결과로만 칭찬과 보상이 생긴다는	그것은 칭찬과 보상이 오직 노력의 결과로만 생긴다는 신념에 의구심을 제기한다.	cast[throw] doubt on ~에 의구심을 제기하다 conviction 신념, 확신 praise 칭찬, 찬사 flow from ~에서 나오다 alone 홀로, 단독으로, 다만
6 TS	(In the face of this embarrassment), / we ______________. 이러한 난처함에 직면해 / 우리는 노력과 분투의 도덕적 중요성을 부풀린다	이러한 난처함에 직면해, 우리는 노력과 분투의 도덕적 중요성을 부풀린다.	in the face of ~에 직면하여 embarrassment 난처함, 곤란함 inflate 과장하다, 부풀리다 moral 도덕적인 striving 분투
7 예시	This can be seen, / for example, / (in television coverage) / (of the Olympics), / [which focuses less (on the feats) / (the athletes perform) / than (on heartbreaking stories) / {of the hardships and obstacles / (they have overcome), / and the struggles / (they have gone through) / (to triumph over injury, or a difficult childhood, or political turmoil) / (in their native land)}]. 이것은 볼 수 있다 / 예를 들자면 / 텔레비전 보도에서 / 올림픽 경기의 / 뛰어난 재주보다 더 초점을 두는 / 선수들이 행하는 / 가슴 아픈 이야기에 / 고난과 장애물과 같은 / 그들이 극복한 / 힘겨운 노력에 관한 / 그들이 겪은 / 부상이나 힘든 어린 시절 또는 정치적 혼란을 이겨 내기 위해 / 고국의	이것은 예를 들자면, 선수들이 행하는 뛰어난 재주보다 그들이 극복한 고난과 장애물 그리고 부상이나 힘든 어린 시절 또는 고국의 정치적 혼란을 이겨 내기 위해 그들이 겪은 힘겨운 노력에 관한 가슴 아픈 이야기에 더 초점을 두는 올림픽 경기의 텔레비전 보도에서 볼 수 있다.	coverage 보도 focus on ~에 집중하다, 초점을 두다 feat 뛰어난 재주[솜씨] athlete 운동 선수 perform 수행하다 heartbreaking 가슴이 미어질 듯한 hardship 어려움 obstacle 장애물 overcome 극복하다 struggle (힘겨운) 노력, 고투 go through ~을 겪다 triumph 이겨 내다 injury 부상 difficult 어려운, 힘든 childhood 어린 시절 political 정치적인 turmoil 혼란 one's native land 고국 (= homeland)

34 다음 빈칸에 들어갈 말로 가장 적절한 것을 고르시오. [3점] [33%]

① suspect perfectly fair competition is not possible
② inflate the moral significance of effort and striving
③ put more emphasis on the results than on the process
④ believe that overcoming hardships is not that important
⑤ often appreciate the rewards earned through natural gifts

정답 | ②

해설 | ① 완전히 공정한 경쟁은 불가능하다고 생각한다: 공정한 경쟁에 관한 내용은 없다.
② 노력과 분투의 도덕적 중요성을 부풀린다: 1에서 능력주의는 노력과 근면을 강조한다고 했고, 7에서 선수들의 노력에 초점을 맞춘다고 했으므로 정답이다.
③ 과정보다 결과를 더 많이 강조한다: 7에서 선수들이 노력한 과정에 초점을 맞춘다고 했으므로 적절하지 않다.
④ 고난을 극복하는 것이 그다지 중요하지 않다고 믿는다: 7에서 고난을 극복한 선수들의 노력에 초점을 맞춘다고 했으므로 적절하지 않다.
⑤ 타고난 재능에 의해서 얻은 보상을 자주 가치 있게 평가한다: 4에서 타고난 재능이 능력주의를 난처하게 만든다고 했으므로 이를 가치 있게 평가한다는 것은 적절하지 않다.

문법

1 2 〈hard / hardly〉

	형용사	부사
hard	어려운, 단단한, **열심히 하는**	**열심히**
hardly	–	거의 ~하지 않는

1 2 〈목적어 자리에 to부정사를 취하는 완전 타동사〉

주어	완전 타동사	목적어
–	afford / agree / ask / attempt / care / choose / claim / dare / decide / demand / desire / determine / elect / expect / fail / guarantee / hope / intend / learn / manage / need / offer / plan / pretend / promise / refuse / resolve / **seek** / threaten / volunteer / want / wish 등	to 동사원형

1 2 5 〈동격의 종속접속사 that〉 : 'the + 추상명사(idea) + that' (~라는 생각) / 'the + 추상명사(faith) + that' (~라는 믿음) / 'the + 추상명사(conviction) + that' (~라는 신념)

2 〈혼동 어휘〉 : complete 완수하다, 완전한, 완벽한 / completion 완성, 완수 / compete 경쟁하다 / **competition 경쟁, 대회** / competitor 경쟁자 / competence 능력, 자격 / incompetence 무능력 / complement 보완하다, 보완, 보충 / compliment 칭찬하다, 칭찬 / complimentary 칭찬하는, 무료의 / complimentarily 찬사로, 무료로 / competitive 경쟁적인 / competent 유능한, 적임의, 자격이 있는 / completely 완전히, 전적으로 / competitively 경쟁적으로 / competently 유능하게

2 〈시간/조건의 부사절〉 : 현재(완료)가 미래(완료)를 대신함 / 종속절과 주절의 위치는 서로 바뀔 수 있음

종속절: 부사절(~한다면)			주절	
If	주어	동사	주어	동사
	the competition	~~will be~~ → is	success	will align

2 〈those who〉 : ~하는 사람들

	주격 관계대명사절		
선행사	주격 관계대명사	~~주어~~	복수동사
those	who		work

2 3 4 7 〈목적격 관계대명사 that〉 : 3형식에서 타동사의 목적어가 없는 경우 / 선행사를 포함하고 있는 관계대명사 what 사용 불가

	목적격 관계대명사절			
선행사	목적격 관계대명사	주어	타동사	~~목적어~~
the rewards	(that) 생략 가능	they	deserve	
something		we	earn	
something		we	inherit	
the advantages		they	bring	
the feats		the athletes	perform	
the hardships and obstacles		they	have overcome	
the struggles		they	have gone through	

5 〈alone vs. lonely〉

	형용사	서술적 형용사	부사
alone	**(명사/대명사 바로 뒤에서 수식하여) ~ 혼자, ~ 하나만으로도**	혼자의, 고독한	혼자, 홀로
lonely	고독한, 고립된, 외로운	–	–

7 〈주격 관계대명사〉 : 선행사를 포함하고 있는 관계대명사 what 사용 불가

	주격 관계대명사절		
선행사	주격 관계대명사	~~주어~~	동사
television coverage	which		~~focus~~
			focuses

7 〈혼동 어휘〉

through	**전치사**	**~을 통하여**
throughout	전치사	(장소) ~의 도처에, (시간) ~ 동안, ~내내
	부사	도처에, 완전히, 철저하게
though	접속사	~에도 불구하고
thorough	형용사	철저한, 완전한

어법 & 연결어

The meritocratic emphasis on effort and **[hard / hardly]** work seeks to vindicate the idea **[what / that]**, under the right conditions, we are responsible for our success and (thusthus) capable of freedom. It also seeks to vindicate the faith **[which / that]**, if the **[completion / competition]** is truly fair, success will align with virtue; those who **[work / works]** **[hard / hardly]** and play by the rules will earn the rewards **[that / what]** they deserve. We want **[believing / to believe]** that success, in sports and in life, is something **[that / what]** we earn, not something **[that / what]** we inherit. Natural gifts and the advantages **[that / what]** they bring **[embarrass / to embarrass]** the meritocratic faith. They cast doubt on the conviction **[what / that]** praise and rewards flow from effort **[alone / lonely]**. In the face of this embarrassment, we inflate the moral significance of effort and striving. This **[can see / can be seen]**, (   ), in television coverage of the Olympics, **[what / which]** **[focus / focuses]** less on the feats **[that / what]** the athletes **[perform / to perform]** than on heartbreaking stories of the hardships and obstacles **[that / what]** they have overcome, and the struggles **[that / what]** they have gone **[thorough / through]** to triumph over injury, or a difficult childhood, or political turmoil in their native land.

전국 2021학년도 3월 고3 35번		
무관한 문장	제목	항공 교통 관제 시스템에 대한 사이버 공격의 위험성
	주제	항공 교통 관제 시스템에 대한 사이버 공격은 주요한 우려 사항이 되었고, 이에 대한 보안 강화의 필요성이 대두되었다.
	논리	문제점·해결책

	지문	해석	단어 & 숙어
1 TS 문제점	Cyber attacks / (on air traffic control systems) / have become a leading security concern. 사이버 공격은 / 항공 교통 관제 시스템에 대한 / 안보의 주요 우려 사항이 되었다 V〈현재완료〉 〈현재분사〉 S·C	항공 교통 관제 시스템에 대한 사이버 공격은 안보의 주요 우려 사항이 되었다.	cyber attack 사이버 공격 air traffic control system 항공 교통 관제 시스템 become ~이 되다 leading 주요한, 주된 security concern 보안 문제
2	① The federal government released / a report / (in 2009) / 〈stating [that the nation's air traffic control system is vulnerable / (to a cyber attack) / {that could interrupt communication (with pilots) / and alter the flight information / (used to separate aircraft)} / (as they approach an airport)]〉. 연방 정부는 내놓았다 / 보고서를 / 2009년에 / 국가의 항공 교통 관제 시스템이 취약하다고 기술한 / 사이버 공격에 / 조종사들과의 통신을 방해하고 / 비행 정보를 변경할 수 있는 / 그것들을 서로 떼어 놓는 데 사용되는 / 항공기가 공항에 접근할 때 (which was) (could) [ ]: O 〈 〉: 〈분사구문〉	2009년에 연방 정부는 국가의 항공 교통 관제 시스템이 조종사들과의 통신을 방해하고 항공기가 공항에 접근할 때 그것들을 서로 떼어 놓는 데 사용되는 비행 정보를 변경할 수 있는 사이버 공격에 취약하다고 기술한 보고서를 내놓았다.	federal 연방의 government 정부, 정권 release 내놓다, 발표[공개]하다, 출시하다 report 연구, 보고서 state 말하다, 진술하다 vulnerable to ~에 상처 입기 쉬운 interrupt 방해하다 communication with ~와의 교신[통신, 소통] pilot 조종사 alter 바꾸다, 변경하다 flight 비행 information 정보 be used to R ~에 사용되다 aircraft 항공기 separate 분리하다, 떼어놓다 as ~할 때 approach 접근하다, 다가오다 airport 공항
3	② The report found / numerous security problems / (in airline computer systems), / {including / easy-to-crack passwords and unencrypted file folders, / issues / (that could give invaders easy access)}. 이 보고서는 발견했다 / 수많은 보안 문제를 / 항공사 컴퓨터 시스템에서의 / 포함하여 / 쉽게 풀 수 있는 암호와 암호화되지 않은 파일 폴더 / 문제점 / 즉 침입자에게 쉬운 접근을 줄 수 있는 〈현재분사〉 〈형용사〉 =〈동격〉 { }: 〈분사구문〉	이 보고서는 쉽게 풀 수 있는 암호와 암호화되지 않은 파일 폴더, 즉 침입자에게 쉬운 접근을 줄 수 있는 문제점을 포함한 항공사 컴퓨터 시스템에서의 수많은 보안 문제를 발견했다.	numerous 수많은 security problem 보안 문제 airline 항공사 including ~을 포함하여 (↔ excluding) crack (다른 컴퓨터·시스템에) 불법으로 침입하다 (= hack) password 암호, 비밀번호 unencrypted 암호화되지 않은 issue 문제 give I·O D·O (4) ~에게 …을 주다 invader 침입자 access 접근
4	③ A cyber attack (on air traffic) / has the potential / (to kill many people) / and could cripple the country's entire airline industry. 항공 교통에 대한 사이버 공격은 / 가능성을 가지고 있다 / 많은 사람을 죽일 수 있는 / 그리고 국가 전체 항공 산업을 무력하게 만들 수 있다	항공 교통에 대한 사이버 공격은 많은 사람을 죽일 수 있는 가능성을 가지고 있으며, 국가 전체 항공 산업을 무력하게 만들 수 있다.	an attack on ~에 대한 공격 have the potential to R ~하는 가능성을 가지다 cripple 무력하게 만들다 entire 전체의 industry 산업
5	④ Unprecedented declines / (in consumer demand) / impacted the profitability / (of the airline industry), / {changing the face of aircraft travel / (for the foreseeable future)}. 전례 없는 감소는 / 소비자 수요의 / 수익성에 영향을 미쳤고 / 항공 산업의 / 항공기 여행의 면모를 바꿔 놓았다 / 예측할 수 있는 미래의 { }: 〈분사구문〉	(소비자 수요의 전례 없는 감소는 항공 산업의 수익성에 영향을 미쳤고, 예측할 수 있는 미래 항공기 여행의 면모를 바꿔 놓았다.)	unprecedented 전례 없는 decline 감소, 감퇴 consumer 소비자 demand 수요 impact 영향을 주다 (= affect) profitability 수익성 face 면모 aircraft travel 항공기 여행 foreseeable 예측할 수 있는
6 해결책	⑤ (Tightening airline computer security) / could be (even) more important / than {conducting security screenings (of passengers)}, / {because (in an increasingly cyber-oriented world), / plane hijackers (of the future) may not (even) be on board}. 항공사 컴퓨터 보안을 강화하는 것이 / 훨씬 더 중요할 수도 있다 / 승객에 대한 보안 검사를 하는 것보다 / 점점 더 사이버 지향적인 세계에서 / 미래의 비행기 납치범들은 비행기에 탑승해 있지 않을 수도 있기 때문에 ( ): S 〈동명사〉 〈강조〉 〈more A than B〉 〈종·접〉 〈부사〉	점점 더 사이버 지향적인 세계에서 미래의 비행기 납치범들은 비행기에 탑승해 있지 않을 수도 있기 때문에 항공사 컴퓨터 보안을 강화하는 것이 승객에 대한 보안 검사를 하는 것보다 훨씬 더 중요할 수도 있다.	tighten 강화하다, 더 엄격하게 하다 conduct (특정한 활동을) 하다 screening 검사 passenger 승객 increasingly 점점[갈수록] 더 oriented ~을 지향하는 hijacker 납치범 be on board (배·비행기·버스 따위를) 타고 있다

35 다음 글에서 전체 흐름과 관계 없는 문장은? [66%]

정답 | ④

해설 | 글에서는 항공 교통 관제 시스템에 대한 사이버 공격의 위험성과 보안 강화의 중요성에 관해 이야기하고 있지만, ④는 소비자의 수요가 항공 산업에 주는 영향에 관해 설명하고 있으므로 전체 흐름과 관계가 없다.

문법

2 〈주격 관계대명사 + be동사 생략〉

–	생략 가능	
명사 (선행사)	(주격 관계대명사 + be동사)	**현재분사(-ing) – 능동 (~하고 있는, ~하는)**
		과거분사(p.p.) – 수동 (~되어진, ~당한)
		명사
		형용사(구) (~하는, ~할)
		부사
		전치사구
a report	(which/that was)	stating
the flight information	(which/that was)	used

2 3 〈what vs. that〉

	관계대명사 (불완전한 문장)	접속사 (완전한 문장)
what	○ 선행사를 포함하고 있기 때문에 what 앞에 선행사 불필요	×
that	**○** that 앞에 선행사 필요	○

2 3 〈주격 관계대명사절의 수의 일치〉 : 선행사를 포함하고 있는 관계대명사 what 사용 불가

	주격 관계대명사절		
선행사	주격 관계대명사	주어	동사
a cyber attack	that	╳	could interrupt
issues	that	╳	could give

2 〈used 용법〉

be	used		**동사원형(R)**	**~하는 데 사용되다**
be[get/become]	used[accustomed]	to	동명사(-ing)	~ 익숙하다
used			동사원형(R)	~하곤 했다

3 〈including 용법〉

including	현재분사 (형용사)	~을 포함하는	명사를 뒤에서 후치 수식함
	분사구문 (부사)	**~을 포함하여**	**부대상황 (무인칭 독립분사구문)**
	전치사	~을 포함하여	형용사구, 부사구
			유사 표현 : regarding, concerning, considering

4 〈industry 품사별 변화에 따른 의미〉

	명사	형용사	동사
industry	산업, 공업, 근면	–	–
industrial	산업 근로자, ((특히)) 직공	산업(상)의, 공업(상)의	–
industrious	–	근면한, 부지런한	–
industrialize	–	–	산업[공업]화하다[되다]
industrialization	산업(공업)화	–	

5 〈changing ~〉 : 〈분사구문〉이 문미에 있는 경우 (능동)

6 〈동명사 주어〉 : Tightening ~ could be

주어가 될 수 있는 것들		주어와 동사의 수의 일치
단어	명사	명사와 대명사에 따라 동사의 단/복수 결정
	대명사	
구	to부정사구	**단수 동사** *모든 구와 절은 단수 취급
	동명사구	
절	that절	
	what절	
	whether절	
	의문사절	
	복합 관계대명사절	

6 〈비교급 vs. 원급 강조〉

	비교급 강조 표현	원급 강조 표현
훨씬 ~한	much, **even**, still, by far, far, a lot, lots, a great deal	very, so, quite, really, extremely, too
조금 더 ~한	a little, slightly, a bit	

6 〈원인/이유: ~ 때문에〉

전치사	because of	+ (동)명사 / 명사 상당어구
	due to	
	for	
	on account of	
	owing to	
	thanks to	
종속접속사	as	+ 주어 + 동사 ~
	because	
	now (that)	
	since	

어법 & 연결어

Cyber attacks on air traffic control systems have become a leading security concern. The federal government released a report in 2009 **[stating / stated] [what / that]** the nation's air traffic control system is vulnerable to a cyber attack **[that / what]** could interrupt communication with pilots and **[alter / alters]** the flight information used to **[separate / separating]** aircraft as they approach an airport. The report **[found / founded]** numerous security problems in airline computer systems, including easy-to-crack passwords and unencrypted file folders, issues **[that / what]** could give invaders easy access. A cyber attack on air traffic has the potential to kill many people and could cripple the country's entire airline industry. **[Unprecedented / Unprecedenting]** declines in consumer demand impacted the profitability of the airline industry, **[changing / changed]** the face of aircraft travel for the foreseeable future. Tightening airline computer security could be **[very / even]** more important than **[conduct / conducting]** security screenings of passengers, **[because / because of]** in an **[increasing / increasingly]** cyber-oriented world, plane hijackers of the future may not even be on **[broad / board]**.

전국 2021학년도 3월 고3 36번		
글의 순서	제목	경제생활에서 부를 창출하기 위한 핵심은 무엇일까?
	주제	현대 경제학에서 분업은 부를 창출하기 위한 핵심이고, 전문가들은 자신의 특화된 상품을 효율적으로 교환하기 위한 수단을 가진다.
	논리	예시

	지문	해석	단어 & 숙어
1	A classic positive-sum game / (in economic life) / is the trading (of surpluses). 전형적인 포지티브섬 게임은 / 경제생활에서 / 잉여물의 거래이다	경제생활에서 전형적인 포지티브섬 게임은 잉여물의 거래이다.	classic 전형적인 positive-sum game 포지티브섬 게임 economic life 경제생활 trading (상)거래, 영업 surplus 잉여물
2 예시1	(A) One infrastructure / (that allows efficient exchange) / is transportation, / {which makes it possible (for producers) to trade their surpluses} / (even when they are separated by distance). 한 가지 기반은 / 효율적인 교환을 가능하게 하는 / 운송이며 / 이는 생산자들이 자신들의 잉여물을 교환하는 것을 가능하게 한다 / 거리상 떨어져 있을 때에도	(A) 효율적인 교환을 가능하게 하는 한 가지 기반은 운송이며, 이는 생산자들이 거리상 떨어져 있을 때에도 자신들의 잉여물을 교환하는 것을 가능하게 한다.	infrastructure 기반 (시설) efficient 효율적인 exchange 교환 transportation 운송, 수송 possible 가능한 producer 생산자 trade 교환하다 even when 심지어 ~할 때도 separate 떨어지다, 분리하다 distance 먼 거리, 먼 곳
3 예시2	Another / is money, interest, and middlemen, / {which allow / producers (to exchange many kinds of surpluses) / (with many other producers) / (at many points) (in time)}. 또 다른 하나(기반)는 / 돈, 이자, 중간 상인인데 / 이것은 가능하게 해준다 / 생산자들이 많은 종류의 잉여물들을 교환하는 것을 / 다른 생산자들과 / 여러 시점에서	또 다른 하나(기반)는 돈, 이자, 중간 상인인데, 이것은 생산자들이 여러 시점에서 많은 다른 생산자들과 많은 종류의 잉여물들을 교환할 수 있게 해준다.	interest 이자, 이자율 middleman 중간 상인 allow O O·C(to R) (5) ~가 …하도록 하다, 가능하게 하다 exchange A with B A와 B를 서로 교환하다 at this[that] point in time 현 시점[그 시점]에서는, 현재[당시]는
4 예시	(B) {If a farmer has more grain / (than he can eat), / and a herder has more milk / (than he can drink)}, / both of them come out (ahead) / {if they trade some wheat (for some milk)}. 농부가 더 많은 곡식을 가지고 있고 / 자신이 먹을 수 있는 것보다 / 목축업자가 더 많은 우유를 가지고 있을 경우에 / 자신이 마실 수 있는 양보다 / 그들은 둘 다 결국 이득을 본다 / 그들이 약간의 밀과 약간의 우유를 교환한다면	(B) 농부가 자신이 먹을 수 있는 것보다 더 많은 곡식을 가지고 있고 목축업자가 자신이 마실 수 있는 양보다 더 많은 우유를 가지고 있을 경우에, 그들이 약간의 밀과 약간의 우유를 교환한다면, 그들은 둘 다 결국 이득을 본다.	farmer 농부 grain 곡식 herder 목축업자 both 둘 다 come out ahead 결국 이득을 보다 trade A for B A를 B로 교환하다 wheat 밀
5	(As they say), / everybody wins. 사람들이 말하는 것처럼 / 모든 사람이 이긴다	사람들이 말하는 것처럼, 모든 사람이 이긴다.	win 이기다
6	(Of course), / an exchange / (at a single moment) (in time) / (only) pays / (when there is a division of labor). 물론 / 교환은 / 한 시점에서의 / 이득이 된다 / 분업이 있을 때에만	물론, 한 시점에서의 교환은 분업이 있을 때에만 이득이 된다.	moment 순간 pay 이득[이익]을 주다 division of labor 분업
7	(C) There would be no point / {in one farmer / giving a bushel of wheat (to another farmer) / and receiving a bushel of wheat (in return)}. 아무런 의미가 없을 것이다 / 한 농부가 / 다른 농부에게 1부셸의 밀을 주고 / 그 대가로 1부셸의 밀을 받는 것은	(C) 한 농부가 다른 농부에게 1부셸의 밀을 주고 그 대가로 1부셸의 밀을 받는 것은 아무런 의미가 없을 것이다.	give A to B A를 B에게 주다 bushel 부셸(곡물이나 과일의 중량 단위) receive 받다 in return 대가로
8 TS	A fundamental insight (of modern economics) / is {that the key (to the creation of wealth) / is a division of labor}, / {in which specialists learn / (to produce a commodity) / (with increasing cost-effectiveness) / and have the means / (to exchange their specialized products) / (efficiently)}. 현대 경제학의 근본적인 통찰은 / 부 창출의 핵심은 / 분업이고 / 그것(분업) 내에서 전문가들은 배우고 / 상품을 생산하는 법을 / 비용 효율성을 늘리면서 / 수단을 갖는다는 것이다 / 자신의 특화된 상품을 교환할 수 있는 / 효율적으로	현대 경제학의 근본적인 통찰은 부 창출의 핵심은 분업이고, 그것(분업) 내에서 전문가들은 비용 효율성을 늘리면서 상품을 생산하는 법을 배우고 자신의 특화된 상품을 효율적으로 교환할 수 있는 수단을 갖는다는 것이다.	fundamental 근본적인 insight 통찰 modern 현대의 economics 경제학 key 핵심 creation 창출 wealth 부, 재산 specialist 전문가 produce 생산하다 commodity 상품 cost-effectiveness 비용 효율성 means 수단, 방법 specialized 전문적인, 전문화된 (= specialised) efficiently 능률적으로

36 주어진 글 다음에 이어질 글의 순서로 가장 적절한 것을 고르시오. [3점] [50%]

① (A)-(C)-(B) ② (B)-(A)-(C)
③ (B)-(C)-(A) ④ (C)-(A)-(B)
⑤ (C)-(B)-(A)

정답 | ③

해설 | (B)에서 1의 positive-sum game을 예시를 들어 설명하고 있으므로 주어진 글 다음에 (B)가 이어진다.
7은 6의 내용을 보충해서 설명하고 있으므로 (B) 다음에 (C)가 이어진다.
2의 transportation과 3의 money는 8에서 효율적인 교환을 가능하게 하는 수단의 예시이므로 (C) 다음에 (A)가 이어진다.

문법

1 8 〈혼동 어휘〉

	형용사	명사
economic	**경제의**	–
economical	경제학의	–
economy	–	경제
economist	–	경제학자
economics	–	**경제학**

2 3 〈주격 관계대명사 that절〉 : 선행사를 포함하고 있는 관계대명사 what 사용 불가

	주격 관계대명사절		
선행사	주격 관계대명사	주어 (×)	동사
One infrastructure	that		allows
transportation	which		makes
money ~ middlemen	which		allow

2 〈가목적어 it / 진목적어 to R〉

동사	가목적어	목적격 보어	의미상 주어	진목적어
consider feel find **make** think	it (this, that, there 사용 불가)	**형용사** 명사	for + 목적격 (주어와 진목적어의 주체가 다를 경우 사용)	to 동사원형
makes	it	~~possibly~~ possible	for producers	to trade

7 another 또 다른 하나 (나머지 있음) / the other 그 나머지 (나머지 없음)

3 〈5형식 불완전 타동사의 목적격 보어〉 : 수동태 전환 시, 2형식 문장(be p.p. + to R)

주어	불완전 타동사	목적어	목적격 보어
–	advise / **allow** / ask / assign / assume / beg / bring / cause / command / compel / condition / decide / design / drive / enable / encourage / expect / forbid / force / inspire / instruct / intend / invite / lead / like / motivate / order / permit / persuade / predispose / prepare / pressure / proclaim / prod / program / provoke / push / require / teach / tell / train / trust / urge / want / warn / wish 등	–	to 동사원형

5 〈주어와 동사의 수의 일치〉 : each/**every**/any + 단수동사(**wins**)

6 7 〈There/Here is 도치구문〉

긍정문	**There** (Here)	**is**	**단수 주어**	~이 있다 (여기에 ~이 있다)
		are	복수 주어	
부정문	There (Here)	is no	단수 주어	~이 없다 (여기에 ~이 없다)
		are no	복수 주어	

유도부사 there/here와 함께 도치구문을 이루는 be동사(is/are/was/were) 대신에 완전 자동사 appear, come, exist, follow, live, stand 등을 사용할 수 있다.

7 〈동명사의 의미상 주어〉 : in **one farmer** giving

주어	~	전치사	소유격/목적격	동명사 (목적어)
동명사의 주체가 아님			**동명사의 주체임 : 동명사의 의미상 주어**	

2 8 〈what vs. that〉

	관계대명사 (불완전한 문장)	접속사 (완전한 문장)
what	○ 선행사를 포함하고 있기 때문에 what 앞에 선행사 불필요	×
that	**○** that 앞에 선행사 필요	**○**

8 〈전치사 + 관계대명사 vs. 관계대명사〉 : in which (= where)

관계부사와 같기 때문에 뒤 문장이 완전한 문장이 나온다. 전치사는 맨 뒤로 보낼 수 있는데 이때 전치사의 목적어가 없기 때문에 관계대명사절은 불완전하다.

선행사	**전치사 + 관계대명사** = 관계부사	주어	동사			완전한 문장
	관계대명사	주어	동사	전치사	~~목적어~~	불완전한 문장

8 〈목적어 자리에 to부정사를 취하는 완전 타동사〉

주어	완전 타동사	목적어
–	afford / agree / ask / attempt / care / choose / claim / dare / decide / demand / desire / determine / elect / expect / fail / guarantee / hope / intend / **learn** / manage / need / offer / plan / pretend / promise / refuse / resolve / seek / threaten / volunteer / want / wish 등	to 동사원형

어법 & 연결어

A classic positive-sum game in **[economic / economical]** life is the trading of surpluses. If a farmer has more grain than he can eat, and a herder has more milk than he can drink, both of **[whom / them]** come out ahead if they trade some wheat for some milk. As they say, everybody wins. Of course, an exchange at a single moment in time only pays **[which / when]** there **[is / are]** a division of labor. There would be no point in one farmer **[giving / given]** a bushel of wheat to **[the other / another]** farmer and **[receive / receiving]** a bushel of wheat in return. A fundamental insight of modern **[economy / economics]** is **[what / that]** the key to the creation of wealth is a division of labor, **[which / in which]** specialists learn **[to produce / producing]** a commodity with increasing cost-effectiveness and **[have / having]** the means to exchange their specialized products **[efficient / efficiently]**. One infrastructure **[that / what]** **[allow / allows]** efficient exchange is transportation, which **[make / makes]** **[it / this]** **[possible / possibly]** for producers to trade their surpluses even when they **[separate / are separated]** by distance. **[Another / The other]** is money, interest, and middlemen, which **[allow / allows]** producers **[to exchange / exchanging]** many kinds of surpluses with many other producers at many points in time.

전국 2021학년도 3월 고3 37번	
제목	운동에 영향을 줄 수 있는 환경
주제	운동이 일어나는 환경은 인간의 운동에 긍정적인 혹은 부정적인 영향을 줄 수 있다.
논리	예시, 비교·대조

글의 순서

	지문	해석	단어 & 숙어
1 TS	Human movement can be affected, / (either positively or negatively), / (by the environment) / (within which the movement takes place). 인간의 운동은 영향을 받을 수 있다 / 긍정적으로 혹은 부정적으로 / 환경에 의해 / 그 운동이 일어나는	인간의 운동은 그 운동이 일어나는 환경에 의해 긍정적으로 혹은 부정적으로 영향을 받을 수 있다.	movement 운동 affect 영향을 미치다 either A or B A이거나 B인 positively 긍정적으로 negatively 부정적으로 environment 환경 take place 발생하다, 일어나다
2 예시1	Consider an athlete / (who runs the 100m) / (wearing training shoes). 육상 선수를 생각해보라 / 100m를 달리는 / 트레이닝화를 신고	트레이닝화를 신고 100m를 달리는 육상 선수를 생각해 보라.	consider 고려하다, 생각하다 athlete 운동선수, 육상 선수 wear 입고[신고,쓰고,끼고] 있다 training shoes 훈련용 신발
3	She is unlikely (to achieve / as good a time) / (wearing these shoes) / (as she would) / {if she wore (specifically) designed spiked running shoes}. 그녀가 달성할 것 같지는 않다 / 좋은 시간(기록)을 / 이 운동화를 신으면 / 그녀가 달성할 수 있는 것만큼 / 특별히 고안된, 스파이크가 박힌 육상화를 신고	그녀가 이 운동화를 신으면 특별히 고안된, 스파이크가 박힌 육상화를 신고 달성할 수 있는 것만큼 좋은 시간(기록)을 달성할 것 같지는 않다.	be unlikely to R ~일 것 같지 않다 achieve 성취하다, 달성하다 as 형/부 as ~만큼 …한 specifically 특별히 design 설계하다, 고안하다 spiked 스파이크가 박힌
4	(A) Is she there / {because she (really) wants to be}, / or is she there / just (because her brother is also a runner) / and so her parents bring her (along) / (as well)? 그녀는 거기에 있는 것인가 / 자신이 정말로 있고 싶어서 / 아니면 거기에 있는 것인가 / 단지 그녀의 남자 형제 주자여서 / 그녀의 부모가 그녀도 함께 데려오기 때문에 / 또한	(A) 그녀는 자신이 정말로 있고 싶어서 거기에 있는 것인가, 아니면 단지 그녀의 남자 형제 또한 주자여서 그녀의 부모가 그녀도 함께 데려오기 때문에 거기에 있는 것인가?	really 정말로 want O(to R) ~하기(를) 원하다 just 단지 bring A along A를 데리고 오다 as well 또한, 역시
5	Motivation is a key factor / (in sports training and performance). 동기 부여는 핵심 요소이다 / 스포츠 훈련과 경기력의	동기 부여는 스포츠 훈련과 경기력의 핵심 요소이다.	motivation 동기 부여 key factor 핵심[중요] 요소 training 훈련 performance 경기력, 수행
6	(B) On the contrary, / (if she had a tailwind) / her performance would be enhanced / and movement assisted (by the wind). 그와 반대로 / 그녀가 순풍을 탄다면 / 그녀의 경기력이 향상되고 / 운동이 바람에 의해 도움을 받을 것이다	(B) 그와 반대로, 그녀가 순풍을 탄다면, 바람에 의해 그녀의 경기력이 향상되고 운동이 도움을 받을 것이다.	on the contrary 그와는 반대로 tailwind 순풍, 뒤에서 부는 바람 performance 실적, 수행, 경기력 enhance 향상시키다 assist 돕다, 도움이 되다
7 예시3	Let us (also) (consider other surrounding circumstances), / {such as (what is motivating the athlete to run)}. 다른 주변 상황도 고려해 보자 / 그 육상 선수가 달리도록 동기를 부여하는 것이 무엇인지와 같은	그 육상 선수가 달리도록 동기를 부여하는 것이 무엇인지와 같은 다른 주변 상황도 고려해 보자.	let O O·C(R) (5) ~가 …하도록 허용하다 surrounding 주변(의) circumstance 상황 motivate O O·C(to R) (5) ~가 …하도록 동기부여 시키다
8 예시2	(C) (During athletic competitions) / wind speed is (always) measured / 〈as it is recognised / [as having an impact, / {either (positively) or (negatively)}, / on performance times]〉. 육상 경기 중에는 / 항상 풍속이 측정된다 / 인식되기 때문에 / 영향을 미친다고 / 긍정적으로 혹은 부정적으로 / 경기력 시간에	(C) 풍속이 경기력 시간에 긍정적으로 혹은 부정적으로 영향을 미친다고 인식되기 때문에, 육상 경기 중에는 항상 풍속이 측정된다.	athletic 육상의, 운동의 wind speed 풍속 measure 측정하다 recognise O O·C(as) (5) ~을 …로 인식하다 (수동태 시, be recognised S·C(as)) (= recognize) have an impact on ~에 영향을 주다 performance times 수행[경기력] 시간
9	{If our runner was running (into a headwind)}, / her speed would be reduced, / [as some of her force would be needed / {to overcome the additional obstacle / (of the wind)}]. 만약 우리의 주자가 맞바람을 맞으며 달리고 있다면 / 그녀의 속도는 줄어들 것인데 / 그녀의 힘 중 일부가 필요할 것이기 때문이다 / 추가 장애물을 극복하기 위해 / 바람이라는	만약 우리의 주자가 맞바람을 맞으며 달리고 있다면, 그녀의 속도는 줄어들 것인데, 그녀의 힘 중 일부가 바람이라는 추가 장애물을 극복하기 위해 필요할 것이기 때문이다.	headwind 맞바람, 역풍 reduce 감소하다 force 힘 overcome 극복하다 additional 추가의 obstacle 장애(물), 방해(물)

37 주어진 글 다음에 이어질 글의 순서로 가장 적절한 것을 고르시오. [51%]

① (A)-(C)-(B) ② (B)-(A)-(C)
③ (B)-(C)-(A) ④ (C)-(A)-(B)
⑤ (C)-(B)-(A)

정답 | ⑤

해설 | 1에서 운동이 일어나는 환경이 운동에 영향을 줄 수 있다고 했고, 8에서 풍속을 그 예시로 들고 있으므로 주어진 글 다음에 (C)가 이어진다.
9에서 운동선수가 맞바람을 맞는 경우가 제시되었고, 6에서 On the contrary와 함께 운동선수가 순풍을 타는 경우가 제시되었으므로 (C) 다음에 (B)가 이어진다.
7에서 동기 부여에 관해 고려해 보자고 했고, (A)에서 동기 부여에 관한 내용을 제시하고 있으므로 (B) 다음에 (A)가 이어진다.

문법

1 8 〈상관접속사〉: 병렬구조

종류				뜻
not	A	but	B	A가 아니라 B (= B, not A)
not only		but also		A뿐만 아니라 B도 (= B as well as A)
either		**or**		**A와 B 둘 중 하나**
neither		nor		A와 B 둘 다 아닌
both		and		A와 B 둘 다

2 〈주격 관계대명사〉: 선행사를 포함하고 있는 관계대명사 what 사용 불가

	주격 관계대명사절		
선행사	주격 관계대명사	~~주어~~	동사
an athlete	who		~~run~~
			runs

2 3 〈wearing ~〉: 〈분사구문〉이 문미에 있는 경우 (능동) (= as she wears[is wearing])

3 〈관사의 위치〉: as good a time

so / how / too / **as**	**형용사**	**(a/an)**	**명사**
such / what / many / quite / rather / half	(a/an)	형용사	명사

3 6 9 〈가정법 과거〉: 현재 사실에 대한 반대를 가정할 때 사용한다. (만약 ~한다면, …할 텐데): 종속절과 주절은 서로 자리가 바뀔 수 있음

주절		종속절		
주어	동사	(Even) **If**	주어	동사
	조동사 과거형 (**would**/should/could/might + **동사원형**)			**과거형 동사**
				were
				were not[weren't]
				were to 동사원형
				조동사 과거형 (would/should/could/might + 동사원형)
			(주어 + be동사) **현재분사**/과거분사	

3 6 〈생략〉: she would **(achieve)** / **(her)** movement **(would be)** assisted by the wind.

4 〈There/Here is 도치구문〉

긍정문	**There** (Here)	**is**	**단수 주어**	~이 있다 (여기에 ~이 있다)
		are	복수 주어	
부정문	There (Here)	is no	단수 주어	~이 없다 (여기에 ~이 없다)
		are no	복수 주어	

4 〈want 동사의 쓰임〉

주어	want	**목적어 (to R)**		주어가 ~하는 것을 원하다	3형식
		목적어	목적격 보어 (to R)	주어는 목적어가 ~하는 것을 원하다	5형식

4 〈이어동사〉

타동사	명사	부사	○
타동사	부사	명사	○
타동사	대명사	부사	**○**
타동사	부사	대명사	×
bring	along	her	×

7 〈사역동사〉: 목적어와 목적격 보어의 관계가 능동일 경우

주어	사역동사	목적어	목적격 보어
	have		동사원형(R)
	let		
	make		

7 〈관계대명사 what〉: 주격 관계대명사 what절이 전치사 such as의 목적어로 사용되는 경우 / 선행사가 필요한 관계대명사 that과 which 사용 불가

주격 관계대명사절: 명사절 (전치사 on의 목적어)			
~~선행사~~	주격 관계대명사	~~주어~~	동사
	what		is motivating

8 〈혼동 어휘〉: complete(완수하다) / completion(완성, 완수) / compete(경쟁하다) / **competition(경쟁, 대회)** / competence(능력, 자격) / complement(보완하다, 보완, 보충) / compliment(칭찬하다, 칭찬)

어법 & 연결어

Human movement **[can affect / can be affected]**, either positively **[or / and]** negatively, by the environment **[which / within which]** the movement takes place. **[Consider / Considering]** an athlete who **[run / runs]** the 100m wearing training shoes. She is unlikely to achieve as good a time **[worn / wearing]** these shoes as she would if she **[wore / had worn]** specifically designed spiked running shoes. **[While / During]** athletic competitions wind speed is always **[measuring / measured]** as it **[recognises / is recognised]** as having an impact, either positively **[and / or]** negatively, on performance times. If our runner was running into a headwind, her speed **[would be / would have been]** reduced, as some of her force **[would need / would be needed]** to overcome the additional obstacle of the wind. (   ), if she had a tailwind her performance **[would enhance / would be enhanced]** and movement **[assisted / assisting]** by the wind. Let us also **[consider / to consider]** other surrounding circumstances, such as what is motivating the athlete to run. Is she there **[because / because of]** she really wants to be, or is she there just **[because / because of]** her brother is also a runner and so her parents bring her along as well? Motivation is a key factor in sports training and performance.

전국 2021학년도 3월 고3 38번

문장 삽입

제목	바람의 방향을 측정하는 풍향계
주제	풍향은 풍향계를 사용하여 측정한다.
논리	강조

	지문	해석	단어 & 숙어
1	(In order to make some sense of this), / an average wind direction / (over an hour) / is (sometimes) calculated, / or (sometimes) the direction / {that the wind blew from (the most) / (during the hour)} / is recorded. 이것을 어느 정도 이해하기 위해 / 평균적인 풍향을 / 한 시간에 걸친 / 때때로 계산하거나 / 때때로 방향을 / 바람이 가장 많이 불어온 / 그 한 시간 동안 / 기록한다	이것을 어느 정도 이해하기 위해, 때때로 한 시간에 걸친 평균적인 풍향을 계산하거나, 때때로 그 한 시간 동안 바람이 가장 많이 불어온 방향을 기록한다.	in order to R ~하기 위해, ~하려고 make sense of ~을 이해하다 average 평균적인, 평균의 wind direction 풍향 over ~하는 사이[동안] calculate 계산하다 sometimes 때때로 direction 방향 blow from ~로부터 불어오다 during ~ 동안에 record 기록하다
2 TS	Wind direction is (usually) measured / (through the use of a simple vane). 풍향은 보통 측정한다 / 단순한 풍향계를 사용하여	풍향은 보통 단순한 풍향계를 사용하여 측정한다.	usually 주로, 보통 measure 측정하다 through ~을 통해 vane 풍향계
3	(①) This is (simply) a paddle of some sort / (mounted on a spindle); / (when it catches the wind), / it turns / {so that the wind passes by / (without obstruction)}. 이것은 단순히, 일종의 노 모양의 물체이다 / 회전축에 고정된 / 이것은 바람을 받으면 / 돌아간다 / 바람이 지나가도록 / 방해받지 않고	이것은 단순히 회전축에 고정된 일종의 노 모양의 물체로, 바람을 받으면 바람이 방해받지 않고 지나가도록 돌아간다.	paddle 노 모양의 물체 sort 종류, 유형 mount A on B A를 B에 고정하다, 설치하다 (수동태 시, A be mounted on B) spindle 회전축 catch the wind 바람을 받다 so that 그래서, ~하기 위해서 pass by ~을 지나가다 obstruction 방해, 차단
4	(②) The direction is recorded, / but / {if you (ever) have a chance / (to watch a wind vane) / (on a breezy day)}, / you will notice / {that there is a lot of variation (in the direction) / (of wind flow) / — *a lot*}! 방향은 기록된다 / 그러나 / 만약 여러분이 기회가 있다면 / 바람 풍향계를 볼 / 산들바람이 부는 날에 / 여러분은 보게 될 것이다 / 방향에 많은 변화가 있다는 것을 / 바람의 흐름 / '그야말로 많은'!	방향은 기록되지만, 만약 여러분이 산들바람이 부는 날에 바람 풍향계를 볼 기회가 있다면, 여러분은 바람의 흐름 방향에 많은, '그야말로 많은' 변화가 있다는 것을 보게 될 것이다!	have a chance to R ~할 기회가 있다 breezy 산들바람이 부는 notice 알아차리다 a lot of 많은 variation 변화, 변형 in the direction of ~의 방향으로 flow 흐름
5	(③) (Sometimes) / the wind can blow / {from (virtually) every direction} / (within a minute or two). 때때로 / 바람은 불어올 수 있다 / 거의 모든 방향에서 / 1~2분 이내에	때때로 바람은 1~2분 이내에 거의 모든 방향에서 불어올 수 있다.	sometimes 때때로 virtually 사실상, 거의 within ~ 이내에
6	(④) Either way, / it is a generalization, / and it's important / [to remember / {that there can be a lot of variation / (in the data)}]. 어느 쪽이든 / 그것은 일반화된 것이다 / 그리고 중요하다 / 기억하는 것이 / 많은 변화가 있을 수 있다는 것을 / 데이터에는	어느 쪽이든, 그것은 일반화된 것이고, 데이터에는 많은 변화가 있을 수 있다는 것을 기억하는 것이 중요하다.	either way 어느 쪽이든 generalization 일반화
7	(⑤) It's (also) important / 〈to remember / [that the data / (recorded at a weather station) / give an indication (of conditions) / (prevailing in an area) / but / will not be (exactly) the same / (as the conditions) / (at a landscape) / {some distance (from the weather station)}]〉. 또한 중요하다 / 기억하는 것이 / 데이터는 / 기상 관측소에서 기록되는 / 상태를 나타내지만 / 한 지역에서의 우세한 / 그러나 / 정확하게 같지는 않을 것이다 / 상태와 / 지형의 / 기상 관측소로부터 어느 정도 떨어진	기상 관측소에서 기록되는 데이터는 한 지역에서의 우세한 상태를 나타내지만 기상 관측소로부터 어느 정도 떨어진 지형의 상태와 정확하게 같지는 않을 것임을 기억하는 것도 중요하다.	weather station 기상 관측소 give an indication of ~의 조짐을 보이다 prevailing 우세한 area 지역, 영역 exactly 정확히 landscape 풍경, 지형 distance from ~에서 (멀리) 떨어진

38 글의 흐름으로 보아, 주어진 문장이 들어가기에 가장 적절한 곳을 고르시오. [47%]

정답 | ④

해설 | 주어진 문장의 this는 5의 내용을 가리키고, 6의 it은 주어진 문장의 내용을 가리키므로 주어진 문장은 (④)에 들어가는 것이 가장 적절하다.

문법

1 3 〈~하기 위해서〉: (긍정문)

		목적		
주어	동사	**so that**	주어	may[can/will] 동사원형
		in order that	주어	may[can/will] 동사원형
		in order to 동사원형		
		so as to 동사원형		
		to 동사원형		

1 〈목적격 관계대명사 that 생략〉: 전치사의 목적어가 없는 경우 / 선행사를 포함하고 있는 관계대명사 what 사용 불가

	목적격 관계대명사절				
선행사	목적격 관계대명사	주어	동사	전치사	~~목적어~~
the direction	(that) 생략 가능	the wind	blew	from	

2 〈혼동 어휘〉

through	전치사	**~을 통하여**
throughout	전치사	(장소) ~의 도처에, (시간) ~ 동안, ~내내
	부사	도처에, 완전히, 철저하게
though	접속사	~에도 불구하고
thorough	형용사	철저한, 완전한

3 7 〈주격 관계대명사 + be동사 생략〉

–	생략 가능	
명사 (선행사)	(주격 관계대명사 + be동사)	**현재분사(-ing) – 능동 (~하고 있는, ~하는)**
		과거분사(p.p.) – 수동 (~되어진, ~당한)
		명사
		형용사(구) (~하는, ~할)
		부사
		전치사구
a paddle of some sort	(which/that is)	mounted
the data	(which/that are)	recorded
conditions	(which/that are)	prevailing
a landscape	(which/that is)	some distance

4 〈시간/조건의 부사절〉: 현재(완료)가 미래(완료)를 대신함 / 종속절과 주절의 위치는 서로 바뀔 수 있음

〈종속절〉: 부사절(~한다면)				주절	
If	주어	동사		주어	동사
	you	~~will have~~ →	have	you	will notice

4 6 7 〈what vs. that〉

	관계대명사 (불완전한 문장)	접속사 (완전한 문장)
what	○ 선행사를 포함하고 있기 때문에 what 앞에 선행사 불필요	×
that	○ that 앞에 선행사 필요	**○**

4 6 〈There/Here is 도치구문〉

긍정문	**There** (Here)	**is**	**단수 주어**	~이 있다 (여기에 ~이 있다)
		are	복수 주어	
부정문	There (Here)	is no	단수 주어	~이 없다 (여기에 ~이 없다)
		are no	복수 주어	

6 〈both vs. either〉

both	+ 복수명사	둘 다
either	**+ 단수명사**	**둘 중 하나**

6 7 〈가주어, 진주어 구문〉

가주어	동사	진주어
It (this, that, there 사용 불가)	–	that + 주어 + 동사 (완전한 절)
		to 동사원형
		동명사
		의문사 + 주어 + 동사 (간접의문문)
		if/whether + 주어 + 동사
It	is	to remember

7 〈the same 용법〉

① the same as : 동일한 종류

This is the same car as I lost. 이것은 내가 잃어버린 것과 같은 종류의 자동차이다.

This is the same car that I lost. 이것은 내가 잃어버린 바로 그 자동차이다.

② **the same as + 단어**/구/절 : '~와 같은'

My opinion is the same as yours. 나의 의견은 당신의 것과 같다.

어법 & 연결어

Wind direction is usually **[measuring / measured]** **[thorough / through]** the use of a simple vane. This is simply a paddle of some sort **[mounted / mounting]** on a spindle; when it catches the wind, it turns so **[what / that]** the wind passes by without obstruction. The direction **[is recorded / records]**, but if you **[ever have / will ever have]** a chance to watch a wind vane on a breezy day, you will notice **[what / that]** there **[is / are]** a lot of variation in the direction of wind flow — *a lot*! Sometimes the wind can blow from virtually every direction within a minute or two. In order to make some sense of this, an average wind direction over an hour is sometimes calculated, or sometimes the direction **[what / that]** the wind blew from the **[most / almost]** **[while / during]** the hour **[records / is recorded]**. **[Either / Both]** way, it is a generalization, and **[this's / it's]** important to remember **[what / that]** there can be a lot of variation in the data. It's also important to remember **[that / what]** the data **[recording / recorded]** at a weather station give an indication of conditions **[prevailed / prevailing]** in an area but will not be **[exact / exactly]** the same as the conditions at a landscape some distance from the weather station.

전국 2021학년도 3월 고3 39번	제목	묶음 가격과 따로따로 책정하는 가격
	주제	두 개 이상의 제품을 단일 가격에 판매하는 묶음 가격과 더 항목화된 따로따로 책정하는 가격은 각각의 장점이 있다.
문장 삽입	논리	비교·대조

	지문	해석	단어 & 숙어
1 TS	Some organizations, / **however**, / are unbundling / (in favor of a more itemized approach) / (sometimes) / (called *à la carte pricing*). S / V(현재진행) / p.p. / (선행사) / p.p. / S·C 일부 조직에서는 / 그러나 / 개별로 가격을 매기고 있다 / 더 항목화된 접근 방식을 선호하여 / 때때로 / à la carte pricing (따로따로 책정하는 가격)이라고 불리는	그러나 일부 조직에서는 때로 à la carte pricing(따로따로 책정하는 가격)이라고 불리는 더 항목화된 접근 방식을 선호하여 개별로 가격을 매기고 있다.	unbundle 개별로 가격을 매기다 in favor of ~을 선호하여, 찬성하여 itemize 항목화하다 approach 접근법 call O O·C(명사) (5) ~을 …라고 부르다 (수동태 시, be called S·C(명사)) à la carte pricing 따로따로 책정하는 가격
2	Bundle pricing / is {packaging (together) two or more products}, / (usually complementary ones), / (to be sold for a single price), / {which is (usually) (considerably) less than the sum / (of the prices) (of the individual products)}. S / V / { }: S·C / (동명사) / O / (= products) / (to부정사의 수동) / (선행사) / (주·관) / V / S·C 묶음 가격이란 / 두 개 이상의 제품을 함께 포장하는 것인데 / 대개 보완적인 제품인 / 단일 가격에 판매되도록 / 그것(단일 가격)은 일반적으로 합계보다 상당히 더 저렴하다 / 개별 제품 가격의	묶음 가격이란 대개 보완적인 제품인 두 개 이상의 제품을 단일 가격에 판매되도록 함께 포장하는 것인데, 그것(단일 가격)은 일반적으로 개별 제품 가격의 합계보다 상당히 더 저렴하다.	bundle pricing 묶음 가격 package 포장하다 together 함께 product 제품 usually 주로, 대개 complementary 보완적인 considerably 상당히 sum 합계, 총합 individual 개별적인
3	(①) Bundle pricing facilitates / customer satisfaction / and, {when slow-moving products are bundled / (with products) / (with higher turnover)}, / can help a company / stimulate sales and increase revenues. S / V_1 / O / (종·접) / S / V(수동태) / V_2 / O / (to) / $O·C_1$ / (to) / $O·C_2$ 묶음 가격은 촉진한다 / 고객 만족을 / 잘 팔리지 않는 제품이 함께 묶여질 때 / 제품과 / 더 높은 회전율을 가진 / 회사를 도와줄 수 있다 / 판매를 자극하고 수익을 증대하는 데	묶음 가격은 고객 만족을 촉진하고, 잘 팔리지 않는 제품이 더 높은 회전율을 가진 제품과 함께 묶여질 때, (묶음 가격은) 회사가 판매를 자극하고 수익을 증대하는 데 도움을 줄 수 있다.	facilitate 촉진하다, 쉽게 하다 customer 고객 satisfaction 만족 slow-moving 잘 팔리지 않는 turnover 회전율 help O O·C((to) R) (5) ~가 …하도록 돕다 stimulate 자극하다, 활발하게 하다 sale 판매, 영업 increase 증가하다, 증가시키다 revenue 수입
4	(②) {Selling products (as a package) / rather than (individually)} / (also) may result (in cost savings), / so bundle pricing is (commonly) used / (for banking and travel services, computers, and automobiles) / (with option packages). { }: S_1 / (동명사) / O / (부사) / V_1 / S_2 / (부사) / V_2(수동태) 패키지로 제품을 판매하는 것은 / 개별적으로 판매하지 않고 / 또한 비용 절감을 가져다 줄 수도 있다 / 그래서 묶음 가격은 흔히 사용된다 / 은행 및 여행 서비스, 컴퓨터, 그리고 자동차에 / 옵션 패키지가 있는	제품을 개별적으로 판매하지 않고 패키지로 판매하는 것은 또한 비용 절감을 가져다 줄 수도 있으므로, 묶음 가격은 옵션 패키지가 있는 은행 및 여행 서비스, 컴퓨터, 그리고 자동차에 흔히 사용된다.	sell 판매하다 A rather than B B보다 오히려 A individually 개별적으로, 각각 따로 result in 그 결과 ~가 되다 cost saving 비용 절감 commonly 흔히 automobile 자동차
5	(③) This provides / customers (with the opportunity) / (to pick and choose the products) / (they want) / (without having to purchase bundles) / {that may not be the right mix / (for their purposes)}. S / V / O / ① / ② / O(선행사) / (목·관 that) / S / V / (동명사) / O(선행사) / (주·관) / V / S·C 이것은 제공한다 / 고객에게 기회를 / 제품을 골라서 선택할 / 자신이 원하는 / 묶음을 구입할 필요 없이 / 적절한 조합이 아닐 수도 있는 / 자신의 목적에 맞는	이것은 고객에게 자신의 목적에 맞는 적절한 조합이 아닐 수도 있는 묶음을 구입할 필요 없이 자신이 원하는 제품을 골라서 선택할 기회를 제공한다.	provide A with B A에게 B를 제공하다 opportunity 기회 pick 고르다 choose 선택하다 without ~없이 have to R ~해야만 한다 purchase 구입하다 right 적절한 mix 조합 purpose 목적
6	(④) **Furthermore**, / (with the help of the Internet), / comparison shopping has become more convenient than ever, / (allowing customers to price items and create their own mixes). S / V(현재완료) / S·C / ( ): (분사구문) / (현재분사) / O / $O·C_1$ / (to) / $O·C_2$ 게다가 / 인터넷의 도움으로 / 비교 쇼핑이 그 어느 때보다 편리해져 / 고객들이 물건의 가격을 매기고 / 그들 자신의 조합을 만들 수 있게 되었다	게다가, 인터넷의 도움으로, 비교 쇼핑이 그 어느 때보다 편리해져, 고객들이 물건의 가격을 매기고 그들 자신의 조합을 만들 수 있게 되었다.	with the help of ~의 도움으로 comparison shopping 비교 쇼핑 (인터넷을 이용한 쇼핑에서 동일하거나 유사한 상품에 대해서 가격과 품질, 배달 등의 조건을 비교한 후에 물건을 구매하는 형태) more ~ than ever 여느 때 없이, 이전보다 더
7	(⑤) **Nevertheless**, / bundle pricing continues / to appeal (to customers) / (who prefer the convenience of a package). S / V / O / (선행사) / (주·관) / V / O 그럼에도 불구하고 / 묶음 가격은 계속 있다 / 고객들의 호응을 얻고 / 패키지의 편리함을 선호하는	그럼에도 불구하고, 묶음 가격은 패키지의 편리함을 선호하는 고객들의 호응을 계속 얻고 있다.	nevertheless 그럼에도 불구하고 continue O(to R/-ing) 계속 ~하다 appeal to ~의 호응을 얻다, 관심을 끌다 convenience 편의, 편리

39 글의 흐름으로 보아, 주어진 문장이 들어가기에 가장 적절한 곳을 고르시오. [3점] [59%]

정답 | ③

해설 | 주어진 문장에서는 however와 함께 4의 묶음 가격과 반대되는 따로따로 책정하는 가격에 관해 설명하고, 5의 This는 이를 가리키므로 주어진 문장은 (③)에 들어가는 것이 가장 적절하다.

문법

1 〈주격 관계대명사 + be동사 생략〉

–	생략 가능	
명사 (선행사)	(주격 관계대명사 + be동사)	현재분사(-ing) – 능동 (~하고 있는, ~하는)
		과거분사(p.p.) – 수동 (~되어진, ~당한)
		명사
		형용사(구) (~하는, ~할)
		부사
		전치사구
approach	(which/that is)	called

2 〈혼동 어휘〉

comprehensible	이해할 수 있는
comprehensive	포괄적인
complimentary	칭찬하는, 무료의
complementary	보충의, **보완하는**

2 〈to R의 태와 시제〉 : to be sold

태	능동태	to R
	수동태	**to be p.p.**
시제	**단순시제** : 본동사 시제와 동일	**to R**
	완료시제 : 본동사 시제보다 한 시제 앞선 시제	to have p.p.
	완료수동	to have been p.p.

2 〈주격 관계대명사절〉 : 계속적 용법으로는 that 사용 불가

		주격 관계대명사절		
선행사	콤마(,)	주격 관계대명사	~~주어~~	동사
a single price	계속적 용법	which		is

3 〈help 동사의 쓰임〉

help	목적어		3형식
	(to) 동사원형		
help (준사역동사)	목적어	**목적격 보어**	5형식
		(to) 동사원형	

4 〈result in/from 차이점〉

원인	**result**	**in**	결과	(어떠한) 원인으로 (어떠한) 결과가 생기다
결과	result	from	원인	(어떠한) 결과는 (어떠한) 원인으로부터 발생하다

5 〈공급/제공〉 : 목적어 사람과 사물의 순서가 바뀌면 전치사 with 대신에 to/for로 변경

주어	완전 타동사	목적어	전치사	목적어
	supply	사람 ↕ 사물	**with** ↕ to/for	사물 ↕ 사람
	fill			
	furnish			
	present			
	provide			

5 〈목적격 관계대명사 that〉 : 타동사의 목적어가 없는 경우 / 선행사를 포함하고 있는 관계대명사 what 사용 불가

	목적격 관계대명사절			
선행사	목적격 관계대명사	주어	타동사	~~목적어~~
the products	(that) 생략 가능	they	want	

5 7 〈주격 관계대명사절의 수의 일치〉 : 선행사를 포함하고 있는 관계대명사 what 사용 불가

	주격 관계대명사절		
선행사	주격 관계대명사	~~주어~~	동사
bundles	that		may not be
customers	who		prefer

6 〈allowing ~〉 : 〈분사구문〉이 문미에 있는 경우 (능동)

6 〈목적격 보어 자리에 to부정사를 취하는 동사〉 : 수동태 전환 시, 2형식 문장(be p.p. + to R)

주어	불완전 타동사	목적어	목적격 보어
–	advise / **allow** / ask / assume / beg / bring / cause / command / compel / condition / decide / design / drive / enable / encourage / expect / forbid / force / inspire / instruct / intend / invite / lead / like / motivate / order / permit / persuade / predispose / pressure / proclaim / prod / program / provoke / push / require / teach / tell / train / trust / urge / want / warn / wish 등	–	to 동사원형

7 〈3형식에서 목적어 자리에 to R / -ing 둘 다 사용 가능〉

주어	완전 타동사	목적어
–	begin(~을 시작하다) / cease(~을 중단하다) / **continue**(~을 계속하다) / dislike(~을 싫어하다) / hate(~을 싫어하다) / like(~을 좋아하다) / love(~을 사랑하다) / neglect(~하는 것을 소홀히 하다) / prefer(~쪽을 좋아하다) / start(~을 시작하다)	**to R** / -ing (의미 차이 없음)

어법 & 연결어

Bundle pricing is packaging together two or more products, usually **[complimentary / complementary]** **[one / ones]**, **[to sell / to be sold]** for a single price, which **[is / are]** **[usual / usually]** considerably less than the sum of the prices of the individual products. Bundle pricing facilitates customer satisfaction and, when slow-moving products **[bundle / are bundled]** with products with higher turnover, can help a company **[stimulate / stimulating]** sales and increase revenues. Selling products as a package rather than **[individual / individually]** also may result **[in / from]** cost savings, so bundle pricing is **[common / commonly]** used for banking and travel services, computers, and automobiles with option packages. Some organizations, (   ), are **[unbundled / unbundling]** in favor of a more **[itemized / itemizing]** approach sometimes **[calling / called]** *à la carte pricing*. This provides customers with the opportunity to pick and **[choose / chooses]** the products they want without having to purchase bundles **[what / that]** may not be the right mix for their purposes. (   ), with the help of the Internet, comparison shopping has become more **[convenient / conveniently]** than ever, **[allowed / allowing]** customers **[pricing / to price]** items and **[create / creates]** their own mixes. (   ), bundle pricing continues to appeal to customers who **[prefer / prefers]** the convenience of a package.

전국 2021학년도 3월 고3 40번	제목	온라인 검색의 발전은 사람들에게 어떤 영향을 주는가?
	주제	온라인 검색이 발전함에 따라 사람들의 텍스트와 전체 내용에 대한 관심이 줄어들었다.
문단 요약	논리	원인·결과

	지문	해석	단어 & 숙어
1 원인	The searchability (of online works) / represents a variation / (on older navigational aids) / (such as tables of contents, indexes, and concordances). S: 온라인 저작물의 검색 가능성은 / V O: 변형을 보여준다 / 더 오래된 탐색 보조 도구의 / 목차, 색인 및 용어 색인과 같은	온라인 저작물의 검색 가능성은 목차, 색인 및 용어 색인과 같은 더 오래된 탐색 보조 도구의 변형을 보여준다.	searchability 검색 가능성 represent 보여주다, 표시하다 variation 변화, 변형 navigational 탐색의, 운항의 aid 보조 도구, 도움 A such as B B와 같은 A table of contents 목차 index 색인 concordance 용어 색인
2	But / the effects are different. 하지만 / S V S·C: 그 결과는 다르다	하지만 그 결과는 다르다.	effect 결과
3	(As with links), / the ease and ready availability (of searching) / make it (much) simpler / {to jump (between digital documents)} / than it ever was {to jump (between printed ones)}. 링크에서와 마찬가지로 / S_1 〈형용사〉 S_2: 검색의 용이함과 즉각적인 이용 가능성이 / V 〈가O〉 〈강조〉 O·C: 훨씬 더 쉽게 해준다 / { }: 〈진O〉 디지털 문서 사이를 오가는 것 / 〈-er A than B〉 〈가S〉 V { }: 〈진S〉 인쇄된 문서 사이를 오가는 것이 그랬던 것보다 / p.p.	링크에서와 마찬가지로, 검색의 용이함과 즉각적인 이용 가능성이 인쇄된 문서 사이를 오가는 것이 그랬던 것보다 디지털 문서 사이를 오가는 것을 훨씬 더 쉽게 해준다.	as with ~(에서)와 마찬가지로, ~에서 그렇듯이 ease 쉬움, 용이함 ready 준비가 된, 채비를 갖춘 (= prepared) availability 이용 가능성, 유효성, 이용도 searching 검색 jump 이동하다, 움직이다 document 문서, 서류 printed 인쇄된
4 결과1	Our attachment (to any one text) / becomes more tenuous, more transitory. S: 어떤 한 텍스트에 대한 우리의 애착은 / V $S·C_1$ $S·C_2$: 더 약해지고 더 일시적인 것이 된다	어떤 한 텍스트에 대한 우리의 애착은 더 약해지고 더 일시적인 것이 된다.	attachment to ~에 대한 애착, 부착 tenuous 미약한 transitory 일시적인
5 결과2	Searches (also) lead / (to the fragmentation of online works). S V: 검색은 또한 초래한다 / 온라인 저작물의 단편화를	검색은 또한 온라인 저작물의 단편화를 초래한다.	lead to ~로 이어지다 fragmentation 단편화, 붕괴
6	A search engine / (often) draws our attention / (to a particular snippet of text), / (a few words or sentences) / 〈that have strong relevance / [to {whatever we're searching for (at the moment)}]〉, / {while providing little incentive (for taking in the work) / (as a whole)}. S: 검색 엔진은 / V O: 흔히 우리의 관심을 이끌지만 / 텍스트의 특정한 작은 정보 / = 〈동격〉 〈선행사〉 몇몇 단어나 문장으로 / 〈주·관〉 V O: 그것과 강한 관련성을 지닌 / 〈복합 관계대명사〉 S V〈현재진행〉: 우리가 그 순간에 찾고 있는 무엇이든 / 〈종·접〉 〈현재분사〉 O: 반면 유인책은 거의 제공하지 않는다 / { }: 〈분사구문〉 〈동명사〉 저작물을 받아들이게 하는 / 전체로서	검색 엔진은 흔히 텍스트의 특정한 작은 정보, 즉 우리가 그 순간에 찾고 있는 무엇이든 그것과 강한 관련성을 지닌 몇몇 단어나 문장으로 우리의 관심을 이끌지만, 저작물 전체를 받아들이게 하는 유인책은 거의 제공하지 않는다.	draw[attract, arrest, catch] one's attention to ~로 …의 주의를 돌리게 하다 particular 특정한 snippet 작은 정보 relevance 관련(성), 타당성 whatever 무엇이든지 search for ~를 찾다 at the moment 바로 지금 (= now) while 반면에 provide 제공하다 little 거의 ~없는 incentive 유인책, 장려책 take A in A를 받아들이다 as a whole 전체로서
7	We don't see / the forest / (when we search the Web). S V: 우리는 보지 못한다 / O: 숲을 / 〈종·접〉 S V O: 웹을 검색할 때	우리는 웹을 검색할 때 숲을 보지 못한다.	forest 숲 search 검색하다
8	We don't (even) see / the trees. S V: 우리는 심지어 보지 못한다 / O: 나무도	우리는 심지어 나무도 보지 못한다.	even 심지어
9	We see / twigs and leaves. S V: 우리는 본다 / O_1 O_2: 잔가지와 나뭇잎들을	우리는 잔가지와 나뭇잎들을 본다.	twig 잔가지 leaves 잎 (leaf의 복수형)
10 TS	(As online search becomes easier and speedier), / people's attachment (to a text) / tends (to become more ___(A)___), / and their interest / (in the whole content) / ___(B)___. 〈종·접〉 S V $S·C_1$ $S·C_2$: 온라인 검색이 더 쉬워지고 더 빨라짐에 따라 / S_1: 텍스트에 대한 사람들의 애착이 / V_1 S·C: 더 일시적이 되는 경향이 있다 / S_2: 그리고 사람들의 관심이 / 전체 내용에 대한 / V_2: 줄어든다	온라인 검색이 더 쉬워지고 더 빨라짐에 따라, 텍스트에 대한 사람들의 애착이 더 (A) 일시적이 되는 경향이 있으며, 전체 내용에 대한 사람들의 관심이 (B) 줄어든다.	become ~(해)지다, ~이 되다 tend to R ~하는 경향이 있다 temporary 일시적인, 임시의 interest 관심 content 내용 diminish 줄어들다

40 다음 글의 내용을 한 문장으로 요약하고자 한다. 빈칸 (A), (B)에 들어갈 말로 가장 적절한 것은? [47%]

	(A)		(B)
①	temporary	……	expands
②	temporary	……	diminishes
③	intense	……	diminishes
④	intense	……	expands
⑤	complicated	……	persists

정답 | ②

해설 | ① 일시적인 – 확대되다

② 일시적인 – 줄어든다 : 4에서 텍스트에 대한 애착이 약해지고, 일시적으로 된다고 했으므로 (A)에는 'temporary'가 적절하다.

7, 8에서 우리는 숲과 나무를 보지 못한다고 했으므로 (B)에는 전체 내용에 관한 관심이 줄어든다는 'diminishes'가 적절하다.

③ 강렬한 – 줄어든다

④ 강렬한 – 확대되다

⑤ 복잡한 – 지속되다

문법

3 〈가목적어 it / 진목적어 to R〉

동사	가목적어	목적격 보어	의미상 주어	진목적어
consider feel find **make** think	it (this, that, there 사용 불가)	**형용사** 명사	for + 목적격 (주어와 진목적어의 주체가 다를 경우 사용)	to 동사원형
make	it	simpler	–	to jump

3 〈비교급 vs. 원급 강조〉

비교급 강조 표현		원급 강조 표현
훨씬 ~한	**much,** even, still, by far, far, a lot, lots, a great deal	very, so, quite, really, extremely, too
조금 더 ~한	a little, slightly, a bit	

4 10 〈become 동사의 쓰임〉

	주격 보어	2형식
become	명사	(~으로) 되다
	형용사	
	과거분사	
	목적어	3형식
	명사	어울리다, 잘 맞다 (진행형/수동태 불가)

4 〈be / get / become 구별〉

동사	용법
be	주어가 어떤 상태인지 표현
get	주어가 겪고 있는 상태의 변화를 표현
become	주어가 변화를 겪고 어떻게 되었는지 변화의 결과 표현

5 〈to가 전치사인 경우〉 : lead to + (동)명사 (~로 이어지다)

6 〈few / a few / a little / little〉

수	few	거의 없는 (부정)	+ 복수명사 + 복수동사
	a few	**약간 (긍정)**	
양	a little	약간 (긍정)	+ 단수명사 + 단수동사
	little	**거의 없는 (부정)**	

6 〈주격 관계대명사절의 수의 일치〉 : 선행사를 포함하고 있는 관계대명사 what 사용 불가

	주격 관계대명사절		
선행사	주격 관계대명사	~~주어~~	동사
a few words or sentences	that		~~has~~
			have

6 〈what vs. that〉

	관계대명사 (불완전한 문장)	접속사 (완전한 문장)
what	○ 선행사를 포함하고 있기 때문에 what 앞에 선행사 불필요	×
that	**○** that 앞에 선행사 필요	○

6 〈복합 관계대명사〉 : 복합 관계대명사절은 '관계대명사 + ever' 형식을 가지고, 명사와 부사적 역할을 한다. (관계대명사절은 what만 명사절이고, who, which, that은 형용사절이다.)

종류	명사절	부사절
whoever	anyone who ~하는 누구든지	no matter who 누가 ~ 하더라도
whomever	anyone whom ~하는 누구든지	no matter whom 누구를 ~ 하더라도
whichever	anything that ~하는 어떤 것이든	no matter which 어느 것을 ~ 하더라도
whatever	**anything that** **~하는 어떤 것이든**	no matter what 무엇을 ~ 하더라도

6 〈생략, 분사구문〉 : [while(종속접속사) **(we are)** providing(현재분사)]

10 〈to부정사를 취하는 자동사〉

주어	불완전 자동사	
–	aim / appear / arrange / bother / consent / fight / hesitate / hurry / long / prepare / proceed / seem / serve / strive / struggle / **tend** / yearn / wait 등	to 동사원형

어법 & 연결어

The searchability of online works represents a variation on older navigational aids such as tables of contents, indexes, and concordances. (   ) the effects are different. As with links, the ease and ready availability of searching make **[this / it] [much / very]** simpler to jump between digital documents than it ever was to jump between **[printing / printed] [one / ones]**. Our attachment to any one text becomes more tenuous, more transitory. Searches also lead to the fragmentation of online works. A search engine often draws our attention to a particular snippet of text, **[a few / a little]** words or sentences **[what / that] [have / has]** strong relevance to **[what / whatever]** we're searching for at the moment, while **[provided / providing] [little / few]** incentive for taking in the work as a whole. We don't see the forest when we search the Web. We don't even see the trees. We see twigs and leaves.

→ As online search becomes easier and speedier, people's attachment to a text tends **[becoming / to become]** more temporary, and their interest in the whole content diminishes.

전국 2021학년도 3월 고3 41번~42번	제목	컴퓨터의 창의력은 인간의 창의력보다 열등한 것일까?
	주제	신경과학자 Dietrich의 주장에 따르면 인간의 창의력과 컴퓨터의 창의력은 다를 게 없다.
장문 독해 (1)	논리	인용, 질문·답변

	지문	해석	단어 & 숙어
1	Surprisingly, / consciousness might not be as crucial / (to creativity) / as we like to think. △: 〈as 형/부 as …〉 놀랍게도 / 의식은 결정적이지 않을 수도 있다 / 창의력에 / 우리가 생각하고 싶어 하는 것만큼	놀랍게도, 의식은 우리가 생각하고 싶어 하는 것만큼 창의력에 결정적이지 않을 수도 있다.	surprisingly 놀랍게도 consciousness 의식 as 형/부 as ~만큼 …한 crucial to ~에 아주 중대한 creativity 창의력, 창조성 like O(to R) ~하고 싶어 하다
2	There are several different types (of creativity) / — (some of them conscious, / some of them unconscious). 창의력에는 몇 가지 서로 다른 유형이 있는데 / 그중 일부는 의식적인 것이고 / 일부는 무의식적인 것이다 (being) 〈형용사〉 ( ): 독립분사구문	창의력에는 몇 가지 서로 다른 유형이 있는데, 그중 일부는 의식적인 것이고 일부는 무의식적인 것이다.	several (몇)몇의 a type of 일종의 ~ conscious 의식적인 unconscious 무의식적인
3	Creativity can happen / {when you (a) (deliberately) try / (to create something)} / or it can happen / (in your sleep). 창의력은 일어날 수 있다 / 여러분이 의도적으로 시도할 때 / 무언가를 창조하려고 / 또는 일어날 수 있다 / 여러분이 잠들었을 때	창의력은 여러분이 의도적으로 무언가를 창조하려고 시도할 때, 또는 여러분이 잠들었을 때 일어날 수 있다.	happen 일어나다, 발생하다 deliberately 의도적으로 try to R ~하려고 노력하다, 애쓰다 create 창조하다
4	(In any case), / Arne Dietrich, (a neuroscientist), / believes / {that the creative brain might work / much (like software)}. = 〈동격〉 { }: O 어쨌든 / 신경과학자인 Dietrich는 / 믿는다 / 창의적인 두뇌가 작동할 수도 있다고 / 소프트웨어와 매우 유사하게	어쨌든, 신경과학자인 Dietrich는 창의적인 두뇌가 소프트웨어와 매우 유사하게 작동할 수도 있다고 믿는다.	in any case 어쨌든 neuroscientist 신경과학자 creative 창의적인 work (기계 등이) 작동하다 much like ~와 매우 비슷하게 software 소프트웨어
5	Neuroscientists suspect / 〈that creativity is (essentially) (about (b) discovery) / rather than anything mystical / — [driven by a mechanical process (in the brain) / {that generates possible solutions / and then eliminates them (systematically)}]〉. 〈 〉: O 신경과학자들은 생각한다 / 창의력은 본질적으로 발견과 관련이 있을 수 있다고 / 신비스러운 것이 아니라 / 뇌의 기계적인 과정에 의해 주도되는 것으로 / 가능한 해결책들을 만들어 내고 / 그런 다음 체계적으로 그것들을 제거하는	신경과학자들은 창의력은 체계적으로 가능한 해결책들을 만들어 내고 그런 다음 그것들을 제거하는 뇌의 기계적인 과정에 의해 주도되는 것으로, 본질적으로 신비스러운 것이 아니라 발견과 관련이 있을 수 있다고 생각한다.	suspect (~일 수 있다고) 생각하다 essentially 본질[근본]적으로 discovery 발견 A rather than B B보다오히려 A mystical 신비적인 mechanical 기계적인 process 과정 generate 만들어 내다 possible 가능한 solution 해결책 eliminate 제거하다 systematically 체계적으로, 질서 정연하게
6	He believes / [our tendency / {to dismiss / computational creativity as (c) inferior (to our own)} / comes (from an ingrained dualism) / (in human culture)]. (종·접 that)[ ]: O 그는 믿는다 / 우리의 경향은 / 일축하는 / 컴퓨터의 창의력을 우리 자신의 창의력보다 열등하다고 / 깊이 스며든 이원론에서 비롯된다 / 인간 문화에	그는 컴퓨터의 창의력을 우리 자신의 창의력보다 열등하다고 일축하는 우리의 경향은 인간 문화에 깊이 스며든 이원론에서 비롯된다고 믿는다.	tendency 경향 dismiss O O·C(as) (5) A를 B로 일축하다, 묵살하다, 치부하다 computational 컴퓨터의 inferior to ~보다 열등한 come from ~에서 나오다[비롯되다] ingrained 깊이 스며든, 뿌리 깊은 dualism 이원론
7 인용1	'We are overvaluing ourselves / and (are) underestimating them,' / he says. "우리는 우리 자신을 과대평가하고 있다 / 그리고 그것들을(컴퓨터를) 과소평가하고 있다" / 라고 그는 말한다	"우리는 우리 자신을 과대평가하고 있고 그것들을(컴퓨터를) 과소평가하고 있다."라고 그는 말한다.	overvalue 과대평가하다 underestimate 과소평가하다

문법

1 〈동등[원급]비교〉 : B만큼 A한

지시부사			접속사/유사관계대명사
as	형용사	원급	as
	부사		
	~~crucially~~		
	crucial		

1 〈to가 전치사인 경우〉 : crucial to + (동)명사 (~에 결정적인)

1 〈3형식에서 목적어 자리에 to R/-ing 둘 다 사용 가능〉

주어	완전 타동사	목적어
–	begin(~을 시작하다) / cease(~을 중단하다) / continue(~을 계속하다) / dislike(~을 싫어하다) / hate(~을 싫어하다) / **like(~을 좋아하다)** / love(~을 사랑하다) / neglect(~하는 것을 소홀히 하다) / prefer(~쪽을 좋아하다) / start(~을 시작하다)	**to R** / -ing (의미 차이 없음)

2 〈There/Here is 도치구문〉

긍정문	There (Here)	is	단수 주어	~이 있다 (여기에 ~이 있다)
		are	**복수 주어**	
부정문	There (Here)	is no	단수 주어	~이 없다 (여기에 ~이 없다)
		are no	복수 주어	

유도부사 there/here와 함께 도치구문을 이루는 be동사(is/are/was/were) 대신에 완전 자동사 appear, come, exist, follow, live, stand 등을 사용할 수 있다.

2 〈독립분사구문, 생략〉 : **some of them** (being) conscious, **some of them** (being) unconscious : 분사구문의 주어인 some of them과 문장의 주어인 several ~ creativity는 동일하지 않기에 반드시 사용되어야 하므로 이를 독립분사구문이라고 하고, 현재분사(being)가 생략되었다.

3 〈try 동사의 쓰임〉

try	목적어	3형식
	to R	**노력하다, 애쓰다 (S의 의지 ○)**
	-ing	시험 삼아 한번 해보다 (S의 의지 ×)

5 6 〈what vs. that〉

	관계대명사 (불완전한 문장)	접속사 (완전한 문장)
what	○ 선행사를 포함하고 있기 때문에 what 앞에 선행사 불필요	×
that	**○** that 앞에 선행사 필요	**○**

5 〈형용사의 후치 수식〉

후치 수식	**-thing**	**+ 형용사**	○
	-body		
	-one		
전치 수식	형용사 +	-thing	×
		-body	
		-one	

5 〈주격 관계대명사 + be동사 생략〉

–	생략 가능	
명사 (선행사)	(주격 관계대명사 + be동사)	현재분사(-ing) – 능동 (~하고 있는, ~하는)
		과거분사(p.p.) – 수동 (~되어진, ~당한)
		명사
		형용사(구) (~하는, ~할)
		부사
		전치사구
discovery	(which/that is)	driven

5 〈주격 관계대명사절의 수의 일치〉 : 선행사를 포함하고 있는 관계대명사 what 사용 불가

	주격 관계대명사절		
선행사	주격 관계대명사	~~주어~~	동사
process	that		~~generate ~ eliminate~~
			generates ~ eliminates

6 〈목적격 종속접속사 that 생략〉 : 완전 타동사의 목적어로 사용된 경우 / 관계대명사 what 사용 불가

	종속절 (명사절: 목적어) (완전한 절)		
완전 타동사	목적격 종속접속사	주어	동사
believes	(that) 생략 가능 (~하는 것을)	our tendency	comes

6 〈5형식 불완전 타동사의 목적격 보어〉 : 수동태 전환 시, 2형식 문장(be p.p. + as 보어)

주어	불완전 타동사	목적어	목적격 보어
–	accept / achieve / announce / characterize / cite / consider / count / deem / define / describe / disguise / **dismiss** / identify / interpret / look at / look upon / perceive / praise / present / read / reckon / refer to / recognize / regard / remember / respect / see / speak of / think of / train / treat / use / view / visualize 등	–	as 보어

6 〈라틴어에서 유래한 비교급 구문〉 : 일반적인 비교급은 뒤에 than(~보다)을 사용하지만 라틴어에서 유래한 형용사의 비교급에서는 than이 아니라 to(~보다)를 사용함에 주의해야 한다.

prefer / senior / junior / superior / **inferior** / prior	~~than~~
	to

7 〈대명사 vs. 재귀대명사〉

		주어와 다름	주어와 동일
주어	~	대명사	재귀대명사
We		us	**ourselves**

	지문	해석	단어 & 숙어
8 TS 인용2	(As a neuroscientist), / Dietrich says / {he tackles the brain (as a machine) / — and does not see machine creativity as different}. (종·접 that) { }: O / S V S V₁ O / V₂ O O·C 신경과학자로서 / Dietrich는 말한다 / 기계로 두뇌를 다루며 / 기계 창의력을 다르다고 여기지 않는다고	신경과학자로서, Dietrich는 두뇌를 기계로 (취급하여) 다루며, 기계 창의력을 다르다고 여기지 않는다고 말한다.	neuroscientist 신경과학자 tackle 취급하다, 다루다 (= deal with, cope with, handle, address) machine 기계 creativity 창의력 see O O·C(as) (5) ~을 …로 여기다 (수동태 시, be seen S·C(as))
9	{Considered (in this way)}, / the idea / {that the human brain has a unique claim / (to creative talents)} / seems a (d) proper perspective. { }: 〈분사구문〉 p.p. / = 〈동격〉 S 〈종·접〉 / S V O / V / S·C 이런 식으로 생각해 보면 / 생각은 / 인간의 두뇌만이 유일하게 지니고 있다는 / 창의적인 재능을 / 올바른 관점으로 보인다	이런 식으로 생각해 보면, 인간의 두뇌만이 유일하게 창의적인 재능을 지니고 있다는 생각은 올바른(→ 한계가 있는) 관점으로 보인다.	consider 생각하다 in this way 이렇게 하여 unique 독특한, 유일무이한 a claim to ~에 대한 권리 talent 재능 seem S·C(to be) ~처럼 보이다 proper 올바른, 적절한 perspective 관점
10 질문	Will others accept that idea? S V O 다른 이들이 그 생각을 받아들일까	다른 이들이 그 생각을 받아들일까?	accept 받아들이다, 인정하다
11 답변	The trick / is 〈to stop / [trying {to compare computer artists / (to human ones)}]〉. 〈 〉: S·C [ ]: O { }: O / S V 〈동명사〉 / O (= artists) 요령은 / 멈추는 것이다 / 컴퓨터 예술가를 비교하려는 시도를 / 인간 예술가와	요령은 컴퓨터 예술가를 인간 예술가와 비교하려는 시도를 멈추는 것이다.	trick 요령, 비결 stop O(-ing) ~하는 것을 멈추다, 그만두다 compare A to B A와 B를 비교하다 (수동태 시, A be compared to B)
12	[If we can (e) embrace / computer creativity / for (what it is) / and stop / {trying (to make it look human)}], / not only will computers teach us new things / (about our own creative talents), / but they might become creative / (in ways) / (that we cannot begin to imagine). 〈종·접〉 S V₁ O 〈전치사〉 ( ): O 〈보격 관계대명사〉 S V / V₂ 〈동명사〉 { }: O ( ): O O O·C / 〈조동사〉 S V〈동사원형〉 I·O D·O / 〈not only 조동사 S V, but S V〉 S V S·C / 〈선행사〉 〈목·관〉 S V O 만약 우리가 받아들일 수 있다면 / 컴퓨터 창의력을 / 있는 그대로 / 그리고 멈춘다면 / 그것을 인간적인 것으로 보이도록 하려는 시도를 / 컴퓨터는 우리에게 새로운 것들을 가르쳐 줄 뿐만 아니라 / 우리 자신의 창의적 재능에 대한 / 또한 창의적이 될 수도 있다 / 방식으로 / 우리가 상상을 시작할 수 없는	만약 우리가 컴퓨터 창의력을 있는 그대로 받아들이고, 그것을 인간적인 것으로 보이도록 하려는 시도를 멈춘다면, 컴퓨터는 우리에게 우리 자신의 창의적 재능에 대한 새로운 것들을 가르쳐 줄 뿐만 아니라, 또한 우리가 상상을 시작할 수 없는 방식으로 창의적이 될 수도 있다.	embrace 받아들이다 what it is 현재의 그것[상태, 성질] try O(to R) ~하려고 노력하다 make O O·C(R) (5) ~가 …하게 시키다 look S·C(형용사) ~처럼 보이다 not only A but also B A뿐만 아니라 B 또한 teach I·O D·O (4) ~에게 …을 가르치다 begin O(to R) ~하기를 시작하다 imagine 상상하다

문법

8 〈목적격 종속접속사 that 생략〉 : 완전 타동사의 목적어로 사용된 경우 / 관계대명사 what 사용 불가

	종속절 (명사절: 목적어) (완전한 절)		
완전 타동사	목적격 종속접속사	주어	동사
says	(that) 생략 가능 (~하는 것을)	he	tackles

8 〈5형식 불완전 타동사의 목적격 보어〉 : 수동태 전환 시, 2형식 문장(be p.p. + as 보어)

주어	불완전 타동사	목적어	목적격 보어
–	accept / achieve / announce / characterize / cite / consider / count / deem / define / describe / disguise / dismiss / identify / interpret / look at / look upon / perceive / praise / present / read / reckon / refer to / recognize / regard / remember / respect / **see** / speak of / think of / train / treat / use / view / visualize 등	–	as 보어

9 〈분사구문〉 : 문두에 있는 경우 : Considered = As[If] it is considered [it = 주절 주어 the idea]

종속절 → 분사구문			주절	
종속접속사 〈그대로 사용하면 의미 강조〉	(주어 + be동사) 〈주절의 주어와 같을 경우 생략 가능〉	-ing(현재분사)	주어	동사
		p.p.(과거분사)		
		형용사		
		명사		
–	–	Considered	the idea	seems

9 〈동격의 that〉 : ~라는 A (관계대명사 which/what 사용 불가)

추상명사(A)	종속절 (명사절 – 완전한 문장)		
	(that)	주어	동사
answer / belief / chance / claim / conclusion / dream / evidence / extent / fact / faith / feeling / ground / hope / **idea** / likelihood / message / need / news / notion / pledge / position / possibility / promise / proposal / question / recognition / reply / request / result / sense / statement / suggestion / testament / theory / view / wickedness 등	(종속접속사) 생략 가능	–	–
the idea	that	the ~ brain	has

8 9 12 〈what vs. that〉

	관계대명사 (불완전한 문장)	접속사 (완전한 문장)
what	○ 선행사를 포함하고 있기 때문에 what 앞에 선행사 불필요	×
that	○ that 앞에 선행사 필요	○

9 〈seem 동사의 쓰임〉

주어	seem	주격 보어	2형식
		(to be) 보어	~처럼 보이다, 보기에 ~하다; ~인 듯하다[것 같다], ~인 것처럼 생각되다
		to R	

11 12 〈stop 동사의 쓰임〉

stop	목적어	3형식
	to R(부가어)	~하기 위해서 멈추다(3형식)
	-ing(목적어)	~하는 것을 멈추다(3형식)

11 12 〈try 동사의 쓰임〉

try	목적어	3형식
	to R	**노력하다, 애쓰다 (S의 의지 ○)**
	-ing	시험 삼아 한번 해보다 (S의 의지 ×)

12 〈make 사역동사〉

make	목적어	목적격 보어	해석
사역동사	명사 / 명사 상당어구	**동사원형(R): 능동**	**~가 …하도록 시키다**
		과거분사(p.p) : 수동	~가 …하게 당하다
make	it	~~looked~~	
		look	

12 〈보격 관계대명사 what절〉 : 선행사가 필요한 관계대명사 that, which 사용 불가

	보격 관계대명사 what절			
선행사	보격 관계대명사	주어	불완전 자동사	~~주격 보어~~
없음	what	it	is	

12 〈not only 문두 도치〉 : not only가 문두에 있는 경우

도치					
not only	조동사	주어	동사원형	~	but (also) …
	will	computers	teach		

12 〈소유격을 강조하는 표현〉 : '소유격 + own(~ 자신의) + 명사'

	own은 소유격대명사 강조		
전치사	소유격	own	명사
about	our	own	talents

12 〈become 동사의 쓰임〉

become	주격 보어	2형식
	명사	(~으로)되다
	형용사	
	과거분사	
	목적어	3형식
	명사	어울리다, 잘 맞다 (진행형/수동태 불가)

12 〈목적격 관계대명사 that〉 : 타동사의 목적어가 없는 경우 / 선행사를 포함하고 있는 관계대명사 what 사용 불가

	목적격 관계대명사 that절			
선행사	목적격 관계대명사	주어	타동사	~~목적어~~
ways	(that) 생략 가능	we	cannot begin to imagine	

11 〈3형식에서 목적어 자리에 to R/-ing 둘 다 사용 가능〉

주어	완전 타동사	목적어
–	**begin**(~을 시작하다) / cease(~을 중단하다) / continue(~을 계속하다) / dislike(~을 싫어하다) / hate(~을 싫어하다) / like(~을 좋아하다) / love(~을 사랑하다) / neglect(~하는 것을 소홀히 하다) / prefer(~쪽을 좋아하다) / start(~을 시작하다)	**to R** / -ing (의미 차이 없음)

[41~42] 다음 글을 읽고, 물음에 답하시오.

41 윗글의 제목으로 가장 적절한 것은? [48%]

① Machines That Create Redefine Creativity
② The New Way Machines Learn and Think
③ How Brain Works During Unconsciousness
④ Potential Limits of Artificial Intelligence
⑤ High Technology Weakens Creativity

42 밑줄 친 (a)~(e) 중에서 문맥상 낱말의 쓰임이 적절하지 않은 것은? [40%]

① (a) ② (b) ③ (c) ④ (d) ⑤ (e)

정답 | ①, ④

41 해설 | ① 창조하는 기계들은 창의성을 재정의한다: 5, 7, 8 등 글에서 창조하는 기계들에 대해 인간의 창의력은 기계의 창의력과 다를 게 없다는 주장을 제시하므로 정답으로 적절하다.
② 기계가 배우고 생각하는 새로운 방식: 기계의 사고방식에 관한 내용은 없다.
③ 무의식 동안에 두뇌가 작동하는 방식 : 무의식 동안 두뇌의 작동 방식에 관한 내용은 없다.
④ 인공지능의 잠재적인 한계: 인공지능의 한계에 관한 내용은 없다.
⑤ 창의력을 약화하는 고도의 기술: 창의력을 약화하는 기술에 관한 내용은 없다.

42 해설 | ① 3에서 창의력은 의식적일 수 있다고 했으므로 의도적으로 창조한다는 deliberately는 적절하다.
② 5에서 rather than과 함께 anything mystical과 반대되는 의미를 지닌 discovery는 적절하다.
③ 6에서 우리는 컴퓨터를 과소평가하고 있다고 했으므로, 이들을 열등한 것으로 여긴다는 inferior는 적절하다.
④ 8에서 인간의 창의성은 컴퓨터의 창의성과 다를 게 없다고 했으므로, 인간의 창의성을 유일하다고 여기는 관점을 올바르다고 하는 것은 적절하지 않다. proper → limited
⑤ 11에서 인간과 컴퓨터를 비교하려는 시도를 멈추라고 했으므로, 컴퓨터 창의력을 받아들인다는 embrace는 적절하다.

어법 & 연결어

(   ), consciousness might not be as crucial to creativity as we like to think. There **[is / are]** several different types of creativity — some of them conscious, some of them unconscious. Creativity can happen when you deliberately try **[creating / to create]** something or it can happen in your sleep. In any case, Arne Dietrich, a neuroscientist, believes **[that / what]** the creative brain might work much **[like / likely]** software. Neuroscientists suspect **[what / that]** creativity is essentially about discovery rather than **[anything mystical / mystical anything]** — **[driving / driven]** by a mechanical process in the brain **[what / that]** **[generate / generates]** possible solutions and then eliminates **[it / them]** systematically. He believes our tendency to dismiss computational creativity as inferior to our own comes from an **[ingrained / ingraining]** dualism in human culture. 'We are overvaluing **[ourselves / us]** and underestimating **[it / them]**,' he says. As a neuroscientist, Dietrich says **[that / what]** he tackles the brain as a machine — and does not see machine creativity as **[different / differently]**. **[Considering / Considered]** in this way, the idea **[that / which]** the human brain has a unique claim to creative talents **[seem / seems]** a **[limited / limiting]** perspective. Will others accept that idea? The trick is to stop **[to try / trying]** **[to compare / comparing]** computer artists to human ones. If we can embrace computer creativity for what it is and stop **[trying / to try]** **[making / to make]** it **[look / to look]** human, not only **[computers will teach / will computers teach]** us new things about our own creative talents, but they might become **[creative / creatively]** in ways **[what / that]** we cannot begin to imagine.

전국 2021학년도 3월 고3 43번~45번	제목	각기 다른 품삯을 요청한 세 명의 젊은이
	주제	아버지는 각기 다른 품삯을 요청한 세 명의 젊은이에게 사람 안에 들어있는 가치에 대해 설명해주셨다.
장문 독해 (2)	논리	이야기

	지문	해석	단어 & 숙어
1	(A) (One day) / my father(S) hired(V) three young men(O) / (to harvest the crop(O)). 어느 날 / 나의 아버지는 세 명의 젊은이를 고용했다 / 농작물을 수확하려고	(A) 어느 날 나의 아버지는 농작물을 수확하려고 세 명의 젊은이를 고용했다.	one day 어느 날 hire 고용하다 harvest 수확하다 crop 농작물, 곡물
2	(At the end of the day) / (a) he(S) gathered(V) them(O) (around) / (to pay them(O)). 하루가 끝날 즈음에 / 그는 그들을 주위로 모이게 했다 / 그들에게 품삯을 주려고	하루가 끝날 즈음에 그는 그들에게 품삯을 주려고 그들을 주위로 모이게 했다.	at the end of ~의 말에, ~가 끝날 때쯤에 gather A around A를 주위에 모이게 하다 pay (보수, 급여를) 지불하다
3	"What do I(S) owe(V) you(O), / John?" / my dad(S) asked(V) / the first young man(O〈선행사〉) / ((목·관 that) he(S) had hired〈과거완료〉). "내가 당신에게 얼마를 줘야 하죠 / John?" / 나의 아빠는 물었다 / 첫 번째 젊은이에게 / 자신이 고용한	"내가 당신에게 얼마를 줘야 하죠, John?" 나의 아빠는 자신이 고용한 첫 번째 젊은이에게 물었다.	owe 지불할 의무가 있다 first 첫 번째
4	"Fifty-five dollars, / Mr. Burres," / John(S) said(V). "55달러입니다 / Burres 씨." / 하고 John이 말했다	"55달러입니다, Burres 씨." 하고 John이 말했다.	
5	Dad(S) wrote(V) / him(I·O) a check(D·O) / (for fifty-five dollars). 아빠는 써 주었다 / 그에게 수표를 / 55달러짜리	아빠는 그에게 55달러짜리 수표를 써 주었다.	write A a check A에게 수표를 써 주다
6	"What do I(S) owe(V) you(O), / Michael?" / (b) he(S) asked(V) / the second young man(O〈선행사〉) / {who〈주·관〉 had worked(V〈과거완료〉) the same number of hours(O) / (as John)}. "내가 당신에게 얼마를 줘야 하죠 / Michael?" / 그는 물었다 / 두 번째 젊은이에게 / 똑같은 시간을 일한 / John과	"내가 당신에게 얼마를 줘야 하죠, Michael?" 하고 그는 John과 똑같은 시간을 일한 두 번째 젊은이에게 물었다.	second 두 번째 work 일하다 the same A as B B와 같은 A
7	"You(S) owe(V) / me(I·O) seventy-five dollars(D·O)," / Michael(S) said(V). "주셔야 합니다. / 저에게 75달러를" / 하고 Michael이 말했다	"저에게 75달러를 주셔야 합니다." 하고 Michael이 말했다.	owe I·O D·O (4) ~에게 …을 지불할 의무가 있다

문법

3 〈목적격 관계대명사 that〉 : 타동사의 목적어가 없는 경우 / 선행사를 포함하고 있는 관계대명사 what 사용 불가

	목적격 관계대명사절			
선행사	목적격 관계대명사	주어	타동사	~~목적어~~
the first young man	(that) 생략 가능	he	had hired	

6 〈주격 관계대명사절의 수의 일치〉 : 선행사를 포함하고 있는 관계대명사 what 사용 불가

	주격 관계대명사절		
선행사	주격 관계대명사	~~주어~~	동사
the second young man	who		had worked

6 〈the same 용법〉

① **the same as**: 동일한 종류
This is the same car as I lost. 이것은 내가 잃어버린 것과 같은 종류의 자동차이다.

This is the same car that I lost. 이것은 내가 잃어버린 바로 그 자동차이다.

② the same as + 단어/구/절 : '~와 같은'
My opinion is the same as yours. 나의 의견은 당신의 것과 같다.

	지문	해석	단어 & 숙어
8	(B) (Again) / my father was surprised. 또다시 / 나의 아버지는 놀랐다	(B) 또다시 나의 아버지는 놀랐다.	again 또다시 surprised 놀란
9	(c) He asked for / clarification. 그는 요구했다 / 해명을	그는 해명을 요구했다.	ask for ~을 요구[요청]하다 clarification 해명
10	"And / how did you arrive / (at that figure)?" "그런데 / 당신은 어떻게 이르게 되었나요 / 그 계산에"	"그런데 당신은 어떻게 그 계산에 이르게 되었나요?"	arrive at ~에 도달하다 figure 계산, 액수, 값
11	The third young man, / (like the other two), / had been hired / (for the same job) / and had put (in equal time). 그 세 번째 젊은이는 / 나머지 둘처럼 / 고용되었다 / 똑같은 일로 / 그리고 같은 시간을 투입했다	그 세 번째 젊은이는, 나머지 둘처럼, 똑같은 일로 고용되었고 같은 시간을 투입했다.	third 세 번째 like ~처럼, ~ 같이 put in time 시간을 소비하다 equal 동일한
12	"Well," / said Nathan, / "I didn't charge you / (for the lunch break) / (since your wife prepared and served lunch). / I didn't have / gas expenses / (since I came with my buddies). / So the actual number of hours (worked) / brings my pay / (to thirty-eight dollars and fifty cents)." "음" / Nathan이 말했다 / "나는 당신에게 청구하지 않았습니다 / 점심시간에 대해서는 / 당신 부인께서 점심을 준비하고 대접해 주셨으므로 / 저는 들지 않았습니다 / 연료비가 / 친구들과 함께 왔으므로 / 그래서 실제로 일한 시간 수로 따져 보니 / 제가 받을 품삯이 / 38달러 50센트가 됩니다"	"음, 당신 부인께서 점심을 준비하고 대접해 주셨으므로 저는 점심시간에 대해서는 청구하지 않았습니다. 저는 친구들과 함께 왔으므로 연료비가 들지 않았습니다. 그래서 실제로 일한 시간 수로 따져 보니 제가 받을 품삯이 38달러 50센트가 됩니다." 하고 Nathan이 말했다.	charge A for B A에게 B에 대한 청구를 하다 a lunch break 점심시간 since ~ 때문에 prepare 준비하다 serve 대접하다 gas 연료 expense 비용, 지출 buddy 친구, 동료 actual 실제의 bring A to B A를 B에 가져오다
13	My father wrote / him (out) a check / (for one hundred dollars). 나의 아버지는 써 주었다 / 그에게 수표를 / 1백 달러짜리	나의 아버지는 그에게 1백 달러짜리 수표를 써 주었다.	write A (out) a check A에게 수표를 써주다
14	(C) Dad / (then) looked at / the three young men / — {stricken silent / (by my father's actions)} / — [all of whom were a bit bewildered / {by the differing amounts / (on their individual check)}]. 아빠는 / 그러고 나서 보았다 / 그 세 명의 젊은이를 / 말문이 막혀 아무 말도 못하고 있는 / 나의 아버지의 행동에 / 그들은 모두 약간 어리둥절해 했다 / 다른 액수에 대해 / 각자의 수표에 적힌	(C) 그러고 나서 아빠는 나의 아버지의 행동에 말문이 막혀 아무 말도 못하고 있는 그 세 명의 젊은이를 보았는데, 그들은 모두 각자의 수표에 적힌 다른 액수에 대해 약간 어리둥절해 했다.	look at ~을 보다 strike A silent A를 말문이 막히게 하다 (수동태 시, A be stricken silent) a bit 조금, 다소, 약간 bewilder 어리둥절하게 하다 amount 액수 individual 각각의, 각자의
15	"I (always) pay / a man his worth, / boys. / (Where I come from) / we call that equal pay / (for equal worth)." "나는 항상 지급해요 / 사람에게 그의 가치만큼 / 젊은이들 / 나의 고향에서 / 우리는 그것을 동일 보수라고 불러요 / 동일 가치에 대한"	"젊은이들, 나는 항상 사람에게 그의 가치만큼 지급해요. 나의 고향에서 우리는 그것을 동일 가치에 대한 동일 보수라고 불러요."	pay I·O D·O (4) ~에게 …을 지불하다 worth 가치 come from ~에서 나오다[비롯되다/생산되다] pay 보수
16	(d) He looked / (benevolently) / (at the three young men) / and (in his typical fatherly style) / added, / "The values (in a man) / create the value of a man." 그는 보았고 / 자애롭게 / 그 세 명의 젊은이를 / 늘 하는 식의 아버지 같은 방식으로 / 덧붙였다 / "사람 안에 들어 있는 가치가 / 사람의 값어치를 만듭니다"	그는 자애롭게 그 세 명의 젊은이를 보았고 늘 하는 식의 아버지 같은 방식으로 덧붙였다. "사람 안에 들어 있는 가치가 사람의 값어치를 만듭니다."	benevolently 자애롭게 typical 늘 하는 식[행동]의 fatherly 아버지 같은 방식으로 style 방법 add 덧붙이다 create 만들다

문법

8 〈감정과 관련된 완전 타동사〉 : 동사가 분사화되어 주격/목적격 보어 자리에 나올 때 일반적인 구별법

목적어	동사	주격 보어(S·C)
사람		**과거분사(p.p.) – 수동 (~되어진, ~당한)**
사물		현재분사(-ing) – 능동 (~하고 있는, ~하는)
my father	was	surprised

11 〈likely / alike / like〉

likely	형용사	~일 것 같은 (be likely to 동사원형 : ~일 것 같다)
	부사	아마 (= probably)
alike	서술적 형용사 (보어로만 사용, 명사 수식 불가)	동일한
	부사	똑같이
like	**전치사**	**~처럼**
	종속접속사	~처럼
	동사	좋아하다

11 another 또 다른 하나 (나머지 있음) / **the other 그 나머지 (나머지 없음)**

12 〈since 용법〉

종속접속사	시간	~이래 (죽), ~한 때부터 내내
	이유	**~이므로, ~이니까**
전치사	시간	~이래 (죽), ~부터 (내내)
부사	시간	(그때)이래 (죽), 그 뒤[후] 줄곧

12 〈원인/이유: ~ 때문에〉

전치사	because of	+ (동)명사 / 명사 상당어구
	due to	
	for	
	on account of	
	owing to	
	thanks to	
종속접속사	as	+ 주어 + 동사 ~
	because	
	now (that)	
	since	

12 14 〈주격 관계대명사 + be동사 생략〉

–	생략 가능	
명사 (선행사)	(주격 관계대명사 + be동사)	현재분사(-ing) – 능동 (~하고 있는, ~하는)
		과거분사(p.p.) – 수동 (~되어진, ~당한)
		명사
		형용사(구) (~하는, ~할)
		부사
		전치사구
the actual number of hours	(which/that were)	worked
the three young men	(who/that were)	stricken

12 〈주어와 동사의 수의 일치〉 : the number of (~수) / a number of (많은 ~) : **the** number of hours ~ **brings**

the	**number**	**of**	**복수명사**	**+ 단수동사**
a	number	of	복수명사	+ 복수동사

14 16 〈look 동사의 쓰임〉

look	**at**	**~을 쳐다보다**
	after	~을 돌보다
	over	~을 대충 훑어보다[살펴보다] (= watch)
	through	~을 (빠르게) 살펴[훑어]보다
	in	~을 들여다보다, 조사[검토]하다
	into	~을 조사하다
	up	~을 올려다보다
	around	~을 둘러보다
	on	구경하다, 지켜보다
	out	~을 내다보다, 조심하다
	for	~을 찾다, 구하다, 바라다

14 〈감정과 관련된 완전 타동사〉 : 동사가 분사화되어 주격/목적격 보어 자리에 나올 때 일반적인 구별법

주어	동사	주격 보어(S·C)
사람		**과거분사(p.p.) – 수동 (~되어진, ~당한)**
사물		현재분사(-ing) – 능동 (~하고 있는, ~하는)
the three young men	were	bewildered

14 〈수량형용사 + 관계대명사〉 : 관계대명사 자리에 대명사 사용 불가 / **and all of them(= the three young men)** were ~ → **all of whom** were ~

수량형용사	관계대명사
none of, neither of, any of, either of, some of, many of, most of, much of, few of, half of, each of, one of, two of, **all of**, several of, a number of, both of	**whom(사람)** which(사물) whose(소유)

15 〈관계부사 where 용법〉

부사절					주절	
Where	I	come	from	~~목적어~~	we	call
관계부사	주어	동사	전치사		주어	동사

	지문	해석	단어 & 숙어
17	(D) (With a look of surprise), / my dad asked (quietly), / "How do you figure that, / Michael?" 놀란 표정으로 / 나의 아빠는 조용히 물었다 / "어떻게 해서 계산이 그렇게 되죠 / Michael?"	(D) 놀란 표정으로 나의 아빠는 조용히 물었다. "어떻게 해서 계산이 그렇게 되죠, Michael?"	a look of surprise 놀라는[놀란] 표정 quietly 조용히 figure 계산하다 (= calculate)
18	"Oh," / said Michael, / "I charge / {from the time (I get into my car / to drive to the job site), / until the time (I get back home)}, / (plus gas mileage and meal allowance)." "오" / Michael이 말했다 / "저는 청구합니다 / 제가 차에 타는 그 시간부터 / 일터로 운전해 가기 위해 / 제가 집으로 돌아가는 시간까지의 / 추가로 연료비와 식비를"	"오, 저는 일터로 운전해 가기 위해 차에 타는 그 시간부터 제가 집으로 돌아가는 시간까지의 비용과 추가로 연료비와 식비를 청구합니다." 하고 Michael이 말했다.	charge 청구하다 from A until B A에서 B까지 get into a car 차에 타다 drive to 차를 몰고 ~에 가다 job site 현장, 일터 get back home 집으로 돌아오다 plus 더욱이, 게다가, 추가로 gas mileage 연료비 meal allowance 식비
19	"Meal allowance / — (even if we provide the meals)?" / my dad said. "식비요 / 우리가 식사를 제공하는데도 말이죠?" / 나의 아빠가 말했다	"식비요, 우리가 식사를 제공하는데도 말이죠?" 하고 나의 아빠가 말했다.	even if 비록 ~일지라도 provide[give, offer] a meal 식사를 내주다
20	"Yup," / replied Michael. "네" / 하고 Michael이 대답했다	"네." 하고 Michael이 대답했다.	yup 응, 그럼 (= yep, yes) reply 대답하다
21	"I see," / said my dad, / {writing him a check / (for the seventy-five dollars) / (that) (he requested)}. "알겠어요" / 나의 아빠가 말했다 / 그에게 수표를 써주면서 / 75달러짜리 / 그가 요청한	"알겠어요." 하고 그가 요청한 75달러짜리 수표를 써 주면서 나의 아빠가 말했다.	request 요청하다
22	"And / what about you, / Nathan?" / Dad inquired. "그리고 / 당신은요 / Nathan?" 하고 아빠가 물었다	"그리고 당신은요, Nathan?" 하고 아빠가 물었다.	what about ~? ~은 어떤가? inquire 묻다, 문의하다
23	"You owe / me thirty-eight dollars and fifty cents, / Mr. Burres," / Nathan said. "주셔야 합니다 / 저에게 38달러 50센트를 / Burres 씨" / 하고 Nathan이 말했다	"저에게 38달러 50센트를 주셔야 합니다, Burres 씨" 하고 Nathan이 말했다.	

문법

18 **〈관계부사〉** : 관계부사절은 완전한 문장이 나오고, 선행사와 관계부사는 서로 같이 사용할 수도 있고 둘 중 하나는 생략할 수도 있다. : from the time (when) ~ until the time (when) ~

용도	선행사	관계부사	전치사 + 관계대명사
시간	**the time**	when	in/at/on + which
장소	the place	where	in/at/on + which
이유	the reason	why	for which
방법	(the way)	how	in which
	the way how는 같이 사용 못함 the way, the way in which, the way that은 사용 가능 (how 대신에 사용되는 that은 관계부사 대용어라고 함)		

19 **〈양보/대조〉**

종속접속사	뜻	구조
though	비록 ~일지라도	+ 주어 + 동사
although		
even though		
even if		
as		
while	반면에	
whereas		

19 〈even vs. as〉

종속접속사	even though	+ 주어 + 동사	비록 ~일지라도	양보/대조
	even if			
	as though		마치 ~처럼	가정법
	as if			

21 〈writing ~〉 : 〈분사구문〉이 문미에 있는 경우 (능동) (= as he wrote[was writing])

21 **〈목적격 관계대명사 that〉** : 타동사의 목적어가 없는 경우 / 선행사를 포함하고 있는 관계대명사 what 사용 불가

	목적격 관계대명사절			
선행사	목적격 관계대명사	주어	타동사	~~목적어~~
the seventy-five dollars	(that) 생략 가능	he	requested	

[43~45] 다음 글을 읽고, 물음에 답하시오.

43 주어진 글 (A)에 이어질 내용을 순서에 맞게 배열한 것으로 가장 적절한 것은? [74%]

① (B)–(D)–(C) ② (C)–(B)–(D)
③ (C)–(D)–(B) ④ (D)–(B)–(C)
⑤ (D)–(C)–(B)

44 밑줄 친 (a)~(e) 중에서 가리키는 대상이 나머지 넷과 다른 것은? [72%]

① (a) ② (b) ③ (c) ④ (d) ⑤ (e)

45 윗글에 관한 내용으로 적절하지 않은 것은? [65%]

① Burres 씨는 농작물 수확을 위해 젊은이들을 고용했다.
② Michael은 John보다 더 많은 품삯을 요구했다.
③ Nathan은 점심 식사를 제공받지 못했다.
④ 젊은이들은 수표에 적힌 액수를 보고 약간 어리둥절했다.
⑤ Michael은 일터로 가는 시간을 품삯 계산에 포함했다.

정답 | ④, ⑤, ③

43 해설 | 7에서 Michael의 대답에 놀라 17에서 되묻고 있으므로 (A) 다음에 (D)가 이어진다.
23에서 Nathan의 대답에 또 놀라 8, 9에서 또 되묻고 있으므로 (D) 다음에 (B)가 이어진다.
14의 my father's actions는 13의 내용을 가리키므로 (B) 다음에 (C)가 이어진다.

44 해설 | ① father를 지칭한다.
② father를 지칭한다.
③ father를 지칭한다.
④ father를 지칭한다.
⑤ Michael을 지칭한다.

45 해설 | ① 1에 제시되어 있다.
② 7에 제시되어 있다.
③ 12에서 Nathan은 점심 식사를 제공받았다고 했으므로 적절하지 않다.
④ 14에 제시되어 있다.
⑤ 18에 제시되어 있다.

어법 & 연결어

One day my father hired three young men to harvest the crop. At the end of the day he gathered them around to pay them. "What do I owe you, John?" my dad asked the first young man he **[hired / had hired]**. "Fifty-five dollars, Mr. Burres," John said. Dad wrote him a check for fifty-five dollars. "What do I owe you, Michael?" he asked the second young man who **[worked / had worked]** the same number of hours as John. "You owe me seventy-five dollars," Michael said. With a look of surprise, my dad asked quietly, "How do you figure that, Michael?" "Oh," said Michael, "I charge from the time I get into my car to drive to the job site, until the time I get back home, plus gas mileage and meal allowance." "Meal allowance — **[even if / as if]** we provide the meals?" my dad said. "Yup," replied Michael. "I see," said my dad, **[writing / written]** him a check for the seventy-five dollars he requested. "And what about you, Nathan?" Dad inquired. "You owe me thirty-eight dollars and fifty cents, Mr. Burres," Nathan said. Again my father was **[surprising / surprised]**. He asked for clarification. "And how did you arrive at that figure?" The third young man, **[like / alike]** the other two, **[had hired / had been hired]** for the same job and **[had put / had been put]** in equal time. "Well," said Nathan, "I didn't charge you for the lunch break since your wife prepared and served lunch. I didn't have gas expenses since I came with my buddies. ( ) the actual number of hours **[working / worked]** brings my pay to thirty-eight dollars and fifty cents." My father wrote him out a check for one hundred dollars. Dad then looked at the three young men — **[stricken / striking]** **[silent / silently]** by my father's actions — all of **[them / whom]** **[was / were]** a bit **[bewildering / bewildered]** by the differing amounts on their individual check. "I always pay a man his worth, boys. **[Which / Where]** I come from we call that equal pay for equal worth." He looked **[benevolent / benevolently]** at the three young men and in his typical fatherly style added, "The values in a man create the value of a man."

앱솔루트

ABSOLUTE

2021학년도

4월

고3 전국연합 학력평가

전국 2021학년도 4월 고3 18번	제목	지역 어린이 극장의 예산 삭감 반대
	주제	지역 어린이 극장의 예산 삭감에 반대한다.
글의 목적	논리	주장과 근거

	지문	해석	단어 & 숙어
1	Dear City Council Members, 시의회 의원님들께	시의회 의원님들께,	dear ~에게[께], ~ 귀하 city council 시의회
2	My name is Celina Evans / and I am a lifelong Woodridge resident. S_1 V_1 S·C S_2 V_2 S·C 제 이름은 Celina Evans이며 / 저는 평생 Woodridge에 거주한 사람입니다	제 이름은 Celina Evans이며 저는 평생 Woodridge에 거주한 사람입니다.	lifelong 평생의 resident 거주자, 주민
3	The Woodridge Children's Theater / has been the pride (of our community) / (since 1975). S V〈현재완료〉 S·C 〈전치사〉 Woodridge 어린이 극장은 / 우리 지역 사회의 자랑거리였습니다 / 1975년 이래로	Woodridge 어린이 극장은 1975년 이래로 우리 지역 사회의 자랑거리였습니다.	theater 극장 pride 자부심, 긍지 community 지역 사회 since ~ 이래로, ~ 이후
4	My daughter Katie has been participating / (in the theater's activities) / (for six years). S V〈현재완료진행〉 제 딸 Katie가 참여해 오고 있습니다 / 극장의 활동에 / 6년 동안	제 딸 Katie가 6년 동안 극장의 활동에 참여해 오고 있습니다.	daughter 딸 participate in ~에 참여[참가]하다 activity 활동 (복수형: activities)
5	The theater / has meant (so much) / (to so many) / (in our community). S V〈현재완료〉 그 극장은 / 매우 큰 의미였습니다 / 많은 사람들에게 / 우리 지역 사회의	그 극장은 우리 지역 사회의 많은 사람들에게 매우 큰 의미였습니다.	mean 의미하다 (mean - meant - meant - meaning) so much 그만큼 many [복수 취급] 다수(의 사람[것])
6	However, / I have been made aware / {that you are considering / (cutting the budget of the theater)}. S V〈현재완료수동〉 S·C { }: O 〈종·접〉 S V〈현재진행〉 ( ): O 〈동명사〉 O 그러나 / 저는 알게 되었습니다 / 의원님들께서 고려 중이라는 것을 / 극장의 예산 삭감을	그러나 저는 의원님들께서 극장의 예산 삭감을 고려 중이라는 것을 알게 되었습니다.	make A aware [that S V / of (동)명사] A에게 ~을[~임을] 자각하게 하다 (수동태 시, A be made aware (that S V / of (동)명사)) consider O(-ing) ~을 고려하다 cut[slash] the budget 예산을 삭감하다
7 근거1	The experiences and life lessons / {children gain (at the theater)} / are invaluable. S_1~S_2〈선행사〉 S_1 S_2 (목·관 that) S V V S·C 경험과 인생 교훈은 / 극장에서 아이들이 얻는 / 귀중합니다	극장에서 아이들이 얻는 경험과 인생 교훈은 귀중합니다.	life lesson 인생 교훈 gain 얻다 invaluable 매우 귀중한, 매우 유용한
8 근거2	Not only do kids learn / (about the arts) (there), / but they also learn skills / {that will last (for a lifetime)}. 〈Not only 조동사 S V but S also V〉 〈조동사〉 S_1 V_1〈동사원형〉 S_2 V_2 O〈선행사〉 〈주·관〉 V 아이들은 배울 뿐만 아니라 / 그곳에서 예술에 대해 / 기량들도 배웁니다 / 평생 동안 지속될	아이들은 그곳에서 예술에 대해 배울 뿐만 아니라 평생 동안 지속될 기량들도 배웁니다.	not only 조동사 S V but S also V ~뿐만 아니라 …도 하다 learn about ~에 대해 배우다 skill 기술, 능력, 역량 last 지속하다 lifetime 평생
9 TS 주장	(To reduce funding) / would be a huge loss / (to future generations) / and thus / I (strongly) object (to it). ( ): S_1 O V_1 S·C S_2 〈부사〉 V_2 예산을 삭감하는 것은 / 큰 손실일 것이며 / 미래 세대에게 / 따라서 / 저는 그것에 강경히 반대합니다	예산을 삭감하는 것은 미래 세대에게 큰 손실일 것이며 따라서 저는 그것에 강경히 반대합니다.	reduce 줄이다 funding 예산, 자금 huge 거대한 (= enormous, vast) loss 손실 generation 세대 thus 따라서, 그러므로 strongly 강하게, 강경히 object to ~에 반대하다
10	Thank you / (for your consideration) / (in this matter). V O 감사드립니다 / 의원님들께서 고려해 주심에 / 이 문제에 대해	이 문제에 대해 의원님들께서 고려해 주심에 감사드립니다.	thank A for B B에 대해 A에게 감사하다 consideration 고려 matter 문제, 사안
11	Sincerely, Celina Evans Celina Evans 드림	Celina Evans 드림	sincerely ~ 드림, ~ 올림 (진심을 담아, 진심으로)

18 다음 글의 목적으로 가장 적절한 것은? [84%]

① 지역 어린이 극장 이용료 인하를 건의하려고
② 지역 문화 시설 이용 시간 연장을 제안하려고
③ 지역 어린이 극장 설립을 위한 기부를 요청하려고
④ 지역 어린이 극장에 대한 예산 삭감을 반대하려고
⑤ 지역 주민들을 위한 문화 공간 부족에 대해 항의하려고

정답 | ④

해설 | ① 극장 이용료에 관한 내용은 없다.
② 문화 시설 이용 시간에 관한 내용은 없다.
③ 기부에 관한 내용은 없다.
④ 9에서 지역 어린이 극장에 대한 예산 삭감에 반대하고 있으므로 정답이다.
⑤ 문화 공간 부족에 관한 내용은 없다.

문법

3 〈since 용법〉

종속접속사	시간	~이래 (죽), ~한 때부터 내내
	이유	~이므로, ~이니까
전치사	시간	~이래 (죽), ~부터 (내내)
부사	시간	(그때)이래 (죽), 그 뒤[후] 줄곧

주어	동사		since	명사
	현재완료	**have/has p.p.**	(전치사) ~한 이래로	**과거**
	과거완료	had p.p.		

6 〈인지/확신 형용사〉 : 이러한 형용사는 뒤에 명사절로 that절이나 간접의문문 등을 취할 수 있다.

주어 (사람)	be동사	형용사 (인지/확신)	**(that) 생략 가능**	**주어**	**동사 ~**
			of + (동)명사		
		(un)**aware**, certain, conscious, proud, sure, confident, convinced, fearful, ignorant			

6 〈what vs. that〉

	관계대명사 (불완전한 문장)	접속사 (완전한 문장)
what	○ 선행사를 포함하고 있기 때문에 what 앞에 선행사 불필요	×
that	○ that 앞에 선행사 필요	**o**

6 〈목적어 자리에 동명사를 취하는 완전 타동사〉

주어	완전 타동사	목적어
–	admit / avoid / **consider** / delay / deny / enjoy / escape / experience / finish / give up / imagine / include / involve / mind / mute / practice / put off / postpone / quit / recommend / replace / report / risk / suggest 등	-ing (동명사)

7 〈목적격 관계대명사 that〉 : 타동사의 목적어가 없는 경우 / 선행사를 포함하고 있는 관계대명사 what 사용 불가

	목적격 관계대명사절			
선행사	목적격 관계대명사	주어	타동사	~~목적어~~
The experiences and life lessons	(that) 생략 가능	children	gain	

8 〈not only 문두 도치〉 : not only가 문두에 있는 경우

도치					
not only	조동사	주어	동사원형	~	but 주어 also 동사
	do	kids	learn		

8 〈주격 관계대명사절의 수의 일치〉 : 선행사를 포함하고 있는 관계대명사 what 사용 불가

	주격 관계대명사절		
선행사	주격 관계대명사	~~주어~~	동사
skills	that		will last

9 〈to부정사구가 주어〉 : To reduce ~ would be

주어가 될 수 있는 것들		주어와 동사의 수의 일치
단어	명사	명사와 대명사에 따라 동사의 단/복수 결정
	대명사	
구	**to부정사구**	단수동사 *모든 구와 절은 단수 취급
	동명사구	
절	that절	
	what절	
	whether절	
	의문사절	
	복합 관계대명사절	

10 〈비난/감사/칭찬〉

주어	완전 타동사	목적어	전치사	목적어
	blame			
	criticize			
	curse			
	thank		**for**	
	praise			
	punish			
	scold			

어법 & 연결어

Dear City Council Members,

My name is Celina Evans and I am a lifelong Woodridge resident. The Woodridge Children's Theater **[has been / had been]** the pride of our community since 1975. My daughter Katie **[has been participating / has been participated]** in the theater's activities for six years. The theater has meant so much to so many in our community. ( ), I **[have made / have been made]** aware **[what / that]** you are considering **[cutting / to cut]** the budget of the theater. The experiences and life lessons children gain at the theater are invaluable. Not only **[kids learn / do kids learn]** about the arts there, but they also learn skills **[what / that]** will last for a lifetime. To reduce funding would be a huge loss to future generations and ( ) I strongly object to **[it / them]**. **[Thank / Thanking]** you for your consideration in this matter.

Sincerely,
Celina Evans

전국 2021학년도 4월 고3 19번	제목	수업 평가의 날
심경 · 심경 변화	주제	'나'는 수업 평가의 날에 긴장했지만, 성공적으로 수업을 끝낼 수 있었다.
	논리	이야기

	지문	해석	단어 & 숙어
1	The day / (for my teaching evaluation) / arrived. S: 날이 / 나의 수업 평가의 / V: 되었다	나의 수업 평가의 날이 되었다.	teaching 수업, 교육 evaluation 평가 arrive [때가] 오다, 도래하다
2	The principal was present / (to grade my teaching). S V S·C: 교장 선생님이 참석했다 / O: 나의 수업을 평가하기 위해	교장 선생님이 나의 수업을 평가하기 위해 참석했다.	principal 교장 present 참석한 grade 평가하다
3	My heart / pounded (heavily). S: 나의 심장은 / V 〈부사〉: 심하게 뛰었다	나의 심장은 심하게 뛰었다.	pound 두근거리다 heavily 심하게, 아주 많이
4	I said a little prayer / (quietly) / (before stepping into the classroom). S V O: 나는 짧은 기도를 했다 / 〈부사〉: 조용히 / 〈전치사〉 〈동명사〉: 교실에 들어서기 전에	나는 교실에 들어서기 전에 조용히 짧은 기도를 했다.	say[offer up] a prayer 기도를 하다 step into ~로 걸어 들어가다
5	(As I entered the classroom), / the tense atmosphere / turned (into wild laughter). 〈종·접〉 S V O: 내가 교실에 들어서자 / S: 긴장된 분위기가 / V: 요란한 웃음소리로 바뀌었다	내가 교실에 들어서자 긴장된 분위기가 요란한 웃음소리로 바뀌었다.	enter ~에 들어가다 tense 긴장한 atmosphere 분위기 turn into ~로 바뀌다 laughter 웃음소리
6	I stood / (at the front of the classroom) / {wearing my funny dress / (instead of my formal work clothes)}, / (which helped me to get the students' attention). { }: 〈분사구문〉 S V: 나는 섰고 / 교실 앞에 / 〈현재분사〉: 재미있는 옷을 입고 / O / 〈전치사〉 O: 격식을 차린 근무복 대신 / 〈주·관〉 V O O·C: 이것이 내가 학생들의 관심을 얻도록 도와주었다	나는 격식을 차린 근무복 대신 재미있는 옷을 입고 교실 앞에 섰고, 이것이 내가 학생들의 관심을 얻도록 도와주었다.	stand 서다 (stand – stood – stood – standing) at the front of ~의 선두에 instead of ~ 대신에 formal 격식을 차린 work clothes 작업복 help O O·C((to) R) (5) ~가 …하도록 도와주다 get one's attention ~의 관심을 얻다
7	I took a deep breath / and started the language activity / (with a catchy song) / (that students love). S V_1 O: 나는 숨을 깊게 들이마셨고 / V_2 O: 언어 활동을 시작했다 / 〈선행사〉: 외우기 쉬운 노래로 / 〈목·관〉 S V: 학생들이 좋아하는	나는 숨을 깊게 들이마셨고 학생들이 좋아하는 외우기 쉬운 노래로 언어 활동을 시작했다.	take a deep breath 숨을 깊이 들이 쉬다 language activity 언어 활동 catchy 기억하기 쉬운, 외우기 쉬운
8	(Soon), / the magic took off / and all the students were blown away. 곧 / S_1 V_1: 마법이 시작되었고 / S_2: 모든 학생들이 압도되었다 / V_2〈수동태〉	곧, 마법이 시작되었고 모든 학생들이 압도되었다.	soon 곧 magic 마법 take off 시작하다 blow A away A를 뿅 가게 만들다 (수동태 시, A be blown away)
9	(When the class ended), / all the students and even the principal / started clapping. 〈종·접〉 S V: 수업이 끝났을 때 / S_1: 모든 학생들과 심지어 교장 선생님까지도 / S_2 / V O〈동명사〉: 박수를 치기 시작했다	수업이 끝났을 때 모든 학생들과 심지어 교장 선생님까지도 박수를 치기 시작했다.	end 끝나다 even 심지어 start O(to R/-ing) ~하기를 시작하다 clap 박수를 치다
10	The class was a success! S V S·C: 수업은 성공적이었다!	수업은 성공적이었다!	success 성공
11	All my time and effort / had (finally) paid off. S_1 S_2: 나의 모든 시간과 노력이 / 〈부사〉 V〈과거완료〉: 마침내 보답받았다	나의 모든 시간과 노력이 마침내 보답받았다.	effort 노력 finally 마침내 pay off 보상받다

19 다음 글에 드러난 'I'의 심경 변화로 가장 적절한 것은? [86%]

① excited → confused
② jealous → relaxed
③ nervous → satisfied
④ hopeful → terrified
⑤ regretful → delighted

정답 | ③

해설 | ① 흥분한 → 혼란스러운: 3에서 긴장한 심경이 드러나므로 흥분했다는 것은 적절하지 않다.
② 질투하는 → 편안한: 3에서 긴장한 심경이 드러나므로 질투한다는 것은 적절하지 않다.
③ 긴장한 → 만족하는: 3에서 긴장한 심경이, 10에서 만족하는 심경이 드러나므로 정답으로 적절하다.
④ 희망에 찬 → 무서워하는: 3에서 긴장한 심경이 드러나므로 희망에 찼다는 것은 적절하지 않다.
⑤ 후회하는 → 아주 기뻐하는: 3에서 긴장한 심경이 드러나므로 후회한다는 것은 적절하지 않다.

문법

4 〈few / a few / a little / little〉

수	few	거의 없는 (부정)	+ 복수명사 + 복수동사
	a few	약간 (긍정)	
양	**a little**	**약간 (긍정)**	+ 단수명사 + 단수동사
	little	거의 없는 (부정)	

5 〈3형식 구조를 가지는 타동사 뒤에 전치사를 사용할 수 없는 경우〉

*예외 : attend(자동사) to (~을 처리하다) / enter(자동사) into (일/사업을 시작하다)

	타동사	전치사	
주어	resemble	~~with~~	목적어
	marry	~~with~~	
	mention	~~about~~	
	discuss	~~about~~	
	attend	~~to~~	
	enter	~~into~~	
	reach	~~at~~	

6 〈wearing ~〉 : 〈분사구문〉이 문미에 있는 경우 (능동) (= as I was wearing)

6 〈주격 관계대명사 which의 계속적 용법〉 : 관계대명사 that 사용 불가 (= and it[this, that])

		주격 관계대명사절		
선행사	콤마(,)	which	~~주어~~	동사
앞 문장 전체	계속적 용법	주격 관계대명사		helped

6 〈help 동사의 쓰임〉

help	목적어		3형식
	(to) R		
help (준사역동사)	목적어	목적격 보어	5형식
		(to) R	

7 〈목적격 관계대명사 that〉 : 타동사의 목적어가 없는 경우 / 선행사를 포함하고 있는 관계대명사 what 사용 불가

	목적격 관계대명사절			
선행사	목적격 관계대명사	주어	타동사	~~목적어~~
a catchy song	(that) 생략 가능	students	love	

7 〈what vs. that〉

	관계대명사 (불완전한 문장)	접속사 (완전한 문장)
what	○ 선행사를 포함하고 있기 때문에 what 앞에 선행사 불필요	×
that	**○** that 앞에 선행사 필요	○

9 〈3형식에서 목적어 자리에 to부정사/동명사 둘 다 사용 가능〉

주어	완전 타동사	목적어
–	begin(~을 시작하다) / cease(~을 중단하다) / continue(~을 계속하다) / dislike(~을 싫어하다) / hate(~을 싫어하다) / like(~을 좋아하다) / love(~을 사랑하다) / neglect(~하는 것을 소홀히 하다) / prefer(~쪽을 좋아하다) / **start(~을 시작하다)**	to R / -ing (의미 차이 없음)

어법 & 연결어

The day for my teaching evaluation arrived. The principal was present to grade my teaching. My heart pounded heavily. I said **[a little / a few]** prayer **[quiet / quietly]** before stepping into the classroom. As I **[entered / entered into]** the classroom, the tense atmosphere turned into wild laughter. I stood at the front of the classroom **[worn / wearing]** my funny dress instead of my formal work clothes, **[what / which]** helped me **[to get / getting]** the students' attention. I took a deep breath and started the language activity with a catchy song **[what / that]** students love. Soon, the magic took off and all the students **[blew / were blown]** away. When the class ended, all the students and even the principal started clapping. The class was a success! All my time and effort had finally paid off.

전국 2021학년도 4월 고3 20번		
글의 주장	제목	자녀의 행동을 바로잡는 부모의 역할
	주제	부모는 두려워 말고 자녀의 잘못된 행동을 바로잡아 주어야 한다.
	논리	문제점 · 해결책

	지문	해석	단어 & 숙어
1 문제점	More often than not, / modern parents are paralyzed / (by the fear) / {that they will (no longer) be liked / or even loved / (by their children)} / {if they scold them (for any reason)}. 종종 / 현대 부모들은 마비된다 / 두려움에 의해 / 더는 마음에 들지 않는다거나 / 심지어 사랑받지 못할 것이라는 / 자신의 자녀 마음에 / 만약 그들이 자녀를 어떤 이유로든 꾸짖는다면	종종 현대 부모들은 만약 그들이 자녀를 어떤 이유로든 꾸짖는다면 더는 자신의 자녀 마음에 들지 않는다거나 심지어 사랑받지 못할 것이라는 두려움에 의해 마비된다.	more often than not 자주, 종종 modern 현대의 paralyze 마비시키다 fear 두려움 no longer 더는 ~아닌[하지 않는] scold A for B A를 B 때문에 꾸짖다
2	They want / their children's friendship / above all, / and are willing to sacrifice respect / (to get it). 그들은 원하고 / 자신의 자녀의 우정을 / 무엇보다도 / 존경을 기꺼이 희생한다 / 그것을 얻기 위해	그들은 무엇보다도 자신의 자녀의 우정을 원하고 그것을 얻기 위해 존경을 기꺼이 희생한다.	friendship 우정 above all 무엇보다도 be willing to R 기꺼이 ~하려 하다 sacrifice 희생하다 respect 존경, 존중
3	This is not good. 이것은 좋지 않다	이것은 좋지 않다.	
4	A child will have / many friends, / but only two parents / — (if that) / — and parents are (more, not less), / than friends. 자녀는 가질 것이나 / 친구는 많이 / 부모는 둘 뿐이다 / 기껏해야 / 그렇다면 부모는 이하가 아니라 이상이다 / 친구보다	자녀는 친구는 많이 가질 것이나 부모는 둘 뿐이다. 그렇다면 부모는 친구 이하가 아니라 이상이다.	only 오직, 단지, ~뿐 if that 고작해야, 기껏해야 (= even less, at most) more than ~보다 더, ~ 이상 B, not A A가 아니라 B (= not A but B)
5	Friends have / very limited authority / (to correct). 친구들은 가진다 / 매우 제한된 권한을 / 바로잡아 줄 수 있는	친구들은 바로잡아 줄 수 있는 매우 제한된 권한을 가진다.	limited 제한된 authority 권한 correct 바로잡다, 정정하다
6 TS 해결책	Every parent therefore needs / {to learn (to tolerate the momentary anger or even hatred) / (directed toward them by their children)}, / (after necessary corrective action has been taken), / {as the capacity (of children) / (to perceive or care about long-term consequences) / is (very) limited}. 그러므로 모든 부모가 필요가 있다 / 순간적인 분노나 증오까지도 견뎌 내는 것을 배울 / 자녀의 자신을 향하는 / 필요한 바로잡는 행동이 취해진 후 / 자녀의 능력이 / 장기적인 결과를 인지하거나 신경 쓰는 / 매우 제한적이기 때문에	그러므로, 장기적인 결과를 인지하거나 신경 쓰는 자녀의 능력이 매우 제한적이기 때문에, 필요한 바로잡는 행동이 취해진 후 모든 부모가 자신을 향하는 자녀의 순간적인 분노나 증오까지도 견뎌 내는 것을 배울 필요가 있다.	therefore 그러므로 need O(to R) ~을 할 필요가 있다 learn O(to R) ~하는 것을 배우다 tolerate 참다, 견디다, 내성이 있다 hatred 증오(감), 혐오(감) direct ~로 향하다 toward ~쪽으로 necessary 필요한, 필수적인 corrective 바로잡는 capacity 능력 perceive 인식하다, 지각하다 care about ~에 마음을 쓰다 long-term 장기적인 consequence 결과, 영향(력) limit 제한하다
7	Parents / are the judges (of society). 부모는 / 사회의 심판관이다	부모는 사회의 심판관이다.	judge 심판관
8	They teach / children (how to behave) / {so that other people will be able to interact / (meaningfully) and (productively) / (with them)}. 그들은 가르친다 / 자녀에게 행동하는 법을 / 다른 사람들이 상호 작용할 수 있도록 / 의미 있게 그리고 생산적으로 / 자녀와	그들은 다른 사람들이 의미 있게 그리고 생산적으로 자녀와 상호 작용할 수 있도록 행동하는 법을 자녀에게 가르친다.	teach I·O D·O (4) ~에게 …을 가르치다 behave 행동하다 so that ~하도록, ~하기 위해서 be able to R ~할 수 있다 interact with ~와 상호 작용하다 meaningfully 의미 있게 productively 생산적으로

20 다음 글에서 필자가 주장하는 바로 가장 적절한 것은? [59%]

① 부모는 두려워 말고 자녀의 잘못된 행동을 바로잡아 주어야 한다.
② 부모는 자녀의 신뢰를 얻기 위해 일관된 태도로 양육해야 한다.
③ 부모는 다양한 경험을 제공하여 자녀의 사회화를 도와야 한다.
④ 부모는 자녀의 친구 관계에 지나치게 개입하지 말아야 한다.
⑤ 부모는 자녀와 유대감을 쌓으며 친구의 역할을 해야 한다.

정답 | ①

해설 | ① 1, 3에서 두려워하는 것은 좋지 않다고 했고, 6에서 자녀의 행동을 바로잡으라고 했으므로 정답이다.
② 일관된 태도에 관한 내용은 없다.
③ 자녀의 사회화에 관한 내용은 없다.
④ 부모의 개입에 관한 내용은 없다.
⑤ 4에서 부모와 친구의 역할을 구분하고 있으므로 적절하지 않다.

문법

1 〈동격의 종속접속사 that〉: 'the + 추상명사(fear) + that' (~라는 두려움)

1 〈what vs. that〉

	관계대명사 (불완전한 문장)	접속사 (완전한 문장)
what	○ 선행사를 포함하고 있기 때문에 what 앞에 선행사 불필요	×
that	○ that 앞에 선행사 필요	○

1 〈비난/감사/칭찬〉

주어	완전 타동사	목적어	전치사	목적어
	blame			
	criticize			
	curse			
	thank		**for**	
	praise			
	punish			
	scold			

4 〈B, not A〉: A가 아니라 B (= not A but B)

5 **6** 〈혼동 어휘〉

	동사	형용사	명사
correct	**정정하다, 교정하다**	옳은, 정확한	–
correction	–	–	정정, 수정
corrective	–	바로잡는, 수정의	–
collect	모으다, 수집하다	–	–
collection	–	–	수집품, 소장품
collective	–	집단의, 공동의	–

6 〈목적어 자리에 to부정사를 취하는 완전 타동사〉

주어	완전 타동사	목적어
–	afford / agree / ask / attempt / care / choose / claim / dare / decide / demand / desire / determine / elect / expect / fail / guarantee / hope / intend / **learn** / manage / **need** / offer / plan / pretend / promise / refuse / resolve / seek / threaten / volunteer / want / wish 등	to 동사원형

6 〈주격 관계대명사 + be동사 생략〉

–	생략할 수 있음	
명사 (선행사)	(주격 관계대명사 + be동사)	현재분사(-ing) – 능동 (~하고 있는, ~하는)
		과거분사(p.p.) – 수동 (~되어진, ~당한)
		명사
		형용사(구) (~하는, ~할)
		부사
		전치사구
anger ~ hatred	(which/that is)	directed

8 〈간접의문문〉: 〈의문사 to R〉 = 의문사 + 주어 + should + R

수여동사	간접목적어	직접목적어		
teach	children	〈간접의문문〉: 명사절		
		의문사	to	동사원형
		how	to	behave

8 〈so that과 comma(,) so that 그리고 so 형용사/부사 that의 차이점〉

인과 관계	해석
결과 so that 원인	**~이니까, ~해서**
원인, so that 결과	그 결과
so 형용사/부사 that 주어 + 동사 (원인) (결과)	너무 ~해서 그 결과 …하다

어법 & 연결어

More often than not, modern parents **[paralyze / are paralyzed]** by the fear **[which / that]** they will no longer **[like / be liked]** or even **[love / loved]** by their children if they scold them for any reason. They want their children's friendship above all, and are willing to sacrifice respect to get **[it / them]**. This is not good. A child will have many friends, but only two parents — if that — and parents are more, not less, than friends. Friends have very limited authority to **[correct / collect]**. Every parent (   ) needs **[learning / to learn]** **[to tolerate / tolerating]** the momentary anger or even hatred directed toward **[it / them]** by their children, after necessary **[corrective / collective]** action **[has taken / has been taken]**, as the capacity of children to perceive or care about long-term consequences is very limited. Parents are the judges of society. They teach children how to behave so that other people will be able to interact meaningfully and productively with them.

전국 2021학년도 4월 고3 21번		
밑줄 의미	제목	뉴런은 감각적인 입력을 이해하고 반응하는 것일까?
	주제	뉴런은 감각적인 입력을 이해하지 못하고 반응을 보인다.
	논리	강조, 비유

	지문	해석	단어 & 숙어
1	All (목·관 that) {any neuron (in the brain) ever "sees"} / is {that some change occurred / (in the firing patterns) / (of its upstream peers)}. S₁〈선행사〉 S V V { }: S·C 〈종·접〉 S V 〈현재분사〉 전부라고는 / 뇌의 어떤 뉴런이 '보는' / 어떤 변화가 일어났다는 것이다 / 점화 패턴에서 / 동료 상류 뉴런들의	뇌의 어떤 뉴런이 '보는' 전부라고는 동료 상류 뉴런들의 점화 패턴에서 어떤 변화가 일어났다는 것이다.	neuron 뉴런, 신경 세포 occur 발생하다 firing pattern 점화 패턴 upstream 상류의 peer 또래, 동료
2	It cannot tell / {whether such change is caused / (by an external disturbance) / or (by the brain's constant self-organized activity)}. S V { }: O〈간·의〉 〈의문사 대용어〉 S V〈수동태〉 ① ② p.p. 그것은 알 수 없다 / 그러한 변화가 야기된 것인지 / 외부의 방해에 의해 / 아니면 뇌의 끊임없는 자기 조직화된 활동에 의한 것인지	그것은 그러한 변화가 외부의 방해에 의해 야기된 것인지 아니면 뇌의 끊임없는 자기 조직화된 활동에 의한 것인지 알 수 없다.	tell 알다 whether ~인지 아닌지 be caused by ~에 기인하다 external 외부의 disturbance 소란, 방해 constant 지속적인, 끊임없는 self-organized 스스로 조직화된
3 TS	**Thus**, / neurons (that are) (located in networks of other neurons) / do not "know" / (what the brain's sensors are sensing); / they (simply) respond / (to their upstream inputs). S〈선행사〉 p.p. V ( ): O 〈목·관〉 S V S 〈부사〉 V 그러므로 / 다른 뉴런들의 망에 위치한 뉴런은 / '알지' 못한다 / 뇌의 센서들이 감지하고 있는 것을 / 그것들은 단순히 반응한다 / 자신의 상류 입력에	그러므로 다른 뉴런들의 망에 위치한 뉴런은 뇌의 센서들이 감지하고 있는 것을 '알지' 못한다. 그것들은 단순히 자신의 상류 입력에 반응한다.	thus 그러므로, 따라서 be located in ~에 위치해 있다 network (그물처럼 얽혀 있는 도로·신경 등의) 망 sensor 센서, 감지기센서, 감지기 sense 감지하다 respond to ~에 반응하다 input 입력
4	**In other words**, / the neurons have no way / {of relating or *comparing* their spikes / (to anything else)} / {because they only receive / retinal correspondences or processed "representations" / (of the sensory input)}. S V O 〈동명사〉₁ 〈동명사〉₂ O 〈종·접〉 S V O₁ p.p. O₂ 다시 말해서 / 그것(뉴런)들은 방법을 가지고 있지 않다 / 전기 신호를 관련시키거나 '비교하는' / 다른 어떤 것과 / 뉴런이 단지 받아들이기만 하기 때문에 / 망막 대응이나 또는 처리된 '표상'을 / 감각 입력의	다시 말해서, 그것(뉴런)들은 감각 입력의 망막 대응(두 눈의 망막상의 상(像)이 일치하고 있는 상태) 또는 처리된 '표상'을 단지 받아들이기만 하기 때문에 뉴런이 전기 신호를 다른 어떤 것과 관련시키거나 '비교하는' 방법을 가지고 있지 않다.	in other words 즉, 다시 말해서 relate A to B A를 B에 관련시키다 compare A to B A를 B에 비교하다 spike 전기 신호 anything else 그밖에 또 다른 retinal 망막의 correspondence 대응, 일치 processed 처리된 representation 표상 sensory 감각의, 지각의
5 비유	**But** / {establishing correspondences / (without knowing the rules) / (by which those correspondences are constructed)} / is [like {comparing Mansi words / (with Khanty words)} / (when we understand neither language)]. { }: S 〈동명사〉 O 〈동명사〉 O 〈전치사 + 관·대〉 S V〈수동태〉 V 〈전치사〉 { }: O 〈동명사〉 O 〈종·접〉 S V O 하지만 / 대응을 설정하는 것은 / 규칙을 알지 못한 채로 / 그러한 대응이 구성된 / Mansi어 단어를 비교하는 것과 같다 / Khanty어 단어와 / 우리가 어느 쪽 언어도 이해하지 못했을 때	하지만 그러한 대응이 구성된 규칙을 알지 못한 채로 대응을 설정하는 것은 우리가 어느 쪽 언어도 이해하지 못했을 때 Mansi어 단어를 Khanty어 단어와 비교하는 것과 같다.	by + -ing ~함으로써 establish 설정하다 without ~ 없이 rule 규칙 construct 구성[조립]하다 be like + -ing ~와 같다 compare A with B A와 B를 비교하다 neither (둘 중) 어느 것도 ~ 아니다 language 언어
6	{Only after we have defined / the vocabulary (of one language)} / can we understand / the corresponding meaning (of words) / (in the other). 〈부정부사〉 〈종·접〉 S V〈현재완료〉 O 〈조동사〉 S V〈동사원형〉 〈현재분사〉 O 우리가 정의한 후에야 / 한 언어의 어휘를 / 우리는 이해할 수 있다 / 비로소 대응하는 의미의 단어를 / 다른 언어에서	한 언어의 어휘를 정의한 후에야 우리는 비로소 다른 언어에서 대응하는 의미의 단어를 이해할 수 있다.	define 정의하다 vocabulary 어휘 correspond 대응하다, 일치[상응]하다 meaning 의미
7	**Similarly**, / (without further information), / sensory neurons can attach / no meaning / (whatsoever) (to their spikes). S V O 〈부사〉 이와 유사하게 / 그 이상의 정보 없이는 / 감각 뉴런들은 부여할 수 / 그 어떤 의미도 없다 / 자신의 전기 신호에	이와 유사하게, 그 이상의 정보 없이는 감각 뉴런들은 그 어떤 의미도 자신의 전기 신호에 부여할 수 없다.	similarly 유사[비슷]하게 further 그 이상의, 추가의 sensory neuron 감각 뉴런 attach A to B A를 B에 붙이다 no ~ whatsoever 어떤 ~도 전혀 아닌
8	**Put simply**, / the mind's eye is blind. S V S·C 간단히 말해서 / 뇌의 눈은 보지 못한다	간단히 말해서, 뇌의 눈은 보지 못한다.	put simply 간단히 말해 blind 눈이 먼

21 밑줄 친 the mind's eye is blind가 다음 글에서 의미하는 바로 가장 적절한 것은? [3점] [63%]

① The brain sees only by linking imagination and experience.

② Neurons respond to sensory input without understanding it.

③ Signals carried by neurons cannot be explained in experiments.

④ The brain stops imagining scenes and starts storing visual data.

⑤ Some visual inputs do not always need the brain for their processing.

정답 | ②

해설 | ① 두뇌는 상상과 경험을 연결 지음으로써 본다: 상상과 경험에 관한 내용은 없다.

② 뉴런은 그것을 이해하지 못하고 감각적인 입력에 반응을 보인다: 3에서 뉴런은 뇌의 센서가 감지하는 것을 알지 못하고, 단지 입력에 반응을 보일 뿐이라고 했으므로 정답으로 적절하다.

③ 뉴런에 의해서 전달되는 신호들은 실험으로 설명될 수 없다: 실험에 관한 내용은 없다.

④ 뇌는 상상하는 것을 멈추고 시각적인 데이터를 저장하기 시작한다: 시각적 데이터 저장에 관한 내용은 없다.

⑤ 일부 시각적인 입력들은 그들의 처리를 위해 항상 뇌를 필요로 하지는 않는다: 뇌가 불필요하다는 내용은 없으므로 적절하지 않다.

문법

1 3 〈what vs. that〉

	관계대명사 (불완전한 문장)	접속사 (완전한 문장)
what	O 선행사를 포함하고 있기 때문에 what 앞에 선행사 불필요	×
that	O that 앞에 선행사 필요	O

2 〈의문사가 없는 간접의문문〉 : if/whether(의문사를 대신하는 접속사: ~인지 아닌지) + 주어 + 동사

2 〈if/whether/that 구별법〉 : that 사용 불가

			if	whether	that
명사절	주어 자리		×	○	○
	목적어 자리	타동사의 목적어	○	○	○
		전치사의 목적어	×	○	○
	보어 자리		×	○	○
	진주어 자리		○	○	○
부사절	동사 수식		○	○	○
형용사절	명사 수식		×	×	○
간접의문문	S / O / C		○	○	×
–	–	–	if ~ or not (○) if or not (×)	whether or (not) (○) whether ~ or (not) (○)	×

3 〈주격 관계대명사 + be동사 생략〉

–	생략할 수 있음	
명사 (선행사)	(주격 관계대명사 + be동사)	현재분사(-ing) – 능동 (~하고 있는, ~하는)
		과거분사(p.p.) – 수동 (~되어진, ~당한)
		명사
		형용사(구) (~하는, ~할)
		부사
		전치사구
neurons	(which/that are)	located

3 〈to가 전치사인 경우〉 : respond to + (동)명사 (~에 대한 반응)

5 〈동명사 주어〉 : **establishing** ~ is

주어가 될 수 있는 것들		주어와 동사의 수의 일치
단어	명사	명사와 대명사에 따라 동사의 단/복수 결정
	대명사	
구	to부정사구	단수동사 *모든 구와 절은 단수 취급
	동명사구	
절	that절	
	what절	
	whether절	
	의문사절	
	복합 관계대명사절	

6 〈도치/강조구문〉 : ~한 후에야 비로소 주어는 동사할 수 있다

Only after [Not until]	주어 + 동사	can	주어	동사원형
It be	Only after [Not until]	주어 + 동사 ~	that 주어 can 동사원형	
주어	can 동사원형	only after	주어 + 동사 ~	
주어	cannot[can't] 동사원형	until	주어 + 동사 ~	

6 another 또 다른 하나 (나머지 있음) / **the other 그 나머지 (나머지 없음)**

7 〈far 용법〉

	비교급	뜻	최상급	뜻	의미
far	farther	거리가 먼	farthest	가장 먼	거리
	further	정도가 더한	furthest		정도

어법 & 연결어

All any neuron in the brain ever "sees" is [what / that] some change [occurred / was occurred] in the firing patterns of [its / their] upstream peers. It cannot tell [that / whether] such change [is caused / causes] by an external disturbance or by the brain's constant self-organized activity. (   ), neurons [locating / located] in networks of other neurons do not "know" [that / what] the brain's sensors are sensing; they simply respond to their upstream inputs. (   ), the neurons have no way of relating or [compare / comparing] their spikes to anything else [because / because of] they only receive retinal correspondences or [process / processed] "representations" of the sensory input. (   ) [establish / establishing] correspondences without knowing the rules [which / by which] those correspondences [construct / are constructed] is [like / alike] comparing Mansi words with Khanty words when we understand [neither / both] language. Only after we have defined the vocabulary of one language [we can understand / can we understand] the corresponding meaning of words in the other. (   ), without [further / farther] information, sensory neurons can attach no meaning whatsoever to their spikes. (   ), the mind's eye is blind.

전국 2021학년도 4월 고3 22번		
글의 요지	제목	상품 할인가 제시 방식의 인지적 부담
	주제	상품 할인가 제시 방식의 인지적 부담 정도가 판매에 영향을 준다.
	논리	비교 · 대조, 예시

	지문	해석	단어 & 숙어
1 TS	The way / {reduced prices are written / (during a sale)} / will (greatly) affect people's attitude / (toward the products) / (and their likelihood / (of purchasing them)). (관계부사 대용어 that) S p.p. S V(수동태) (전치사) O (부사) V O (동명사) O 방식이 / 할인된 가격이 적히는 / 할인 판매 동안 / 사람들의 태도에 크게 영향을 미칠 것이다 / 상품에 대한 / (그리고 가능성 / 그것을 구매할)	할인 판매 동안 할인된 가격이 적히는 방식이 상품(과 그것을 구매할 가능성)에 대한 사람들의 태도에 크게 영향을 미칠 것이다.	reduce 줄이다, 할인하다 price 가격 sale 할인판매 greatly 대단히, 크게 affect ~에 영향을 미치다 attitude 태도 toward(s) ~쪽으로 product 상품, 제품 likelihood 가능성
2 예시1	<If the sale prices are easy / (to understand) / [using percentages / (for example, "–50%") / or {with the new prices (already) calculated} / (for example, "now only $20")]>, / shoppers will react / (in an automatic and positive fashion). [ ]: 무[비]인칭 독립분사구문 (종·접) S V S·C (현재분사) (선행사) (that are) (부사) p.p. S V (형용사)₁ (형용사)₂ 만약 할인 가격이 쉽다면 / 이해하기 / 백분율을 사용하여 / (예를 들어, '–50%') / 혹은 새 가격으로 이미 계산된 그는 더 멀리 갈수록 / (예를 들어, '지금 단 $20') / 구매자는 반응할 것이다 / 자동적이고 긍정적인 방식으로	만약 할인 가격이 백분율을 사용하여 (예를 들어, '–50%') 혹은 이미 계산된 새 가격으로 (예를 들어, '지금 단 $20') 이해하기 쉽다면 구매자는 자동적이고 긍정적인 방식으로 반응할 것이다.	sale price 할인 가격 percentage 백분율, 퍼센트 already 이미 calculate 계산[산출]하다 react 반응하다 in (a/an) A fashion ~ 방식으로 automatic 자동의, 자동적인 positive 긍정적인
3 예시2	However, / {if it is necessary / for them / (to do complex mental calculations)} / (for example, / {if a $27.50 product is advertised / (at 12% off)}), / they will switch / (to a more analytical style of thinking). ( ): (진S) (종·접) (가S) V S·C (의S) O (종·접) S V(수동태) S V 하지만 / 만약 필요하다면 / 그들이 / 복잡한 정신적 계산을 하는 것이 / (예를 들어 / 만약 $27.50짜리 상품이 광고된다면 / 12% 할인으로) / 그들은 전환할 것이다 / 더 분석적인 사고 방식으로	하지만 만약 그들이 복잡한 정신적 계산을 하는 것이 필요하다면 (예를 들어, 만약 $27.50짜리 상품이 12% 할인으로 광고된다면), 그들은 더 분석적인 사고방식으로 전환할 것이다.	necessary 필요한 complex 복잡한 calculation 계산, 산출 mental calculation 암산 advertise 광고하다 switch to ~로 전환하다 analytical 분석적인
4	This results (in more attention) / {spent (on the calculation), / and (subsequently) / (on the merits of the product)}. S V (선행사) (that is) p.p. ① (부사) ② 이는 더 많은 주의를 기울이게 한다 / 계산에 / 그리고 그에 이어 / 상품의 장점에	이는 계산에 그리고 그에 이어 상품의 장점에 더 많은 주의를 기울이게 한다.	result in 결과로 ~이 되다, ~을 초래하다 attention 주의 spend A on B A를 B에 쓰다 (수동태 시, A be spent on B) subsequently 그 후에, 이어서 merit 장점
5	(No longer feeling spontaneous), / shoppers will start / [questioning / {whether it is (actually) a good deal (or not)}, / {whether they (really) need another pair of shoes, (etc.)}] ( ): (분사구문) (현재분사) S·C S V [ ]: O (동명사) { }: O₁(간·의) (의문사 대용어) S V (부사) S·C { }: O₂(간·의) (의문사 대용어) S (부사) V O 더 이상 즉흥적으로 느끼지 않으며 / 구매자는 시작할 것이다 / 의심하기 / 그것이 실제로 좋은 거래인지 아닌지 / 그들이 정말로 또 다른 신발 한 켤레가 필요한지 등을	구매자는 더 이상 즉흥적으로 느끼지 않으며 그것이 실제로 좋은 거래인지 아닌지, 그들이 정말로 또 다른 신발 한 켤레가 필요한지 등을 의심하기 시작할 것이다.	no longer 더 이상 ~아닌[하지 않는] spontaneous 자발적인, 즉흥적인 start O(to R/-ing) ~하기를 시작하다 question 의문을 제기하다 whether A or not A인지 아닌지 deal 거래 a pair of 한 쌍의 ~ etc. ~ 등[등등] (= et cetera)
6	The more cognitive effort / is demanded (from shoppers), / the more (of a negative and suspicious reaction) / will be evoked, / and the chances (of making a sale) / diminish. △: (the 비교급 ~, the 비교급 …) S₁ V₁(수동태) S₂ (형용사)₁ (형용사)₂ V₂(미래수동) S₃ (동명사) O V₃ 더 많은 인지적 부담이 / 구매자에게 요구될수록 / 더 많은 부정적이고 의심하는 반응이 / 불러일으켜질 것이고 / 판매의 가능성은 / 줄어든다	구매자에게 더 많은 인지적 부담이 요구될수록, 더 많은 부정적이고 의심하는 반응이 불러일으켜질 것이고, 판매의 가능성은 줄어든다.	cognitive 인지의, 인식의 effort 노력, 수고 demand 요구하다 negative 부정적인 suspicious 의심스러운, 의심 많은 reaction 반응 evoke 일깨우다 make a sale 판매하다, 성공하다 diminish 감소하다

22 다음 글의 요지로 가장 적절한 것은? [81%]

① 상품 할인율이 클수록 상품의 단점이 쉽게 노출될 수 있다.
② 경쟁 상품과 비교되는 품질 정보 제시는 판매에 효과적이다.
③ 상품에 대한 공인된 평가가 소비에 대한 심리적 장벽을 낮춘다.
④ 상품 판매율을 높이기 위해 다양한 소비 성향 분석이 필요하다.
⑤ 상품 할인가 제시 방식의 인지적 부담 정도가 판매에 영향을 준다.

정답 | ⑤

해설 | ① 상품 할인율에 관한 내용은 없다.
② 품질 정보 제시에 관한 내용은 없다.
③ 공인된 평가에 관한 내용은 없다.
④ 소비 성향 분석에 관한 내용은 없다.
⑤ 1에서 상품 할인가 제시 방식에 대한 사람들의 태도(인지적 부담 정도)가 판매에 영향을 준다고 했으므로 정답으로 적절하다.

문법

1 **〈관계부사〉** : 관계부사절은 완전한 문장이 나오고, 선행사와 관계부사는 서로 같이 사용할 수도 있고 둘 중 하나는 생략할 수도 있다.

용도	선행사	관계부사	전치사+관계대명사
시간	the time	when	in/at/on + which
장소	the place	where	in/at/on + which
이유	the reason	why	for which
방법	**(the way)**	how	in which
	the way how는 같이 사용 못함 the way, the way in which, **the way that**은 사용 가능 (how 대신에 사용되는 **that은 관계부사 대용어**라고 함)		

1 **〈접미사 -tude〉** : 주로 라틴계의 형용사·동사의 과거분사와 결합하여, [성질·상태] 따위를 나타내는 추상명사를 만듦

단어	뜻	단어	뜻
attitude	**태도**, 몸가짐, 자세	longitude	경도
altitude	고도, 높이 (= height)	gratitude	감사, 고마움
aptitude	재능, 소질, 성향, 적성	magnitude	중요성, 크기
latitude	위도, 허용 범위(폭)	solitude	고독

2 3 **〈시간/조건의 부사절〉** : 현재(완료)가 미래(완료)를 대신함 / 종속절과 주절의 위치는 서로 바뀔 수 있음

〈종속절〉: 부사절(~한다면)				주절	
If	주어	동사		주어	동사
	the ~ prices	~~will be~~ →	are	shoppers	will react
	it	~~will be~~ →	is	they	will switch

2 **〈무[비]인칭 독립분사구문〉** : 분사구문에서 주어가 you, they, we 등과 같이 막연한 일반일 경우 / 부사절의 주어와 주절의 주어가 다르더라도 이를 생략하는 것 : **using** percentages

2 4 **〈주격 관계대명사 + be동사 생략〉** : the new prices [(which/that are) calculated(과거분사)] / attention [(which/that is) spent(과거분사)] : 과거분사가 앞에 있는 명사를 후치 수식하는 경우

3 **〈가주어 + 의미상의 주어 + 진주어(to R) 구문〉**

가주어	동사	의미상의 주어	진주어
It (this, that, there 사용 불가)		for + 목적격	to 동사원형
it	is	for them	to do

4 **〈result from/in 차이점〉**

원인	**result**	**in**	결과	(어떠한) 원인으로 (어떠한) 결과가 생기다
결과	result	from	원인	(어떠한) 결과는 (어떠한) 원인으로부터 발생하다

5 **〈feeling ~〉** : 〈분사구문〉이 문두에 있는 경우 (능동) (= As they no longer feel[are no longer feeling])

5 **〈3형식에서 목적어 자리에 to R/-ing 둘 다 사용 가능한 동사들〉** : begin / cease / continue / dislike / hate / like / love / neglect / prefer / **start** 등

5 **〈의문사가 없는 간접의문문〉** : if/whether(의문사를 대신하는 접속사: ~인지 아닌지) + 주어 + 동사

5 **〈if / whether / that 구별법〉** : that 사용 불가

			if	whether	that
명사절	주어 자리		×	○	○
명사절	목적어 자리	**타동사의 목적어**	○	**○**	○
명사절	목적어 자리	전치사의 목적어	×	○	○
명사절	보어 자리		×	○	○
명사절	진주어 자리		○	○	○
부사절	동사 수식		○	○	○
형용사절	명사 수식		×	×	○
간접의문문	S / O / C		○	○	×
–	–	–	if ~ or not (○) if or not (×)	whether or (not) (○) **whether ~ or (not)** (○)	×

5 **another** 또 다른 하나 (나머지 있음) / the other 그 나머지 (나머지 없음)

5 **etc.** (= et cetera) 기타 등등 (= and so forth, and the like, and so on, and the others, and the rest, and others, and what not)

6 **〈the 비교급 ~, the 비교급 …〉** : ~하면 할수록, 더 …하다

the	비교급	~,	the	비교급	…
	-er/more			-er/more	
	more			more	

어법 & 연결어

The way **[how / that]** reduced prices **[write / are written]** **[during / while]** a sale will greatly affect people's **[attitude / altitude]** toward the products (and their likelihood of purchasing them). If the sale prices **[will be / are]** easy to understand **[used / using]** percentages ((   ), "-50%") or with the new prices already **[calculated / calculating]** ((   ), "now only $20"), shoppers will react in an automatic and positive fashion. (   ) if **[this / it]** **[is / will be]** necessary for them to do complex mental calculations ((   ), if a $27.50 product **[is advertised / advertises]** at 12% off), they will switch to a more analytical style of thinking. This results in more attention **[spent / spending]** on the calculation, and subsequently on the merits of the product. No longer feeling **[spontaneous / spontaneously]**, shoppers will start questioning **[that / whether]** it is actually a good deal or not, **[that / whether]** they really need **[another / the other]** pair of shoes, etc. The more cognitive effort **[demands / is demanded]** from shoppers, the more of a negative and suspicious reaction **[will evoke / will be evoked]**, and the chances of making a sale **[diminish / to diminish]**.

전국 2021학년도 4월 고3 23번

글의 주제

제목	천문학에서의 그림자
주제	천문학에서 새로운 발견을 하는 데 그림자는 중요하다.
논리	일화

	지문	해석	단어 & 숙어
1 TS	Early astronomers / saw and learned / more (from eclipses and other forms of shadow) / than (from direct observation). (S: Early astronomers, V_1: saw, V_2: learned, O: more 〈more A than B〉, ①: from eclipses …, ②: from direct observation) 초창기의 천문학자들은 / 보고 배웠다 / 일식과 다른 형태의 그림자로부터 더 많이 / 직접 관찰보다	초창기의 천문학자들은 직접 관찰보다 (해와 달 등의) 식(蝕)과 다른 형태의 그림자로부터 더 많이 보고 배웠다.	early 초(창)기에 astronomer 천문학자 learn from ~로부터 배우다 eclipse (해, 달의) 식(蝕) (일식, 월식) shadow 그림자 observation 관찰
2 일화	(In Galileo's time), / the empiricist's insistence / (on direct observation) / (as the only legitimate way) (of knowing) / limited / {what could be learned (about the cosmos)}, / and the medievalist allowance (for extraperceptual insights) / had nothing to contribute / {to (what we would consider scientific inquiry)}. (S_1: the empiricist's insistence, 〈전치사〉 as, O: the only legitimate way, 〈동명사〉 knowing, V_1: limited, { }: O, 〈주·관〉 what, V〈수동태〉: could be learned, S_2: the medievalist allowance, V_2: had, 〈전치사〉 to, 〈목·관〉 what, S: we, V: would consider, ( ): O, O·C: scientific inquiry) Galileo의 시대에는 / 경험주의자의 주장이 / 직접 관찰에 대한 / 앎의 유일한 진정한 방식으로서의 / 제한했고 / 우주에 대해 알게 될 수 있었던 것을 / 지각을 넘어선 통찰에 대한 중세 연구가의 허용이 / 기여한 바가 전혀 없다 / 우리가 과학적 연구라고 여길 만한 것에	Galileo의 시대에는, 앎의 유일한 진정한 방식으로서의 직접 관찰에 대한 경험주의자의 주장이 우주에 대해 알게 될 수 있었던 것을 제한했고, 지각을 넘어선 통찰에 대한 중세 연구가의 허용이 우리가 과학적 연구라고 여길 만한 것에 기여한 바가 전혀 없다.	in one's time ~의 시대에는 empiricist 경험주의자 insistence on ~에 대한 주장 legitimate 정당한, 합법적인 learn about ~에 대해 배우다 cosmos 우주 medievalist 중세 연구가 extraperceptual 지각을 넘어선 insight 통찰 have nothing to do 일이 없다 contribute to ~에 기여[공헌]하다 inquiry 탐구
3	Galileo's breakthroughs / came (in part) (from his understanding) / {of (how to use shadows)} / (to extend his powers of observation). (S: Galileo's breakthroughs, V: came, { }: O〈간·의〉, 〈의문사〉 how, O: his powers of observation) Galileo의 획기적 발견은 / 부분적으로는 그의 이해로부터 나왔다 / 그림자를 사용하는 방법에 대한 / 그의 관찰력을 확장하기 위해	Galileo의 획기적 발견은 부분적으로는 그의 관찰력을 확장하기 위해 그림자를 사용하는 방법에 대한 그의 이해로부터 나왔다.	breakthrough 획기적인 발전 come from ~에서 나오다 in part 부분적으로는, 어느 정도 how to R ~하는 방법, 어떻게 ~하는가 extend 확장[연장]하다
4	(At the time) / {he trained his telescope (on Venus)}, / it was believed / {the planet shone (with its own light) / and moved (in an orbit) / (independent of the sun)}. ((관·부 when), S: he, V: trained, O: his telescope, 〈가S〉 it, V〈수동태〉: was believed, (종·접 that), { }: 〈진S〉, S: the planet, V_1: shone, V_2: moved, (that was), 〈형용사〉 independent) 시대에는 / 그가 금성에 자신의 망원경을 조준했던 / 믿어졌다 / 행성이 스스로의 빛으로 빛났고 / 궤도로 움직였다고 / 태양과는 무관한	그가 금성에 자신의 망원경을 조준했던 시대에는, 행성이 스스로의 빛으로 빛났고 태양과는 무관한 궤도로 움직였다고 믿어졌다.	at the time 그때(에)(는) train A on B (망원경, 대포 등) A를 B로 향하다 Venus 금성 shine 빛나다 (shine – shone – shone – shining) orbit 궤도 independent of ~과 무관한
5	Galileo saw / {that the planet was (in partial shadow) / (as it went through its phases), / and thus / had to be a dark body}. (S: Galileo, V: saw, { }: O, 〈종·접〉 that, S: the planet, V_1: was, 〈종·접〉 as, S: it, V: went through, O: its phases, V_2: had to be, S·C: a dark body) Galileo는 알았다 / 그 행성이 부분적인 그림자가 진 것을 보았고 / 그 주기를 거치면서 / 따라서 / 어두운 천체여야만 한다는 것을	Galileo는 그 행성이 그 주기를 거치면서 부분적인 그림자가 진 것을 보았고, 따라서 어두운 천체여야만 한다는 것을 알았다.	planet 행성 partial 부분적인 shadow 그림자 go through 통과하다 phase 단계, 상(相), 주기
6	He (also) realized / (from the logic of the shadow) / (that Venus orbited the sun), / {since all phases (from new to full) / could be observed (from earth)}. (S: He, 〈부사〉 also, V: realized, ( ): O, 〈종·접〉 that, S: Venus, V: orbited, O: the sun, 〈종·접〉 since, S: all phases, V〈수동태〉: could be observed) 그는 또한 깨달았다 / 그림자의 논리를 통해 / 금성이 태양 주위를 돈다는 것을 / 삭(朔)부터 만(滿)까지 모든 주기가 / 지구상에서 관찰될 수 있었기 때문에	그는 또한 삭(朔)부터 만(滿)까지 모든 주기가 지구상에서 관찰될 수 있었기 때문에, 금성이 태양 주위를 돈다는 것을 그림자의 논리를 통해 깨달았다.	realize 깨닫다 logic 논리 orbit (다른 천체의) 궤도를 돌다 since ~ 때문에 from A to B A에서 B까지 full 보름달[만월]의 observe 관찰하다
7	The end (of the Ptolemaic system) / came (quickly) (thereafter), / {a shadow thus shedding light / (on the ordering) / (of the cosmos)}. (S: The end, V: came, 〈부사〉 quickly, 〈부사〉 thereafter, { }: 〈독립분사구문〉, 〈의S〉 a shadow, 〈현재분사〉 shedding, O: light) 천동설의 종말은 / 그 후 곧 도래했고 / 따라서 그림자는 빛을 비춰 주었다 / 질서에 / 우주의	천동설의 종말은 그 후 곧 도래했고, 따라서 그림자는 우주의 질서에 빛을 비춰 주었다.	end 끝, 결말, 종말 Ptolemaic system 천동설 quickly 빨리[빠르게] thereafter 그 후로 shed light on ~을 비추다, ~을 밝히다, 해결의 실마리를 던져 주다 (shed – shed – shed – shedding) ordering 질서, 배열, 순서

23 다음 글의 주제로 가장 적절한 것은? [69%]

① difficulties in observing and tracking shadows
② lack of various devices used to observe the universe
③ consistency in human aspiration toward space exploration
④ ways to record planetary movements with early technology
⑤ importance of shadow in making new discoveries in astronomy

정답 | ⑤

해설 | ① 그림자를 관찰하고 추적하는 것의 어려움: 그림자 관찰의 어려움에 관한 내용은 없다.
② 우주를 관찰하기 위해 사용된 다양한 장치들의 결여: 우주 관찰 장치의 결여에 관한 내용은 없다.
③ 우주 탐사에 대한 인간의 열망의 일관: 인간의 열망에 관한 내용은 없다.
④ 초기 기술과 함께 행성의 움직임을 기록하는 방법: 행성의 움직임을 기록하는 방법에 관한 내용은 없으므로 적절하지 않다.
⑤ 천문학에 있어서 새로운 발견을 하는 데 그림자의 중요성: 1과 Galileo의 일화에서 천문학에서 새로운 발견을 하는 데 그림자가 중요하다고 했으므로 정답이다.

문법

2 〈주격 관계대명사절의 수의 일치〉 : 선행사가 필요한 주격 관계대명사 that 사용 불가

	주격 관계대명사절 : 타동사 limited의 목적어		
선행사	주격 관계대명사	~~주어~~	동사
없음	what		could be learned

2 〈목적격 관계대명사 what〉 : 선행사가 필요한 목적격 관계대명사 that 사용 불가

	목적격 관계대명사절 : 전치사 to의 목적어			
선행사	목적격 관계대명사	주어	타동사	~~목적어~~
없음	what	we	would consider	

3 〈간접의문문〉 : 〈의문사 to 동사원형〉 = 의문사 + 주어 + should + 동사원형

전치사	목적어		
of	〈간접의문문〉: 명사절		
	의문사	to	동사원형
	how	to	use

3 〈extend / expend / expand〉

동사	뜻
extend	(손·발 등을) 뻗다, 뻗치다, (기간을) 늘이다, (범위·영토 등을) 넓히다, **확장하다**
expend	(시간·노력 등을) 들이다, 소비하다, 쓰다
expand	(정도·크기·용적 등을) 넓히다, 펼치다, (토론 등을) 전개시키다

4 〈관계부사〉 : 관계부사절은 완전한 문장이 나오고, 선행사와 관계부사는 서로 같이 사용할 수도 있고 둘 중 하나는 생략할 수도 있다.

용도	선행사	관계부사	전치사 + 관계대명사
시간	**the time**	**when**	in/at/on + which
장소	the place	where	in/at/on + which
이유	the reason	why	for which
방법	(the way)	how	in which
	the way how는 같이 사용 못함 the way, the way in which, the way that은 사용 가능 (how 대신에 사용되는 that은 관계부사 대용어라고 함)		

4 〈가주어, 진주어 구문〉

가주어	동사	진주어
It (this, that, there 사용 불가)	–	**(that) + 주어 + 동사 (완전한 절)**
		to 동사원형
		동명사
		의문사 + 주어 + 동사 (간접의문문)
		if/whether + 주어 + 동사
it	was believed	that절

4 〈주격 관계대명사 + be동사 생략〉 : an orbit [(which/that was) independent(형용사)] : 형용사가 명사 뒤에서 후치 수식하는 경우

5 6 〈what vs. that〉

	관계대명사 (불완전한 문장)	접속사 (완전한 문장)
what	○ 선행사를 포함하고 있기 때문에 what 앞에 선행사 불필요	×
that	○ that 앞에 선행사 필요	○

5 〈혼동 어휘〉

through	전치사	~을 통하여
throughout	전치사	(장소) ~의 도처에, (시간) ~ 동안, ~ 내내
	부사	도처에, 완전히, 철저하게
though	접속사	~에도 불구하고
thorough	형용사	철저한, 완전한

6 〈since 용법〉

종속접속사	시간	~이래 (죽), ~한 때부터 내내
	이유	**~이므로, ~이니까**
전치사	시간	~이래 (죽), ~부터 (내내)
부사	시간	(그때)이래 (죽), 그 뒤[후] 줄곧

7 〈a shadow shedding ~〉 : 〈독립분사구문〉이 문미에 있는 경우 (능동) (= ~, and a shadow thus shed[was shedding] light on~) (독립분사구문 : 주절의 주어와 다를 경우 분사 앞에 분사의 행위자(주체)를 주격으로 사용함)

어법 & 연결어

Early astronomers saw and learned more from eclipses and other forms of shadow than from direct observation. In Galileo's time, the empiricist's insistence on direct observation as the only legitimate way of knowing limited **[that / what]** **[could learn / could be learned]** about the cosmos, and the medievalist allowance for extraperceptual insights had nothing to contribute to **[that / what]** we would consider scientific inquiry. Galileo's breakthroughs came in part from his understanding of how to use shadows to **[expend / extend]** his powers of observation. At the time **[when / which]** he trained his telescope on Venus, it **[believed / was believed]** **[what / that]** the planet shone with **[its / their]** own light and moved in an orbit **[independent / independently]** of the sun. Galileo saw **[what / that]** the planet was in partial shadow as it went **[through / thorough]** its phases, and (   ) had to be a dark body. He also realized from the logic of the shadow **[what / that]** Venus orbited the sun, since all phases from new to full **[could observe / could be observed]** from earth. The end of the Ptolemaic system came quickly thereafter, a shadow (   ) **[shed / shedding]** light on the ordering of the cosmos.

전국 2021학년도 4월 고3 24번		
글의 제목	제목	주장의 윤리성을 결정하는 것은 단어 선택일까? 내용일까?
	주제	주장의 윤리성을 결정하는 것은 단어 선택이 아닌 내용이다.
	논리	예시, 통념 · 진실

	지문	해석	단어 & 숙어
1 통념	Moral philosophy textbooks / (often) proclaim / {that we can discern / (if a claim is ethical) / (by attending to the use of the words “is” and “ought.”)} S 〈부사〉 V ( ): O 〈종·접〉 S V 〈의문사 대용어〉 ( ): O〈간·의〉 S V S·C 〈동명사〉 도덕 철학 교과서는 / 종종 분명히 말한다 / 우리가 분별할 수 있다고 / 진술이 윤리에 관한 것인지 / 'is'와 'ought'라는 단어의 사용에 주의를 기울임으로써	도덕 철학 교과서는 종종 우리가 'is'와 'ought'라는 단어의 사용에 주의를 기울임으로써 진술이 윤리에 관한 것인지 분별할 수 있다고 분명히 말한다.	moral 도덕적인 philosophy 철학 textbook 교과서 proclaim 분명히 나타내다 discern 식별[분별]하다 ethical 윤리적인
2 예시	(On this suggestion), / the claim / (“You ought to keep your promises,”) / (because it uses “ought,”) / is ethical. S = 〈동격〉 S V O 〈종·접〉 S V O V S·C 이런 제언상으로는 / 주장은 / '너는 약속을 지켜야 한다'는 / 'ought'를 사용하기 때문에 / 윤리에 관한 것이다	이런 제언상으로는 '너는 약속을 지켜야 한다'는 주장은 'ought'를 사용하기 때문에 윤리에 관한 것이다.	suggestion 제안 ought to R ~해야 하다, ~할 의무가 있다 keep one's promise 약속을 지키다
3	“(An atom is small),” / (because it uses “is,”) / is nonethical. ( ): S S V S·C 〈종·접〉 S V V S·C '원자는 작다'는 / 'is'를 사용하기 때문에 / 윤리에 관한 것이 아니다	'원자는 작다'는 'is'를 사용하기 때문에 윤리에 관한 것이 아니다.	atom 원자 nonethical 비윤리적인
4 TS 진실	**Yet**, / {despite being (commonly) invoked}, / this is-ought test / is (seriously) deficient. 〈전치사〉 〈부사〉 〈동명사의 수동〉 S V 〈부사〉 S·C 하지만 / 흔히 예로서 인용됨에도 불구하고 / 이 is와 ought의 검사는 / 심각하게 불충분하다	하지만 흔히 예로서 인용됨에도 불구하고, 이 is와 ought의 검사는 심각하게 불충분하다.	despite ~에도 불구하고 commonly 흔히 invoke 예로서 인용하다 seriously 심각하게 deficient 부족한
5	Some is-statements have ethical content / and some ought-statements do not. S_1 V_1 O S_2 V_2 어떤 is 진술은 윤리에 관한 내용을 가지고 있다 / 그리고 어떤 ought 진술은 그렇지 않다	어떤 is 진술은 윤리에 관한 내용을 가지고 있고, 어떤 ought 진술은 그렇지 않다.	statement 진술, 서술 content 내용(물)
6 예시1	**For example**, / consider the claims / (“Murder is wrong” / and “Friendship is good.”) V O = 〈동격〉 S V S·C S V S·C 예를 들어 / 진술을 생각해 보아라 / '살인은 옳지 않다'와 / '우정은 좋은 것이다'라는	예를 들어, '살인은 옳지 않다'와 '우정은 좋은 것이다'라는 진술을 생각해 보아라.	consider 생각하다, 고려하다 murder 살인, 살해 wrong 그릇된, 틀린 friendship 우정
7	These claims / (obviously) have ethical content. S 〈부사〉 V O 이 진술들은 / 분명히 윤리적 내용을 가지고 있다	이 진술들은 분명히 윤리에 관한 내용을 가지고 있다.	claim 주장, 단언 obviously 명백하게, 분명히
8	(Whatever the is-ought test is tracking), / these claims / (clearly) fall (on the ought side of that divide). 〈복합 관계대명사〉 S V〈현재진행〉 S 〈부사〉 V is와 ought의 검사가 무엇을 탐지하든 간에 / 이 진술들은 / 그 구분의 ought쪽에 확실히 해당한다	is와 ought의 검사가 무엇을 탐지하든 간에, 이 진술들은 확실히 그 구분의 ought쪽에 해당한다.	whatever 무엇이든지 track 탐지하다 fall on[upon] ~에 해당되다, ~에 있다 divide 분할 (= division)
9	**Yet** / they both use “is.” S V O 하지만 / 그것들은 둘 다 'is'를 사용한다	하지만 그것들은 둘 다 'is'를 사용한다.	both 둘 다, 모두
10 예시2	**Similarly**, / consider the claim / {“The train ought to arrive (in an hour).”} V O = 〈동격〉 S V 마찬가지로 / 진술을 생각해 보아라 / '열차가 한 시간 후에 오기로 되어 있다'라는	마찬가지로, '열차가 한 시간 후에 오기로 되어 있다'라는 진술을 생각해 보아라.	similarly 마찬가지로, 유사하게 arrive 도착하다
11	This statement / is (clearly) nonethical, / (the use of “ought” notwithstanding). S V 〈부사〉 S·C ( ): 〈독립분사구문〉 〈의S〉 〈현재분사〉 이 진술은 / 확실히 윤리에 관한 것이 아니다 / 'ought'의 사용에도 불구하고	'ought'의 사용에도 불구하고 확실히 이 진술은 윤리에 관한 것이 아니다.	statement 진술 notwithstanding ~에도 불구하고
12	There is an important distinction / (between ethical and nonethical claims). V S 〈between A and B〉 중대한 차이가 있다 / 윤리에 관한 진술과 윤리에 관한 것이 아닌 진술 사이에	윤리에 관한 진술과 윤리에 관한 것이 아닌 진술 사이에 중대한 차이가 있다.	distinction 구별, 차이 between A and B A와 B 사이에
13	**But** we can't (simply) rely / (on “is” and “ought”) / (to make it). S 〈부사〉 V 하지만 우리는 단순히 의존할 수만은 없다 / 'is'와 'ought'에 / 구별해 내기 위해	하지만 우리는 구별해 내기 위해 단순히 'is'와 'ought'에 의존할 수만은 없다.	rely on ~에 의지하다 make it 해내다
14	**Instead** / we need / to attend to the substance of the claim. S V O 대신에 / 우리는 필요가 있다 / 진술의 본질에 주의를 기울일	대신에 우리는 진술의 본질에 주의를 기울일 필요가 있다.	need O(to R) ~을 할 필요가 있다 attend to ~에 주의하다 substance 본질

24 다음 글의 제목으로 가장 적절한 것은? [43%]

① Mutually Exclusive Relationship Between "Is" and "Ought"
② Sounds Unethical to You? Check Your Moral Standard First
③ What Determines Ethicality of a Claim, Word Choice or Content?
④ How We Can Get to Harmony of Linguistic Forms and Functions
⑤ To Use "Is" or "Ought," That Is the Key to Ethical Statements!

정답 | ③

해설 | ① 'Is'와 'Ought' 사이에 상호적으로 존재하는 배타적인 관계: Is와 Ought의 관계에 관한 내용은 없다.
② 당신에게 비윤리적으로 들리는가? 당신의 도덕적 기준을 먼저 확인해라: 개인의 도덕적 기준에 관한 내용은 없다.
③ 단어 선택 또는 내용, 무엇이 주장의 윤리성을 결정하는가?: 1에서 단어 선택이 주장의 윤리성을 결정한다고 했지만, 4에서 이를 반박하며 내용이 주장의 윤리성을 결정하는 반례를 들고 있으므로 정답이다.
④ 우리가 어떻게 언어적인 형태와 기능의 조화를 이룰 수 있는가: 언어적인 형태와 기능에 관한 내용은 없다.
⑤ 'Is' 또는 'Ought'를 사용하는 것, 그것은 윤리적인 진술의 핵심이다!: 4에서 이는 불충분하다고 했으므로 적절하지 않다.

문법

1 〈what vs. that〉

	관계대명사(불완전한 문장)	접속사(완전한 문장)
what	○ 선행사를 포함하고 있기 때문에 what 앞에 선행사 불필요	×
that	○ that 앞에 선행사 필요	**○**

1 **〈의문사가 없는 간접의문문〉** : if/whether(의문사를 대신하는 접속사: ~인지 아닌지) + 주어 + 동사

1 **〈if/whether/that 구별법〉** : that 사용 불가

			if	whether	that
명사절	주어 자리		×	○	○
	목적어 자리	**타동사의 목적어**	**○**	○	○
		전치사의 목적어	×	○	○
	보어 자리		×	○	○
	진주어 자리		○	○	○
부사절	동사 수식		○	○	○
형용사절	명사 수식		×	×	○
간접의문문	S / O / C		○	○	×
–	–	–	if ~ or not (○) if or not (×)	whether or (not) (○) whether ~ or (not) (○)	×

4 **〈동명사의 태 / 시제 / 부정〉** : being invoked

태	능동	-ing
	수동	**being p.p.**
시제	단순시제 : 본동사 시제와 동일	-ing
	완료시제 : 본동사 시제보다 한 시제 앞선 시제	having p.p.
	완료 수동	having been p.p.

5 **〈생략, 대동사〉** : **do not** (have ethical content)

8 〈복합 관계대명사〉

종류	명사절	**부사절**
whoever	anyone who ~하는 누구든지	no matter who 누가 ~ 하더라도
whomever	anyone whom ~하는 누구든지	no matter whom 누구를 ~ 하더라도
whichever	anything that ~하는 어떤 것이든	no matter which 어느 것을 ~ 하더라도
whatever	anything that ~하는 어떤 것이든	**no matter what** **무엇을 ~ 하더라도**

11 **〈독립분사구문〉** : 현재분사로 명사 뒤에 위치할 수 있다. (= notwithstanding the use of "ought.") (독립분사구문 : 주절의 주어와 다를 경우 분사 앞에 분사의 행위자(주체)를 주격으로 사용함.)

11 **〈notwithstanding 용법〉** : 전치사로 쓰일 때, 명사 뒤에 쓰이기도 함

전치사	**~에도 불구하고**	in spite of, despite, for all
부사	그럼에도 불구하고	nevertheless, however
종속접속사	~할지라도	although, though, even though, even if, as, while, whereas

12 〈There/Here is **도치구문**〉

긍정문	**There** (Here)	**is**	**단수 주어**	~이 있다 (여기에 ~이 있다)
		are	복수 주어	
부정문	There (Here)	is no	단수 주어	~이 없다 (여기에 ~이 없다)
		are no	복수 주어	

13 〈rely on〉

주어	동사	해석
사람	**rely on**, depend on, count on, bank on, draw on, turn to, resort to	~에 의지[의존]하다
사물		~에 좌우되다, ~에 달려있다

어법 & 연결어

Moral philosophy textbooks often proclaim **[what / that]** we can discern **[that / if]** a claim is ethical by **[attending to / attending]** the use of the words "is" and "ought." On this suggestion, the claim "You ought to keep your promises," **[because / because of]** it uses "ought," is ethical. "An atom is small," **[because / because of]** it uses "is," is nonethical. (   ), **[although / despite]** being commonly **[invoking / invoked]**, this is-ought test is seriously **[deficient / deficiently]**. Some is-statements have ethical content and some ought-statements **[are not / do not]**. (   ), **[consider / considering]** the claims "Murder is wrong" and "Friendship is good." These claims obviously have ethical content. **[Whatever / What]** the is-ought test is tracking, these claims clearly fall on the ought side of that divide. (   ) they both use "is." (   ), **[consider / to consider]** the claim "The train ought to arrive in an hour." This statement is **[clear / clearly]** nonethical, the use of "ought" notwithstanding. There **[is / are]** an important distinction between ethical **[or / and]** nonethical claims. (   ) we can't simply rely on "is" and "ought" to make it. (   ) we need **[attending / to attend]** to the substance of the claim.

전국 2021학년도 4월 고3 29번	제목	수메르 쐐기 문자의 선형적 쓰기 체계
	주제	수메르 쐐기 문자는 그림 문자와 달리 선형적 쓰기 체계를 따르며 조직화 되어있다.
어법	논리	비교 · 대조

	지문	해석	단어 & 숙어
1	The world's first complex writing form, / Sumerian cuneiform, / followed an evolutionary path, / {moving around 3500 BCE / (from pictographic to ideographic representations), / (from the depiction of objects to ① that of abstract notions)}. S: The world's first complex writing form (세계 최초의 복잡한 쓰기 형태인) = 〈동격〉 Sumerian cuneiform (수메르 쐐기 문자는) / V: followed / O: an evolutionary path (진화적 경로를 따라갔다) / moving 〈현재분사〉 around 3500 BCE (기원전 3500년경에 나아가며) / 〈from A to B〉 그림 문자에서 표의문자적 표현으로 / 즉 사물의 묘사에서 추상적 개념의 묘사로 / { }: 분사구문	세계 최초의 복잡한 쓰기 형태인 수메르 쐐기 문자는 기원전 3500년경에 그림 문자에서 표의문자적 표현으로, 즉 사물의 묘사에서 추상적 개념의 그것(묘사)으로 나아가며 진화적 경로를 따라갔다.	complex 복잡한 writing form 쓰기 형태 cuneiform 쐐기 문자(고대 오리엔트에서 사용된 문자) evolutionary 진화의, 발전의 path 경로 move from A to B A에서 B로 이동하다 BCE 기원전(before the Common Era) (= B.C.E.) pictographic 상형문자의 ideographic 표의 문자의 representation 표현 abstract 추상적인 notion 개념, 생각, 관념
2 TS	Sumerian cuneiform / was a linear writing system, / {its symbols (usually) ② set (in columns)}, / {read / (from top to bottom) / and (from left to right)}. S: Sumerian cuneiform (수메르 쐐기 문자는) / V: was / S·C: a linear writing system (선형적 쓰기 체계였는데) / { }: 독립분사구문 / usually 〈부사〉 / set p.p. (보통은 그것의 기호가 세로 단에 놓인 채로) / read p.p. (읽혔다) / 〈from A to B〉 위에서 아래로 / 그리고 왼쪽에서 오른쪽으로 / { }: 〈분사구문〉	수메르 쐐기 문자는 선형적 쓰기 체계였는데, 보통은 그것의 기호가 세로 단에 놓인 채로 위에서 아래로 그리고 왼쪽에서 오른쪽으로 읽혔다.	linear 직선의, 선형의 writing system 표기 체계 symbol 상징, 표상, 기호 usually 보통, 대개 set 놓다 (set – set – set – setting) column 세로줄, 기둥 bottom 아래 (↔ top)
3	This regimentation / was a form (of abstraction): / the world is not a linear place, / and objects do not organize ③ themselves / (horizontally) or (vertically) / (in real life). S: This regimentation (이 조직화는) / V: was / S·C: a form (일종의 추상 개념으로) / S_1: the world / V_1: is not / S·C: a linear place (세상이 선형적 공간이 아니고) / S_2: objects / V_2: do not organize / O: themselves (사물은 스스로를 구조화하지 않는다는 것이었다) / 〈부사〉 〈부사〉 수평적으로나 수직적으로 / 실제 삶에서	이 조직화는 일종의 추상 개념으로, 세상이 선형적 공간이 아니고 사물은 실제 삶에서 수평적으로나 수직적으로 스스로를 구조화하지 않는다는 것이었다.	regimentation 조직화 a form of 일종의, ~의 한 형태 abstraction 추상(적 개념), 관념 object 사물 organize 조직하다 horizontally 수평으로 vertically 수직으로
4	Early rock paintings, / {thought to have been created / (for ritual purposes)}, / were (possibly) shaped and organized / ④ (to follow the walls of the cave, or the desires of the painters), / {who may have organized them / (symbolically), or (artistically), or even (randomly)}. S〈선행사〉: Early rock paintings (초기의 암각화들은) / (which were) thought p.p. / to have been created 〈to부정사의 완료수동〉 (만들어졌다고 여겨지는) / 의례적 목적으로 / V_1〈수동태〉: shaped / (were) V_2: organized (아마도 형상화되고 구조화됐을 것이었고) / O_1: the walls of the cave / O_2: the desires of the painters (동굴의 벽이나 화가의 바람을 따르도록) / painters 〈선행사〉 / who 〈주·관〉 / V: may have organized / O: them (그들(화가)은 구조화했을지도 모른다) / 〈부사〉 상징적으로, 예술적으로, 심지어는 무작위로	의례적 목적으로 만들어졌다고 여겨지는 초기의 암각화들은 아마도 동굴의 벽이나 화가의 바람을 따르도록 형상화되고 구조화됐을 것이었고, 그들(화가)은 상징적으로, 예술적으로, 심지어는 무작위로 그것(암각화)들을 구조화했을지도 모른다.	rock painting 암각화 create 창작하다, 만들다 ritual 의식의 purpose 목적, 의도 possibly 아마도 shape 형상화하다 organize 구조화하다, 조직화하다 wall 벽 cave 동굴 desire 바람, 욕구 painter 화가 may have p.p. ~이었을지도 모른다 symbolically 상징적으로 artistically 예술적으로 randomly 무작위로, 임의로
5	Yet / (after cuneiform), / (virtually) every form of script / (that has emerged) / has been set out (in rows) / (with a clear beginning and endpoint). 하지만 / 쐐기 문자 이후에는 / virtually 〈부사〉 / S〈선행사〉: every form of script (사실상 모든 형태의 문자는) / that 〈주·관〉 / V〈현재완료〉: has emerged (등장한) / V〈현재완료수동〉: has been set out (줄로 나열되어 왔다) / 분명한 시작과 종료 지점이 있는	하지만 쐐기 문자 이후에는 등장한 사실상 모든 형태의 문자는 분명한 시작과 종료 지점이 있는 줄로 나열되어 왔다.	virtually 사실상 script 문자 emerge 나타나다 set out 출발하다, 시작하다 row 열, 줄 beginning 시작 endpoint 종료 지점
6	So ⑤ uniformly / is this expectation, / indeed, / {that the odd exception is noteworthy, and (generally) established / (for a specific purpose)}. 〈so 형/부 that S V〉 / S·C: uniformly (너무나도 획일적이어서) / V: is / S: this expectation (이러한 예상은) / indeed (실제로) / that 〈종·접〉 / S: the odd exception / V_1: is / $S·C_1$: noteworthy / (is) / generally 〈부사〉 / $S·C_2$〈p.p.〉: established (특이한 예외는 주목할 만하며 일반적으로 설정된다) / 특정한 목적을 위해	실제로 이러한 예상은 너무나도 획일적이어서 특이한 예외는 주목할 만하며 일반적으로 특정한 목적을 위해 설정된다.	uniform 똑같은, 획일적인 expectation 기대, 예상 indeed 실제로, 정말로 odd 이상한 exception 예외(사항), 제외 noteworthy 주목할 만한 generally 일반적으로 establish 설립[설정]하다 specific 특정한

29 다음 글의 밑줄 친 부분 중, 어법상 틀린 것은? [3점] [48%]

정답 | ⑤

해설 | ① 대명사의 수의 일치: 지시대명사 that은 앞에 있는 단수명사 the depiction을 지칭하기에 복수명사를 지칭하는 those를 사용할 수 없다.

② 독립분사구문에서 현재분사 vs. 과거분사 구별: 밑줄 친 set은 과거분사로 분사구문인데, 이에 대한 주어 역할을 하는 its symbols와 관계가 수동관계이기에 현재분사 setting을 사용할 수 없다.

③ 재귀대명사 vs. 대명사: 주어 objects와 동일인을 지칭하기에 대명사 them이 아니라 재귀대명사 themselves가 어법상 올바르다.

④ 동사 vs. 준동사: 이 문장에서 동사는 were shaped and organized이기 때문에 밑줄 친 to follow 대신에 동사 followed를 사용할 수 없다.

⑤ 형용사 vs. 부사: 전자는 명사를 수식하거나 보어 역할을 하고, 후자는 동사 등을 수식한다. 여기에서는 완전 자동사 is의 보어로 사용되기에 형용사 uniform이 어법상 올바르다. 이 문장은 보어 문두 도치로 원래 문장은 'This expectation is so uniform that ~'으로 so uniform은 주격 보어로 문두에 위치하면 도치가 된다는 점과 'so 형/부 that 주어 + 동사' 구문이 이 문제의 정답을 찾는데 중요한 단서이다.

문법

1 〈동격〉: A(명사), B(명사) (A가 주어)

동격 (B라는 A)				
명사(A) : 주어	,(콤마)	명사(구/절)(B)	,(콤마)	동사
The world's ~ form		Sumerian cuneiform		followed

1 〈moving ~〉 : 〈분사구문〉이 문미에 있는 경우 (능동) (= as it moved[was moving])

2 〈its symbols usually set in columns〉 : 〈독립분사구문〉 (as[and] its symbols usually were set in columns) (독립분사구문 : 주절의 주어와 다를 경우 분사 앞에 분사의 행위자(주체)를 주격으로 사용함.)

2 〈read ~〉 : 〈분사구문〉이 문미에 있는 경우 (수동) (= as they were read [they = its symbols])

4 〈주격 관계대명사 + be동사 생략〉

–	생략할 수 있음	
명사 (선행사)	(주격 관계대명사 + be동사)	현재분사(-ing) – 능동 (~하고 있는, ~하는)
		과거분사(p.p.) – 수동 (~되어진, ~당한)
		명사
		형용사(구) (~하는, ~할)
		부사
		전치사구
Early rock paintings	(which were)	thought

4 〈to R의 태와 시제〉 : to have been created

태	능동태	to R
	수동태	to be p.p.
시제	단순시제 : 본동사 시제와 동일	to R
	완료시제 : 본동사 시제보다 한 시제 앞선 시제	to have p.p.
	완료수동	**to have been p.p.**

4 5 〈주격 관계대명사절의 수의 일치〉 : 선행사를 포함하고 있는 관계대명사 what 사용 불가

	주격 관계대명사절		
선행사	주격 관계대명사	주어 (X)	동사
the painters	who		may have organized
script	that		has emerged

4 〈조동사 + have + p.p.〉

1. 과거사실에 대한 추측

종류	뜻	의미
may[might] have p.p	**~이었을지도 모른다**	**과거 사실에 대한 약한 추측**
must have p.p.	~이었음에 틀림이 없다	과거 사실에 대한 강한 추측
cannot have p.p.	~이었을 리가 없다	과거 사실에 대한 부정적인 추측
could have p.p.	~할 수도 있었다	과거 사실에 대한 아쉬움이나 가능성
would have p.p.	~했을 것이다	과거 사실에 대한 유감

2. 과거사실에 대한 후회

종류	뜻
should[ought to] have p.p.	~했었어야 했는데 (하지 못했다)
need not have p.p.	~할 필요가 없었는데 (했다)
shouldn't have p.p.	~하지 말았어야 했는데 (했다)

6 〈형용사(보어) so 문두 도치〉 : 아주 대단해서 ~하다

〈정치〉		주격 보어	〈부사적 용법〉 : 결과		
S	be 동사	so	that	S	V
This expectation	is	so uniform	that	the odd exception	is

주격 보어	〈보어 문두 도치〉		〈부사적 용법〉 : 결과		
So	be 동사	S	that	S	V
So uniform	is	this expectation	that	the odd exception	is

어법 & 연결어

The world's first complex writing form, Sumerian cuneiform, followed an evolutionary path, **[moved / moving]** around 3500 BCE from pictographic to ideographic representations, from the depiction of objects to **[that / those]** of abstract notions. Sumerian cuneiform was a linear writing system, **[its / their]** symbols usually **[set / setting]** in columns, **[read / reading]** from top to bottom and from left to right. This regimentation was a form of abstraction: the world is not a linear place, and objects do not organize **[them / themselves]** horizontally or vertically in real life. Early rock paintings, **[thinking / thought] [to create / to have been created]** for ritual purposes, **[was / were]** possibly shaped and organized to follow the walls of the cave, or the desires of the painters, who may have organized them symbolically, or artistically, or even randomly. (   ) after cuneiform, virtually every form of script **[what / that] [have / has]** emerged **[has set out / has been set out]** in rows with a clear beginning and endpoint. So **[uniform / uniformly]** is this expectation, (   ), **[what / that]** the odd exception is noteworthy, and generally **[established / establishing]** for a specific purpose.

전국 2021학년도 4월 고3 30번	
어휘 추론	
제목	털가죽 옷과 직물로 만든 옷
주제	털가죽 옷의 단점으로 인해 직물로 만든 옷을 입는 것의 이점이 명백해졌다.
논리	비교 · 대조

	지문	해석	단어 & 숙어
1	It's likely [that / (for a very long time) / people managed (to survive / with draped animal pelts) / and then began (roughly) / {sewing these (together)}]. ~했을 것 같다 / 매우 오랜 시간 동안 / 사람들은 간신히 살아남았다 / 걸쳐진 짐승의 가죽으로 / 그러고 나서 대충 시작했다 / 이것들을 꿰매어 잇기	매우 오랜 시간 동안 사람들은 걸쳐진 짐승의 가죽으로 간신히 살아남았고 그러고 나서 이것들을 대충 꿰매어 잇기 시작했을 것 같다.	It's likely that S V ~할 것 같다, ~할 가능성이 있다 manage to R 간신히 ~해내다 draped 걸쳐진 pelt 가죽 roughly 대략, 대충 sew A together A를 꿰매 붙이다
2 TS	Ultimately, / though, / the ① advantages / (of using woven fabric) (for clothing) / would have become obvious. 결국에는 / 그러나 / 이점이 / 옷으로 직물을 사용하는 것의 / 명백해졌을 것이다	그러나 결국에는 옷으로 직물을 사용하는 것의 이점이 명백해졌을 것이다.	ultimately 궁극적으로 though 그렇지만[하지만] advantage 이점 weave 짜다, 엮다 (weave – wove – woven – weaving) fabric 옷감, 천, 직물 obvious 분명한, 명백한
3	A fur pelt offers / ② inadequate thermal protection / {if someone is sitting (still)}, / but (once on the move or in strong winds), / this is less true, / {because pelts aren't shaped / (close to the body)}. 털가죽은 제공한다 / 불충분한 열 보호를 / 누군가가 가만히 앉아 있다면 / 하지만 일단 이동하거나 강한 바람을 맞으면 / 이것이 덜 그러하다 / 왜냐하면 가죽은 모양이 잡히지 않기 때문이다 / 몸에 밀착하도록	털가죽은 누군가가 가만히 앉아 있다면 불충분한(→ 우수한) 열 보호를 제공하지만, 일단 이동하거나 강한 바람을 맞으면 이것이 덜 그러한데 왜냐하면 가죽은 몸에 밀착하도록 모양이 잡히지 않기 때문이다.	fur 털, 모피 offer 제공하다 adequate 충분한(↔ inadequate) thermal 열의 protection 보호 still 가만히 있는 once 일단 ~하면 on the move 이리저리 이동하여 close 꼭 맞게 (= closely)
4	The more air gets / (between the body and the clothing), / the less effective it is / (at trapping an insulating layer of air) / (close to the skin). 〈the 비교급 ~, the 비교급 …〉 〈between A and B〉 더 많은 공기가 들어올수록 / 몸과 옷 사이에 / 덜 효과적이다 / 그것은 공기의 단열층을 가둬 두는 데 / 피부와 가까이에 있도록	더 많은 공기가 몸과 옷 사이에 들어올수록 그것은 공기의 단열층을 피부와 가까이에 있도록 가둬 두는 데 덜 효과적이다.	between A and B A와 B 사이에 effective 효과적인 trap 가두다 insulate 단열하다 layer 층 insulating layer 단열층
5	In fact, / the insulating properties (of clothing) / ③ decrease (very much) / {when walking (quickly)}. 실제로는 / 옷의 단열 속성은 / 매우 많이 줄어든다 / 빠르게 걸을 때	실제로는 빠르게 걸을 때 옷의 단열 속성은 매우 많이 줄어든다.	in fact 사실, 실제로 property 속성 decrease 감소하다 quickly 빨리, 빠르게
6	Clothing / (also) needs to be breathable, / {because damp clothes are bad / (at keeping the wearer warm) / and become (very) heavy}. 옷은 / 또한 통기성이 있어야 하는데 / 이는 축축한 옷이 안 좋기 때문이다 / 착용한 사람을 따뜻하게 유지해 주는 것에 / 그리고 매우 무거워지기 때문이다	옷은 또한 통기성이 있어야 하는데 이는 축축한 옷이 착용한 사람을 따뜻하게 유지해 주지 못하고 매우 무거워지기 때문이다.	need O(to R) ~을 할 필요가 있다 breathable 통기성이 있는 damp 축축한 be bad at ~에 잘못하다 keep O O·C(형용사) (5) ~을 …한 상태로 유지하다 heavy 무거운 (↔ light)
7	Woven fabrics / are more breathable / than fur / and, {when (specifically) tailored to the body}, / make excellent internal layers, / ④ [preventing cold air / {from getting direct access / (to the skin's surface)}]. 직물은 / 더욱 통기가 잘되고 / 털보다 / 특히나 몸에 맞게 만들어질 때 / 우수한 내부의 층을 만들어 내며 / 차가운 공기를 막아 준다 / 직접 닿는 것을 / 피부의 표면에	직물은 털보다 더욱 통기가 잘되고 특히나 몸에 맞게 만들어질 때 우수한 내부의 층을 만들어 내며, 차가운 공기가 피부의 표면에 직접 닿는 것을 막아 준다.	woven fabrics 직물 weave 짜다, 뜨다, 엮다 (weave – wove – woven – weaving) tailor 재단하다 internal 내부의 prevent A from -ing ~하는 것으로부터 A를 막다, 예방하다 get[gain, have] access to ~에 접근하다 direct 직접적인
8	Thus / the ability (to create woven clothing) / would have offered material advantages / (to our early ancestors) / {once they had left Africa / (for ⑤ cooler areas)}. 따라서 / 직물 옷을 만드는 능력은 / 실질적인 이점을 제공했을 것이다 / 우리의 선조들에게 / 그들이 아프리카에서 떠났을 때 / 더 추운 지역으로	따라서 직물 옷을 만드는 능력은 우리의 선조들에게 그들이 아프리카에서 더 추운 지역으로 떠났을 때 실질적인 이점을 제공했을 것이다.	an ability to R ~할 수 있는 능력 offer A to B A를 B에 제공하다 material 실질적인 ancestor 조상, 선조 once ~할 때 leave A for B A를 떠나 B로 가다

30 다음 글의 밑줄 친 부분 중, 문맥상 낱말의 쓰임이 적절하지 않은 것은? [3점] [37%]

정답 | ②

해설 | ① 8에서 직물 옷을 만드는 능력이 이점을 제공했다고 했으므로 advantages는 적절하다.

② 3 뒷부분에 but과 함께 털가죽의 단점을 설명하고 있으므로, 앞부분에는 이와 대조적인 털가죽의 장점이 나와야 한다. 즉, 열 보호가 불충분하다는 inadequate는 적절하지 않다. inadequate → adequate

③ 4에서 털가죽 옷의 단열 효과가 줄어든다고 했으므로, decrease는 적절하다.

④ 7에서 직물로 만든 옷은 우수한 공기층을 만들어 낸다고 했으므로, 찬 공기를 막아 준다는 preventing은 적절하다.

⑤ 7에서 직물의 단열 효과가 우수하다고 했으므로 '더 추운' 지역에서 이점을 제공했을 것이라는 cooler는 적절하다.

문법

1 〈가주어, 진주어 구문〉

가주어	동사	진주어
It (this, that, there 사용 불가)	–	**that + 주어 + 동사 (완전한 절)**
		to 동사원형
		동명사
		의문사 + 주어 + 동사 (간접의문문)
		if/whether + 주어 + 동사
It	is	that절

1 〈목적어 자리에 to부정사를 취하는 완전 타동사〉

주어	완전 타동사	목적어
–	afford / agree / ask / attempt / care / choose / claim / dare / decide / demand / desire / determine / elect / expect / fail / guarantee / hope / intend / learn / **manage** / need / offer / plan / pretend / promise / refuse / resolve / seek / threaten / volunteer / want / wish 등	to 동사원형

3 5 7 〈생략〉: 주절의 주어와 종속절의 주어와 같을 시 종속절의 '주어 + be동사'는 생략 가능

주절		종속절 → 분사구문		
주어	동사	종속접속사 〈그대로 사용하면 의미 강조〉	(주어 + be동사) 〈주절의 주어와 같을 경우 생략 가능〉	**현재분사**
				과거분사
				형용사
				명사
				부사
				전치사구
someone	is sitting	once	(he or she is)	on the move ~
~clothing	decrease	when	(someone is)	walking
~ fabrics	are	when	(they are)	tailored

6 〈목적어 자리에 to부정사를 취하는 완전 타동사〉

주어	완전 타동사	목적어
–	afford / agree / ask / attempt / care / choose / claim / dare / decide / demand / desire / determine / elect / expect / fail / guarantee / hope / intend / learn / manage / **need** / offer / plan / pretend / promise / refuse / resolve / seek / threaten / volunteer / want / wish 등	to 동사원형

6 〈keep 동사의 쓰임〉: 5형식에서 keep

keep	목적어	목적격 보어	해석
		형용사	(사람·물건을) (…의 상태·동작·위치에) 두다
		현재분사	~가 계속 …하게 하다
		과거분사	~에게 …되게 하다

7 〈preventing ~〉: 〈분사구문〉이 문미에 있는 경우 (능동) (= and they prevent)

7 〈방해/금지〉

주어	완전 타동사	목적어	전치사	목적어
	keep		**from**	
	prohibit			
	deter			
	bar			
	hinder			
	prevent			
	protect			
	discourage			
	stop			

어법 & 연결어

It's **[like / likely]** **[that / what]** for a very long time people managed **[surviving / to survive]** with **[draped / draping]** animal pelts and then began roughly **[sawing / sewing]** these together. (　　　　　　), (　　　　　), the advantages of using **[woven / weaving]** fabric for clothing would have become **[obvious / obviously]**. A fur pelt offers adequate thermal protection if someone is sitting still, but once on the move or in strong winds, this is less true, **[because / because of]** pelts **[aren't shaped / don't shape]** close to the body. The more air gets between the body **[or / and]** the clothing, the less **[effective / effectively]** it is at trapping an **[insulated / insulating]** layer of air **[close / closely]** to the skin. (　　　　　), the insulating properties of clothing decrease very much when **[walked / walking]** quickly. Clothing also needs to be breathable, **[because / because of]** damp clothes are bad at keeping the wearer **[warm / warmly]** and **[become / becoming]** very **[heavy / heavily]**. **[Woven / Weaving]** fabrics are more breathable than fur and, when **[specifical / specifically]** **[tailored / tailoring]** to the body, make excellent internal layers, preventing cold air **[getting / from getting]** direct access to the skin's surface. (　　　　　) the ability to create **[woven / weaving]** clothing **[would have offered / would have been offered]** material advantages to our early ancestors once they had left Africa for cooler areas.

전국 2021학년도 4월 고3 31번	빈칸 추론
제목	딱따구리와 균류의 노동 분할
주제	나무에 구멍을 낼 때 딱따구리와 균류는 협력한다.
논리	통념 · 진실

	지문	해석	단어 & 숙어
1 통념 진실	(Contrary to popular opinion), / woodpeckers don't 〈전치사〉 S_1 V_1 통념과 대조적으로 딱따구리들은 스스로를 제한 두지 않는다 restrict themselves / (to rotten trees), / and they (often) start O p.p. S_2 〈부사〉 V_2 썩은 나무에 그리고 대개 공사를 시작한다 construction / (in healthy trees). O 건강한 나무에서	통념과 대조적으로 딱따구리들은 스스로를 썩은 나무에 제한 두지 않고 대개 건강한 나무에서 공사를 시작한다.	contrary to ~에 반대로 popular opinion 통념 woodpecker 딱따구리 restrict A to B A를 B에 제한을 두다 rotten 썩은, 부패한 start construction 착공하다, 공사를 시작하다 healthy 건강한
2	(Just like us), / woodpeckers want the place / {where they 〈전치사〉 S V O〈선행사〉 〈관·부〉 S 우리와 마찬가지로 딱따구리들은 장소를 원한다 자신의 가족을 양육하는 bring up their families} / (to be solid and durable). ( ): O·C V O S·C_1 S·C_2 견고하고 내구성이 있기를	우리와 마찬가지로 딱따구리들은 자신의 가족을 양육하는 장소가 견고하고 내구성이 있기를 원한다.	just like[as] 마치, 마찬가지로 want O O·C(to R) (5) ~가 …하는 것을 원하다 bring A up A를 양육하다 solid 견고한, 믿을 수 있는 durable 내구성이 있는, 오래가는
3	( ): S·C {Even though the birds are (well) equipped / (to hammer 〈종·접〉 S 〈부사〉 V〈수동태〉 비록 그 새들이 능력을 잘 갖추고 있다 할지라도 away at healthy wood)}, / it would be too much / (for them) 〈가S〉 V S·C 〈의S〉 건강한 나무를 끊임없이 두드려 대는 너무 과한 일일 것이다 to complete the job / (all at once). 〈진S〉 그것들이 그 일을 완수하는 것은 한꺼번에	비록 그 새들이 건강한 나무를 끊임없이 두드려 대는 능력을 잘 갖추고 있다 할지라도 그것들이 그 일을 한꺼번에 완수하는 것은 너무 과한 일일 것이다.	even though (비록) ~일지라도 equip O O·C(to R) (5) ~가 …할 수 있도록 하다 (수동태 시, be equipped to S·C(to R)) hammer away at ~을 때리다 too 형/부 to R 너무 ~해서 …할 수 없다 complete 완성[완료]하다 all at once 한꺼번에, 동시에
4 TS	And / that's {why they take a months-long break / (after S V 〈관·부〉 S V O 그래서 그것들은 몇 달간의 휴식을 취하며 making a hole) / (that may be only an inch or two deep)}, / 〈동명사〉 O 〈주·관〉 V S·C 구멍을 만든 후 단지 1에서 2인치 깊이일 수 있는 {hoping (fungi will pitch in)}. ( ): O { }:〈분사구문〉 〈현재분사〉 〈종·접 that〉 S V〈미래〉 균류가 협력하기를 바란다	그래서 그것들은 단지 1에서 2인치 깊이일 수 있는 구멍을 만든 후 몇 달간의 휴식을 취하며 균류가 협력하기를 바란다.	take a break 잠시 휴식을 취하다 make a hole 구멍을 만들다 inch 인치 (길이를 나타내는 단위. 1인치는 1피트의 12분의 1로 약 2.54센티미터이고 기호는 in이다.) fungi 균류 (fungus의 복수형) pitch in 협력하다
5	(As far as the fungi are concerned), / this is the invitation / 〈종·접〉 S V〈수동태〉 S V S·C 〈종·접 that〉 균류에 관한 한 이것은 초대장인데 (they have been waiting for), / {because (usually) they can't S V〈현재완료진행〉 〈종·접〉 〈부사〉 S V 그것들이 기다려 온 왜냐하면 대개 그것들은 나무껍질을 통과하지 못하기 때문이다 get (past the bark)}. 〈전치사〉	균류에 관한 한 이것은 그것들이 기다려 온 초대장인데, 왜냐하면 대개 그것들은 나무껍질을 통과하지 못하기 때문이다.	as far as A be concerned A에 관한 한 invitation 초대, 초대장 wait for ~를 기다리다 usually 보통, 대개 get past ~을 통과하다, 통과시키다 bark 나무껍질
6	In this case, / the fungi (quickly) move / (into the opening) / S 〈부사〉 V_1 이 경우에 균류는 재빠르게 들어가 그 구멍 안으로 and begin to break down the wood. V_2 O 나무를 분해하기 시작한다	이 경우에 균류는 재빠르게 그 구멍 안으로 들어가 나무를 분해하기 시작한다.	in this case 이 경우에 있어서 quickly 빨리, 빠르게 move into ~로 이동하다 begin O(to R/-ing) ~하기를 시작하다 break A down A를 분해하다
7	{ }: O ( ): O·C {What the tree sees / (as a coordinated attack)}, / the 〈목·관〉 S V p.p. 나무가 여기는 것을 합동 공격으로 woodpecker sees / as a(n) ________. S V O·C 딱따구리는 여긴다 노동의 분할로	나무가 합동 공격으로 여기는 것을 딱따구리는 노동의 분할로 여긴다.	see O O·C(as) (5) ~을 …로 여기다 (수동태 시, be seen S·C(as)) a coordinated attack 합동 공격 see as ~로 간주하다 (= visualize, consider, accept) division of labor 분업
8	〈so 형/부 that S V〉 After a while, / the wood fibers / are so soft / {that it's (much) S V S·C 〈종·접〉〈가S〉V 〈강조〉 얼마 후에 나무 섬유가 매우 연해져서 훨씬 쉬워진다 easier / (for the woodpecker) (to enlarge the hole)}. S·C 〈의S〉 〈진S〉 딱따구리가 그 구멍을 확대하는 것이	얼마 후에 나무 섬유가 매우 연해져서 딱따구리가 그 구멍을 확대하는 것이 훨씬 쉬워진다.	after a while 잠시 후 fiber 섬유(질) so 형/부 (that) S V 너무 ~해서 그 결과 …하다 enlarge 확대하다

31 다음 빈칸에 들어갈 말로 가장 적절한 것을 고르시오. [36%]

① division of labor ② act of sympathy
③ process of negotiation ④ competition for habitat
⑤ defense from predators

정답 | ①

해설 | ① 노동의 분할: 4, 5에서 나무껍질은 딱따구리가 파고, 그 이후로는 균류가 협력한다고 했으므로 노동의 분할은 정답으로 적절하다.
② 동정의 행동: 동정에 관한 내용은 없다.
③ 협상의 과정: 협상에 관한 내용은 없다.
④ 서식지를 위한 경쟁: 경쟁한다는 내용은 없다.
⑤ 포식자들로부터 보호: 보호한다는 내용은 없다.

문법

1 〈대명사 vs. 재귀대명사〉

		주어와 다름	주어와 동일
주어	~	대명사	재귀대명사
woodpeckers		them	themselves

2 〈관계부사〉 : 관계부사절은 완전한 문장이 나오고, 선행사와 관계부사는 서로 같이 사용할 수도 있고 둘 중 하나는 생략할 수도 있다.

용도	선행사	관계부사	전치사 + 관계대명사
시간	the time	when	in/at/on + which
장소	**the place**	**where**	in/at/on + which
이유	the reason	why	for which
방법	(the way)	how	in which
	the way how는 같이 사용 못함 the way, the way in which, the way that은 사용 가능 (how 대신에 사용되는 that은 관계부사 대용어라고 함)		

3 〈5형식 불완전 타동사의 목적격 보어〉 : 수동태 전환 시, 2형식 문장(be p.p. + to R)

주어	불완전 타동사	목적어	목적격 보어
–	advise / allow / ask / assume / beg / bring / cause / command / compel / condition / decide / design / drive / enable / encourage / expect / **equip** / forbid / force / inspire / instruct / intend / invite / lead / like / motivate / nag / order / permit / persuade / predispose / pressure / proclaim / prod / program / provoke / push / require / teach / tell / train / trust / urge / want / warn / wish 등	–	to 동사원형

3 8 〈가주어 it + 의미상의 주어 + 진주어 구문〉

가주어	동사	의미상의 주어	진주어
It (this, that, there 사용 불가)		for + 목적격	to 동사원형
it	would be	for them	to complete
it	is	for the ~	to enlarge

3 〈혼동 어휘〉 : **complete 완수하다** / completion (완성, 완수) / compete 경쟁하다 / competition (경쟁, 대회) / competence (능력, 자격) / complement (보완하다, 보완, 보충) / compliment (칭찬하다, 칭찬)

4 〈주격 관계대명사절의 수의 일치〉 : 선행사를 포함하고 있는 관계대명사 what 사용 불가

	주격 관계대명사절		
선행사	주격 관계대명사	~~주어~~	동사
a hole	that		may be

4 〈hoping ~〉 : 〈분사구문〉이 문미에 있는 경우 (능동) (= as they hope[are hoping] ~)

4 〈목적격 종속접속사 that 생략〉 : 관계대명사 what 사용 불가

	종속절 (명사절: 목적어) (완전한 절)		
완전 타동사	목적격 종속접속사	주어	동사
hoping	(that) 생략 가능 (~하는 것을)	fungi	will pitch in

5 〈목적격 관계대명사 that〉 : 전치사의 목적어가 없는 경우 / 선행사를 포함하고 있는 관계대명사 what 사용 불가

	목적격 관계대명사절				
선행사	목·관	주어	동사	전치사	~~목적어~~
the invitation	(that) 생략 가능	they	have been waiting	for	

6 〈3형식에서 목적어 자리에 to부정사/동명사 둘 다 사용 가능한 동사들〉 : **begin** / cease / continue / dislike / hate / like / love / neglect / prefer / start 등

7 〈목적격 관계대명사 what절, 목적어 문두 도치〉 : 5형식에서 목적어가 없는 경우 / 선행사를 포함한 목적격 관계대명사 what 사용 불가함 / 주절의 동사 sees의 목적어로 사용된 **목적격 관계대명사 what절이 문두에 위치한 목적어 문두 도치**

	목적격 관계대명사절				
선행사	목적격 관계대명사	주어	동사	~~목적어~~	목적격 보어
없음	what	the tree	sees		a ~ attack

8 [so vs. such]

원인				결과		
so	**형용사**	**(a(n) + 명사)**		**that**	**주어**	**동사 ~**
such	(a(n))	형용사	명사	that	주어	동사 ~
너무 ~해서				그 결과 …하다		

어법 & 연결어

Contrary to popular opinion, woodpeckers don't restrict **[them / themselves]** to **[rotting / rotten]** trees, and they often start construction in healthy trees. Just **[like / alike]** us, woodpeckers want the place **[where / which]** they bring up their families to be solid and durable. **[As though / Even though]** the birds are well **[equipped / equipping]** to hammer away at healthy wood, **[this / it]** would be too much for them to **[compete / complete]** the job all at once. (   ) that's **[because / why]** they take a months-long break after making a hole **[what / that]** may be only an inch or two deep, **[hoping / hoped]** fungi will pitch in. As far as the fungi **[concern / are concerned]**, this is the invitation they have been waiting for, **[because / because of]** usually they can't get past the bark. (   ), the fungi quickly move into the opening and begin to break down the wood. **[That / What]** the tree sees as a **[coordinated / coordinating]** attack, the woodpecker sees as a division of labor. (   ), the wood fibers are so soft **[what / that]** it's **[much / very]** easier for the woodpecker to enlarge the hole.

전국 2021학년도 4월 고3 32번

빈칸 추론

제목	도시 환경은 어떻게 설계될까?
주제	도시 환경은 촉각적 자극을 겪지 않도록 설계된다.
논리	예시

	지문	해석	단어 & 숙어
1 TS	The urban environment / is (generally) designed / (so as not to make contact with our skin). S, 〈부사〉, V〈수동태〉, O 도시 환경은 / 일반적으로 설계된다 / 우리의 피부와 접촉하지 않도록	도시 환경은 일반적으로 우리의 피부와 접촉하지 않도록 설계된다.	urban 도시의 so as not to R ~하지 않기 위하여 make contact with ~와 연락(접촉)하다
2	We / do not push (through bushes) / (on our way to school or work). S, V 우리는 / 덤불을 통과하지 않는다 / 우리가 학교 혹은 직장에 가는 길에	우리는 우리가 학교 혹은 직장에 가는 길에 덤불을 통과하지 않는다.	push through 통과하다, 뚫고 나아가다 bush 관목, 덤불 on one's[the] way to ~으로 가는 길[도중]에 work 직장, 회사
3	Roads and sidewalks / are kept clear of obstacles. S_1, S_2, V〈수동태〉, S·C 길과 보도는 / 장애물이 없도록 유지된다	길과 보도는 장애물이 없도록 유지된다.	road 도로, 길 sidewalk 보도, 인도 clear of ~가 없는 obstacle 장애물, 난관
4	{Only (once in a while)} / are we reminded (of the materiality) (of the environment), / {as when we feel the brush / (of an unexpected tree branch) / or (nearly) fall over a curb}. 〈부정부사〉, S, V〈수동태〉, 〈종·접〉, S, V_1, O, p.p., 〈부사〉, V_2, O 오직 이따금 한 번씩 / 우리는 환경의 물질성에 대해 떠올리게 된다 / 우리가 스침을 느끼거나 / 예상치 못한 나뭇가지의 / 연석에 거의 넘어질 뻔할 때처럼	우리가 예상치 못한 나뭇가지의 스침을 느끼거나 연석에 거의 넘어질 뻔할 때처럼 우리는 오직 이따금 한 번씩 환경의 물질성에 대해 떠올리게 된다.	once in a while 때때로 remind A of B B를[에 관해] A에게 상기시키다 (수동태 시, A be reminded of B) materiality 물질성 unexpected 예기치 않은 branch 나뭇가지 fall over ~에 걸려 넘어지다[넘어질 뻔하다] curb (길 가장자리의) 연석
5	Most of our time / is not (even) spent (outside). S, V〈수동태〉 우리 시간의 대부분은 / 심지어 밖에서 보내지지 않는다	우리 시간의 대부분은 심지어 밖에서 보내지지 않는다.	spend 소비하다 (쓰다, 들이다, 보내다) (spend - spent - spent - spending)
6	"Outside" is (often) just a space / {we go through / (to get "inside.")} S, V, 〈부사〉, S·C〈선행사〉, (목·관 that) S, V 보통 '외부'는 단지 공간일 뿐이다 / 우리가 거쳐 가는 / '내부'에 가기 위해	보통 '외부'는 단지 우리가 '내부'에 가기 위해 거쳐 가는 공간일 뿐이다.	outside 밖[바깥], 외부 space 공간 go through ~을 통과하다, ~을 거치다 get inside 안에 들어가다
7	Our time is (largely) spent / (indoors), / [where architecture and design collude / (to provide an environment) / {as lacking as possible / (in tactile stimulation)}]. S, 〈부사〉, V〈수동태〉, 〈관·부〉, S_1, S_2, V, O, 〈현재분사〉, (as 형/부 as possible) 우리의 시간은 주로 보내진다 / 실내에서 / 그곳에서 건축술과 설계가 결탁한다 / 환경을 제공하기 위해 / 가능한 한 결여된 / 촉각적 자극이	우리의 시간은 주로 실내에서 보내지고 그곳에서 건축술과 설계가 가능한 한 촉각적 자극이 결여된 환경을 제공하기 위해 결탁한다.	largely 대체로, 주로 indoors 옥내[실내]에(서) architecture 건축물 design 설계 collude 결탁하다 provide 제공하다 as ~ as possible 가능한 한, 가급적 lacking 결여된, 결핍된 (= missing) tactile 촉각의 stimulation 자극
8 예시	(In the modern university or office building), / floors and walls / are flat and smooth, / corridors are clear, / the air is still, / the temperature is neutral, / and elevators carry one / (effortlessly) / (from one level to another). $S_1$①, $S_1$②, V, S·C_1, S·C_2, S_2, V, S·C, S_3, V, S·C, S_4, V, S·C, S_5, V, O, 〈부사〉 현대의 대학 혹은 사무실 건물에서 / 바닥과 벽은 / 평평하고 매끈하며 / 복도는 깨끗하고 / 공기는 바람 한 점 없으며 / 온도는 중간이고 / 승강기는 사람을 실어 나른다 / 수월하게 / 한 층에서 다른 층으로	현대의 대학 혹은 사무실 건물에서 바닥과 벽은 평평하고 매끈하며 복도는 깨끗하고 공기는 바람 한 점 없으며 온도는 중간이고 승강기는 사람을 한 층에서 다른 층으로 수월하게 실어 나른다.	modern 현대의 office 사무실 floor 바닥 flat 평평한 corridor 복도, 통로 still 바람 한 점 없는, 고요한 temperature 온도, 기온 neutral 중립의, 중간의 carry 실어 나르다 effortlessly 쉽게, 노력 없이 from A to B A에서 B까지 level (건물 따위의) 층
9	It is (commonly) assumed / {that we are (best) served / (by our tactile environment) / (when ________)}. 〈가S〉, 〈부사〉, V〈수동태〉, { }:〈진S〉, 〈종·접〉, S, V〈수동태〉, 〈종·접〉 이는 흔히 여겨진다 / 우리가 최고의 편의를 제공받는다고 / 우리의 촉각 환경에 의해 / 우리가 그 존재를 거의 알아차리지 않을 때	우리가 그 존재를 거의 알아차리지 않을 때 우리의 촉각 환경에 의해 우리가 최고의 편의를 제공받는다고 흔히 여겨진다.	commonly 흔히, 보통 assume 추정하다 serve 편의를 제공하다 scarcely 거의 ~않다, 겨우, 간신히 notice 알아채다, 인지하다 presence 존재

32 다음 빈칸에 들어갈 말로 가장 적절한 것을 고르시오. [31%]

① we accept its harsh elements
② we scarcely notice its presence
③ it does not hinder social interactions
④ we experience it using all the senses
⑤ its design reflects the natural environment

정답 | ②

해설 | ① 우리는 그것의 가혹한 요소들을 받아들인다: 7에서 촉각적 자극이 결여된다고 했으므로 가혹한 요소를 받아들인다는 것은 적절하지 않다.

② 우리는 그것의 존재를 거의 알아차리지 못한다: 1에서 도시 환경은 피부와 접촉하지 않도록 설계된다고 했고, 7에서 촉각적 자극이 결여된 환경을 제공한다고 했으므로, 그 존재를 알아차리지 못한다는 것은 정답으로 적절하다.

③ 그것은 사회적인 상호 작용을 방해하지 않는다: 사회적 상호작용에 관한 내용은 없다.

④ 우리는 모든 감각을 이용해서 그것을 경험한다: 7에서 촉각적 자극이 결여된다고 했으므로 감각을 통해 경험한다는 것은 적절하지 않다.

⑤ 그것의 디자인은 자연 환경을 반영한다: 자연 환경을 반영한다는 내용은 없다.

문법

1 **〈~하지 않기 위하여〉**: (부정문)

주어 + 동사 ~ [so that 주어 may[can/will] not 동사원형] = 주어 + 동사 ~ [in order that 주어 may[can/will] not 동사원형] = 주어 + 동사 ~ [lest 주어 (should) 동사원형] = 주어 + 동사 ~ [for fear 주어 (should) 동사원형] = 주어 + 동사 ~ [in order not to 동사원형] = 주어 + 동사 ~ [**so as not to 동사원형**] = 주어 + 동사 ~ [not to 동사원형]

2 **6** **〈혼동 어휘〉**

through	전치사	**~을 통하여**
throughout	전치사	(장소) ~의 도처에, (시간) ~ 동안, ~ 내내
	부사	도처에, 완전히, 철저하게
though	접속사	~에도 불구하고
thorough	형용사	철저한, 완전한

3 **〈keep 동사의 쓰임〉**: 5형식에서 keep [수동태 시, be kept 형용사]

keep	목적어	목적격 보어	해석
		형용사	(사람·물건을) (~의 상태·동작·위치에) 두다
		현재분사	~가 계속 …하게 하다
		과거분사	~에게 …되게 하다

4 **〈부정어구 문두 도치〉**

부정어(구)	도치		
Never/Seldom/Rarely/Scarcely/Hardly/No/**Only**/Little/Few/Nor 등	조동사	주어	동사원형
	have/has/had	주어	과거분사
	do/does/did	주어	동사원형
	be동사	주어	–
	be동사	**주어**	**과거분사**
Only	are	we	reminded

5 **〈혼동 어휘〉**

	대명사	형용사	부사
most	대부분의 것들[사람들]	대부분의	가장
almost	–	–	거의
mostly	–	–	주로, 일반적으로

6 **〈목적격 관계대명사 that 생략〉**: 전치사의 목적어가 없는 경우 / 선행사를 포함하고 있는 관계대명사 what 사용 불가

	목적격 관계대명사절				
선행사	목적격 관계대명사	주어	동사	전치사	~~목적어~~
a space	(that) 생략 가능	we	go	through	

7 **〈관계부사〉**: 관계부사절은 완전한 문장이 나오고, 선행사와 관계부사는 서로 같이 사용할 수도 있고 둘 중 하나는 생략할 수도 있다.

용도	선행사	관계부사	전치사 + 관계대명사
시간	the time	when	in/at/on + which
장소	the place	**where**	in/at/on + which
이유	the reason	why	for which
방법	(the way)	how	in which
	the way how는 같이 사용 못함 the way, the way in which, the way that은 사용 가능 (how 대신에 사용되는 that은 관계부사 대용어라고 함)		

7 **〈동등[원급]비교〉**: B만큼 A한 : 형용사 역할을 하는 현재분사 lacking이 앞에 있는 명사 environment를 후치 수식함

지시부사			접속사/유사관계대명사
as	형용사	원급	as
	부사		
	~~lacked~~		
	lacking		

8 **another** 또 다른 하나 (나머지 있음) / the other 그 나머지 (나머지 없음)

9 **〈가주어 it, 진주어 that절〉**: [It(가주어)] ~ [that we are best served ~(진주어)]

어법 & 연결어

The urban environment is generally **[designing / designed]** so as **[not to / to not]** make contact with our skin. We do not push **[thorough / through]** bushes on our way to school or work. Roads and sidewalks **[keep / are kept]** clear of obstacles. Only once in a while **[we are reminded / are we reminded]** of the materiality of the environment, as when we feel the brush of an **[unexpected / unexpecting]** tree branch or **[near / nearly]** fall over a curb. **[Most / Almost]** of our time is not even **[spending / spent]** outside. "Outside" is often just a space we go **[through / thorough]** to get "inside." Our time is largely spent indoors, **[which / where]** architecture and design collude to provide an environment as **[lacking / lacked]** as possible in tactile stimulation. In the modern university or office building, floors and walls are flat and smooth, corridors are clear, the air is still, the temperature is neutral, and elevators carry one effortlessly from one level to another. It is commonly assumed **[what / that]** we are best **[served / serving]** by our tactile environment **[when / which]** we scarcely notice **[its / their]** presence.

전국 2021학년도 4월 고3 33번		
빈칸 추론	제목	기술적 변화에 따른 듣기 선호도의 변화
	주제	기술적으로 우수한 디지털 음질이 그 소리의 인지적 가치 저하를 초래할 수 있다.
	논리	연구, 예시

	지문	해석	단어 & 숙어
1	The ideal sound quality / varies (a lot) / (in step with technological and cultural changes). S / V / 〈형용사〉₁ / 〈형용사〉₂ / O 이상적인 음질은 / 많이 달라진다 / 기술적이고 문화적인 변화에 발맞춰	이상적인 음질은 기술적이고 문화적인 변화에 발맞춰 많이 달라진다.	ideal 이상적인 sound quality 음질 vary 변하다, 다양하다 in step with ~와 발맞춰 technological 기술적인
2 예시	Consider, / **for instance**, / the development / (of new digital audio formats) / (such as MP3 and AAC). V / O 생각해 보아라 / 예를 들어 / 발달을 / 새로운 디지털 오디오 포맷들의 / MP3와 AAC와 같은	예를 들어, MP3와 AAC와 같은 새로운 디지털 오디오 포맷들의 발달을 생각해 보아라.	consider 고려하다, 생각하다 instance 사례, 경우 development 발전, 발달 A such as B B와 같은 A AAC 고급 오디오 부호화 (Advanced Audio Coding)
3	Various media / feed us (daily) / (with data-compressed audio), / and some people (rarely) experience / CD-quality (**that is**, *technical* quality) audio. S₁ / V₁ / O / 〈부사〉 / p.p. / S₂ / 〈부사〉 / V₂ / = 〈동격〉 / O 다양한 매체가 / 매일 우리에게 제공하며 / 압축된 데이터 오디오를 / 어떤 사람들은 좀처럼 경험하지 못한다 / CD 음질 (즉, '기술적으로 우수한' 음질)의 오디오를	다양한 매체가 매일 우리에게 압축된 데이터 오디오를 제공하며 어떤 사람들은 좀처럼 CD 음질 (즉, '기술적으로 우수한' 음질)의 오디오를 경험하지 못한다.	various 다양한 feed A with B A에 B를 공급하다 compress 압축하다 experience 경험하다 technical 기술적인
4	This tendency could lead / (to a new generation) (of listeners) / (with other sound quality preferences). S / V 이런 추세가 이끌어 낼 수도 있다 / 새로운 청자 세대를 / 다른 음질 선호도를 지닌	이런 추세가 다른 음질 선호도를 지닌 새로운 청자 세대를 이끌어 낼 수도 있다.	tendency 경향, 추세 generation 세대 sound quality 음질 preferences 선호도
5 연구	Research / (by Stanford University professor Jonathan Berger) / adds fuel (to this thesis). S / V / O 연구가 / Stanford 대학 교수인 Jonathan Berger의 / 이 논지에 불을 지핀다	Stanford 대학 교수인 Jonathan Berger의 연구가 이 논지에 불을 지핀다.	research 연구 professor 교수 add fuel to ~에 기름을 붓다, ~에 박차를 가하다 thesis 논제, 논지
6	Berger tested / first-year university students' preferences / (for MP3s) / (annually) / (for ten years). S / V / O / 〈부사〉 Berger는 측정했다 / 대학교 1학년 학생들의 선호도를 / MP3에 대한 / 매년 / 10년간	Berger는 10년간 매년 대학교 1학년 학생들의 MP3에 대한 선호도를 측정했다.	annually 매년, 해마다, 1년에 한 번씩
7	He reports / {that (each year) more and more students / come to prefer MP3s / (to CD-quality audio)}. { }: O S / V / 〈종·접〉 / S / V / O 그는 말한다 / 매년 점점 더 많은 학생들이 / MP3를 선호하게 된다고 / CD 음질 오디오보다	그는 매년 점점 더 많은 학생들이 CD 음질 오디오보다 MP3를 선호하게 된다고 말한다.	report 말하다, 발표하다 come to R ~하게 되다 prefer A to B B보다 A를 더 선호하다
8	These findings indicate / {that listeners (gradually) become accustomed / (to data-compressed formats) / and change their listening preferences / (accordingly)}. { }: O S / V / 〈종·접〉 / S / 〈부사〉 / V₁ / S·C / p.p. / V₂ / O / 〈부사〉 이러한 발견들은 보여 준다 / 청자들이 점차 익숙해지며 / 압축된 데이터 포맷에 / 그들의 듣기 선호도를 바꾼다는 것을 / 그에 맞춰	이러한 발견들은 청자들이 점차 압축된 데이터 포맷에 익숙해지며, 그에 맞춰 그들의 듣기 선호도를 바꾼다는 것을 보여 준다.	finding 발견 indicate 보여주다, 나타내다 gradually 서서히, 점차 become accustomed to (동)명사 ~에 익숙하게 되다 accordingly 그에 따라
9 예시	The point is / [that {while technical improvements strive / (toward increased sound quality) / (in a technical sense) / (e.g., higher resolution and greater bit rate)}, / listeners' expectations / do not (necessarily) follow the same path]. [ ]: S·C S / V / 〈종·접〉 / 〈종·접〉 / S / V / 〈전치사〉 / p.p. / O / S / 〈부사〉 / V / O 핵심은 ~이다 / 기술적 향상이 애쓰는 반면에 / 높아진 음질을 얻으려고 / 기술적 의미에서 / (예를 들어, 더 높은 선명도와 더 훌륭한 비트 전송률 같은) / 청자들의 기대는 / 반드시 같은 길을 따르는 것은 아니라는 점이다	핵심은 기술적 향상이 (예를 들어, 더 높은 선명도와 더 훌륭한 비트 전송률 같은) 기술적 의미에서 높아진 음질을 얻으려고 애쓰는 반면에, 청자들의 기대는 반드시 같은 길을 따르는 것은 아니라는 점이다.	improvement 개선, 향상 strive 애쓰다, 분투하다 toward ~을 위하여 increase (질·정도 등을) 증진시키다, 강화하다 e.g. 예를 들어(라틴어 exempli gratia를 줄인 것. for example로 읽음) resolution 선명도, 해상도 bit rate 비트 전송속도
10 TS	**As a result**, / "improved" *technical* digital sound quality / may (in some cases) lead / (to a(n) ________). S / V 결과적으로 / '향상된, 기술적으로 우수한' 디지털 음질이 / 어떤 경우에는 초래할 수도 있다 / 그 소리의 인지적 가치의 저하를	결과적으로 어떤 경우에는 '향상된, 기술적으로 우수한' 디지털 음질이 그 소리의 인지적 가치 저하를 초래할 수도 있다.	as a result 그 결과 improve 향상[개선]시키다 decrease 감소, 하락 perceptual 지각의, 인지의 worth 가치

33 다음 빈칸에 들어갈 말로 가장 적절한 것을 고르시오. [3점] [22%]

① decrease in the perceptual worth of the sound
② failure to understand the original function of music
③ realization of more sophisticated musical inspiration
④ agreement on ideal sound quality across generations
⑤ revival of listeners' preference for CD-quality audio

정답 | ①

해설 | ① 소리의 인지적 가치 저하: 4, 7, 8에서 CD 음질보다 MP3 음질로 듣기 선호도가 바뀔 수 있다고 했으므로 소리의 인지적 가치가 저하된다는 것은 정답으로 적절하다.
② 음악의 원래 기능 이해의 실패: 음악의 원래 기능에 관한 내용은 없다.
③ 더욱 정교한 음악적인 영감의 깨달음: 음악적 영감에 관한 내용은 없다.
④ 세대를 가로지르는 이상적인 음질에 대한 동의: 이상적인 음질에 관한 내용은 없다.
⑤ CD 음질 오디오에 대한 청취자의 선호의 부활: 빈칸에 들어갈 말과 반대되는 선지이므로 적절하지 않다.

문법

3 8 〈명사의 복수형〉: 외래어 복수(um/on → a)

단수	복수	뜻
datum	**data**	자료
medium	**media**	중간, 매체
bacterium	bacteria	박테리아
memorandum	memoranda	비망록, 메모
phenomenon	phenomena	현상, 사건
criterion	criteria	기준, 표준

3 〈준부정어〉

부사	hardly (거의 ~않는)
	scarcely (거의 ~않는)
	seldom (좀처럼 ~않는)
	rarely (좀처럼~하지 않는)
	barely (거의 ~아니게)
형용사	little (거의 ~없는)
	few (거의 ~없는)

4 10 〈to가 전치사인 경우〉: lead to + (동)명사 (~로 이어지다)

7 8 9 〈what vs. that〉

	관계대명사(불완전한 문장)	접속사(완전한 문장)
what	○ 선행사를 포함하고 있기 때문에 what 앞에 선행사 불필요	×
that	○ that 앞에 선행사 필요	○

7 〈prefer 동사의 쓰임〉: ~하는 것을 더 선호하다

prefer	목적어 자리
	동명사
	to R
	that + 주어 + 동사
	목적어 + to (동)명사

8 〈be / get / become 구별〉

동사	용법
be	주어가 어떤 상태인지 표현
get	주어가 겪고 있는 상태의 변화를 표현
become	주어가 변화를 겪고 어떻게 되었는지 변화의 결과 표현

9 〈while 용법〉

부사절을 이끄는 종속접속사		
while	시간	~동안에
	양보/대조	비록 ~일지라도, **반면에**

9 〈부분부정 / 전체부정 / 이중부정〉

부분부정	**not,** never	+	all(모두), always(항상), **necessarily(필연적으로),** entirely(전적으로), altogether(완전히), exactly(정확히), totally(전체적으로), absolutely(절대적으로), completely(완전히), wholly(완전히)
전체부정	not any one (= none) (모두 ~이 아니다)		
	no + 명사(어느 누구도 ~않다)		
	not ~ either (= neither) (둘 다 ~이 아니다)		
	not + anything (= nothing) (아무것도[단 하나도] (~아니다/없다))		
	not + ever (= never) (결코 ~이 아니다)		
	not anywhere (= nowhere)		
	no = not any		no more = not ~ anymore
			nobody = not ~ anybody
			nothing = not ~ anything
			no longer = not ~ any longer
이중부정	부정어	+	nothing
			refuse, lack, against, un-(부정접두사)으로 시작하는 단어
			without, but (= that ~ not), but (= except), (= if ~ not)

어법 & 연결어

The ideal sound quality varies a lot in step with technological and cultural changes. **[Consider / Considering]**, ( ), the development of new digital audio formats such as MP3 and AAC. Various media feed us daily with data-compressed audio, and some people rarely experience CD-quality (( ), *technical* quality) audio. This tendency could lead to a new generation of listeners with other sound quality preferences. Research by Stanford University professor Jonathan Berger adds fuel to this thesis. Berger tested first-year university students' preferences for MP3s **[annual / annually]** for ten years. He reports **[that / what]** each year more and more students come to prefer MP3s **[than / to]** CD-quality audio. These findings indicate **[what / that]** listeners gradually become accustomed to data-compressed formats and **[change / changed]** their listening preferences accordingly. The point is **[what / that]** while technical improvements strive toward **[increasing / increased]** sound quality in a technical sense (e.g., higher resolution and greater bit rate), listeners' expectations do not necessarily follow the same path. ( ), "improved" *technical* digital sound quality may in some cases lead to a decrease in the perceptual worth of the sound.

전국 2021학년도 4월 고3 34번		
빈칸 추론	제목	기억의 양과 시간에 대한 인식은 관련이 있을까?
	주제	기억의 양과 시간에 대한 우리의 인식은 연결되어 있다.
	논리	예시, 비교 · 대조

	지문	해석	단어 & 숙어
1 TS	Science shows / {that ______ (like gear teeth) / (in a bicycle chain)}. S V { }: O (종·접) 과학은 보여준다 기어 톱니처럼 기억의 양과 시간에 대한 우리의 인식이 연결되어 있다는 것을 자전거 체인의	과학은 자전거 체인의 기어 톱니처럼 기억의 양과 시간에 대한 우리의 인식이 연결되어 있다는 것을 보여 준다.	memory 기억 perception 인식, 인지, 지각 couple 연결[결합]하다 like ~처럼, ~같은 gear teeth 톱니
2 예시1	Rich and novel experiences, / {like the recollections (of the summers) / (of our youth)}, / have lots of new information / (associated with them). 〈형용사〉₁ 〈형용사〉₂ S 〈전치사〉 V O p.p. 다채롭고 새로운 경험들은 여름날의 기억과 같은 우리의 어린 시절 많은 새로운 정보를 가지고 있다 그것들과 관련된	우리의 어린 시절 여름날의 기억과 같은 다채롭고 새로운 경험들은 그것들과 관련된 많은 새로운 정보를 가지고 있다.	rich 풍부한, 많은 novel 새로운 experience 경험 recollection 회상, 기억 youth 어린 시절 lots of 수많은 information 정보 associate A with B A를 B와 관련시키다 (수동태 시, A be associated with B)
3	(During those hot days), / we learned / (how to swim) / or traveled (to new places) / or mastered riding a bike / (without training wheels). 〈전치사〉 O S V₁ ( ): O〈간·의〉 〈의문사〉 V₂ V₃ O 〈동명사〉 그 뜨거운 날 동안 우리는 배웠거나 수영하는 법을 새로운 장소로 여행을 갔거나 자전거를 타는 것을 완벽히 했다 보조 바퀴 없이	그 뜨거운 날 동안 우리는 수영하는 법을 배웠거나 새로운 장소로 여행을 갔거나 보조 바퀴 없이 자전거를 타는 것을 완벽히 익혔다.	how to R ~하는 방법 travel to ~로 여행하다 master ~을 완전히 익히다 ride a bike 자전거를 타다 training wheel (초보자용 자전거의) 보조 바퀴
4	The days / went by (slowly) / (with those adventures). S V 〈부사〉 그날들은 천천히 흘러갔다 그러한 모험들로	그날들은 그러한 모험들로 천천히 흘러갔다.	go by 지나가다 adventure 모험
5 예시2	Yet, / our adult lives / have less novelty and newness, / and are full of repeated tasks / (such as commuting or sending email or doing paperwork). S V₁ O₁ O₂ V₂ p.p. O 〈동명사〉₁ 〈동명사〉₂ 〈동명사〉₃ 그러나 성년기의 우리 삶은 새로움과 생소함이 더 적고 반복되는 일로 가득 차있다 통근하거나 이메일을 보내거나 서류 작업을 하는 것과 같은	그러나 성년기의 우리 삶은 새로움과 생소함이 더 적고 통근하거나 이메일을 보내거나 서류 작업을 하는 것 같은 반복되는 일로 가득 차 있다.	adult life 성인 생활 novelty 참신함, 새로움 be full of ~로 가득 차다 (= be filled with) task 일, 업무 A such as B B와 같은 A commute 통근하다 paperwork 서류작업
6	The associated information / {filed (for those chores)} / is smaller, and / there is less new footage / (for the recall part) (of the brain) / (to draw upon). p.p. S p.p. V S·C V S 관련 정보는 그러한 지루한 일에 대해 보관된 더 적고 새로운 장면이 더 적다 두뇌의 기억 부분이 이용할 수 있는	그러한 지루한 일에 대해 보관된 관련 정보는 더 적고, 두뇌의 기억 부분이 이용할 수 있는 새로운 장면이 더 적다.	associate 연상하다, 관련시켜 생각하다 file 보관하다 chore 하기 싫은[따분한] 일, 잡일, 집안일, 허드렛일 footage 장면 recall 기억(력), 회상 draw upon ~에 의존하다
7	Our brain interprets / these days / (filled with boring events) / as shorter, / so summers (swiftly) speed by. S₁ V₁ O p.p. 〈현재분사〉 O·C S₂ 〈부사〉 V₂ 우리의 두뇌는 이해하며 이러한 날들을 지루한 일로 채워진 더 짧다고 따라서 여름날이 빠르게 지나간다	우리의 두뇌는 지루한 일로 채워진 이러한 날들을 더 짧다고 이해하며 따라서 여름날이 빠르게 지나간다.	interpret O O·C(as) (5) ~을 …으로 해석하다, 이해하다 boring 지루한, 재미없는 event 사건, 일 swiftly 신속히, 빨리 speed by 빨리 지나가다
8	{Despite our desire / (for better clocks)}, / our measuring stick of time / isn't fixed. 〈전치사〉 O 〈현재분사〉 S V〈수동태〉 우리의 바람에도 불구하고 더 나은 시계를 향한 우리의 시간 측정 잣대는 고정되어 있지 않다	더 나은 시계를 향한 우리의 바람에도 불구하고 우리의 시간 측정 잣대는 고정되어 있지 않다.	despite ~에도 불구하고 desire for ~에 관한 욕구 clock 시계 a measuring stick 잣대 fix 고정시키다
9	We don't measure time / (with seconds), / (like our clocks), / but (by our experiences). 〈not A but B〉 S V O 〈전치사〉 우리는 시간을 측정하는 것이 아니라 초로 우리의 시계처럼 우리의 경험들로 측정한다	우리는 우리의 시계처럼 시간을 초로 측정하는 것이 아니라 우리의 경험들로 측정한다.	measure 측정하다 second 초
10	(For us), / time can slow down / or time can fly. S₁ V₁ S₂ V₂ 우리에게 시간은 느려질 수도 있고 빠르게 흘러갈 수도 있다	우리에게 시간은 느려질 수도 있고 빠르게 흘러갈 수도 있다.	slow down 느려지다 fly (시간이) 쏜살같이 지나가다

34 다음 빈칸에 들어갈 말로 가장 적절한 것을 고르시오. [3점] [34%]

① the memory functions of our brain wear out with age
② the richness of experiences relies on intellectual capacity
③ the information storage system in our mind runs restlessly
④ the temporal context of an event pulls our emotions awake
⑤ the size of a memory and our perception of time are coupled

정답 | ⑤

해설 | ① 뇌의 기억 가능 기능이 나이가 들면서 닳게 된다: 뇌의 기억 가능 기능에 관한 내용은 없다.
② 경험의 풍부함은 지적인 능력에 의존한다: 경험의 양과 지적 능력의 상관관계에 관한 내용은 없다.
③ 우리의 정신 속에 있는 정보 저장 시스템은 쉼 없이 돌아간다: 정신 속 정보 저장 시스템에 관한 내용은 없다.
④ 어떤 사건의 시간적인 환경이 우리의 감정을 깨어 있게 한다: 시간적 환경과 우리의 감정의 관계에 관한 내용은 없다.
⑤ 기억의 양과 시간에 대한 우리의 인식이 연결되어 있다: 2, 4에서 기억의 양이 많은 어린 시절의 시간은 천천히 흘러간다고 했고, 5, 7에서 기억의 양이 적은 성년기의 시간은 빠르게 흘러간다고 했으므로 정답으로 적절하다.

문법

1 〈what vs. that〉

	관계대명사 (불완전한 문장)	접속사 (완전한 문장)
what	○ 선행사를 포함하고 있기 때문에 what 앞에 선행사 불필요	×
that	○ that 앞에 선행사 필요	○

2 6 7 〈주격 관계대명사 + be동사 생략〉

-	생략할 수 있음	
명사 (선행사)	(주격 관계대명사 + be동사)	현재분사(-ing) - 능동 (~하고 있는, ~하는)
		과거분사(p.p.) - 수동 (~되어진, ~당한)
		명사
		형용사(구) (~하는, ~할)
		부사
		전치사구
lots ~ information	(which/that is)	associated
information	(which/that is)	filed
these days	(which/that are)	filled

3 시간 (~ 동안)

전치사	**during**	+ 명사 / 명사 상당어구
종속접속사	while	+ 주어 + 동사

3 〈간접의문문〉: 〈의문사 to 동사원형〉 = 의문사 + 주어 + should + 동사원형

타동사	목적어		
learn	〈간접의문문〉: 명사절		
	의문사	to	동사원형
	how	to	swim

6 〈There/Here is 도치구문〉

긍정문	**There** (Here)	**is**	단수 주어	~이 있다 (여기에 ~이 있다)
		are	복수 주어	
부정문	There (Here)	is no	단수 주어	~이 없다 (여기에 ~이 없다)
		are no	복수 주어	

6 〈draw (up)on〉

주어	동사	해석
사람	rely on, depend on, count on, bank on, **draw (up)on**, turn to, resort to	**~에 의지[의존]하다**
사물		~에 좌우되다, ~에 달려있다

6 〈명사 + to부정사 + 전치사〉: part of the brain to draw upon

	〈to부정사의 형용사적 용법〉: 앞에 있는 명사를 후치 수식 함				
명사	to	동사원형	전치사	목적어	
something	to	write	on	목적어	쓸 것 (종이 등)
something		write	with		쓸 도구 (펜 등)
a house		live	in		살 집
a doll		play	with		가지고 놀 인형
a chair		sit	on		앉을 의자

7 〈5형식 불완전 타동사의 목적격 보어〉: 수동태 전환 시, 2형식 문장(be p.p. + as 보어)

주어	불완전 타동사	목적어	목적격 보어
-	accept / achieve / announce / characterize / cite / consider / count / deem / define / describe / disguise / dismiss / identify / **interpret** / look at / look upon / perceive / praise / present / read / reckon / refer to / recognize / regard / remember / respect / see / speak of / think of / train / treat / use / view / visualize 등	-	as 보어

어법 & 연결어

Science shows **[what / that]** the size of a memory and our perception of time **[couple / are coupled]** **[like / alike]** gear teeth in a bicycle chain. Rich and novel experiences, **[like / likely]** the recollections of the summers of our youth, have lots of new information **[associating / associated]** with them. **[During / While]** those hot days, we learned how to swim or **[travel / traveled]** to new places or **[master / mastered]** riding a bike without training wheels. The days went by slowly with those adventures. (   ), our adult lives have less novelty and newness, and are **[full / filled]** of **[repeating / repeated]** tasks such as commuting or **[send / sending]** email or doing paperwork. The **[associated / associating]** information **[filed / filing]** for those chores is smaller, and there **[is / are]** less new footage for the recall part of the brain to draw upon. Our brain interprets these days **[filled / full]** with boring events as shorter, so summers swiftly speed by. **[Although / Despite]** our desire for better clocks, our measuring stick of time **[fixes / isn't fixed]**. We don't measure time with seconds, **[like / alike]** our clocks, but by our experiences. For us, time can slow down or time can fly.

전국 2021학년도 4월 고3 35번	제목	특정 체제로부터 이득을 얻은 사람들의 합리화
무관한 문장	주제	특정 체제로부터 이득을 얻은 사람들은 문제가 있더라도 그 체제를 지지하고 합리화하는 경향이 있다.
	논리	인용, 연구

	지문	해석	단어 & 숙어
1 TS 연구	Research has shown / [that individuals / — (especially) those / {who have benefited (from a particular system)} / — are prone / (to support and rationalize the status quo), / (even if there are clear problems)]. [ ]: O / S V〈현재완료〉 〈종·접〉 S 〈부사〉 〈선행사〉 〈주·관〉 V〈현재완료〉 V S·C ① ② O 〈종·접〉 V S 연구는 보여 주어 왔다 / 개인들 / 특히 사람들은 / 특정 체제로부터 이득을 얻어 왔던 / 경향이 있다는 것을 / 현재 상태를 지지하고 합리화하는 / 비록 분명한 문제들이 존재하더라도	연구는 개인들, 특히 특정 체제로부터 이득을 얻어 왔던 사람들은 비록 분명한 문제들이 존재하더라도 현재 상태를 지지하고 합리화하는 경향이 있다는 것을 보여 주어 왔다.	individual 개인 those who ~하는 사람들 benefit from ~로부터 혜택[이익]을 얻다 particular 특정한 be prone to R ~하기 쉽다, ~하는 경향이 있다 rationalize 합리화하다 status quo 현재 상태 even if (비록) ~일지라도
2	① These people justify / systemic inequity / (with familiar phrases) / [like "{If you just work hard (enough)} / you can pull yourself up / (by your bootstraps)."] S V O 〈전치사〉 〈종·접〉 S V S V O 이러한 사람들은 정당화한다 / 체제상의 불공평을 / 익숙한 문구로 / '만약 네가 충분히 일하기만 하면 / 너는 스스로의 힘으로 해낼 수 있다'라는	이러한 사람들은 '만약 네가 충분히 일하기만 하면, 너는 스스로의 힘으로 해낼 수 있다'라는 익숙한 문구로 체제상의 불공평을 정당화한다.	justify 정당화하다 systemic 조직[계통, 체계]의 inequity 불공평 familiar 익숙한 phrase 구절, (문)구 pull oneself up by one's bootstraps 자수성가하다, 남의 도움 없이 곤경을 벗어나다
3	② A branch of psychology / (called *system justification theory*) / describes / {how people tend (to see / social, economic, and political systems as good, fair, and legitimate)} / {if they have succeeded / (as a result of those systems)}. S p.p. S·C V { }: O〈간·의〉 〈의문사〉 S V ( ): O 〈형용사〉 O O·C 〈종·접〉 S V〈현재완료〉 〈전치사〉 O 심리학의 한 분야는 / '체제 정당화 이론'이라 불리는 / 설명한다 / 어떻게 그들이 여기는 경향이 있는지를 / 사회적, 경제적, 정치적 체제들을 좋고, 공정하며, 옳은 것으로 / 만약 사람들이 성공했다면 / 그러한 체제의 결과로	'체제 정당화 이론'이라 불리는 심리학의 한 분야는 만약 사람들이 그러한 체제의 결과로 성공했다면 어떻게 그들이 사회적, 경제적, 정치적 체제들을 좋고, 공정하며, 옳은 것으로 여기는 경향이 있는지를 설명한다.	branch 분야 psychology 심리, 심리학 system justification theory 체계(제) 정당화 이론 describe 설명하다 see O O·C(as) (5) ~을 …로 여기다 (수동태 시, be seen S·C(as)) political 정치적인 fair 공정한, 타당한, 공평한 legitimate 정당한, 옳은 succeed 성공하다
4 인용	③ {According to Erin Godfrey, / a professor (of applied psychology) / (at New York University)}, / "The people (who are at the top) / want to believe in meritocracy / {because it means / (that they deserve their successes)}." 〈전치사〉 O =〈동격〉 p.p. S〈선행사〉 〈주·관〉 V V O 〈종·접〉 S V ( ): O 〈종·접〉 S V O Erin Godfrey에 의하면 / 응용 심리학 교수인 / 뉴욕 대학교의 / 정상에 있는 사람들은 / 능력주의를 믿고 싶어 하는데 / 이는 의미하기 때문이다 / 그것이 그들이 스스로의 성공을 누릴 자격이 있다는 것을	뉴욕 대학교의 응용 심리학 교수인 Erin Godfrey에 의하면, "정상에 있는 사람들은 능력주의를 믿고 싶어 하는데, 이는 그것이 그들이 스스로의 성공을 누릴 자격이 있다는 것을 의미하기 때문이다."	according to ~에 따라 professor 교수 apply 적용하다, 응용하다 psychology 심리학 be at the top 일위를 차지하다 want O(to R) ~하기를 원하다 believe in ~을 믿다, 신뢰하다 meritocracy 능력주의 deserve ~받을 가치가 있다 success 성공
5	④ Indeed, / it is not surprising / {that there exists a general consensus / (across social class) / (about the definition and the results) / (of meritocracy)}. 〈가S〉 V S·C { }: 〈진S〉 〈종·접〉 V S 실제로 / 놀랍지 않다 / 보편적인 합의가 존재한다는 것은 / 사회 계층에 걸쳐 / 정의와 결과에 대해 / 능력주의의	(실제로, 능력주의의 정의와 결과에 대해 사회 계층에 걸쳐 보편적인 합의가 존재한다는 것은 놀랍지 않다.)	indeed 실제로 it is not surprising that S V ~라는 건 놀랍지도 않다 exist 존재하다 general 보편적인 consensus 합의 social class 사회 계층[계급] result 결과
6	⑤ Those / {who are (in an advantaged position) / (in society)} / are more likely / {to believe (the system is fair) / and see no reason / (to change it)}. S〈선행사〉 〈주·관〉 V p.p. V S·C ① ( ): O (종·접 that) S V S·C (to) ② O 사람들은 / 유리한 지위에 있는 / 사회에서 / 가능성이 더 높다 / 그 체제가 공정하다고 믿으며 / 이유가 없다고 여길 / 그것을 바꿀	사회에서 유리한 지위에 있는 사람들은 그 체제가 공정하다고 믿으며 그것을 바꿀 이유가 없다고 여길 가능성이 더 높다.	advantaged 혜택받은, 유리한 position 지위, 위치 society 사회 be more likely to R 좀 더 ~할 가능성이 많다 see ~라고 보다

35 다음 글에서 전체 흐름과 관계 없는 문장은? [60%]

정답 | ④

해설 | 글에서는 특정 체제에서 이득을 얻은 사람이 그 체제를 지지하고 합리화하는 경향이 있다고 설명하지만, (④)는 능력주의에 대한 보편적 합의에 관한 내용이므로 전체 흐름과 관계 없다.

문법

1 4 5 6 〈what vs. that〉

	관계대명사(불완전한 문장)	접속사(완전한 문장)
what	○ 선행사를 포함하고 있기 때문에 what 앞에 선행사 불필요	×
that	○ that 앞에 선행사 필요	○

1 4 6 〈주격 관계대명사 who절〉

	주격 관계대명사절		
선행사	주격 관계대명사	~~주어~~	복수동사
those	who		have benefited
The people	who		are
those	who		are

1 〈even vs. as〉

종속접속사	even though	+ 주어 + 동사	비록 ~일지라도	양보/대조
	even if			
	as though		마치 ~처럼	가정법
	as if			

1 5 〈There/Here is 도치구문〉

긍정문	**There** (Here)	is	단수 주어	~이 있다 (여기에 ~이 있다)
		are	**복수 주어**	
부정문	There (Here)	is no	단수 주어	~이 없다 (여기에 ~이 없다)
		are no	복수 주어	

유도부사 there/here와 함께 도치구문을 이루는 be동사(is/are/was/were) 대신에 완전 자동사 appear, come, **exist**, follow, live, stand 등을 사용할 수 있다.

2 〈hard / hardly〉

	형용사	부사
hard	어려운, 단단한	**열심히**
hardly	–	거의 ~하지 않는

2 〈enough 수식〉

전치 수식	enough	명사
후치 수식	명사	enough
	형용사/**부사**/동사	**enough**
		enough for (동)명사
		enough to 동사원형

2 〈대명사 vs. 재귀대명사〉

		주어와 다름	주어와 동일
주어	~	대명사	재귀대명사
you		you	**yourself**

2 〈이어동사〉

타동사	명사	부사	○
타동사	부사	명사	○
타동사	대명사	부사	○
타동사	부사	대명사	×
pull	up	yourself	×

3 〈주격 관계대명사 + be동사 생략〉: A branch of psychology + [(which/that) is called(과거분사)] : 과거분사가 앞에 있는 명사를 후치 수식하는 경우

3 〈간접의문문〉: 의문사가 있는 경우

	〈간접의문문〉: 타동사의 목적어 (완전한 문장)		
타동사	의문사	주어	동사
describes	how	people	tend

3 〈to부정사를 취하는 자동사〉: aim / appear / arrange / bother / consent / fight / hesitate / hurry / long / prepare / proceed / seem / serve / strive / struggle / **tend** / yearn / wait 등

4 〈동격〉: A(명사), B(명사)

동격 (B라는 A)		
명사(A)	,(콤마)	명사(B)
Erin Godfrey		a professor ~ University

4 〈according to / according as〉

~에 따르면	전치사구	**according to**	(동)명사
	종속접속사	according as	주어 + 동사

5 〈가주어, 진주어〉: it(가주어) ~ [that there exists ~ (진주어)]

6 〈목적격 종속접속사 that 생략〉: 타동사(believe) + [(that) + 주어(the system) + 동사(is)]

어법 & 연결어

Research has shown **[that / what]** individuals — **[especial / especially]** those who **[have / has]** benefited from a particular system — **[is / are]** prone to support and rationalize the **[statue / status]** quo, **[even if / as if]** there **[are / is]** clear problems. These people justify systemic inequity with familiar phrases **[like / alike]** "If you just work **[enough hard / hard enough]** you can pull **[you / yourself]** up by your bootstraps." A branch of psychology **[called / calling]** *system justification theory* describes **[how do people tend / how people tend]** **[to see / seeing]** social, **[economic / economical]**, and political systems as good, fair, and legitimate if they have succeeded as a result of those systems. According **[to / as]** Erin Godfrey, a professor of **[applying / applied]** psychology at New York University, "The people who **[is / are]** at the top want **[believing / to believe]** in meritocracy **[because / because of]** it means **[what / that]** they deserve their successes." (   ), it is not **[surprising / surprised]** **[that / what]** there **[exist / exists]** a general consensus across social class about the definition and the results of meritocracy. Those who **[is / are]** in an **[advantaged / advantaging]** position in society **[is / are]** more **[like / likely]** to believe **[that / what]** the system is fair and **[see / sees]** no reason to change **[it / them]**.

전국 2021학년도 4월 고3 36번

글의 순서

제목	개미를 통해 새로운 영역을 정복하는 물망초
주제	물망초는 개미의 배포 서비스를 통해 새로운 영역을 정복할 수 있게 된다.
논리	순서

	지문	해석	단어 & 숙어
1 TS	Forget-me-nots can conquer / new territory / (because they have an army of tiny allies: ants). 물망초는 정복할 수 있다 / 새로운 영역을 / 작은 동맹군인 개미를 가지고 있기 때문에	물망초는 작은 동맹군인 개미를 가지고 있기 때문에 새로운 영역을 정복할 수 있다.	forget-me-not 물망초 conquer 정복하다 territory 영토, 영역 army 군대, 무리, 집단 tiny 아주 작은[적은] ally 동맹[연합]
2	It's not / {that ants are (particularly) fond (of flowers)} / — (at least), / they are not attracted / (by their aesthetic qualities). 아니다 / 개미가 특별히 꽃을 좋아하는 것은 / 즉, 적어도 / 그것이 끌리지는 않는다 / 꽃의 미적 가치들에	개미가 특별히 꽃을 좋아하는 것은 아니다. 즉, 적어도 그것이 꽃의 미적 가치들에 끌리지는 않는다.	particularly 특히, 상세히 be fond of ~을 좋아하다 at least 적어도 attract 끌다, 매혹하다 aesthetic 미적인, 미학의 quality 가치
3	(A) This fat-and sugar-rich treat / is (like chips and chocolate) / (to an ant). 이 지방과 당분이 풍부한 간식은 / 감자칩과 초콜릿과 같다 / 개미에게는	(A) 이 지방과 당분이 풍부한 맛있는 것은 개미에게는 감자칩과 초콜릿과 같다.	sugar 당분 rich 풍부한 treat 간식 be like ~와 같다 chip 감자튀김
4	The tiny creatures / (quickly) carry the seeds back / (to their nest), / {where the colony is waiting / (eagerly) / (in the tunnels) / (for the calorie boost)}. 그 작은 생명체는 / 그 씨앗을 재빠르게 옮기는데 / 자신의 둥지로 / 그곳에서는 군집이 기다리고 있다 / 간절하게 / 굴 안에서 / 칼로리 상승을	그 작은 생명체는 그 씨앗을 자신의 둥지로 재빠르게 옮기는데 그곳에서는 군집이 굴 안에서 칼로리 상승을 간절하게 기다리고 있다.	creature 생물, 생명체 quickly 빨리, 빠르게 carry A to B A를 B로 옮기다, 나르다 seed 씨앗 nest (새의) 둥지 colony 공동체, 군생, 군집 boost 상승, 증대
5 순서2	The tasty treat is bitten off and / the seed (itself) is discarded. 그 맛있는 것은 뜯어 먹히고 / 씨앗 자체는 버려진다	그 맛있는 것은 뜯어 먹히고 씨앗 자체는 버려진다.	tasty 맛있는, 식욕을 돋우는 bite off 물어뜯다 discard 버리다, 처리하다
6 순서1	(B) Ants are motivated / (by their desire) / (to eat them), / and their interest is triggered / (when forget-me-nots form their seeds). 개미는 동기 부여가 된다 / 욕망에 의해 / 그것을 먹고 싶은 / 그리고 그것들의 관심은 촉발된다 / 물망초가 씨앗을 형성할 때	(B) 개미는 그것을 먹고 싶은 욕망에 의해 동기 부여가 되며, 그것의 관심은 물망초가 씨앗을 형성할 때 촉발된다.	motivate 자극[유발]하다, 동기를 주다 desire to R ~하려는 욕구 interest 관심, 흥미 trigger 촉발하다 form 형성하다
7	The seeds are designed / (to make an ant's mouth water), / [for (attached to the outside) is / a structure / (called an elaiosome), / {which looks (like a tiny bit of cake)}]. 그 씨앗은 고안된다 / 개미의 입에 침이 고이도록 / 왜냐하면 겉에 붙어 있기 때문이며 / 구조물이 / 엘라이오솜이라고 불리는 / 이것은 작은 케이크 조각처럼 보인다	그 씨앗은 개미의 입에 침이 고이도록 고안되었는데, 왜냐하면 엘라이오솜이라고 불리는 구조물이 겉에 붙어 있기 때문이며 이것은 작은 케이크 조각처럼 보인다.	design O O·C(to R) (5) ~가 …하도록 설계하다 (수동태 시, be designed S·C(to R)) make O O·C(R) (5) ~가 …하게 시키다 outside 바깥쪽, 외면, 겉 structure 구조물 elaiosome 유질체 (씨앗을 멀리 퍼뜨리는 역할을 한다.) a bit of cake 케이크 한 조각
8 순서3	(C) Along come / the trash collectors / (in the form of worker ants), / {which dispose of the seeds / (in the neighborhood)} / — {carrying them / (up to 200 feet away) / (from home base)}. 따라오고 / 쓰레기 수거꾼이 / 일개미로 된 / 그것이 그 씨앗을 버리는데 / 인근에 / 그것을 옮긴다 / 200피트까지 떨어진 곳으로 / 본 거지로부터	(C) 일개미로 된 쓰레기 수거꾼이 따라오고 그것이 그 씨앗을 인근에 버리는데, 본거지로부터 200피트까지 떨어진 곳으로 그것을 옮긴다.	a trash collector 쓰레기 수거인, 청소부 (a dustman, garbage collector) dispose of ~을 없애다 neighborhood 근처, 인근 up to ~까지 feet 피트 (길이 단위, 12인치 또는 약 30.48센티미터에 해당, 단수형은 foot) away from ~에서 떠나서 home base 본거지
9	Wild strawberries and other plants / (also) benefit / (from this distribution service): / ants / are nature's gardeners, / (as it were). 야생 딸기와 다른 식물들 / 역시 이득을 얻는다 / 이 배포 서비스로부터 / 즉, 개미는 / 자연의 정원사이다 / 말하자면	야생 딸기와 다른 식물들 역시 이 배포 서비스로부터 이득을 얻는다. 즉, 개미는 말하자면 자연의 정원사이다.	wild strawberry 산딸기 benefit from ~로부터 이익을 얻다 distribution 분배, 배포 gardener 정원사, 원예사 as it were 소위, 이른바, 말하자면

36 주어진 글 다음에 이어질 글의 순서로 가장 적절한 것을 고르시오. [3점] [65%]

① (A)-(C)-(B) ② (B)-(A)-(C)
③ (B)-(C)-(A) ④ (C)-(A)-(B)
⑤ (C)-(B)-(A)

정답 | ②

해설 | 2에서 개미는 꽃의 미적 가치에 끌리지 않는다고 했고, 6에서 먹고 싶은 욕망에 끌린다고 했으므로 주어진 글 다음에 (B)가 이어진다.
3에서 This fat- and sugar-rich treat은 7의 a structure called an elaiosome를 가리키므로 (B) 다음에 (A)가 이어진다.
5에서 씨앗이 버려진다고 했고, (C)에서 그 이후 과정을 설명하므로 (A) 다음에 (C)가 이어진다.

문법

2 〈what vs. that〉

	관계대명사 (불완전한 문장)	접속사 (완전한 문장)
what	○ 선행사를 포함하고 있기 때문에 what 앞에 선행사 불필요	×
that	○ that 앞에 선행사 필요	○

4 〈관계부사〉: 관계부사절은 완전한 문장이 나오고, 선행사와 관계부사는 서로 같이 사용할 수도 있고 둘 중 하나는 생략할 수도 있다.

용도	선행사	관계부사	전치사 + 관계대명사
시간	the time	when	in/at/on + which
장소	the place	**where**	in/at/on + which
이유	the reason	why	for which
방법	(the way)	how	in which
	the way how는 같이 사용 못함 the way, the way in which, the way that은 사용 가능 (how 대신에 사용되는 that은 관계부사 대용어라고 함)		

5 〈재귀대명사의 용법〉: itself

용법	생략 유무	쓰임
재귀적용법	생략 불가	주어/목적어 자신이 동작의 대상이 되는 경우
강조적용법	생략 가능	**주어**/목적어/보어와 동격이 되어 그 뜻을 강조하는 경우

7 〈5형식 불완전 타동사의 목적격 보어〉: 수동태 전환 시, 2형식 문장(be p.p. + to R)

주어	불완전 타동사	목적어	목적격 보어
–	advise / allow / ask / assume / beg / bring / cause / command / compel / condition / decide / **design** / drive / enable / encourage / expect / forbid / force / inspire / instruct / intend / invite / lead / like / motivate / nag / order / permit / persuade / predispose / pressure / proclaim / prod / program / provoke / push / require / teach / tell / train / trust / urge / want / warn / wish 등	–	to R

7 〈make 사역동사〉

make	목적어	목적격 보어	해석
사역동사	명사 / 명사 상당어구	**동사원형(R): 능동**	~가 …하도록 시키다
		과거분사(p.p): 수동	~가 …하게 당하다
make	an ~ mouth	~~watered~~	
		water	

7 8 〈보어/부사 문두 도치〉: 보어(형용사)/부사가 문장 맨 앞으로 나가면 주어와 동사의 위치는 서로 바뀐다

문두	동사	주어
attached (주격 보어)	is	a structure
Along (부사)	come	the trash collectors

7 〈주격 관계대명사 + be동사 생략〉

–	생략할 수 있음	
명사 (선행사)	(주격 관계대명사 + be동사)	현재분사(-ing) – 능동 (~하고 있는, ~하는)
		과거분사(p.p.) – 수동 (~되어진, ~당한)
		명사
		형용사(구) (~하는, ~할)
		부사
		전치사구
a structure	(which/that is)	called

7 8 〈주격 관계대명사절〉: 계속적 용법으로는 that 사용 불가함

		주격 관계대명사절		
선행사	콤마(,)	주관	~~주어~~	동사
an elaiosome	계속적 용법	which		looks
the trash collectors		which		dispose

8 〈carrying ~〉: 〈분사구문〉이 문미에 있는 경우 (능동) (= as they carry)

8 〈이어동사〉

타동사	명사	부사	○
타동사	부사	명사	○
타동사	대명사	부사	○
타동사	부사	대명사	×
carrying	up	them	×

9 〈as it were〉: 소위, 이른바, 말하자면 (= so to speak[say], what we call, what is known as, what is called, what people call, so called)

어법 & 연결어

Forget-me-nots can conquer new territory **[because / because of]** they have an army of tiny allies: ants. It's not **[what / that]** ants are particularly fond of flowers — at least, they are not **[attracting / attracted]** by their aesthetic qualities. Ants **[motivate / are motivated]** by their desire to eat **[it / them]**, and their interest **[triggers / is triggered]** when forget-me-nots form their seeds. The seeds **[design / are designed]** **[making / to make]** an ant's mouth water, for **[attached / attaching]** to the outside is a structure **[called / calling]** an elaiosome, which **[look / looks]** **[like / likely]** a tiny bit of cake. This fat-and sugar-rich treat is **[like / alike]** chips and chocolate to an ant. The tiny creatures quickly carry the seeds back to their nest, **[which / where]** the colony is waiting eagerly in the tunnels for the calorie boost. The tasty treat **[bites / is bitten]** off and the seed itself **[discards / is discarded]**. Along **[come / comes]** the trash collectors in the form of worker ants, which **[dispose / disposes]** of the seeds in the neighborhood — **[carrying up them / carrying them up]** to 200 feet away from home base. Wild strawberries and other plants also benefit from this distribution service: ants are nature's gardeners, as it were.

전국 2021학년도 4월 고3 37번	제목	날갯짓을 하지 않고 높이 머무르는 새
	주제	새는 상승 기류를 타고 날갯짓을 하지 않고 높이 머무르며 먼 거리를 이동할 수 있다.
글의 순서	논리	순서, 예시

	지문	해석	단어 & 숙어
1 TS	Birds use / many techniques / (to save energy) / (when they are flying), / {most of which are tricks / (to stay aloft) / (without flapping)}. S V O 〈종·접〉 S V〈현재진행〉 V S·C 〈부사〉 새들은 사용한다 / 많은 기술들을 / 에너지를 절약하기 위해 / 그것들이 날 때 / 그중 대부분은 요령이다 / 높이 머무르기 위한 / 날갯짓을 하지 않고	새들이 날 때 그것들은 에너지를 절약하기 위해 많은 기술들을 사용하는데, 그중 대부분은 날갯짓을 하지 않고 높이 머무르기 위한 요령이다.	technique 기술 save 절약하다, 아끼다 trick 비결, 요령 stay 머무르다 aloft 높이 without ~없이, ~하지 않고 flap (날개를) 퍼덕이다
2 순서3	(A) (When it reaches the top), / the bird bends its wings and / glides (in the direction) / (it wants to travel), / (searching for the next thermal). 〈종·접〉 S V O S V_1 O V_2 (관·부 where) S V O ( ): 〈분사구문〉 〈현재분사〉 그것이 최고점에 도달했을 때 / 그 새는 날개를 구부려서 / 방향으로 활공한다 / 자신이 이동하고 싶은 / 다음 상승 온난 기류를 탐색하며	(A) 그것이 최고점에 도달했을 때, 그 새는 날개를 구부려서 자신이 이동하고 싶은 방향으로 활공하며 다음 상승 온난 기류를 탐색한다.	reach the top 정상에 도착하다[도달하다] bend 굽히다, 구부리다 glide 미끄러지다, 활공하다 direction 방향 want O(to R) ~하기(를) 원하다 search for ~을 찾다 thermal 상승 온난 기류
3 예시	All soaring birds / take advantage of thermals, / but some species, / (like the Broad-winged Hawk), / are specialists / and (in the right conditions) / can travel / hundreds of miles / (with almost no flapping). 〈현재분사〉 S_1 V_1 O S_2 〈전치사〉 $V_2①$ S·C $V_2②$ O 모든 날아오르는 새들은 / 상승 온난 기류를 이용한다 / 하지만 몇몇 종들은 / 넓적날개말똥가리와 같은 / 전문가이다 / 그리고 적절한 조건에서는 / 이동할 수 있다 / 수백 마일을 / 거의 날갯짓을 하지 않고	모든 날아오르는 새들은 상승 온난 기류를 이용하지만, 넓적날개말똥가리와 같은 몇몇 종들은 전문가여서 적절한 조건에서는 거의 날갯짓을 하지 않고 수백 마일을 이동할 수 있다.	soar 급등하다 take advantage of ~을 활용[이용]하다 species (분류상의) 종(種) like (예를 들어) ~같은 broad 폭이 넓은, 널따란 (↔ narrow) hawk (조류) 매 specialist 전문가 right 적절한, 적당한 hundreds of 수백의
4	(B) {Riding updrafts / (to gain altitude)} / is one (of the most conspicuous). { }: S 〈동명사〉 O O V S·C 상승 기류를 타는 것이 / 고도를 확보하기 위해 / 가장 뚜렷한 요령 중 하나이다	(B) 고도를 확보하기 위해 상승 기류를 타는 것이 가장 뚜렷한 요령 중 하나이다.	updraft 상승 기류, 공기의 상승 gain 얻다, 확보하다 altitude 고도 one of + 복수명사 ~ 중에 하나 conspicuous 뚜렷한
5 순서1	Bare ground / (such as fields or parking lots) / absorbs more heat / (from the sun), / and {as air (near the ground) / warms up} / it rises. 〈형용사〉 S_1 V_1 O 〈종·접〉 S 〈전치사〉 V S_2 V_2 텅 빈 지면은 / 들판이나 주차장과 같은 / 더 많은 열을 흡수한다 / 태양으로부터 / 그리고 지면 근처의 공기가 / 따뜻해지면서 / 그것이 상승한다	들판이나 주차장과 같은 텅 빈 지면은 태양으로부터 더 많은 열을 흡수하고, 지면 근처의 공기가 따뜻해지면서 그것이 상승한다.	bare 벌거벗은, 맨- ground 땅, 토지 A such as B B와 같은 A field 들판 parking lot 주차장 absorb A from B B로부터 A를 흡수하다 warm up 데우다 rise 상승하다
6 순서2	(C) This creates / a column (of rising warm air) / — a thermal / — (reaching hundreds or even thousands of feet high). S V O 〈현재분사〉 〈현재분사〉 이는 형성한다 / 상승하는 따뜻한 공기 기둥 / 즉, '상승 온난 기류'를 / 이것은 수백 혹은 심지어 수천 피트의 높이에 이른다	(C) 이는 상승하는 따뜻한 공기 기둥 즉, '상승 온난 기류'를 형성하며 이것은 수백 혹은 심지어 수천 피트의 높이에 이른다.	create 만들어 내다, 형성하다 column 기둥 thousands of 수천의; 무수한, 많은
7	A soaring bird / can sense the air movement / and fly (in circles) / (to stay in the column). 〈현재분사〉 S V_1 O V_2 날아오르는 새는 / 이 공기 움직임을 감지할 수 있고 / 원을 그리며 날 수 있다 / 그 기둥에 머무르기 위해	날아오르는 새는 이 공기 움직임을 감지할 수 있고 그 기둥에 머무르기 위해 원을 그리며 날 수 있다.	sense 감지하다 movement 움직임 fly in a circle 원을 그리며 날다
8	It (simply) fans / its wings and tail / and lets the rising air carry it up / (like an elevator). S 〈부사〉 V_1 O V_2 〈현재분사〉 O O·C 〈전치사〉 그것은 단순히 펴서 / 그것의 날개와 꼬리를 / 상승하는 공기가 자신을 들어 올려주도록 한다 / 엘리베이터처럼	그것은 단순히 그 날개와 꼬리를 펴서 상승하는 공기가 엘리베이터처럼 자신을 들어 올려 주도록 한다.	fan (부채꼴로) 펼치다, 펴다 wing 날개 tail 꼬리 let O O·C(R) (5) ~가 …하도록 허용하다 carry A up A를 들어 올리다

37 주어진 글 다음에 이어질 글의 순서로 가장 적절한 것을 고르시오. [58%]

① (A)-(C)-(B) ② (B)-(A)-(C)
③ (B)-(C)-(A) ④ (C)-(A)-(B)
⑤ (C)-(B)-(A)

정답 | ③

해설 | [4]에서 상승 기류를 타는 것은 [1]의 내용을 보충 설명하는 것이므로 주어진 글 다음에 (B)가 이어진다.
[6]에서 This는 [5]의 내용을 가리키고 이에 관해 설명하므로 (B) 다음에 (C)가 이어진다.
[8]에서 새가 상승하는 공기를 타고, [2]에서 최고점에 도달한 후 상황을 설명하므로 (C) 다음에 (A)가 이어진다.

문법

[1] **〈수량형용사 + 관계대명사〉** : 관계대명사 자리에 대명사 사용 불가 [**and** most of **them**(=techniques) are → most of **which** are]

수량형용사	관계대명사
none of, neither of, any of, either of, some of, many of, **most of**, much of, few of, half of, each of, one of, two of, all of, several of, a number of, both of	whom(사람) **which(사물)** whose(소유)

[2] **〈관계부사〉** : 관계부사절은 완전한 문장이 나오고, 선행사와 관계부사는 서로 같이 사용할 수도 있고 둘 중 하나는 생략할 수도 있다. [the direction(선행사) + (where/that/in which)]

용도	선행사	관계부사	전치사 + 관계대명사
시간	the time	when	in/at/on + which
장소	the place	**where**	in/at/on + which
이유	the reason	why	for which
방법	(the way)	how	in which
	the way how는 같이 사용 못함 the way, the way in which, the way that은 사용 가능 (that은 관계부사 대신 사용가능하고 이를 관계부사 대용어라고 함)		

[2] **〈searching ~〉** : 〈분사구문〉이 문미에 있는 경우 (능동) (= as it searches[is searching] for)

[3] **〈혼동하기 쉬운 단어〉**

	명사	형용사	부사	동사
board	널빤지, 칠판	–	–	탑승하다
broad	(손, 발 등) 넓은 부분, 손바닥	**넓은**, 광대한	충분히, 완전히	–

[3] [4] **〈혼동 어휘〉**

	대명사	형용사	부사
most	대부분의 것들[사람들]	대부분의	**가장**
almost	–	–	**거의**
mostly	–	–	주로, 일반적으로

[3] **〈단/복수 동일 명사〉** : series 시리즈 / fish 물고기 / means 수단 / salmon 연어 / corps 군단 / trout 송어 / **species 종** / shrimp 새우 / sheep 양 / percent 퍼센트 / deer 사슴 / won 원 / buffalo 물소 / dice 주사위

[4] **〈주어와 동사의 수의 일치〉** : [Riding ~ (동명사구 주어)] + is(단수동사)

[4] **〈접미사 -tude〉** : 주로 라틴계의 형용사 · 동사의 과거분사와 결합하여, [성질 · 상태] 따위를 나타내는 추상명사를 만듦.

단어	뜻	단어	뜻
attitude	태도, 몸가짐, 자세	longitude	경도
altitude	**고도**, 높이 (= height)	gratitude	감사, 고마움
aptitude	재능, 소질, 성향, 적성	magnitude	중요성, 크기
latitude	위도, 허용 범위(폭)	solitude	고독

[4] **〈one of the + 최상급(conspicuous)〉** : 가장 ~한 하나

[5] [6] [8] **〈rise / raise / arise〉**

원형	과거	과거분사	현재분사	뜻
rise	rose	risen	**rising**	vi. 오르다, 일어나다
raise	raised	raised	raising	vt. 올리다, 기르다
arise	arose	arisen	arising	vi. 발생하다, 기인하다

[6] **〈reaching〉** : 〈현재분사(능동)〉가 명사 a column을 후치 수식하는 경우

[6] **〈high / highly〉**

high	**형용사**	높은
	부사	높게
	명사	높은 곳
highly	부사	매우 (= very)

[8] **〈사역동사〉** : 목적어와 목적격 보어의 관계가 능동일 경우

주어	사역동사	목적어	목적격 보어
	have		**동사원형(R)**
	let		
	make		

[8] **〈이어동사〉**

타동사	명사	부사	○
타동사	부사	명사	○
타동사	대명사	부사	**○**
타동사	부사	대명사	×
carry	up	it	×

어법 & 연결어

Birds use many techniques to save energy **[which / when]** they are flying, most of which **[is / are]** tricks to stay aloft without flapping. Riding updrafts to gain **[altitude / aptitude]** is one of the **[most / almost]** conspicuous. Bare ground such as fields or parking lots absorbs more heat from the sun, and as air **[near / nearly]** the ground warms up it **[rises / raises]**. This creates a column of **[arising / rising]** warm air — a thermal — reaching hundreds or even thousands of feet **[high / highly]**. A **[soared / soaring]** bird can sense the air movement and fly in circles to stay in the column. It simply fans **[its / their]** wings and tail and lets the **[rising / raising]** air **[carry / to carry]** **[it / them]** up **[like / alike]** an elevator. When it reaches the top, the bird bends its wings and glides in the direction it wants to travel, **[searched / searching]** for the next thermal. All soaring birds take advantage of thermals, but some species, **[like / alike]** the Broad-winged Hawk, **[is / are]** specialists and in the right conditions can travel hundreds of miles with **[most / almost]** no flapping.

전국 2021학년도 4월 고3 38번		
문장 삽입	제목	공유물로 여겨진 고전 시대의 음악 자료
	주제	고전 시대에는 많은 음악 자료가 공유물로 여겨졌다.
	논리	비교 · 대조, 예시

	지문	해석	단어 & 숙어
1	(Under such circumstances), / {recycling (previously) composed music} / was the only way / (to make it more durable). { }: S, 〈동명사〉, 〈부사〉, p.p., O, V, S·C, O, O·C 그러한 상황에서는 / 전에 작곡된 음악을 다시 이용하는 것이 / 유일한 방법이었다 / 그것을 더 오래가게 하는	그러한 상황에서는 이전에 작곡된 음악을 다시 이용하는 것이 그것을 더 오래가게 하는 유일한 방법이었다.	circumstance 상황 recycling 재사용 previously 전에 compose 작곡하다 make O O·C(형용사/명사) ~가 …한 상태로 만들다 durable 오래가는
2 TS	(In the classical period of European music), / much musical material / was (*de facto*) considered / common property. S, V〈수동태〉, S·C 유럽 음악의 고전 시대에는 / 많은 음악 자료가 / 사실상 여겨졌다 / 공유물이라고	유럽 음악의 고전 시대에는 많은 음악 자료가 사실상 공유물이라고 여겨졌다.	classical period 고전주의 시대 material 자료 de facto 사실상 consider O O·C(to be) (5) ~을 …로 여기다 (수동태 시, be considered S·C(to be)) property 재산, 소유물
3 예시	(①) {When Antonio Vivaldi presented / (in Venice) / his opera Rosmira fedele}, / the score was (actually) a pastiche / {in which, (among his own ideas), / musicologists (later) identified ideas / (by George Frederic Handel, Giovanni Battista Pergolesi and Johann Adolph Hasse), / (among others)}. 〈종·접〉, S, V, O, S, V, 〈부사〉, S·C, 〈전치사 + 관·대〉, 〈전치사〉, S, 〈부사〉, V, O, 〈전치사〉 Antonio Vivaldi가 공연했을 때 / 베네치아에서 / 그의 오페라인 'Rosmira fedele'를 / 그 악보가 실제로는 혼성곡이었다 / 그 자신의 악상들 사이에서 / 음악학 연구가들이 나중에 확인했던 / George Frederic Handel, Giovanni Battista Pergolesi, Johann Adolph Hasse의 악상들이라고 / 다른 음악가들 중	Antonio Vivaldi가 베네치아에서 그의 오페라인 'Rosmira fedele'를 공연했을 때, 그 악보가 실제로는 그 자신의 악상들 사이에서 음악학 연구가들이 나중에 다른 음악가들 중 George Frederic Handel, Giovanni Battista Pergolesi, Johann Adolph Hasse의 악상들이라고 확인했던 혼성곡이었다.	score 악보 present 공연하다 actually 실제로는, 사실은 pastiche 혼성곡(混成曲) among ~ 중[사이]에서 idea 악상 musicologist 음악학자 later 나중에 identify 확인하다
4	(②) [As far as {recycling (of segments of music) / (initially) (written for other occasions) / (into new pieces)} / is concerned], / it needs / [to be observed / {how (today) composers are discouraged / (from doing so) / (for a number of reasons)}]. 〈종·접〉, { }: S, 〈동명사〉, 〈선행사〉, 〈부사〉, p.p., V〈수동태〉, S, V, 〈to부정사의 수동〉, 〈의문사〉, S, V〈수동태〉, 〈동명사〉, { }: O〈간·의〉 [ ]: O 음악의 부분을 다시 이용하는 것에 / 처음에 쓰인 다른 행사들을 위해 / 새로운 작품으로 / 관련하여 / 필요가 있다 / 주목될 / 어떻게 오늘날 작곡가들이 저지되는지 / 그렇게 하는 것이 / 많은 이유들로 인해	다른 행사들을 위해 처음에 쓰인 음악의 부분을 새로운 작품으로 다시 이용하는 것에 관한 한, 어떻게 오늘날 작곡가들이 그렇게 하는 것이 많은 이유들로 인해 저지되는지 주목될 필요가 있다.	as far as A be concerned A에 관한 한 segment 부분 initially 처음에, 초기에 need O(to R) ~을 할 필요가 있다 observe 보다, 주시하다 composer 작곡가 discourage A from -ing A가 ~하지 못하게 낙담시키다 (수동태 시, A be discouraged from -ing)
5	(③) A practical one is / {that each new piece is sure (to remain available), / (in score) or (as an audio file)}. S, V, 〈종·접〉, S, V, S·C, S·C, { }: S·C 한 가지 실질적인 이유는 ~이다 / 각각의 새로운 작품이 확실히 이용 가능한 채 남아 있다는 것이다 / 악보나 오디오 파일로	한 가지 실질적인 이유는 각각의 새로운 작품이 악보나 오디오 파일로 확실히 이용 가능한 채 남아 있다는 것이다.	practical 실제의, 실질적인 be sure to R 반드시 ~하다 remain 남아있다, 남다 available 이용할 수 있는
6	(④) (In the 18th century), / on the contrary, / {once the particular occasion / (for performing a new piece) / was over}, / it became almost impossible / (to ever hear it again). 〈종·접〉, S, 〈동명사〉, O, V, 〈가S〉, V, S·C, ( ): 〈진S〉 18세기에는 / 대조적으로 / 일단 특정 행사가 / 하나의 새로운 작품을 공연하기 위한 / 끝나면 / 거의 불가능해졌다 / 그것을 다시금 듣는 것이	대조적으로, 18세기에는 일단 하나의 새로운 작품을 공연하기 위한 특정 행사가 끝나면 그것을 다시금 듣는 것이 거의 불가능해졌다.	on the contrary 그와는 반대로 once 한 번[일단] ~하면 particular 특정한 occasion 행사 perform 공연[연주]하다 be over 끝나다 impossible 불가능한 again 다시, 한 번 더
7	(⑤) And / {if new pieces (also) contained / ideas / (from other composers)}, / that would re-enforce / European musical traditions / {by increasing / the circulation / (of melodies and harmonic patterns) / (people loved to hear)}. 〈종·접〉, S, V, O, S, V, O, 〈동명사〉, O, 〈선행사〉, (목·관 that), S, V, O 그리고 / 만약 새로운 작품들이 또한 포함했다면 / 악상들을 / 다른 작곡가들의 / 그것이 강화했을 것이다 / 유럽 음악의 전통들을 / 증가시킴으로써 / 순환을 / 선율과 화음 패턴의 / 사람들이 듣고 싶어 했던	그리고 만약 새로운 작품들이 또한 다른 작곡가들의 악상들을 포함했다면, 그것이 사람들이 듣고 싶어 했던 선율과 화음 패턴의 순환을 증가시킴으로써 유럽 음악의 전통들을 강화했을 것이다.	contain 포함[함유]하다 re-enforce 강화[보강]하다 (= reinforce) tradition 전통 by + -ing ~함으로써 increase 증가하다[시키다] circulation 순환 melody 선율, 멜로디 harmonic 화음의 love O(to R) ~하는 것을 좋아하다

38 글의 흐름으로 보아, 주어진 문장이 들어가기에 가장 적절한 곳을 고르시오. [26%]

정답 | ⑤

해설 | 주어진 문장에서 such circumstances가 **6**의 내용을 가리키므로 (⑤)에 들어가는 것이 가장 적절하다.

문법

1 **〈동명사 주어〉** : [recycling ~ (동명사구 주어)] + was(단수동사)

1 **〈make 상태동사〉** : 수동태 시, be made + 주격 보어(형용사/명사)

make	목적어	목적격 보어	해석
상태동사	명사 / 명사 상당어구	**형용사**	~가 …한 상태로 만들다
		명사	

2 **〈consider 동사의 쓰임〉** : 5형식인 경우 (~을 …라고 생각하다) / 수동태 시, be considered + 주격 보어[(to be) 보어]

consider	목적어	목적격 보어
		as + 보어
		(to be) 보어

3 **〈전치사 + 관계대명사 vs. 관계대명사〉** : **in which = where**

관계부사와 같기 때문에 뒤 문장이 완전한 문장이 나온다. 전치사는 맨 뒤로 보낼 수 있는데 이때 전치사의 목적어가 없기 때문에 관계대명사절은 불완전하다.

선행사	**전치사 + 관계대명사** = 관계부사	주어	동사			완전한 문장
	관계대명사	주어	동사	전치사	~~목적어~~	불완전한 문장

3 **〈between vs. among〉**

전치사	between	~ 사이에	둘 사이	혼용
	among		셋 이상	

3 **〈불규칙적으로 변화하는 중요 형용사와 부사〉**

원급	비교급	뜻	최상급	뜻	의미
late	**later**	나중의, **나중에**	latest	최근의	시간
	latter	후자의	last	최후의	순서

4 **〈주격 관계대명사 + be동사 생략〉** : music + [(which/that is) written(과거분사)] : 과거분사가 앞에 있는 명사를 후치 수식하는 경우

4 **6** **〈가주어, 진주어 구문〉**

가주어	동사	진주어
It (this, that, there 사용 불가)	–	that + 주어 + 동사 (완전한 절)
		to 동사원형
		동명사
		의문사 + 주어 + 동사 (간접의문문)
		if/whether + 주어 + 동사
it	needs	how(의문사) composers are ~
it	became	to hear

4 **〈to R의 태와 시제〉** : to be observed

태	능동태	to R
	수동태	**to be p.p.**
시제	단순시제 : 본동사 시제와 동일	to R
	완료시제 : 본동사 시제보다 한 시제 앞선 시제	to have p.p.
	완료수동	to have been p.p.

4 **〈need 동사의 용법〉**

need	**목적어 (to 동사원형)**		주어가 (~할) 필요가 있다	3형식
	목적어	목적격 보어 (to 동사원형)	주어는 목적어가 ~해 줄 필요가 있다	5형식

5 **7** **〈what vs. that〉**

	관계대명사 (불완전한 문장)	접속사 (완전한 문장)
what	○ 선행사를 포함하고 있기 때문에 what 앞에 선행사 불필요	×
that	**○** that 앞에 선행사 필요	**○**

5 **〈주어와 동사의 수의 일치〉** : **each**/every/any + 단수명사 + 단수동사

5 **〈remain 동사 쓰임〉**

remain	주격 보어	2형식
	형용사	(~의 상태로) 여전히 있다; 변함없이 (~의 상태)이다
	현재분사	
	과거분사	

6 **〈분리부정사〉** : to ever hear

부정사	원형부정사	동사원형		
	to부정사	to	동사원형	
	분리부정사	**to**	**부사**	**동사원형**
			~~형용사~~	

7 **〈목적격 관계대명사 that 생략〉** : to부정사의 목적어가 없는 경우 / 선행사를 포함하고 있는 관계대명사 what 사용 불가

	목적격 관계대명사절				
선행사	목적격 관계대명사	주어	동사	목적어	~~목적어~~
~ patterns	(that) 생략 가능	people	loved	to hear	

어법 & 연결어

In the classical period of European music, much musical material was *de facto* **[considering / considered]** common property. When Antonio Vivaldi presented in Venice his opera Rosmira fedele, the score was **[actual / actually]** a pastiche **[which / in which]**, among his own ideas, musicologists **[later / latter]** identified ideas by George Frederic Handel, Giovanni Battista Pergolesi and Johann Adolph Hasse, among others. As far as recycling of segments of music initially **[written / writting]** for other occasions into new pieces **[concerns / is concerned]**, it needs **[to observe / to be observed]** how today composers **[discourage / are discouraged]** from doing so for a number of reasons. A practical one is **[what / that]** each new piece is sure to remain **[available / availably]**, in score or as an audio file. In the 18th century, (   ), once the particular occasion for **[performance / performing]** a new piece was over, it became **[most / almost]** **[impossible / impossibly]** to ever hear **[it / them]** again. Under such circumstances, **[recycle / recycling]** **[previous / previously]** **[composed / composing]** music was the only way to make **[it / them]** more **[durable / durably]**. (   ) if new pieces also contained ideas from other composers, that would re-enforce European musical traditions by increasing the circulation of melodies and harmonic patterns people loved to hear.

전국 2021학년도 4월 고3 39번	제목	수학에서의 캄브리아 폭발인 미적법
문장 삽입	주제	미적법 이후 다양한 수학 분야들이 진화하기 시작했다.
	논리	비유

	지문	해석	단어 & 숙어
1	(In this analogy), / the microbes (of mathematics) / are the earliest topics: / numbers, shapes, and word problems. S V S·C 이 비유에서 / 수학에서의 미생물들은 / 가장 초기의 주제들인 / 수, 형태, 문장제이다	이 비유에서, 수학에서의 미생물들은 가장 초기의 주제들인 수, 형태, 문장제이다.	analogy 유사(점), 비유 microbe 미생물 mathematics 수학 earliest 가장 초기의 topic 주제, 화제 word problem 문장제
2	The era (of unicellular life) / lasted / (for about three and half billion years), / (dominating most of the Earth's history). ( ): 〈분사구문〉 S V 〈현재분사〉 O 단세포 생물의 시대는 / 지속되었으며 / 약 35억 년간 / 지구 역사의 대부분을 지배했다	단세포 생물의 시대는 약 35억 년간 지속되었으며 지구 역사의 대부분을 지배했다.	era 시대 unicellular 단세포의 last 지속[존속]하다 billion 10억 dominate 지배하다
3	But / (around half a billion years ago), / (during the Cambrian explosion), / a diversity (of multicellular life) / (including major animal groups) / emerged (in short period). 〈전치사〉 S 〈현재분사〉 V 그러나 / 약 5억 년 전 / 캄브리아 폭발동안 / 다양한 다세포 생물이 / 주요 동물군을 포함한 / 짧은 기간에 나타났다	그러나 약 5억 년 전 캄브리아 폭발 동안 짧은 기간에 주요 동물군을 포함한 다양한 다세포 생물이 나타났다.	ago ~전에 during ~ 동안[중]에 explosion 폭발, 폭발적 증가 diversity 다양(성) multicellular 다세포의 include 포함하다 major 주요한, 중대한 emerge 나타나다, 생겨나다 short 짧은 period 기간, 시기
4 TS 비유	Similarly, / calculus / was the Cambrian explosion / (for mathematics). 〈부사〉 S V S·C 유사하게 / 미적법은 / 캄브리아 폭발이었다 / 수학에 있어	유사하게, 미적법은 수학에 있어 캄브리아 폭발이었다.	similarly 비슷하게, 유사하게 calculus 미적법
5	(①) (Once it arrived), / an amazing diversity / (of mathematical fields) began to evolve. 〈종·접〉 S V 〈현재분사〉 S V O 일단 그것이 도착하자 / 놀랍도록 다양한 / 수학 분야들이 진화하기 시작했다	일단 그것이 도래하자 놀랍도록 다양한 수학 분야들이 진화하기 시작했다.	once 일단 ~하자 arrive 도착하다, 도래하다 field 분야 begin O(to R) ~하기 시작하다 evolve 진화하다
6	(②) Their lineage is visible / (in their calculus-based names), / (in adjectives) / (like differential and integral and analytic), / (as (it is) in differential geometry, integral equations, and analytic number theory). S V S·C p.p. 〈전치사〉 〈종·접〉 그것들의 계보는 보여질 수 있다 / 미적법을 바탕으로 한 그것들의 이름인 / 형용사에서 / '미분의', '적분의', '해석적'과 같은 / 미분기하학, 적분방정식, 해석적 정수론에서처럼	그것들의 계보는 미적법을 바탕으로 한 그것들의 이름인 미분기하학, 적분방정식, 해석적 정수론에서처럼 '미분의', '적분의', '해석적'과 같은 형용사에서 보여질 수 있다.	lineage 계보 visible 눈에 보이는, 볼 수 있는 adjective 형용사 differential 미분의 integral 적분의 analytic 해석적인 as in ~의 경우(에서)와 같이 geometry 기하학 equation 방정식, 등식 number theory 정수론
7 비유	(③) These advanced branches of mathematics / are {like the many branches and species / (of multicellular life)}. p.p. S V 〈전치사〉 O_1 O_2 이러한 수학의 진보한 계통들은 / 많은 계통들 및 종들과 같다 / 다세포 생물의	이러한 수학의 진보한 계통들은 다세포 생물의 많은 계통들 및 종들과 같다.	advanced 발달한, 진보된, 고급의 branch 계보, 가지 species 종(種)
8	(④) (Like unicellular organisms), / they dominated / the mathematical scene / (for most of its history). 〈전치사〉 O S V O 단세포 생물처럼 / 그것들은 지배했다 / 수학의 장을 / 그 역사의 대부분 동안	단세포 생물처럼 그것들은 그 역사의 대부분 동안 수학의 장을 지배했다.	like ~처럼, ~와 같이 organism 유기체, 생물, 생명체 dominate 지배하다 scene 현장, 장
9	(⑤) But / (after the Cambrian explosion) / (of calculus) / (three hundred and fifty years ago), / new mathematical life forms / began to flourish, / and they altered / the landscape / (around them). 〈전치사〉 S_1 V_1 O S_2 V_2 O 그러나 / 캄브리아 폭발 후 / 미적법의 / 그러나 350년 전 / 새로운 수학의 생명 형태들이 / 번성하기 시작했고 / 그것들은 바꾸었다 / 경관을 / 그 주변의	그러나 350년 전 미적법의 캄브리아 폭발 후 새로운 수학의 생명 형태들이 번성하기 시작했고, 그것들은 그 주변의 경관을 바꾸었다.	explosion 폭발, 폭파 form 형태 flourish 번성[번창]하다 alter 바꾸다, 변경하다, 고치다 landscape 풍경, 경관 around ~둘레에, 주위에

39 글의 흐름으로 보아, 주어진 문장이 들어가기에 가장 적절한 곳을 고르시오. [3점] [29%]

정답 | ④

해설 | 7에서 수학의 진보한 계통을 다세포 생물에 비유했고, 이를 주어진 문장에서 this analogy로 가리키며 수학에서의 미생물들을 설명하고 있고, 이는 8에서 they로 이어지므로 주어진 문장은 (④)에 들어가는 것이 가장 적절하다.

문법

2 〈dominating〉: 〈분사구문〉이 문미에 있는 경우 (능동)

2 8 〈혼동 어휘〉

	대명사	형용사	부사
most	**대부분의 것들**[사람들]	대부분의	가장
almost	–	–	거의
mostly	–	–	주로, 일반적으로

3 〈관사의 위치〉

so / how / too / as	형용사	(a/an)	명사
such / what / many / quite / rather / **half**	(a/an)	형용사	명사

3 시간 (~ 동안)

전치사	**during**	+ 명사 / 명사 상당어구
종속접속사	while	+ 주어 + 동사

3 〈including 용법〉

including	**현재분사 (형용사)**	~을 포함하는	명사를 뒤에서 후치 수식함
	분사구문 (부사)	~을 포함하여	부대상황
	전치사	~을 포함하여	형용사구, 부사구
			유사 표현 : regarding, concerning, considering

3 〈short / shortly〉

	형용사	부사
short	**짧은**, 부족한	짧게
shortly	–	즉시

5 9 〈3형식에서 목적어 자리에 to부정사/동명사 둘 다 사용 가능〉

주어	완전 타동사	목적어
–	**begin(~을 시작하다)** / cease(~을 중단하다) / continue(~을 계속하다) / dislike(~을 싫어하다) / hate(~을 싫어하다) / like(~을 좋아하다) / love(~을 사랑하다) / neglect(~하는 것을 소홀히 하다) / prefer(~쪽을 좋아하다) / start(~을 시작하다)	**to R** / -ing (의미 차이 없음)

6 7 8 〈likely / alike / like〉

likely	형용사	~일 것 같은 (be likely to 동사원형 : ~일 것 같다)
	부사	아마 (= probably)
alike	서술적 형용사 (보어로만 사용, 명사 수식 불가)	동일한
	부사	똑같이
like	**전치사**	**~처럼**
	종속접속사	~처럼
	동사	좋아하다

6 〈생략〉: as (it is) in differential geometry, integral equations, and analytic number theory. (it = Their lineage)

어법 & 연결어

The era of unicellular life lasted for about three and half billion years, **[dominating / dominated] [most / almost]** of the Earth's history. (   ) around half a billion years ago, **[while / during]** the Cambrian explosion, a diversity of multicellular life including major animal groups **[emerged / were emerged]** in **[short / shortly]** period. (   ), calculus was the Cambrian explosion for mathematics. Once it arrived, an **[amazing / amazed]** diversity of mathematical fields began to evolve. Their lineage is visible in their calculus-based names, in adjectives **[like / alike]** differential and integral and analytic, as in differential geometry, integral equations, and analytic number theory. These **[advanced / advancing]** branches of mathematics are **[like / alike]** the many branches and species of multicellular life. In this analogy, the microbes of mathematics are the earliest topics: numbers, shapes, and word problems. **[Like / Alike]** unicellular organisms, they dominated the mathematical scene for **[most / almost]** of its history. (   ) after the Cambrian explosion of calculus three hundred and fifty years ago, new mathematical life forms began to flourish, and they altered the landscape around **[it / them]**.

전국 2021학년도 4월 고3 40번		
문단 요약	제목	모든 절차를 모방하는 유아
	주제	유아는 침팬지와 달리 각 단계의 관련성을 의심하지 않고, 모든 절차를 모방한다.
	논리	비교 · 대조, 실험

	지문	해석	단어 & 숙어
1	There is a key difference / {between (how humans) and (other intelligent animals learn)}. ⟨between A and B⟩ (learn) V S ⟨의문사⟩ S_1 ( ): O_1⟨간·의⟩ S_2 V ( ): O_2⟨간·의⟩ 중요한 차이가 있다 / 인간과 다른 지능이 있는 동물들이 학습하는 방법 사이에	인간과 다른 지능이 있는 동물들이 학습하는 방법 사이에 중요한 차이가 있다.	a difference between A and B A와 B 사이의 차이 intelligent 총명한, 똑똑한, 지능이 있는 learn 배우다, 학습하다
2 실험	{In a very telling experiment / (done by evolutionary psychologist Mike Tomasello) / (at the Max Planck Institute) / (in Germany)}, / a puzzle box / (containing a treat) / is given (to a human toddler and a chimpanzee). ⟨현재분사⟩ (which is) p.p. S ⟨현재분사⟩ O V⟨수동태⟩ 이를 매우 잘 보여 주는 한 실험에서 / 진화 심리학자인 Mike Tomasello에 의해 행해진 / Max Planck Institute의 / 독일 / 퍼즐 상자가 / 먹을 것을 담은 / 유아와 침팬지에게 주어진다	독일 Max Planck Institute의 진화 심리학자인 Mike Tomasello에 의해 행해진 이를 매우 잘 보여 주는 한 실험에서 먹을 것을 담은 퍼즐 상자가 유아와 침팬지에게 주어진다.	telling 잘 보여 주는 experiment 실험, 시험 evolutionary 진화의 psychologist 심리학자 institute 연구소, 기관, 협회 contain 포함하다 treat 간식 (= snack) toddler 유아
3	Neither is able to get the treat out. S V O 둘 다 그 먹을 것을 꺼낼 수 없다	둘 다 그 먹을 것을 꺼낼 수 없다.	be able to R ~할 수 있다 get A out A를 꺼내다
4	He / (then) demonstrates a multistep process / (of pulling and pushing pegs) / {that (eventually) releases the treat}. S V O ⟨동명사⟩ ⟨동명사⟩ O⟨선행사⟩ ⟨주·관⟩ ⟨부사⟩ V O 그가 / 그러고 나서 다단계 과정을 보여 준다 / 나무못을 당기고 미는 / 먹을 것을 결국 내보내는	그가 그러고 나서 먹을 것을 결국 내 보내는 나무못을 당기고 미는 다단계 과정을 보여 준다.	demonstrate 보여 주다 multistep 다단계 process 과정 push 밀다 peg 나무못 release 풀어주다, 방출하다
5	(Among the motions), / he includes / an (obviously) nonsensical step / — {patting his head / (three times) / (before the last step)}. ⟨전치사⟩ S V ⟨부사⟩ ⟨형용사⟩ O = ⟨동격⟩ ⟨동명사⟩ O ⟨전치사⟩ O 그 동작들 중에 / 그는 포함시킨다 / 확실히 무의미한 단계를 / 머리를 가볍게 두드리는 것을 / 세 번 / 마지막 단계 전	그 동작들 중에 그는 확실히 무의미한 단계, 즉 마지막 단계 전 자신의 머리를 세 번 가볍게 두드리는 것을 포함시킨다.	motion 동작, 움직임 include 포함하다, ~을[에] 포함시키다 obviously 확실히 nonsensical 무의미한 pat 토닥거리다[쓰다듬다]
6	(Both the toddler and the chimp) / are able to copy his actions / and get the treat, / but / only the toddler includes / the head-patting step. ⟨both A and B⟩ $S_1$① $S_1$② $V_1$① O $V_1$② O S_2 V_2 O 유아와 침팬지 둘 다 / 그의 행동들을 모방하고 / 먹을 것을 얻을 수 있다 / 그러나 / 오직 유아만이 포함시킨다 / 머리를 가볍게 두드리는 단계를	유아와 침팬지 둘 다 그의 행동들을 모방하고 먹을 것을 얻을 수 있지만 오직 유아만이 머리를 가볍게 두드리는 단계를 포함시킨다.	both A and B A와 B 둘 다 copy 모방하다, 베끼다 action 행동 only 오직, ~만
7	The chimp, / [seeing {this is not relevant / (to getting the treat)}], / omits it / (from the routine). S ⟨현재분사⟩ (종·접 that) S V S·C ⟨전치사⟩ ⟨동명사⟩ O V O { }:O [ ]:⟨분사구문⟩ 침팬지는 / 이것이 관계없다는 것을 알고 / 먹을 것을 얻는 것과 / 그것을 생략한다 / 절차에서	침팬지는 이것이 먹을 것을 얻는 것과 관계없다는 것을 알고 그것을 절차에서 생략한다.	relevant to + (동)명사 ~에 관련된 omit 생략하다 routine 습관적 동작, 반복 행동
8	The human, / however, / (unquestioningly) copies / all the steps. S ⟨부사⟩ V O 인간은 / 하지만 / 의문을 품지 않고 모방한다 / 모든 단계들을	하지만 인간은 의문을 품지 않고 모든 단계들을 모방한다.	unquestioningly 의문을 품지 않고, 망설임 없이, 무조건적으로
9	The toddler / trusts the human / (teaching her) / to have a reason / (for each step) / (in this situation), / and so she overcopies. S_1 V_1 O (who is) ⟨현재분사⟩ O O·C S_2 V_2 유아는 / 인간을 믿으며 / 자신을 가르치는 / 이유를 갖고 있다고 / 각각의 단계에 대한 / 이 상황에서 / 그래서 유아는 과도하게 모방하는 것이다	이 상황에서 유아는 자신을 가르치는 인간이 각각의 단계에 대한 이유를 갖고 있다고 믿으며 그래서 유아는 과도하게 모방하는 것이다.	trust 신뢰하다; 신뢰, 믿음 reason 이유 step in 개입하다, 끼어들다 situation 상황 overcopy 과도하게 모방하다
10	In fact, / the less clear the goal (of the procedure), / the more (carefully) and (precisely) / the human child will imitate / even irrelevant steps. ⟨the 비교급 ~, the 비교급 …⟩ S·C S (is) ⟨부사⟩ ⟨부사⟩ S V O 사실상 / 절차의 목표가 덜 명확할수록 / 더욱 주의 깊고 정확하게 / 유아는 모방할 것이다 / 무관한 단계까지도	사실상 절차의 목표가 덜 명확할수록 유아는 무관한 단계까지도 더욱 주의 깊고 정확하게 모방할 것이다.	in fact 사실상, 실제로 procedure 절차, 순서 precisely 정확히, 바로 imitate 모방하다, 흉내 내다 irrelevant 무관한, 부적절한
11 TS 요약	(According to the experiment above), / {when given multiple steps / (to get a treat)}, / toddlers ____(A)____ / every step of the procedure / (unlike chimpanzees), / (because toddlers do not doubt / the ____(B)____ of each step). ⟨전치사⟩ { }:⟨분사구문⟩ ⟨종·접⟩ p.p. O O S V O ⟨전치사⟩ ⟨종·접⟩ S V O 위 실험에 따르면 / 여러 단계들이 주어질 때 / 먹을 것을 얻기 위한 / 유아는 완수하는데 / 그 절차의 모든 단계를 / 침팬지와 달리 / 이는 유아가 의심하지 않기 때문이다 / 각 단계의 관련성을	위 실험에 따르면 먹을 것을 얻기 위한 여러 단계들이 주어질 때 침팬지와 달리 유아는 그 절차의 모든 단계를 (A) 완수하는데, 이는 유아가 각 단계의 (B) 관련성을 의심하지 않기 때문이다.	according to ~에 따라 above 위의, 위에서 말한 multiple 많은, 다수의 complete 완료하다 unlike ~와는 달리 doubt 의심하다 relevance 관련성, 적절성

40 다음 글의 내용을 한 문장으로 요약하고자 한다. 빈칸 (A), (B)에 들어갈 말로 가장 적절한 것은? [54%]

	(A)		(B)
①	complete	……	relevance
②	complete	……	complexity
③	evaluate	……	flexibility
④	rearrange	……	variability
⑤	rearrange	……	usefulness

정답 | ①

해설 | ① 완수하다 - 관련성 : 8에서 유아는 모든 단계를 모방한다고 했으므로 (A)에는 'complete'가 적절하다. 7, 8에서 유아는 침팬지와 달리 각 단계의 관련성에 의문을 품지 않는다고 했으므로 (B)에는 'relevance'가 적절하다.

② 완수하다 – 복잡성
③ 평가하다 – 유연함
④ 재배열하다 – 다양성
⑤ 재배열하다 – 유용성

문법

1 〈간접의문문〉

	〈간접의문문〉 : 전치사의 목적어		
전치사	의문사	주어	동사
between	how	humans ~ animals	learn

2 9 〈주격 관계대명사 + be동사 생략〉 : experiment [(which/that is) done(과거분사)] : 과거분사가 앞에 있는 명사를 후치 수식하는 경우 / a puzzle box [(which/that is) containing(현재분사)] : 현재분사가 앞에 있는 명사를 후치 수식하는 경우 / the human [(who/that is) teaching(현재분사)] : 현재분사가 앞에 있는 명사를 후치 수식하는 경우

3 〈neither 용법〉

형용사	[단수명사를 수식하여] (양자 중의) 어느 ~도 …아니다[않다]
대명사	**(양자 중의) 어느 쪽도 ~아니다[않다]**
	주어의 경우, 정확하게는 단수 취급한다. 다만 《구어》에서는 복수 취급을 하는 경우가 있으며, 특히 neither of ~의 형태일 때 그 경향이 두드러진다.
	neither는 both에 대응하는 부정어이기 때문에 3자 이상의 부정에는 none을 씀
부사	[neither A nor B로 상관 접속사적으로 써서] A도 B도 ~아니다[않다]
부사	[부정을 포함하는 문장이나 절 뒤에서] ~도 또한 …않다[아니다]
접속사	또한 ~하지 않다 (= nor, nor yet)

4 〈주격 관계대명사절의 수의 일치〉 : 선행사를 포함하고 있는 관계대명사 what 사용 불가

	주격 관계대명사절		
선행사	주격 관계대명사	~~주어~~	동사
pegs	that		~~release~~
			releases

6 〈상관접속사〉 : 병렬구조 : both A and B + 복수동사

종류				뜻
not	A	but	B	A가 아니라 B (= B, not A)
not only		but also		A뿐만 아니라 B도 (= B as well as A)
either		or		A와 B 둘 중 하나
neither		nor		A와 B 둘 다 아닌
both		**and**		**A와 B 둘 다**

7 〈seeing〉 : 〈분사구문〉이 문중에 있는 경우 (능동) (= as it sees / who sees)

7 〈to가 전치사인 경우〉 : relevant to + (동)명사

9 〈5형식 불완전 타동사의 목적격 보어〉 : 수동태 전환 시, 2형식 문장(be p.p. + to R)

주어	불완전 타동사	목적어	목적격 보어
–	advise / allow / ask / assume / beg / bring / cause / command / compel / condition / decide / design / drive / enable / encourage / expect / forbid / fit / force / inspire / instruct / intend / invite / lead / like / motivate / order / permit / persuade / predispose / pressure / proclaim / prod / program / provoke / push / require / stimulate / teach / tell / tempt / train / **trust** / urge / want / warn / wish 등	–	to 동사원형

10 〈the 비교급 ~, the 비교급 …〉 : ~하면 할수록, 더 …하다

the	비교급	~,	the	비교급	…
	-er/more			-er/more	
	less			more	

11 〈according to / according as〉

~에 따르면	전치사구	**according to**	(동)명사
	종속접속사	according as	주어 + 동사

11 〈생략〉 : when (they are) given(과거분사)

어법 & 연결어

There **[is / are]** a key difference between how humans **[or / and]** other intelligent animals learn. In a very telling experiment **[doing / done]** by evolutionary psychologist Mike Tomasello at the Max Planck Institute in Germany, a puzzle box **[contained / containing]** a treat **[gives / is given]** to a human toddler and a chimpanzee. **[Either / Neither]** is able to get the treat out. He then demonstrates a multistep process of pulling and **[pushing / pushes]** pegs **[what / that]** eventually **[release / releases]** the treat. Among the motions, he includes an **[obvious / obviously]** nonsensical step — patting his head three times before the last step. Both the toddler **[or / and]** the chimp are able to copy his actions and get the treat, but only the toddler includes the head-patting step. The chimp, **[seeing / seen]** this is not relevant to **[get / getting]** the treat, **[omit / omits]** **[it / them]** from the routine. The human, (   ), unquestioningly copies all the steps. The toddler trusts the human **[taught / teaching]** her to have a reason for each step in this situation, and so she overcopies. (   ), the less **[clear / clearly]** the goal of the procedure, the more **[careful / carefully]** and **[precise / precisely]** the human child will imitate even irrelevant steps.

→ According **[as / to]** the experiment above, when **[given / giving]** multiple steps to get a treat, toddlers **[complete / compete]** every step of the procedure unlike chimpanzees, **[because / because of]** toddlers do not doubt the relevance of each step.

전국 2021학년도 4월 고3 41번~42번		
장문 독해 (1)	제목	닫힌 용기에서 액체의 양은 어떻게 변할까?
	주제	닫힌 용기에서 액체는 증발과 응결의 비율이 같은 평형 상태에 도달한다.
	논리	순서, 비유

	지문	해석	단어 & 숙어
1	{When we place / a given amount of liquid / (in a container) / and then close it}, / we observe / {that the amount of liquid / (at first) drops (slightly) / but (eventually) / becomes constant}.	우리가 일정한 양의 액체를 용기에 넣고 나서 그것을 닫으면 우리는 처음에는 액체의 양이 약간 감소하지만 결국 변함없게 된다는 것을 관찰한다.	place 두다, 놓다, 넣다 (특정한 위치에 위치하게 하다) given 정해진, 일정한 amount 양 liquid 액체 container 담는 곳, 용기, 그릇 close 닫다 observe 관찰하다 at first 처음에는 drop 감소하다 slightly 약간 eventually 결국 constant 끊임없는, 변함없는
2 순서1	The (a) decrease occurs / {because there is a transfer (of molecules) / (from the liquid to the vapor phase)}.	이 감소는 액체에서 증기 단계로 분자의 이동이 있기 때문에 발생한다.	decrease 감소 occur 발생하다 transfer 이동 molecule 분자 from A to B A에서 B로 vapor 증기 phase 단계
3 순서2	However, / (as the number of vapor molecules increases), / it becomes more and more likely / {that some of them will (b) return (to the liquid)}.	하지만 증기 분자의 수가 증가함에 따라 그것들 중 일부가 액체로 돌아올 가능성이 점점 더 커지게 된다.	the number of + (복수명사 + 단수동사) ~의 수 increase 증가하다 likely ~할 것 같은, ~할 가망이 있는 return to ~로 되돌아가다
4	The process / (by which vapor molecules form a liquid) / is called condensation.	증기 분자가 액체를 형성하는 과정이 응결이라고 불린다.	process 과정 form 형성하다 call O O·C(명사) (5) ~을 …라고 부르다 (수동태 시, be called S·C(명사)) condensation 응결
5 순서3	Eventually, / the same number of molecules / are leaving the liquid / {as are returning (to it)}: / the rate (of condensation) / equals the rate (of evaporation).	결국, 똑같은 수의 분자들이 액체로 돌아오고 있는 것만큼 액체를 떠나고 있는 것이다. 즉, 응결의 비율은 증발의 비율과 같다.	eventually 결국 leave 떠나다 rate 비율 equal ~와 같다 evaporation 증발
6 TS	(At this point) / no further change occurs / (in the amounts of liquid or vapor), / {because the two (c) opposite processes (exactly) balance each other}; / the system is (at equilibrium).	이 시점에서 액체나 증기의 양에 더 이상의 변화는 일어나지 않는데, 왜냐하면 두 개의 상반된 과정이 정확히 서로 균형을 맞추기 때문이다. 즉, 시스템이 평형 상태에 있다.	at this point 현 시점에서, 현재, 이 시점에서 further 더 이상의, 추가의 occur 발생하다, 일어나다 opposite 반대의 exactly 정확히 (= precisely) balance ~의 평형[균형]을 잡다[맞추다] equilibrium 평형, 균형
7	Note / {that this system is (highly) (d) static / (on the molecular level)}.	이 시스템이 분자 수준에서 매우 정적(↔ 역동적)이라는 사실을 주목해 보아라.	note ~에 주목하다 highly 매우, 아주 static 정적인 (↔ dynamic, dynamic, kinetic) molecular 분자의

문법

1 3 7 〈what vs. that〉

	관계대명사 (불완전한 문장)	접속사 (완전한 문장)
what	○ 선행사를 포함하고 있기 때문에 what 앞에 선행사 불필요	×
that	○ that 앞에 선행사 필요	○

1 3 〈become 동사 쓰임〉

become	주격 보어	2형식
	명사	(~으로) 되다
	형용사	
	과거분사	
	목적어	3형식
	명사	어울리다, 잘 맞다 (진행형/수동태 불가)

2 6 〈원인/이유: ~ 때문에〉

전치사	because of	+ (동)명사 / 명사 상당어구
	due to	
	for	
	on account of	
	owing to	
	thanks to	
종속접속사	as	+ 주어 + 동사 ~
	because	
	now (that)	
	since	

2 〈There/Here is 도치구문〉

긍정문	**There** (Here)	**is**	**단수 주어**	~이 있다 (여기에 ~이 있다)
		are	복수 주어	
부정문	There (Here)	is no	단수 주어	~이 없다 (여기에 ~이 없다)
		are no	복수 주어	

3 〈주어와 동사의 수의 일치〉 : **the** number of vapor molecules **increases**

the	**number**	**of**	복수명사	**+ 단수동사**
수				
a	number	of	복수명사	+ 복수동사
많은				

3 〈가주어, 진주어 구문〉

가주어	동사	진주어
It (this, that, there 사용 불가)	–	**that + 주어 + 동사 (완전한 절)**
		to 동사원형
		동명사
		의문사 + 주어 + 동사 (간접의문문)
		if/whether + 주어 + 동사
it	becomes	that절

3 〈likely / alike / like〉

likely	**형용사**	~일 것 같은 (be likely to 동사원형 : ~일 것 같다)
	부사	아마 (= probably)
alike	서술적 형용사 (보어로만 사용, 명사 수식 불가)	동일한
	부사	똑같이
like	전치사	~처럼
	종속접속사	~처럼
	동사	좋아하다

4 **〈전치사 + 관계대명사〉** : 관계대명사절이 전치사로 끝나는 경우, 전치사를 관계대명사 앞으로 이동하여 쓸 수 있다. 이때 관계대명사 that은 전치사와 함께 올 수 없다.

the process (**which/that**) vapor molecules form a liquid **by**
→ the process **by which** vapor molecules form a liquid (○)
the process **by that** vapor molecules form a liquid (×)

4 〈call 동사의 쓰임〉 : ~을 …라고 부르다 [수동태 시, be called 주격 보어(명사/형용사)]

주어	불완전 타동사	목적어	목적격 보어
	call		**명사**
			형용사

5 **〈유사 관계대명사〉** : **as**, but, than 등은 접속사로 사용되지만, 이것들 뒤에 절(주어 + 동사)이 나와서 이것들 앞에 있는 명사를 수식하는 경우를 유사관계대명사라고 한다. 이때 '유사'라는 말은 똑같다는 말이 아니라 비슷하다는 의미로 관계대명사는 아니지만 마치 관계대명사절처럼 뒤에 불완전한 문장이 나오기 때문에 유사관계대명사라고 한다.

유사 관계대명사	생략	
as	(they)	are returning

6 〈far 용법〉

	비교급	뜻	최상급	뜻	의미
far	farther	거리가 먼	farthest	가장 먼	거리
	further	정도가 더한	furthest		정도

7 〈직접명령문〉 : Note~

직접명령문	긍정문	**동사원형**	~해라
		Please + 동사원형	~해 주세요
	부정문	Don't + 동사원형	~하지 마라
		Never + 동사원형	

7 〈high / highly〉

high	형용사	높은
	부사	높게
	명사	높은 곳
highly	**부사**	**매우 (= very)**

	지문	해석	단어 & 숙어
8	Molecules / are (constantly) escaping from (the liquid) / and (are) entering the liquid. S 분자는 / 〈부사〉 / V_1〈현재진행〉 끊임없이 액체에서 빠져나오고 / V_2〈현재진행〉 그 액체로 들어간다 / O	분자는 끊임없이 액체에서 빠져나오고 그 액체로 들어간다.	molecule 분자 constantly 지속적으로, 끊임없이 escape from ~에서 달아나다 enter ~에 들어가다
9	However, / there is no *net* change / {because the two processes (just) balance each other}. 그러나 / V S '총' 변화는 없다 / 〈종·접〉 두 과정이 서로 균형을 딱 맞추기 때문에 / S V O	그러나 두 과정이 서로 균형을 딱 맞추기 때문에 '총' 변화는 없다.	net 총, 최종적인, 실제의[실-], 순수한[순-] process 과정 balance 균형을 이루다 each other 서로 (동사나 전치사의 목적어로 쓰임)
10 비유	(As an analogy), / consider two island cities / (which are) (connected by a bridge). 비유로서 / V O〈선행사〉 두 개의 섬 도시를 생각해 보아라 / p.p. 다리로 연결된	비유로서 다리로 연결된 두 개의 섬 도시를 생각해 보아라.	analogy 비유 consider 생각하다, 고려하다 island 섬 connect 연결하다 bridge 다리, 교량
11	Suppose / (종·접 that) {the traffic flow (on the bridge) / is the same / (in both directions)}. { }: O / 가정해 보아라 / S 다리의 교통 흐름이 / V S·C 동일하다고 / 양방향 모두	다리의 교통 흐름이 양방향 모두 동일하다고 가정해 보아라.	suppose 가정[추측]하다 traffic flow 교통의 흐름 both 둘 다, 양쪽 다 direction 방향
12	There is motion / — we can see / the cars traveling / (across the bridge) / — but / the number of cars (in each city) / is not changing / (because an equal number enter / and leave each one). V_1 S_1 움직임은 존재하지만 / S V 우리는 볼 수 있으므로 / O O·C〈현재분사〉 이동하는 차량들을 / 다리를 건너 / 그러나 / S_2 각 도시 에서의 차량 수 / V_2〈현재진행〉 변하지 않는다 / 〈종·접〉 S V_1 각 도시마다 같은 수가 들어오고 / V_2 O 떠나기 때문에	우리는 다리를 건너 이동하는 차량들을 볼 수 있으므로 움직임은 존재하지만, 각 도시마다 같은 수가 들어오고 떠나기 때문에 각 도시에서의 차량 수는 변하지 않는다.	motion 움직임 travel across ~를 통과하다 the number of + (복수명사 + 단수동사) ~의 수 equal 동일한, 같은 leave 떠나다 (leave – left – left – leaving)
13	The result / is no *net* change / (in the number of autos) / (in each city): / an equilibrium (e) exists. S 그 결과 / V S·C '총' 변화가 없다 / 차량 수에는 / 각 도시에서의 / S V 즉, 평형 상태가 존재한다	그 결과 각 도시에서의 차량 수에는 '총' 변화가 없다. 즉, 평형 상태가 존재한다.	result 결과 auto 자동차 (= automobile) equilibrium 평형[균형] (상태) exist 존재하다

문법

8 12 〈3형식 구조를 가지는 타동사 뒤에 전치사를 사용할 수 없는 경우〉 :

*예외 : attend(자동사) to (~을 처리하다) / enter(자동사) into (일/사업을 시작하다)

	타동사	전치사	
주어	resemble	~~with~~	목적어
	marry	~~with~~	
	mention	~~about~~	
	discuss	~~about~~	
	attend	~~to~~	
	enter	~~into~~	
	reach	~~at~~	

9 12 〈There/Here is 도치구문〉

긍정문	**There** (Here)	**is**	**단수 주어**	~이 있다 (여기에 ~이 있다)
		are	복수 주어	
부정문	There (Here)	is no	단수 주어	~이 없다 (여기에 ~이 없다)
		are no	복수 주어	

유도부사 there/here와 함께 도치구문을 이루는 be동사(is/are/was/were) 대신에 완전 자동사 appear, come, exist, follow, live, stand 등을 사용할 수 있다.

9 12 〈원인/이유: ~ 때문에〉

전치사	because of	+ (동)명사 / 명사 상당어구
	due to	
	for	
	on account of	
	owing to	
	thanks to	
종속접속사	as	+ 주어 + 동사 ~
	because	
	now (that)	
	since	

10 11 〈직접명령문〉 : consider / Suppose

직접명령문	긍정문	**동사원형**	~해라
		Please + 동사원형	~해 주세요
	부정문	Don't + 동사원형	~하지 마라
		Never + 동사원형	

10 〈주격 관계대명사 + be동사 생략〉

–	생략할 수 있음	
명사 (선행사)	(주격 관계대명사 + be동사)	현재분사(-ing) – 능동 (~하고 있는, ~하는)
		과거분사(p.p.) – 수동 (~되어진, ~당한)
		명사
		형용사(구) (~하는, ~할)
		부사
		전치사구
two island cities	(which/that are)	connected

12 〈지각동사〉

지각동사		목적어	목적격 보어
see	보다	–	〈목적어와 목적격 보어의 관계가 **능동**일 때〉 동사원형(R) – 완료 **현재분사(-ing) – 진행, 순간, 찰라, 계속** 〈목적어와 목적격 보어의 관계가 수동일 때〉 과거분사(p.p.) 〈to부정사는 불가〉 : 수동태 문장 전환 시 가능
watch			
look at			
behold			
(over)hear	듣다		
listen to			
feel	느끼다		
observe	관찰하다		
perceive	인식하다		
notice			
can see		the cars	traveling

12 〈주어와 동사의 수의 일치〉 : **the** number of cars ~ **is not changing**

the	**number**	**of**	복수명사	+ 단수동사
수				
a	number	of	복수명사	+ 복수동사
많은				

[41~42] 다음 글을 읽고, 물음에 답하시오.

41 윗글의 제목으로 가장 적절한 것은? [56%]

① What Happens to a Quantity of Liquid in a Sealed Container?
② Molecules: Small but Crucial for the Temperature of Liquid
③ Activate Molecular Movements by Shaking a Water Bottle!
④ The Thicker the Liquid Is, the Less It Evaporates
⑤ How Can We Stop Liquid from Evaporating?

42 밑줄 친 (a)~(e) 중에서 문맥상 낱말의 쓰임이 적절하지 않은 것은? [3점] [54%]

① (a) ② (b) ③ (c) ④ (d) ⑤ (e)

정답 | ①, ④

41 해설 | ① 밀봉된 용기 안 액체의 양에 무슨 일이 일어날까?: 2, 3, 5, 6 등 글 전체에서 닫힌 용기 속에서 액체의 양의 변화를 설명하고 있으므로 정답으로 적절하다.
② 분자: 작지만 액체 온도에 매우 중요한 것: 액체의 온도에 관한 내용은 없다.
③ 물병을 흔들어 분자 운동을 활성화하라!: 물병을 흔든다는 내용은 없다.
④ 액체는 더 진할수록 덜 증발한다: 두께와 증발하는 양의 관계에 관한 내용은 없다.
⑤ 어떻게 하면 액체 증발을 막을 수 있을까?: 증발을 멈춘다는 내용은 없다.

42 해설 | ① 1에서 처음 액체의 양은 감소한다고 했으므로 decrease는 적절하다.
② 4에서 응결은 증기 분자가 액체를 형성하는 과정이라고 했으므로 return은 적절하다.
③ 2, 4에서 증발은 액체가 증기로, 응결은 증기가 액체로 변하는 상반된 과정이므로 opposite는 적절하다.
④ 6에서 평형 상태에 도달한다고 했으므로 정적인 상태라는 static은 적절하지 않다. static → dynamic
⑤ 6에서 닫힌 용기 속 액체는 평형 상태에 도달한다고 했고, 10에서 이를 섬 도시로 비유하고 있으므로 평형 상태가 존재한다는 exists는 적절하다.

어법 & 연결어

When we place a **[giving / given]** amount of liquid in a container and then close **[it / them]**, we observe **[what / that]** the amount of liquid at first drops **[slight / slightly]** but **[eventual / eventually]** **[become / becomes]** **[constant / constantly]**. The decrease occurs **[because / because of]** there **[is / are]** a transfer of molecules from the liquid to the vapor phase. (   ), as the number of vapor molecules **[increase / increases]**, it becomes more and more **[alike / likely]** **[what / that]** some of them will return to the liquid. The process **[which / by which]** vapor molecules form a liquid **[calls / is called]** condensation. (   ), the same number of molecules **[are leaving / is left]** the liquid as **[is returned / are returning]** to **[it / them]**: the rate of condensation equals the rate of evaporation. At this point no **[farther / further]** change occurs in the amounts of liquid or vapor, **[because / because of]** the two opposite processes exactly balance each other; the system is at equilibrium. **[Note / Noting]** **[what / that]** this system is **[high / highly]** dynamic on the molecular level. Molecules are constantly **[escaping / escaped]** from and **[entering / entering into]** the liquid. (   ), there **[is / are]** no *net* change **[because / because of]** the two processes just balance each other. As an analogy, **[consider / considering]** two island cities **[connecting / connected]** by a bridge. **[Suppose / Supposing]** the traffic flow on the bridge is the same in **[either / both]** directions. There **[is / are]** motion — we can see the cars **[to travel / traveling]** across the bridge — but the number of cars in each city **[is / are]** not changing **[because / because of]** an equal number enter and leave each one. The result is no *net* change in the number of autos in each city: an equilibrium exists.

전국 2021학년도 4월 고3 43번~45번 장문 독해 (2)	
제목	노래하고 싶은 Cheryl과 꿈을 이룰 기회를 준 Cheryl의 언니
주제	Cheryl은 언니 덕분에 노래할 기회를 얻었고, 성공적으로 끝마칠 수 있었다.
논리	이야기

	지문	해석	단어 & 숙어
1	(A) There (once) was a young blind girl / (named Cheryl), / {who lived / (with her parents and older sister)}. V: was / S〈선행사〉: a young blind girl / (which was) p.p.: named / 〈주·관〉: who / V: lived 옛날에 어린 시각 장애 소녀가 있었다 / Cheryl이라는 이름의 / 살았다 / 자신의 부모님과 언니와 함께	(A) 옛날에 Cheryl이라는 이름의 어린 시각 장애 소녀가 있었는데 자신의 부모님과 언니와 함께 살았다.	once (과거) 언젠가[한때], 옛날에 blind 눈이 먼 name O O·C(명사) (5) ~을 …라고 이름을 지어주다, 명명하다 (수동태 시, be called S·C(명사)) live with (~와) 함께 살다[동거하다]
2	Her family / tried their best / (to keep her happy) / (despite their financial struggles). S: Her family / V: tried / O: their best / O: her / O·C: happy / 〈전치사〉: despite / O: their financial struggles 그녀의 가족은 / 최선을 다했다 / 그녀를 행복하게 해 주기 위해 / 재정적인 어려움에도 불구하고	그녀의 가족은 재정적인 어려움에도 불구하고 그녀를 행복하게 해 주기 위해 최선을 다했다.	try one's best 최선을 다하다 keep O O·C(형용사) (5) ~을 …한 상태로 유지하다 despite ~에도 불구하고 financial 금융의, 재정적인 struggle 투쟁
3	But / her sister knew / {Cheryl (still) felt a sense of emptiness}. S: her sister / V: knew (종·접 that) / { }: O / S: Cheryl / V: felt / O: a sense of emptiness 그러나 / 그녀의 언니는 알았다 / Cheryl이 여전히 공허함을 느낀다는 것을	그러나 그녀의 언니는 Cheryl이 여전히 공허함을 느낀다는 것을 알았다.	still 여전히 a sense of emptiness 공허함
4	Cheryl had / a passion (for music) / and sang (beautifully), / {yearning to share (a) her gift / (with more) (than just her family)}. S: Cheryl / V_1: had / O: a passion / V_2: sang / 〈부사〉: beautifully / 〈현재분사〉: yearning / O: her gift / { }: 〈분사구문〉 Cheryl은 있었다 / 음악에 대한 열정이 / 노래를 아름답게 불렀으며 / 그녀(Cheryl)의 재능을 공유하기를 열망했다 / 단지 자신의 가족뿐만 아니라 더 많은 이들과	Cheryl은 음악에 대한 열정이 있었고 노래를 아름답게 불렀으며, 단지 자신의 가족뿐만 아니라 더 많은 이들과 그녀(Cheryl)의 재능을 공유하기를 열망했다.	a passion for ~에의 열정 sing 노래하다 (sing – sang – sung – singing) yearn to R ~하기를 갈망하다 share A with B B와 A를 공유하다 gift 재능 more than ~보다 많이, ~ 이상
5	But / she thought / (her dream would not come true). S: she / V: thought (종·접 that) / ( ): O / S: her dream / V: would not come / S·C: true 그러나 / 그녀는 생각했다 / 자신의 꿈이 실현되지 않을 것이라고	그러나 그녀는 자신의 꿈이 실현되지 않을 것이라고 생각했다.	think 생각하다 (think – thought – thought – thinking) come true 실현되다, 이루어지다
6	(B) Cheryl was overjoyed / and began to practice for her performance. S: Cheryl / V_1: was / S·C: overjoyed / V_2: began / O: to practice for her performance Cheryl은 매우 기뻐했고 / 자신의 공연을 위해 연습하기 시작했다	(B) Cheryl은 매우 기뻐했고 자신의 공연을 위해 연습하기 시작했다.	overjoy 매우 기쁘게 하다 begin O(to R) ~하기 시작하다 practice 연습하다 performance 공연
7	The day (of the festival) came, / and Cheryl arrived / (at the concert hall) / (with her family). S_1: The day / V_1: came / S_2: Cheryl / V_2: arrived 축제날이 다가왔고 / Cheryl은 도착했다 / 콘서트홀에 / 자신의 가족과 함께	축제날이 다가왔고 Cheryl은 자신의 가족과 함께 콘서트홀에 도착했다.	festival 축제 arrive at ~에 도착하다
8	Cheryl could not see, / but / (b) she could sense the energy / (of the packed hall). S_1: Cheryl / V_1: could not see / S_2: she / V_2: could sense / O: the energy / p.p.: packed Cheryl이 볼 수는 없었다 / 그러나 / 그녀(Cheryl)는 기운을 느낄 수 있었다 / 꽉 찬 홀의	Cheryl이 볼 수는 없었지만, 그녀(Cheryl)는 꽉 찬 홀의 기운을 느낄 수 있었다.	sense 느끼다 packed (특히 사람들이) 꽉 들어찬 (= crowded)

문법

1 〈There/Here is 도치구문〉

긍정문	**There** (Here)	**is**	**단수 주어**	~이 있다 (여기에 ~이 있다)
		are	복수 주어	
부정문	There (Here)	is no	단수 주어	~이 없다 (여기에 ~이 없다)
		are no	복수 주어	

1 〈주격 관계대명사 + be동사 생략〉

-	생략 가능	
명사 (선행사)	(주격 관계대명사 + be동사)	현재분사(-ing) – 능동 (~하고 있는, ~하는)
		과거분사(p.p.) – 수동 (~되어진, ~당한)
		명사
		형용사(구) (~하는, ~할)
		부사
		전치사구
a ~ girl	(who/that was)	named

1 〈주격 관계대명사 who의 계속적 용법〉 : 관계대명사 that 사용 불가 (, who = and she)

		주격 관계대명사절		
선행사	콤마(,)	주·관	~~주어~~	동사
a ~ girl	계속적 용법	who		lived

2 〈keep 동사의 쓰임〉 : 5형식에서 keep

keep	목적어	목적격 보어	해석
		형용사	(사람·물건을) (~의 상태·동작·위치에) 두다
		현재분사	~가 계속 …하게 하다
		과거분사	~에게 …되게 하다

2 〈양보/대조〉

종속접속사	though	+ 주어 + 동사	비록 ~일지라도
	although		
	even though		
	even if		
	as		
	while		반면에
	whereas		
전치사	in spite of	+ 명사 / 명사 상당어구	~에도 불구하고
	despite		
	for all		

3 5 〈목적격 종속접속사 that 생략〉 : 완전 타동사의 목적어로 사용된 경우 / 관계대명사 what 사용 불가

	종속절(명사절: 목적어)(완전한 절)		
완전 타동사	목적격 종속접속사	주어	동사
knew	(that) 생략 가능 (~하는 것을)	Cheryl	felt
thought		her dream	would not come

4 〈yearning ~〉 : 〈분사구문〉이 문미에 있는 경우 (능동) (= and she yearned[was yearning])

4 〈to부정사를 취하는 자동사〉

주어	불완전 자동사	
–	aim / appear / arrange / bother / consent / fight / hesitate / hurry / long / prepare / proceed / seem / serve / strive / struggle / tend / **yearn** / wait 등	to 동사원형

6 〈3형식에서 목적어 자리에 to부정사/동명사 둘 다 사용 가능〉

주어	완전 타동사	목적어
–	**begin(~을 시작하다)** / cease(~을 중단하다) / continue(~을 계속하다) / dislike(~을 싫어하다) / hate(~을 싫어하다) / like(~을 좋아하다) / love(~을 사랑하다) / neglect(~하는 것을 소홀히 하다) / prefer(~쪽을 좋아하다) / start(~을 시작하다)	**to R** / -ing (의미 차이 없음)

	지문	해석	단어 & 숙어
9	Finally / it was her turn / {to take her position (on stage)}. 〈비S〉 V S·C O 마침내 그녀의 차례가 되었다 무대 위 자신의 위치에 설	마침내 그녀가 무대 위 자신의 위치에 설 차례가 되었다.	finally 마침내 turn 차례, 순서 take one's position 위치를 잡다 on (the) stage 무대에
10	( ): 〈분사구문〉 (Terrified), / she hesitated / (to begin her song). p.p. S V O 두려워서 그녀는 망설였다 노래 시작하기를	두려워서 그녀는 노래 시작하기를 망설였다.	terrify 겁나게 하다, 위협하다 hesitate to R ~하기를 주저하다, 망설이다
11	But / (after everything) / (her sister had done) / (to give her this chance), / (c) she knew / (she had to go on). ( ): O 〈전치사〉 O〈선행사〉 (목·관 that) S V I·O D·O S V(종·접 that) S V 그러나 모든 것들이 있었으니 자신의 언니가 해 왔던 자신에게 이 기회를 주기 위해 그녀(Cheryl)는 알았다 계속해야 한다는 것을	그러나 자신의 언니가 자신에게 이 기회를 주기 위해 해 왔던 모든 것들이 있었으니 그녀(Cheryl)는 계속해야 한다는 것을 알았다.	give I·O D·O ~에게 …을 주다 chance 기회 have to R ~해야만 한다 go on 계속하다
12	(C) (When Cheryl finished singing), / the hall was silent / (for a moment) / (before exploding into applause). 〈종·접〉 S V O〈동명사〉 S V S·C 〈전치사〉 〈동명사〉 Cheryl이 노래를 끝마쳤을 때 홀은 정적이 흘렀다 잠시 엄청난 박수가 터졌다	(C) Cheryl이 노래를 끝마쳤을 때 홀은 잠시 정적이 흘렀다가 엄청난 박수가 터졌다.	finish O(-ing) ~하기를 마치다 silent 정적 for a moment 잠시 동안 explode 터지다 applause 박수갈채
13	She went (back) (home), / [overwhelmed / {that her dream was (now) fulfilled}]. [ ]: 〈분사구문〉 { }: O S V p.p. 〈종·접〉 S V〈수동태〉 그녀는 집으로 돌아왔다 감격한 채 자신의 꿈이 이제 실현되었다는 것에	자신의 꿈이 이제 실현되었다는 것에 감격한 채 그녀는 집으로 돌아왔다.	go back home 귀가하다 overwhelmed 압도된 fulfill 실현하다
14	To add to it all, / her sister had recorded / the whole performance / for her (to listen to) / (in the future). S V〈과거완료〉 O 〈의S〉 심지어 그녀의 언니는 녹음해 두었다 공연 전체를 그녀가 들을 수 있도록 앞으로	심지어 그녀의 언니는 그녀가 앞으로 들을 수 있도록 공연 전체를 녹음해 두었다.	to add to (보통 부사구로서 문두에 써서) ~에 더하여 record 기록하다 whole 전체의 performance 공연 listen to 듣다, 귀를 기울이다
15	(Whenever she needed some cheering up), / Cheryl listened to / the recording, / and the thunderous applause acted / (as a balm) / (for (d) her soul). 〈복합 관계부사〉 S V O S_1 V_1 O S_2 V_2 그녀가 응원이 좀 필요할 때마다 Cheryl은 들었고 이 녹음을 우레와 같은 박수 소리는 작용했다 위안처럼 그녀(Cheryl)의 영혼을 위한	그녀가 응원이 좀 필요할 때마다 Cheryl은 이 녹음을 들었고 우레와 같은 박수 소리는 그녀(Cheryl)의 영혼을 위한 위안처럼 작용했다.	whenever ~할 때마다 cheer up 기운을 돋우다 recording 녹음[녹화](된 것) thunderous 천둥 같은, 우레와 같은 act as ~로서 작용하다 balm 위안, 진통제 soul 영혼
16	(D) Cheryl's sister promised / herself / {that (one day) she would make / Cheryl's dream come true}. { }: D·O S V I·O 〈종·접〉 S V O O·C Cheryl의 언니는 약속했다 스스로에게 언젠가 자신이 해 줄 것이라고 Cheryl의 꿈이 실현되도록	(D) Cheryl의 언니는 자신이 언젠가 Cheryl의 꿈이 실현되도록 해 줄 것이라고 스스로에게 약속했다.	promise I·O D·O(that S V) (4) ~에게 …을 약속하다 one day 언젠가[어느 날] (미래의 어느 시기나 과거의 특정한 날을 가리킴) make O O·C(R) (5) ~가 …하게 시키다

문법

9 〈비인칭주어 it〉 : 문장의 형식을 갖추기 위해 주어자리에 사용되지만 의미는 없음

비인칭주어 it	시간	날짜	요일	달, 월	연도
	날씨	계절	밝기	명암	거리
	막연한 사정·상황·부정(不定)				

10 〈Terrified〉 : 〈분사구문〉이 문두에 있는 경우 (능동) (= As she was terrified)

10 〈혼동 어휘〉

	형용사	동사	부사	명사
terrible	끔찍한, 소름끼치는	–	몹시, 지독히, 굉장히	무서운 사람
terribly	–	–	무섭게, 대단히 지독하게	–
terrific	아주 좋은, 멋진, 훌륭한, 무서운	–	–	–
terrifically	–	–	엄청, 굉장히	–
terrify	–	무섭게[겁나게] 하다, 놀래다	–	–

10 〈to부정사를 취하는 자동사〉

주어	불완전 자동사	
–	aim / appear / arrange / bother / consent / fight / **hesitate** / hurry / long / prepare / proceed / seem / serve / strive / struggle / tend / yearn / wait 등	to 동사원형

11 〈목적격 관계대명사 that〉 : 타동사의 목적어가 없는 경우 / 선행사를 포함하고 있는 관계대명사 what 사용 불가

	목적격 관계대명사절			
선행사	목적격 관계대명사	주어	타동사	~~목적어~~
everything	(that) 생략 가능	her sister	had done	

11 13 16 〈what vs. that〉

	관계대명사 (불완전한 문장)	접속사 (완전한 문장)
what	○ 선행사를 포함하고 있기 때문에 what 앞에 선행사 불필요	×
that	○ that 앞에 선행사 필요	○

11 〈목적격 종속접속사 that 생략〉 : 완전 타동사의 목적어로 사용된 경우 / 관계대명사 what 사용 불가

	종속절 (명사절: 목적어) (완전한 절)		
완전 타동사	목적격 종속접속사	주어	동사
knew	(that) 생략 가능 (~하는 것을)	she	had to go on

12 〈목적어 자리에 동명사를 취하는 완전 타동사〉

주어	완전 타동사	목적어
–	admit / avoid / consider / delay / deny / enjoy / escape / experience / **finish** / give up / imagine / include / involve / mind / mute / practice / put off / postpone / quit / recommend / replace / report / risk / suggest 등	-ing (동명사)

13 〈overwhelmed ~〉 : 〈분사구문〉이 문미에 있는 경우 (수동) (= as she was overwhelmed)

14 〈to부정사의 의미상 주어〉 : **for her** to listen

주어	동사~	to R
		주체가 주어

주어	동사~	for + 목적격	to R
		〈의미상의 주어〉	주체가 주어가 아니기 때문에 의미상의 주어가 필요

15 〈복합 관계부사〉 : 복합 관계부사절은 '관계부사 + ever' 형식을 가지고, 부사 역할을 한다. (관계부사절은 선행사를 수식하는 형용사절 이다.)

복합관계부사	시간/장소의 부사절	양보 부사절
whenever	at[on/in] any time when[that] ~할 때는 언제나 = every time = each time	no matter when 언제 ~할지라도
wherever	at[on/in] any place where[that] ~하는 곳은 어디나	no matter where 어디에서 ~할지라도
however	×	no matter how 아무리 ~할지라도
		by whatever means 어떻게 ~한다 할지라도

16 〈대명사 vs. 재귀대명사〉

		주어와 다름	주어와 동일
주어	~	대명사	재귀대명사
Cheryl's sister		her	**herself**

16 〈make 사역동사〉

make	목적어	목적격 보어	해석
사역동사	명사 / 명사 상당어구	**동사원형(R)**	~가 …하도록 시키다
		과거분사(p.p)	~가 …하게 당하다
make	Cheryl's dream	~~coming, to come~~	
		come	

	지문	해석	단어 & 숙어
17	She (soon) found / an opportunity / (to do so). S 〈부사〉 V O 그녀는 곧 발견했다 기회를 그렇게 할	그녀는 곧 그렇게 할 기회를 발견했다.	soon 곧 opportunity 기회
18	(At the end) / (of the school's annual festival), / there was going to be / a grand singing competition / (for students' families). 마지막에 학교의 연례 축제의 있을 예정이었다 V S 큰 노래 경연 대회가 학생들의 가족들을 위한	학교의 연례 축제의 마지막에 학생들의 가족들을 위한 큰 노래 경연 대회가 있을 예정이었다.	at the end of ~의 말에 annual 연례의 festival 축제[기념제] be going to R ~을 할 것이다 grand 큰 competition 경연, 대회
19	Cheryl's sister / applied (for it) / (on Cheryl's behalf), / and she was accepted. S_1 V_1 Cheryl의 언니가 그것에 지원했고 Cheryl을 대신하여 S_2 V_2〈수동태〉 그녀는 승낙받았다	Cheryl의 언니가 Cheryl을 대신하여 그것에 지원했고 그녀는 승낙받았다.	apply for ~에 지원하다 on one's behalf ~을 대신해 accept 수락하다
20	(e) She / went (back) (home) / and broke the news / (to Cheryl). S V_1 V_2 O 그녀(언니)는 집으로 돌아와 그 소식을 전했다 Cheryl에게	그녀(언니)는 집으로 돌아와 Cheryl에게 그 소식을 전했다.	go back home 귀가하다 break the news to ~에게 소식을 전하다
21	(Thanks to her sister), / Cheryl got / the chance (to sing) / (in the festival). 〈전치사〉 O S V O 자신의 언니 덕분에 Cheryl은 얻었다 노래할 기회를 축제에서	자신의 언니 덕분에 Cheryl은 축제에서 노래할 기회를 얻었다.	thanks to ~ 덕분에 get the chance to R ~할 기회를 얻다 festival 축제

문법

17 〈find / found〉

원형	과거	과거분사	현재분사	뜻
find	found	found	finding	v. **발견하다**, 알다
found	founded	founded	founding	v. 설립하다

18 〈There/Here is 도치구문〉

긍정문	**There** (Here)	**is**	**단수 주어**	~이 있다 (여기에 ~이 있다)
		are	복수 주어	
부정문	There (Here)	is no	단수 주어	~이 없다 (여기에 ~이 없다)
		are no	복수 주어	

18 〈be going to vs. will〉

	의미	쓰임	
will + 동사원형	~할 예정이다	먼 미래	추상적인 미래
be going to + 동사원형		가까운 미래	구체적인 미래

18 〈혼동 어휘〉

	동사	형용사	명사	부사
complete	완수하다	완전한, 완벽한	–	–
completion	–	–	완성, 완수	–
compete	경쟁하다			
competition	–	–	경쟁, **대회**	–
competitor	–	–	경쟁자	
competence	–	–	능력, 자격	–
incompetence	–	–	무능력	–
complement	보완하다	–	보완, 보충	–
compliment	칭찬하다	–	칭찬	
complimentary	–	칭찬하는, 무료의	–	–
complimentarily	–	–	–	찬사로, 무료로
competitive	–	경쟁적인	–	–
competent	–	유능한, 적임의, 자격이 있는	–	–
completely	–	–	–	완전히, 전적으로
competitively	–	–	–	경쟁적으로
competently	–	–	–	유능하게

21 〈원인/이유: ~ 때문에〉

전치사	because of	+ (동)명사 / 명사 상당어구
	due to	
	for	
	on account of	
	owing to	
	thanks to	
종속접속사	as	+ 주어 + 동사 ~
	because	
	now (that)	
	since	

[43~45] 다음 글을 읽고, 물음에 답하시오.

43 주어진 글 (A)에 이어질 내용을 순서에 맞게 배열한 것으로 가장 적절한 것은? [87%]

① (B)–(D)–(C)　② (C)–(B)–(D)
③ (C)–(D)–(B)　④ (D)–(B)–(C)
⑤ (D)–(C)–(B)

44 밑줄 친 (a)~(e) 중에서 가리키는 대상이 나머지 넷과 다른 것은? [79%]

① (a)　② (b)　③ (c)　④ (d)　⑤ (e)

45 윗글의 Cheryl에 관한 내용으로 적절하지 않은 것은? [85%]

① 가족의 재정적 어려움이 있었다.
② 가족과 함께 콘서트홀에 도착했다.
③ 노래 시작하기를 망설였다.
④ 노래를 끝낸 후 엄청난 박수를 받았다.
⑤ 노래 경연 대회에 직접 지원했다.

정답 | ④, ⑤, ⑤

43 해설 | 5에서 Cheryl은 자신의 꿈이 실현되지 않을 것이라고 생각했고, 16에서 Cheryl의 언니는 자신이 그녀의 꿈을 실현하게 해 줄 것이라고 생각했으므로 (A) 다음에 (D)가 이어진다.

21에서 Cheryl은 언니 덕분에 공연할 기회를 얻었고, 6에서 공연 연습을 하고 있으므로 (D) 다음에 (B)가 이어진다.

10, 11에서는 Cheryl이 노래를 시작하기 전 상황이, 12에는 노래를 끝낸 상황이 제시되므로 (B) 다음에 (C)가 이어진다.

44 해설 | ① Cheryl을 지칭한다.
② Cheryl을 지칭한다.
③ Cheryl을 지칭한다.
④ Cheryl을 지칭한다.
⑤ Cheryl의 언니를 지칭한다.

45 해설 | ① 2에 제시되어 있다.
② 7에 제시되어 있다.
③ 10에 제시되어 있다.
④ 12에 제시되어 있다.
⑤ 19에서 Cheryl의 언니가 대신 대회에 지원했으므로 적절하지 않다.

어법 & 연결어

There once **[was / were]** a young blind girl **[named / naming]** Cheryl, who lived with her parents and older sister. Her family tried their best to keep her **[happy / happily]** **[despite / although]** their financial struggles. (　　　) her sister knew Cheryl still felt a sense of emptiness. Cheryl had a passion for music and sang beautifully, **[yearned / yearning]** **[sharing / to share]** her gift with more than just her family. (　　　) she thought her dream would not come true. Cheryl's sister promised **[her / herself]** **[that / what]** one day she would make Cheryl's dream **[come / to come]** true. She soon **[found / founded]** an opportunity to do so. At the end of the school's annual festival, there **[was / were]** going to be a grand singing **[competition / completion]** for students' families. Cheryl's sister applied for **[it / them]** on Cheryl's behalf, and she **[accepted / was accepted]**. She went back home and broke the news to Cheryl. Thanks to her sister, Cheryl got the chance to sing in the festival. Cheryl was overjoyed and began to practice for her performance. The day of the festival came, and Cheryl arrived at the concert hall with her family. Cheryl could not see, but she could sense the energy of the **[packed / packing]** hall. (　　　　　) it was her turn to take her position on stage. **[Terrifying / Terrified]**, she hesitated **[beginning / to begin]** her song. (　　　) after everything her sister **[did / had done]** to give her this chance, she knew she had to go on. When Cheryl finished **[singing / to sing]**, the hall was **[silent / silently]** for a moment before exploding into applause. She went back home, **[overwhelming / overwhelmed]** **[that / what]** her dream was now fulfilled. (　　　　　　　　), her sister had recorded the whole performance for her to listen to in the future. **[When / Whenever]** she needed some cheering up, Cheryl listened to the recording, and the thunderous applause acted as a balm for her soul.

ABSOLUTE

앱솔루티

2021학년도

7월

고3 전국연합 학력평가

전국 2021학년도 7월 고3 18번	
글의 목적	
제목	공연 관람권 가격 인상률 반대
주제	공연 관람권 가격의 50% 인상은 부당하다.
논리	주장과 근거

	지문	해석	단어 & 숙어
1	I'm Maggie Morgan, / a long-time fan / (of the Wakefield Community Theatre). (I'm: S V / Maggie Morgan: S·C / a long-time fan: =〈동격〉) 저는 Maggie Morgan입니다 / 오랜 팬인 / Wakefield Community Theatre의	저는 Wakefield Community Theatre의 오랜 팬인 Maggie Morgan입니다.	long-time 오랫동안의, 오랜 community 지역 사회 theatre 공연장, 극장 (= theater)
2	I'm (well) aware / {that (in this difficult economy), / organisations (such as the Wakefield Community Theatre) / are facing financial difficulties / and therefore / an increase (in ticket prices) is inevitable}. (I'm: S V / aware: S·C / { }: O, that: 〈종·접〉 / organisations: S_1 / are facing: V_1〈현재진행〉 / financial difficulties: O / an increase: S_2 / is: V_2 / inevitable: S·C) 저는 잘 알고 있습니다 / 이런 어려운 경제 속에서 / Wakefield Community Theatre와 같은 단체가 / 재정적인 어려움에 직면하고 있다는 것과 / 그로 인해 / 관람권 가격 인상을 피할 수 없다는 점을	저는 이런 어려운 경제 속에서 Wakefield Community Theatre와 같은 단체가 재정적인 어려움에 직면하고 있다는 것과 그로 인해 관람권 가격 인상을 피할 수 없다는 점을 잘 알고 있습니다.	aware (…을) 알고 있는 economy 경기, 경제 organisation 단체, 조직 (= organization) A such as B B와 같은 A financial 재정적인 difficulty 어려움 therefore 그러므로, 그로 인해 increase 인상, 증가 ticket 관람권, 표, 티켓 price 가격 inevitable 불가피한
3 TS 주장	But (in my opinion), / a 50 percent increase / (to the price of individual tickets) / seems (totally) unreasonable. (a 50 percent increase: S / seems: V / unreasonable: S·C) 하지만 / 제 생각에는 / 50퍼센트 인상은 / 개별 관람권 가격의 / 매우 부당한 것 같습니다	하지만 제 생각에는 개별 관람권 가격의 50퍼센트 인상은 매우 부당한 것 같습니다.	in my opinion 내 의견으로는 individual 개개의, 개별의 seem S·C(to be) ~처럼 보이다, ~인 듯하다[것 같다] totally 완전히, 전적으로, 매우 unreasonable 불합리한, 무분별한
4	It would mean / {that ordinary residents (like myself) / will have fewer opportunities / (to enjoy a quality drama performance)}. (It: S / would mean: V / { }: O, that: 〈종·접〉 / ordinary residents: S / like: 〈전치사〉 / myself: O / will have: V / fewer opportunities: O / performance: O) 그것은 의미할 것입니다 / 저와 같은 평범한 주민들이 / 기회가 더 적어질 것을 / 수준 높은 연극 공연을 즐길	그것은 저와 같은 평범한 주민들이 수준 높은 연극 공연을 즐길 기회가 더 적어질 것을 의미할 것입니다.	ordinary 보통의, 평범한 resident 주민 like ~와 같은 fewer 보다 소수의[적은] opportunity 기회 enjoy 즐기다 quality 질 좋은 drama 연극 performance 공연
5 근거	{Pricing tickets / (out of the range of local residents)} / is not a good option, / {because it'll hurt your organisation / (in years) (to come)}. ({ }: S, Pricing: 〈동명사〉 / tickets: O / is not: V / a good option: S·C / because: 〈종·접〉 / it: S / 'll hurt: V / your organisation: O) 관람권 가격을 매기는 것은 / 지역 주민들이 구매할 수 없을 정도로 / 좋은 선택이 아닌데 / 왜냐하면 그것은 귀하의 단체에 손해를 끼칠 것이기 때문입니다 / 앞으로	지역 주민들이 구매할 수 없을 정도로 관람권 가격을 매기는 것은 좋은 선택이 아닌데, 왜냐하면 그것은 앞으로 귀 단체에 손해를 끼칠 것이기 때문입니다.	price 값[가격]을 매기다[정하다] out of the range of (~이) 닿는[보이는/들리는] 거리[범위] 밖의 local 지역 option 선택 hurt 손해를 끼치다 in years to come 금후다년에 걸쳐
6	I'm sure / [there will be other ways / (to get financial support) / {instead of raising ticket prices (so much)}]. (I'm: S V / sure: S·C / (종·접 that) / [ ]: O / will be: V / other ways: S / instead of: 〈전치사〉 / raising: 〈동명사〉 / ticket prices: O) 저는 확신합니다 / 다른 방법이 있을 것이라고 / 재정적 지원을 받을 수 있는 / 관람권 가격을 지나치게 올리는 것 대신	저는 관람권 가격을 지나치게 올리는 것 대신 재정적 지원을 받을 수 있는 다른 방법이 있을 것이라고 확신합니다.	I'm sure (that) S V 틀림없이 ~하다 financial support 재정 지원 instead of ~ 대신, ~보다는 raise 인상하다
7	I hope / {to hear from you / (soon) / (on this matter)}. (I: S / hope: V / { }: O) 기대합니다 / 귀하로부터 소식을 듣기를 / 곧 / 이 사안에 대해서	귀하로부터 이 사안에 대해서 곧 소식을 듣기를 기대합니다.	hope O (to R) ~하기를 희망하다 hear from ~에게서 소식을 받다 matter 문제, 사안

18 다음 글의 목적으로 가장 적절한 것은? [94%]

① 공연 관람권 가격 인상률에 이의를 제기하려고
② 지역 주민을 위한 공연장 건립을 제안하려고
③ 자선 연극 공연 개최에 감사하려고
④ 공연 관람료의 단체 할인 가능 여부를 문의하려고
⑤ 공연 취소로 입은 손실에 대해 보상을 요구하려고

정답 | ①

해설 | ① 3에서 가격 인상률이 부당하다고 했으므로 정답이다.
② 공연장 건립에 관한 내용은 없다.
③ 자선 연극 공연에 관한 내용은 없다.
④ 관람료 할인에 관한 내용은 없다.
⑤ 공연을 취소했다는 내용은 없다.

문법

1 〈동격〉: A(명사), B(명사)

동격 (B라는 A)		
명사(A)	,(콤마)	명사(B)
Maggie Morgan		a long-time fan of ~

2 6 〈인지/확신 형용사〉: 이러한 형용사는 뒤에 명사절로 that절이나 간접의문문 등을 취할 수 있다.

주어 (사람)	be동사	형용사(인지/확신)	(that) 생략 가능	주어	동사 ~
			of + (동)명사		
		(un)**aware**, certain, conscious, proud, **sure**, confident, convinced, fearful, ignorant			

2 4 〈what vs. that〉

	관계대명사 (불완전한 문장)	접속사 (완전한 문장)
what	○ 선행사를 포함하고 있기 때문에 what 앞에 선행사 불필요	×
that	○ that 앞에 선행사 필요	○

2 〈혼동 어휘〉

	형용사	명사
economic	경제의	–
economical	경제학의	–
economy	–	**경제**
economist	–	경제학자
economics	–	경제학

3 〈감각동사〉

감각동사	주격 보어	
feel, look, **seem,** sound, taste, appear, smell	**형용사** (현재분사/과거분사)	
	명사	
	like (전치사)	(that) + 주어 + 동사
		(동)명사
	~~alike~~	
	~~likely~~	

4 〈few / a few / a little / little〉

수	**few**	거의 없는 (부정)	+ 복수명사 + 복수동사
	a few	약간 (긍정)	
양	a little	약간 (긍정)	+ 단수명사 + 단수동사
	little	거의 없는 (부정)	

5 〈동명사 주어〉: Pricing ~ is

주어가 될 수 있는 것들		주어와 동사의 수의 일치
단어	명사	명사와 대명사에 따라 동사의 단/복수 결정
	대명사	
구	to부정사구	**단수동사** *모든 구와 절은 단수 취급
	동명사구	
절	that절	
	what절	
	whether절	
	의문사절	
	복합 관계대명사절	

5 〈원인/이유: ~ 때문에〉: 〈전치사〉 because of / due to / for / on account of / owing to / thanks to // 〈종·접〉 as / **because** / now (that) / since

6 〈There/Here is 도치구문〉

긍정문	**There** (Here)	is	단수 주어	~이 있다 (여기에 ~이 있다)
		are	복수 주어	
부정문	There (Here)	is no	단수 주어	~이 없다 (여기에 ~이 없다)
		are no	복수 주어	

6 〈혼동하기 쉬운 동사〉

원형	과거	과거분사	현재분사/동명사	뜻
rise	rose	risen	rising	vi. 오르다, 일어나다
raise	raised	raised	**raising**	vt. 올리다, 기르다
arise	arose	arisen	arising	vi. 발생하다, 기인하다

7 〈목적어 자리에 to부정사를 취하는 완전 타동사〉

주어	완전 타동사	목적어
–	afford / agree / ask / attempt / care / choose / claim / dare / decide / demand / desire / determine / elect / expect / fail / guarantee / **hope** / intend / learn / manage / need / offer / plan / pretend / promise / refuse / resolve / seek / threaten / volunteer / want / wish 등	to 동사원형

어법 & 연결어

I'm Maggie Morgan, a long-time fan of the Wakefield Community Theatre. I'm well aware **[what / that]** in this difficult **[economy / economics]**, organisations such as the Wakefield Community Theatre **[are facing / is faced]** financial difficulties and (   ) an increase in ticket prices **[is / are]** inevitable. (   ) in my opinion, a 50 percent increase to the price of individual tickets **[seem / seems]** totally unreasonable. It would mean **[that / what]** ordinary residents **[like / alike]** **[me / myself]** will have **[lesser / fewer]** opportunities to enjoy a quality drama performance. **[Price / Pricing]** tickets out of the range of local residents **[is / are]** not a good option, **[because / because of]** it'll hurt your organisation in years to come. I'm sure **[that / what]** there will be other ways to get financial support instead of **[arising / raising]** ticket prices so much. I hope **[hearing / to hear]** from you soon on this matter.

전국 2021학년도 7월 고3 19번		
심경 · 심경 변화	제목	깊은 지하에 갇힌 Tavil
	주제	Tavil은 깊은 지하에 갇혀 겁에 질려 있다.
	논리	이야기

	지문	해석	단어 & 숙어
1	Tavil feels / {he understands this buried world / and he is ready (to leave)}. (종·접 that) { }: O S V S_1 V_1 p.p. O S_2 V_2 S·C Tavil은 느낀다 / 이 파묻힌 세상을 파악하고 / 떠날 준비가 되었다고	Tavil은 이 파묻힌 세상을 파악하고 떠날 준비가 되었다고 느낀다.	understand 이해하다 buried 파묻힌 be ready to R ~할 준비가 되다, 기꺼이 ~하다 leave 떠나다
2	But / (when he turns), / the hole / (he'd climbed through) / (no longer) exists. (종·접) S V / S(선행사)(목·관 that)S V(과거완료) (전치사) / V 하지만 / 그가 몸을 돌리자 / 구멍은 / 그가 기어왔던 / 더 이상 존재하지 않는다	하지만 그가 몸을 돌리자, 그가 기어왔던 구멍은 더 이상 존재하지 않는다.	turn 몸을 돌리다 hole 구멍 climb 기어오르다 no longer 더 이상 ~ 아닌 exist 존재하다
3	(In its place) / is a smooth wall (of white tile), / {a continuation (of the unending pattern) / (throughout the tunnel)}. 〈도치〉 V S = 〈동격〉 (현재분사) O (전치사) O 그 자리에 / 흰색 타일의 매끄러운 벽이 있고 / 그것은 끝없는 무늬의 연속이다 / 터널 전체에 걸쳐 있는	그 자리에 매끄러운 흰색 타일 벽이 있고, 그것은 터널 전체에 걸쳐 있는 끝없는 무늬의 연속이다.	smooth 매끈한, 매끄러운 wall 벽 continuation 연속 unending 끝이 없는, 영원한 pattern 무늬, 패턴 throughout 도처에, 전체에 걸쳐
4	The broken scraps of debris / (that had littered the base of the hole) / are gone (as well). p.p. S(선행사) 〈주·관〉 V〈과거완료〉 O V〈수동태〉 부서진 잔해의 조각들도 / 구멍의 밑바닥에 흩어져 있던 / 사라졌다	구멍의 밑바닥에 흩어져 있던 부서진 잔해의 조각들도 사라졌다.	broken 깨진, 부러진 scrap 조각 debris 파편 litter 어지럽히다 base 밑바닥, 맨 아래 부분 be gone 없어지다 as well 또한, 역시
5	And this is / [when he feels the horrifying truth / {of (where he is)}]; / so deep (underground) / {that the climb down made / the muscles (in his legs and arms) tremble}. S V 〈관·부〉 S V 〈현재분사〉 O 〈전치사〉 〈의문사〉 ( ): O〈간·의〉 S V △: 〈so 형/부 that S V〉 (he is) S·C〈형용사〉 〈부사〉 〈종·접〉 S V O O·C 그리고 바로 이때 / 그는 소름 끼치는 진실을 느낀다 / 자신이 있는 곳에 대한 / 너무 깊은 지하라서 / 기어 내려오는 것이 만들었다 / 그의 다리와 팔의 근육을 떨리게	그리고 바로 이때 그는 자신이 있는 곳에 대한 소름 끼치는 진실을 느낀다. 너무 깊은 지하라서 기어 내려오는 것이 그의 다리와 팔의 근육을 떨리게 만들었다.	horrifying 몸서리쳐지는, 소름 끼치는 (= horrific) truth 진실 so 형/부 that S V 너무 ~해서 그 결과 …하다 underground 지하에 climb down 기어 내려옴 make O O·C(형용사) (5) ~을 …한 상태로 만들다 muscle 근육 tremble 떨다
6	He is trapped. S V〈수동태〉 그는 갇혀 있다	그는 갇혀 있다.	trap 가두다
7	(Brutally) so. (= he is trapped) 잔인하게도 그러하다	잔인하게도 그러하다.	brutally 잔인하게
8	As if (in a grave), / (in a tomb). (he were) 〈종·접〉 마치 묘 안에 있는 것처럼 / 무덤 안에	마치 묘 안에, 무덤 안에 있는 것처럼.	as if 마치 ~인 것처럼 grave 묘 tomb 무덤
9	(Frightened), / he claws at the tiles. ( ): 〈분사구문〉 p.p. S V O 겁에 질려서 / 그는 타일을 손톱으로 긁는다	그는 겁에 질려 타일을 손톱으로 긁는다.	frightened 겁먹은 claw at ~을 긁다
10	He screams, / {not caring (if someone hears)}; / {hoping (they do and will cast him out)}. S V { }: 〈분사구문〉 〈현재분사〉〈의문사 대용어〉 ( ): O〈간접의문문〉 S V (종·접 that) 〈현재분사〉 S V_1 V_2 O { }: 〈분사구문〉 그는 비명을 지른다 / 누군가가 들을지 개의치 않고 / 누군가 그 소리를 듣고 자신을 내쫓을 것을 바라며	누군가가 들을지 개의치 않고, 누군가 그 소리를 듣고 자신을 내쫓을 것을 바라며 그는 비명을 지른다.	scream 비명을 지르다 care 신경 쓰다, 개의하다 if ~인지 (아닌지) (= whether) cast A out A를 몰아내다[내쫓다]

19 다음 글에 드러난 Tavil의 심경으로 가장 적절한 것은? [84%]

① bored and lonely
② relieved and hopeful
③ thrilled and joyful
④ terrified and desperate
⑤ touched and grateful

정답 | ④

해설 | ① 지루하고 외로운: 지루한 심경은 드러나지 않는다.
② 안도하고 희망찬: 글에 드러난 심경과 반대된다.
③ 전율이 흐르고 즐거운: 즐거운 심경은 드러나지 않는다.
④ 겁에 질려 있고 절박한: 5, 9와 같이 글 전체에서 겁에 질려 절박한 심경이 드러나므로 정답이다.
⑤ 감동받고 고마운: 감동받고 고마워하는 심경은 드러나지 않는다.

문법

1 10 〈목적격 종속접속사 that 생략〉 : 완전 타동사의 목적어로 사용된 경우 / 관계대명사 what 사용 불가

	종속절 (명사절: 목적어) (완전한 절)		
완전 타동사	목적격 종속접속사	주어	동사
feels	(that) 생략 가능	he	understands
hoping		they	do and will cast

2 〈목적격 관계대명사 that〉 : 타동사의 목적어가 없는 경우 / 선행사를 포함하고 있는 관계대명사 what 사용 불가

	목적격 관계대명사절			
선행사	목적격 관계대명사	주어	타동사	~~목적어~~
the hole	(that) 생략 가능	he	had climbed	

2 3 〈혼동 어휘〉

through	전치사	~을 통하여
throughout	전치사	(장소) ~의 도처에, (시간) ~ 동안, ~ 내내
	부사	도처에, 완전히, 철저하게
though	접속사	~에도 불구하고
thorough	형용사	철저한, 완전한

3 〈부사구 문두 도치〉 : 부사구의 종류에는 장소/방법/시간이 있는데, 장소와 관련된 부사가 문두에 위치하면 도치가 될 때, 도치는 선택적이고, 일반 동사라고 해도 do/does/did를 사용할 수 없음

부사구	동사	주어
In its place	is	a smooth wall ~

4 〈주격 관계대명사 that절〉 : 선행사를 포함하고 있는 관계대명사 what 사용 불가

	주격 관계대명사절			
선행사 (주어)	주격 관계대명사	~~주어~~	동사	동사
The broken ~ debris	that		had littered	are gone

1 2 4 5 10 〈what vs. that〉

	관계대명사 (불완전한 문장)	접속사 (완전한 문장)
what	○ 선행사를 포함하고 있기 때문에 what 앞에 선행사 불필요	×
that	**o** that 앞에 선행사 필요	**o**

5 〈관계부사 when〉 : 선행사를 포함한 관계부사 when = the time when

5 〈간접의문문〉

	〈간접의문문〉 : 전치사의 목적어 (완전한 문장)		
전치사	의문사	주어	동사
of	where	he	is

5 〈원인과 결과를 동시에 나타내는 표현〉 : '너무 ~해서 그 결과 …하다' (종속접속사 that 생략 가능)

〈원인〉 : 너무 ~해서				〈결과〉 : 그 결과 …하다		
so	형용사 / 부사	(a(n) + 명사)		(that)	주어	동사
such	(a(n))	형용사	명사	that	주어	동사

5 〈make 사역동사〉

make	목적어	목적격 보어	해석
사역동사	명사 / 명사 상당어구	**동사원형(R)**	**~가 …하도록 시키다**
		과거분사(p.p)	~가 …하게 당하다
made	the muscles ~	~~trembled~~	
		tremble	

7 〈Brutally so.〉 = Brutally he is trapped.

8 〈생략, as if 가정법〉 : As if (he were/was) in a grave

9 〈Frightened〉 : 〈분사구문〉이 문두에 있는 경우 (수동) [= (Being) frightened = As he is frightened]

10 〈not caring ~〉 : 〈분사구문〉이 문미에 있는 경우 (능동) (= as he does not care[is not caring])

10 〈hoping ~〉 : 〈분사구문〉이 문미에 있는 경우 (능동) (= as he hopes[is hoping])

10 〈간접의문문〉 : caring(현재분사) + [if(의문사 대용어: ~인지 아닌지를) + someone(주어) + hears(동사)] : 타동사 care의 현재분사 caring의 목적어로 if 이하의 간접의문문이 사용된 경우 (if = whether ≠ that)

10 〈이어동사〉

타동사	명사	부사	○
타동사	부사	명사	○
타동사	대명사	부사	**o**
타동사	부사	대명사	×
cast	out	him	×

어법 & 연결어

Tavil feels he understands this **[burying / buried]** world and he is ready to leave. (   ) when he turns, the hole he'd climbed **[thorough / through]** no longer exists. In its place **[is / are]** a smooth wall of white tile, a continuation of the **[unending / unended]** pattern **[through / throughout]** the tunnel. The **[broken / breaking]** scraps of debris **[what / that]** **[littered / had littered]** the base of the hole **[is gone / are gone]** as well. (   ) this is when he feels the **[horrifying / horrified]** truth of **[where is he / where he is]**: so deep underground **[what / that]** the climb down made the muscles in his legs and arms **[to tremble / tremble]**. He **[is trapped / traps]**. Brutally so. **[As though / As if]** in a grave, in a tomb. **[Frightened / Frightening]**, he claws at the tiles. He screams, not **[cared / caring]** if someone hears; **[hoping / hoped]** they do and will **[cast him out / cast out him]**.

전국 2021학년도 7월 고3 20번

글의 주장

제목	원하는 바를 긍정문으로 말하기
주제	뇌는 '않다'라는 말을 인식하지 않으므로 원하는 바를 긍정문으로 생각하고 말해야 한다.
논리	주장과 근거, 질문·답변

	지문	해석	단어 & 숙어
1 근거	Your brain doesn't recognize / *don't*. S V O 여러분의 뇌는 인식하지 않는다 '않다'라는 말을	여러분의 뇌는 '않다'라는 말을 인식하지 않는다.	recognize 인식하다, 인지하다
2	(No matter what I say), / don't think of a giraffe / (with brown spots) (on it). 〈복합 관계부사〉 S V V O 내가 뭐라고 말하든 기린을 생각하지 마라 갈색 반점이 있는	내가 뭐라고 말하든, 갈색 반점이 있는 기린을 생각하지 마라.	no matter what 무엇이든 상관없이 think of ~을 고려하다 giraffe 기린 spot 점, 얼룩
3	(No matter what I say), / don't think of a clear glass vase / (with fresh red roses) (in it). 〈복합 관계부사〉 S V V O (= the clear glass vase) 내가 뭐라고 말하든 투명한 유리 꽃병을 생각하지 마라 싱싱한 붉은 장미가 꽂혀 있는	내가 뭐라고 말하든, 싱싱한 붉은 장미가 꽂혀 있는 투명한 유리 꽃병을 생각하지 마라.	clear 투명한 vase 꽃병
4 질문	What happens? 무슨 일이 일어나는가	무슨 일이 일어나는가?	happen (일이) 일어나다
5 질문	It's automatic, / isn't it? S V S·C 〈부가의문문〉 그것은 자동적이다 그렇지 않은가	그것은 자동적이다, 그렇지 않은가?	automatic 자동적인
6 답변	Your brain goes ahead / and creates the picture / (all) (by itself). S V_1 V_2 O 여러분의 뇌는 앞서가며 그 그림을 만들어낸다 저절로	여러분의 뇌는 앞서가며 저절로 그 그림을 만들어낸다.	go ahead 앞서가다 create 만들어내다 (all) by itself 저절로
7	Your words / — (whether you think, say, read, or hear them) / — are a direct command (to create). S 〈종·접〉 S V_1 V_2 V_3 V_4 O V S·C 여러분의 말은 여러분이 생각하든, 말하든, 읽든, 듣든 간에 만들어내라는 직접적인 명령이다	여러분이 생각하든, 말하든, 읽든, 듣든 간에 여러분의 말은 만들어내라는 직접적인 명령이다.	whether ~이든 아니든 direct 직접적인 command 명령
8	The more direct the order, / the more diligent the response. (is) 〈the 비교급 ~, the 비교급 ···〉 (is) S·C S S·C S 명령이 더 직접적일수록 반응은 더 부지런하다	명령이 더 직접적일수록 반응은 더 부지런하다.	direct 직접의 (immediate) order 명령 diligent 부지런한, 성실한 response 반응
9	(Trickily), / {if you say / (you don't want to lose your temper)}, / your brain doesn't recognize *don't* / and sees it as a royal command / (to get you to lose your temper). (종·접 that) ( ): O 〈종·접〉 S V S V O 교묘하게도 만약 여러분이 말한다면 화를 내고 싶지 않다고 S V_1 O V_2 O O·C 여러분의 뇌는 '않다'라는 말을 인식하지 않고 그것을 어명으로 본다 O O·C 여러분이 화를 내라는	교묘하게도, 만약 여러분이 화를 내고 싶지 않다고 말한다면, 여러분의 뇌는 '않다'라는 말을 인식하지 않고 그것을 여러분이 화를 내라는 어명으로 본다.	trickily 교묘하게 lose one's temper 화를 내다 see O O·C(as) (5) ~을 ···로 여기다 (수동태 시, be seen S·C(as)) royal command 왕의 명령, 어명
10	{If say / (you don't want to spill your drink)}, / it's as good as an instruction / (to tip the contents). (you) (종·접 that) ( ): O 〈as 형/부 as〉 〈종·접〉 V S V O S V S·C 만약 말한다면 여러분이 여러분의 음료를 엎지르고 싶지 않다고 그것은 지시나 다름없다 그 내용물을 쏟으라는	만약 여러분이 여러분의 음료를 엎지르고 싶지 않다고 말한다면, 그것은 그 내용물을 쏟으라는 지시나 다름없다.	spill 쏟다 as good as ~와 마찬가지인 instruction 지시 tip 쏟다 content 내용물
11	Change your words / (to support you). V O O 말을 바꿔라 여러분을 지지하도록	여러분을 지지하도록 말을 바꿔라.	support 지지하다
12 TS 주장	Create affirmations / (that suit you). V O〈선행사〉 〈주·관〉 V O 긍정문을 만들어라 여러분에게 적합한	여러분에게 적합한 긍정문을 만들어라.	affirmation 긍정 suit 알맞다, 적합하다
13	Think and say (precisely) / (what you desire) / rather than (what you don't want). ( ): O_1 〈A rather than B〉 ( ): O_2 V_1 V_2 〈목·관〉 S V 〈목·관〉 S V 정확히 생각하고 말하라 바라는 것을 여러분이 원하지 않는 것보다	여러분이 원하지 않는 것보다 바라는 것을 정확히 생각하고 말하라.	precisely 정확히 desire 원하다, 바라다 A rather than B B보다 오히려 A

20 다음 글에서 필자가 주장하는 바로 가장 적절한 것은? [78%]

① 원하는 바를 긍정문으로 생각하고 말하라.
② 창의력 향상을 위해 상상하는 연습을 하라.
③ 일상 대화 시 명령조의 말투를 사용하지 마라.
④ 자신이 하고 싶지 않은 일을 남에게 시키지 마라.
⑤ 기대했던 결과가 바로 나오지 않더라도 포기하지 마라.

정답 | ①

해설 | ① 12에 원하는 바를 긍정문으로 생각하고 말하라고 했으므로 정답이다.
② 창의력 향상에 관한 내용은 없다.
③ 명령조의 말투에 관한 내용은 없다.
④ 일을 남에게 시키는 것에 관한 내용은 없다.
⑤ 결과가 나오지 않는다고 포기한다는 내용은 없다.

문법

2 〈복합 관계사〉

종류	복합 관계대명사	복합 관계부사
whoever	anyone who ~하는 누구든지	no matter who 누가 ~ 하더라도
whomever	anyone whom ~하는 누구든지	no matter whom 누구를 ~ 하더라도
whichever	anything that ~하는 어떤 것이든	no matter which 어느 것을 ~ 하더라도
whatever	anything that ~하는 어떤 것이든	**no matter what** **무엇을 ~ 하더라도**

2 3 11 12 13 〈직접명령문〉 : don't think / Change / Create / Think / say

직접명령문	긍정문	**동사원형**	~해라
		Please + 동사원형	~해 주세요
	부정문	Don't + **동사원형**	~하지 마라
		Never + 동사원형	

5 〈부가의문문〉 : be동사일 경우

		부가의문문	
주어(A)	동사(B)	동사(B)	주어(A)
It	is	isn't	it?

7 〈whether의 용법〉

종류				명사절	부사절
whether	(or not)	주어	동사	~인지 아닌지	~든지 말든지, ~하든 말든, ~인지 아닌지
	주어	동사	(or not)		
	A	or	B	A 이거나 B	

8 〈the 비교급 ~, the 비교급 …〉 : ~하면 할수록, 더 …하다 (〈생략〉 : The more direct the order (is), the more diligent the response (is).)

the	비교급	~,	the	비교급	…
	-er/more			-er/more	
	more			more	

9 10 〈목적격 종속접속사 that 생략〉 : 완전 타동사의 목적어로 사용된 경우 / 관계대명사 what 사용 불가

	종속절 (명사절: 목적어) (완전한 절)		
완전 타동사	목적격 종속접속사	주어	동사
say	(that) 생략 가능	you	don't want

9 10 〈목적어 자리에 to부정사를 취하는 완전 타동사〉

주어	완전 타동사	목적어
–	afford / agree / ask / attempt / care / choose / claim / dare / decide / demand / desire / determine / elect / expect / fail / guarantee / hope / intend / learn / manage / need / offer / plan / pretend / profess / promise / refuse / resolve / seek / threaten / volunteer / **want** / wish 등	to 동사원형

9 〈5형식 불완전 타동사의 목적격 보어〉 : 수동태 전환 시, 2형식 문장(be p.p. + as 보어)

주어	불완전 타동사	목적어	목적격 보어
–	accept / achieve / announce / characterize / cite / consider / count / deem / define / describe / disguise / dismiss / identify / interpret / look at / look upon / perceive / praise / present / read / reckon / refer to / recognize / regard / remember / respect / **see** / speak of / think of / train / treat / use / view / visualize 등	–	as 보어

9 〈get 동사의 쓰임〉 : 5형식일 경우

get	목적어	목적격 보어	5형식	목적어와 목적격 보어와의 관계
		형용사	~을 …의 상태가 되게 하다	능동
		현재분사	~을 …의 상태가 되게 하다	
		to 동사원형	**(남에게) …시키다**	
		과거분사	(물건을) …하게 하다	수동

12 〈주격 관계대명사절의 수의 일치〉 : 선행사를 포함하고 있는 관계대명사 what 사용 불가

	주격 관계대명사절		
선행사	주격 관계대명사	~~주어~~	동사
affirmations	that		~~suits~~
			suit

13 〈목적격 관계대명사 what절〉 : 선행사가 필요한 목적격 관계대명사 that 사용 불가

	목적격 관계대명사절			
선행사	목적격 관계대명사	주어	타동사	~~목적어~~
없음	what	you	desire	
	what	you	don't want	

어법 & 연결어

Your brain doesn't recognize *don't*. No matter **[what / whatever]** I say, don't think of a giraffe with brown spots on **[it / them]**. No matter what I say, don't think of a clear glass vase with fresh red roses in it. What happens? It's automatic, **[is it / isn't it]**? Your brain goes ahead and creates the picture all by **[it / itself]**. Your words — whether you think, say, read, **[and / or]** hear **[it / them]** — **[is / are]** a direct command to create. The more **[direct / directly]** the order, the more **[diligent / diligently]** the response. Trickily, if you say you don't want **[losing / to lose]** your temper, your brain doesn't recognize *don't* and sees **[it / them]** as a royal command to get you **[to lose / lost]** your temper. If say **[that / what]** you don't want to spill your drink, it's as good as an instruction to tip the contents. **[Change / Changing]** your words to support you. **[Create / Creating]** affirmations **[what / that]** **[suit / suits]** you. Think and say **[precise / precisely]** **[what / that]** you desire rather than **[that / what]** you don't want.

전국 2021학년도 7월 고3 21번	
밑줄 의미	
제목	반대에 마주하는 혁신
주제	혁신은 삶을 나은 쪽으로 바꿔왔음에도 불구하고 대부분 비난과 반대에 마주한다.
논리	열거

	지문	해석	단어 & 숙어
1	(Perhaps) / the most puzzling aspect (of innovation) / is (how unpopular it is), / (for all the lip service) / {we pay (to it)}. puzzling 〈현재분사〉, aspect S, is V / 〈 〉: S·C〈간접의문문〉 / how 〈의문사〉, unpopular S·C, it S, is V / lip service 〈선행사〉 / (목·관 that) we S, pay V 아마도 / 혁신의 가장 당혹스러운 측면은 / 그것이 정말 인기가 없다는 것이다 / 모든 입에 발린 말에 비해 / 우리가 그것에 대해서 내놓는	아마도 혁신의 가장 당혹스러운 측면은 우리가 그것에 대해서 내놓는 모든 입에 발린 말에 비해 그것이 정말 인기가 없다는 것이다.	perhaps 아마도 puzzling 곤혹하게 하는 aspect 측면 innovation 혁신 unpopular 인기 없는 pay lip service to ~에 입에 발린 말을 하다
2 TS	(Despite the abundant evidence) / {that it has transformed / (almost) everybody's lives / (for the better) / (in innumerable ways)}, / the kneejerk reaction (of most people) / (to something new) / is (often) worry, / (sometimes) (even) disgust. Despite 〈전치사〉, evidence O / = 〈동격〉 that 〈종·접〉, it S, has transformed V〈현재완료〉 / almost 〈부사〉, everybody's lives O / reaction S / to 〈전치사〉, something O, new 〈형용사〉 / is V, worry $S·C_1$, disgust $S·C_2$ 많은 증거에도 불구하고 / 그것이 바꿔왔다는 / 거의 모든 사람의 삶을 / 더욱 나은 쪽으로 / 무수한 방식으로 / 대부분의 사람들의 반사적인 반응은 / 어떤 새로운 것에 대한 / 흔히 걱정이며 / 때로는 심지어 혐오감이다	그것이 무수한 방식으로 거의 모든 사람의 삶을 더욱 나은 쪽으로 바꿔왔다는 많은 증거에도 불구하고, 어떤 새로운 것에 대한 대부분의 사람들의 반사적인 반응은 흔히 걱정이며 때로는 심지어 혐오감이다.	despite ~에도 불구하고 (= in spite of) abundant 풍부한, 많은 evidence 증거 transform 완전히 바꿔 놓다, 변형시키다 almost 거의 for the better 더 나은 쪽으로 innumerable 셀 수 없는 kneejerk 반사적인 reaction 반응 worry 걱정, 염려 sometimes 때때로 disgust 혐오
3	{Unless it is of obvious use (to ourselves)}, / we tend (to imagine / the bad consequences) / {that might occur / (far) more than the good ones}. Unless 〈종·접〉, it S, is V, of obvious use S·C / we S, tend V / consequences O〈선행사〉 / that 〈주·관〉, might occur V / far 〈강조〉 / 〈more than ~〉 그것이 우리 자신에게 명백히 쓸모 있지 않은 한 / 우리는 상상하는 경향이 있다 / 나쁜 결과를 / 발생할지 모를 / 좋은 결과보다 훨씬 더 많이	그것이 우리 자신에게 명백히 쓸모 있지 않은 한, 우리는 발생할지 모르는 나쁜 결과를 좋은 결과보다 훨씬 더 많이 상상하는 경향이 있다.	unless 만약 ~하지 않는다면 (= if ~ not) of obvious use 명백히 쓸모 있는 tend to R ~ 경향이 있다 imagine 상상하다 consequence 결과 occur 일어나다, 발생하다 more than ~보다 많이
4	And / we throw obstacles / (in the way of innovators), / (on behalf of those) / (with a vested interest) / (in the status quo): / (investors, managers and employees) (alike). we S, throw V, obstacles O / on behalf of 〈전치사〉, those O / with 〈전치사〉, vested p.p., interest O 그리고 / 우리는 방해한다 / 혁신하려는 사람을 / 사람들을 대신하여 / 기득권을 가진 / 현 상태에 / 투자자, 관리자, 피고용인을 막론하고	그리고 우리는 투자자, 관리자, 피고용인을 막론하고 현 상태에 기득권을 가진 사람들을 대신하여 혁신하려는 사람을 방해한다.	throw obstacles in the way of ~을 방해하다, ~에 훼방 놓다 innovator 혁신가 on behalf of ~을 대신해 vested interest 기득권 status quo 현 상태 investor 투자자 manager 관리자, 경영자 employee 피고용인, 직원 alike 비슷하게, 마찬가지로, 똑같이
5	History shows / 〈that innovation is a delicate and vulnerable flower, / [{(easily) crushed underfoot}, / but quick (to regrow) / (if conditions allow)]〉. History S, shows V / 〈 〉: O / that 〈종·접〉, innovation S, is V, delicate $〈형용사〉_1$, vulnerable $〈형용사〉_2$ / flower S·C〈선행사〉 / (which is) / easily 〈부사〉, crushed p.p., underfoot 〈부사〉 / (is) quick 〈형용사〉 / if 〈종·접〉, conditions S, allow V 역사는 보여준다 / 혁신이 연약하고 상처 입기 쉬운 꽃이며 / 쉽게 발로 짓밟혀 뭉개지지만 / 빨리 재성장함을 / 상황이 허락하면	역사는 혁신이 연약하고 상처 입기 쉬운 꽃이며 쉽게 발로 짓밟혀 뭉개지지만, 상황이 허락하면 빨리 재성장함을 보여준다.	delicate 섬세한 vulnerable 상처 입기 쉬운 crush 부수다, 으깨다 underfoot 발밑에서 regrow 재성장하다 allow 허락하다, 허용하다

21 밑줄 친 innovation is a delicate and vulnerable flower, easily crushed underfoot이 다음 글에서 의미하는 바로 가장 적절한 것은? [3점] [62%]

① Innovation comes from the need for solving deficiency.
② Innovative people are usually very sensitive to criticism.
③ Innovation is often faced with disapproval and opposition.
④ A single misstep in planning could ruin innovation entirely.
⑤ Innovative ideas need a series of revision and refinement.

정답 | ③

해설 | ① 혁신은 결핍 해결을 위한 욕구로부터 나온다: 결핍 해결에 관한 내용은 없다.
② 혁신적인 사람들은 비난에 보통 아주 민감하다: 혁신적인 사람들에 관한 내용은 없다.
③ 혁신은 비난과 반대에 자주 마주하게 된다: 2에서 혁신은 걱정과 혐오감에 마주한다고 했으므로 정답으로 적절하다.
④ 단 한 번의 실수가 완전히 혁신을 망쳐버릴 수 있다: 실수가 혁신을 망친다는 내용은 없다.
⑤ 혁신적인 생각은 일련의 수정과 개선이 필요하다: 수정과 개선에 관한 내용은 없다.

문법

1 2 〈혼동 어휘〉

	대명사	형용사	부사
most	대부분의 것들[사람들]	**대부분의**	**가장**
almost	–	–	**거의**
mostly	–	–	주로, 일반적으로

1 〈간접의문문〉

	〈간접의문문〉: 자동사 is의 주격 보어			
자동사	의문사	주격 보어	주어	동사
is	how	unpopular	it	is

1 〈목적격 관계대명사 that〉: 선행사를 포함하고 있는 관계대명사 what 사용 불가

	목적격 관계대명사절			
선행사	목적격 관계대명사	주어	타동사	~~목적어~~
all the lip service	(that) 생략 가능	we	pay	

2 〈동격의 종속접속사 that〉: 'the + 추상명사(evidence) + that' (~라는 증거)

2 〈형용사의 후치 수식〉: something new

후치 수식	**-thing**	+ 형용사	○
	-body		
	-one		
전치 수식	형용사 +	-thing	×
		-body	
		-one	

3 〈of + 추상명사 = 형용사〉: **of obvious use = obviously useful**

of	추상명사	형용사	뜻
of	ability	able	유능한
	beauty	beautiful	아름다운
	courage	courageous	용기 있는
	help	helpful	도움이 되는
	importance	important	중요한
	sense	sensible	지각 있는
	use	**useful**	**유용한**
	value	valuable	가치가 있는

3 〈대명사 vs. 재귀대명사〉

		주어와 다름	주어와 동일
주어	~	대명사	재귀대명사
we		us	**ourselves**

3 〈to부정사를 취하는 자동사〉

주어	불완전 자동사	
–	aim / appear / arrange / bother / consent / fight / hesitate / hurry / long / prepare / proceed / seem / serve / strive / struggle / **tend** / yearn / wait 등	to 동사원형

3 〈주격 관계대명사절〉: 선행사를 포함하고 있는 관계대명사 what 사용 불가

	주격 관계대명사절		
선행사	주격 관계대명사	~~주어~~	동사
the ~ consequences	that		might occur

3 〈비교급 vs. 원급 강조〉

	비교급 강조 표현	원급 강조 표현
훨씬 ~한	much, even, still, by far, **far**, a lot, lots, a great deal	very, so, quite, really, extremely, too
조금 더 ~한	a little, slightly, a bit	

2 3 5 〈what vs. that〉

	관계대명사(불완전한 문장)	접속사(완전한 문장)
what	○ 선행사를 포함하고 있기 때문에 what 앞에 선행사 불필요	×
that	○ that 앞에 선행사 필요	○

4 〈혼동 어휘〉: 철자가 비슷해서 혼동

stat	e	주, 국가, 말하다, 상태
	ue	동상
	ure	키, 신장, 위상
	us	지위, **상태**

5 〈주격 관계대명사 + be동사 생략〉: a ~ flower [(which is) easily crushed(과거분사)]: 과거분사가 앞에 있는 명사를 후치 수식하는 경우

어법 & 연결어

Perhaps the **[almost / most]** **[puzzling / puzzled]** aspect of innovation is how **[unpopular / unpopularly]** it is, for all the lip service we pay to **[it / them]**. **[Although / Despite]** the abundant evidence **[that / which]** it has transformed **[almost / most]** everybody's lives for the better in innumerable ways, the kneejerk reaction of **[almost / most]** people to **[something new / new something]** is often worry, sometimes even disgust. **[If / Unless]** it is of obvious use to **[us / ourselves]** we tend **[imagining / to imagine]** the bad consequences **[that / what]** might occur **[very / far]** more than the good **[one / ones]**. (   ) we throw obstacles in the way of innovators, on behalf of those with a **[vested / vesting]** interest in the **[statue / status]** quo: investors, managers and employees **[likely / alike]**. History shows **[that / what]** innovation is a delicate and vulnerable flower, easily crushed underfoot, but quick to regrow if conditions allow.

전국 2021학년도 7월 고3 22번		
글의 요지	제목	농업 혁신의 결과
	주제	농업 혁신은 식량 생산량을 늘리고, 자연 훼손을 억제했다.
	논리	통념·진실

	지문	해석	단어 & 숙어
1	The immense improvement (in the yield of farming) / (during the twentieth century), / {as a result of innovations / (in mechanization, fertilizer, new varieties, pesticides and genetic engineering)}, / has banished famine / (from the face of the planet) / (almost) (entirely), / and (drastically) reduced malnutrition, / even (while the human population has continued to expand). [농업 생산량의 엄청난 향상은 (S) / 20세기 / 혁신의 결과인 / 기계화, 비료, 신품종, 살충제, 유전공학에서의 / 기근을 몰아냈고 (V_1〈현재완료〉, O) / 지구상에서 / 거의 완전히 / 대폭 영양실조를 줄였다 (V_2, O) / 심지어 인구가 계속 팽창하는 동안에도 (〈종·접〉 S V〈현재완료〉 O)]	기계화, 비료, 신품종, 살충제, 유전공학에서의 혁신의 결과인 20세기 농업 생산량의 엄청난 향상은, 심지어 인구가 계속 팽창하는 동안에도, 지구상에서 기근을 거의 완전히 몰아냈고, 영양실조를 대폭 줄였다.	immense 엄청난 improvement 향상, 개선, 호전 yield 수확량 farming 농업, 농사 as a result of ~의 결과로서 innovation 혁신 mechanization 기계화 fertilizer 비료 variety 품종 pesticide 살충제 genetic engineering 유전공학 banish A from B A를 B에서 추방하다 famine 기근, 굶주림 from the face of the planet 지구상에서부터 drastically 큰 폭으로 malnutrition 영양실조 human population 인구 continue O(to R) 계속 ~하다 expand 확대[확장/팽창]되다
2 통념	Few predicted this, / yet many are concerned / {that this improvement has come / (at the expense of nature)}. [이를 예상한 사람은 거의 없었다 (S_1 V_1 O) / 하지만 많은 사람들은 우려한다 (S_2 V_2〈수동태〉) / { }: O 〈종·접〉 이러한 향상이 이루어졌다고 (S V〈현재완료〉) / 자연을 훼손하면서]	이를 예상한 사람은 거의 없었지만, 많은 사람들은 이러한 향상이 자연을 훼손하면서 이루어졌다고 우려한다.	few 거의 없는, 소수의 predict 예측[예상]하다 many [복수 취급] 다수(의 사람[것]) concerned 염려하는 at the expense of ~을 희생해서 nature 자연
3 TS 진실	**In fact** / the evidence is strong / (that the opposite is the case). [실제로는 / 증거가 강력하다 (S V S·C) / = 〈동격〉 〈종·접〉 그 반대가 사실이라는 (S V S·C)]	실제로는 그 반대가 사실이라는 증거가 강력하다.	in fact 사실, 실제로 evidence 증거 strong 강력한, 유력한 opposite 반대 be the case 사실이다
4	Innovation (in food production) / has spared land and forest / (from the plough, the cow and the axe) / (on a grand scale) / [by increasing the productivity of the land / {we (do) farm}]. [식량 생산의 혁신은 (S) / 땅과 숲을 절약해왔다 (V〈현재완료〉 O_1 O_2) / 쟁기, 소 그리고 도끼로부터 / 대규모로 / 땅의 생산을 높임으로써 (〈동명사〉 O 〈선행사〉) / (목·관 that) 우리가 실제로 경작하는 (S 〈강조〉 V)]	식량 생산의 혁신은 우리가 실제로 경작하는 땅의 생산성을 높임으로써 쟁기, 소 그리고 도끼로부터 땅과 숲을 대규모로 절약해왔다.	food production 식량 생산 spare A from B A가 B를 면하게 하다 forest 숲 plough 쟁기 cow 암소, 젖소 axe 도끼 on a grand scale 대규모로 by + -ing ~함으로써 increase 증가하다 productivity 생산성 farm 농사를 짓다[경작하다]
5	It turns out / {that this 'land sparing' has been (much) better / (for biodiversity) / than land sharing would have been} / — [by which is meant growing crops / (at low yields) / (in the hope) / {that abundant wildlife lives / (in fields) / (alongside crops)}]. [이는 드러난다 (〈가S〉 V) / { }: 〈진S〉 〈종·접〉 이 '토지 절약'이 훨씬 더 나은 것으로 (S V〈현재완료〉 〈강조〉 S·C) / 생물 다양성에 / 토지 공유가 그랬을 것보다 (S〈선행사〉 V) / 이것(토지 공유)은 농작물을 재배하는 것을 의미한다 (〈전치사 + 관·대〉 V〈수동태〉 〈동명사〉 O) / 낮은 생산량으로 / 바라면서 / = 〈동격〉 〈종·접〉 풍부한 야생 동물이 살기를 (S V) / 밭에 / 농작물과 함께 (〈전치사〉 O)]	이 '토지 절약'이 토지 공유가 그랬을 것보다 생물 다양성에 훨씬 더 나은 것으로 드러나는데, 이것(토지 공유)은 풍부한 야생 동물이 농작물과 함께 밭에 살기를 바라면서 낮은 생산량으로 농작물을 재배하는 것을 의미한다.	It turns out that S V ~인 것으로 드러나다[밝혀지다], 판명되다 land sparing 토지 절약 biodiversity 생물 다양성 land sharing 토지 분배 would have p.p. ~했을 것이다 mean 의미하다 crop 농작물 abundant 풍부한 wildlife 야생 동물 alongside ~와 함께, ~와 동시에

22 다음 글의 요지로 가장 적절한 것은? [57%]

① 친환경 농법이 자연에 해로운 경우도 있다.
② 식량 생산 증가가 인구 증가로 이어지지는 않는다.
③ 생물 다양성이 높아지면서 생태계의 생산성도 높아졌다.
④ 대규모 경작보다 소규모 경작이 농업 생산성에 유리하다.
⑤ 농업 혁신이 식량 생산량을 늘리면서도 자연 훼손을 억제했다.

정답 | ⑤

해설 | ① 2, 3에서 농업 혁신이 자연을 훼손하지 않았다고 했으므로 적절하지 않다.
② 식량 생산 증가와 인구 증가의 관계에 관한 내용은 없다.
③ 생물 다양성에 관한 내용은 없다.
④ 경작의 규모에 관한 내용은 없다.
⑤ 1에서는 농업 혁신이 식량 생산량을 늘렸다는 내용이, 4, 5에서는 자연 훼손을 억제했다는 내용이 제시되므로 정답이다.

문법

1 시간 (~ 동안)

전치사	during	+ 명사 / 명사 상당어구
종속접속사	while	+ 주어 + 동사

1 〈방해/금지〉

주어	완전 타동사	목적어	전치사	목적어
	keep		from	
	prohibit			
	deter			
	bar			
	hinder			
	prevent			
	protect			
	discourage			
	stop			
	banish			

1 〈혼동 어휘〉

	대명사	형용사	부사
most	대부분의 것들[사람들]	대부분의	가장
almost	–	–	거의
mostly	–	–	주로, 일반적으로

1 〈3형식에서 목적어 자리에 to R / -ing 둘 다 사용 가능한 동사들〉 : begin / cease / **continue** / dislike / hate / like / love / neglect / prefer / start 등

1 2 〈혼동 어휘〉

동사		명사	
extend	(손·발 등을) 뻗다, 뻗치다, (기간을) 늘이다, (범위·영토 등을) 넓히다	extension	확장, 연장
expend	(시간·노력 등을) 들이다, 소비하다, 쓰다	**expense**	돈, 비용, 손실
expand	(정도·크기·용적 등을) 넓히다, 펼치다, **팽창하다**, (토론 등을) 전개시키다	expansion	팽창, 확장

2 〈few / a few / a little / little〉

수	**few**	거의 없는 (부정)	+ 복수명사 + 복수동사
	a few	약간 (긍정)	
양	a little	약간 (긍정)	+ 단수명사 + 단수동사
	little	거의 없는 (부정)	

2 3 5 〈what vs. that〉

	관계대명사 (불완전한 문장)	접속사 (완전한 문장)
what	○ 선행사를 포함하고 있기 때문에 what 앞에 선행사 불필요	×
that	○ that 앞에 선행사 필요	○

4 〈목적격 관계대명사 that〉 : 타동사의 목적어가 없는 경우 / 선행사를 포함하고 있는 관계대명사 what 사용 불가

	목적격 관계대명사절			
선행사	목적격 관계대명사	주어	타동사	~~목적어~~
the land	(that) 생략 가능	we	do farm	

4 〈동사 강조 표현〉 : do farm

do/does/did	+ 동사원형
정말로 (= really, certainly)	

5 〈가주어, 진주어 구문〉

가주어	동사	진주어
It (this, that, there 사용 불가)	–	**that + 주어 + 동사 (완전한 절)**
		to 동사원형
		동명사
		의문사 + 주어 + 동사 (간접의문문)
		if/whether + 주어 + 동사
it	turns out	that절

5 〈비교급 vs. 원급 강조〉

	비교급 강조 표현	원급 강조 표현
훨씬 ~한	**much,** even, still, by far, far, a lot, lots, a great deal	very, so, quite, really, extremely, too
조금 더 ~한	a little, slightly, a bit	

5 〈전치사 + 관계대명사〉 : **by which is meant growing** ~ = [growing ~ (동명사구 주어)] + is meant(동사: 수동태) + [by which(전치사 + 목적격 관계대명사)] = which means growing ~

5 〈동격의 종속접속사 that〉 : 'the + 추상명사(hope) + that' (~라는 희망) / 관계대명사 which, what 사용 불가

어법 & 연결어

The immense improvement in the yield of farming **[while / during]** the twentieth century, as a result of innovations in mechanization, fertilizer, new varieties, pesticides and genetic engineering, **[has banished / have banished]** famine from the face of the planet **[most / almost]** entirely, and drastically reduced malnutrition, even **[during / while]** the human population has continued to **[expand / expend]**. **[Little / Few]** **[predicted / predicting]** this, yet many **[concern / are concerned]** **[that / what]** this improvement has come at the expense of nature. ( ) the evidence is strong **[what / that]** the opposite is the case. Innovation in food production has spared land and forest from the plough, the cow and the axe on a grand scale by increasing the productivity of the land we do **[farm / to farm]**. It turns out **[that / what]** this 'land sparing' has been **[very / much]** better for biodiversity than land sharing would have been — **[which / by which]** **[meant / is meant]** **[to grow / growing]** crops at low yields in the hope **[that / which]** abundant wildlife lives in fields alongside crops.

전국 2021학년도 7월 고3 23번

글의 주제

제목	무시당하는 자원봉사의 경제적 가치
주제	자원봉사의 경제적 중요성은 무시당하고 있다.
논리	열거

	지문	해석	단어 & 숙어
1	(More recently) / there have been attempts / {to argue (that unpaid work *is* work)} / [because 'it is an activity / {that combines labour / (with raw materials) / (to produce goods and services) / (with enhanced economic value)}]'.	최근에 '그것(무급 노동)이 향상된 경제적 가치를 지닌 재화와 서비스를 생산하기 위해 노동과 원자재를 결합하는 활동이기' 때문에 무급 노동이 일'이라고' 주장하는 시도가 있어 왔다.	an attempt to R ~하려는 시도 argue 주장하다 unpaid work 무급 노동 activity 활동 combine A with B A를 B와 결합하다 labour 노동, 작업 (= labor) raw material 원료 goods 재화 enhanced 높인, 강화한, 향상된 economic 경제의
2	Economists / (such as Duncan Ironmonger) / have attempted / to impute a dollar value / (on volunteering) / (to enable its 'economic' value / to be counted).	Duncan Ironmonger와 같은 경제학자들은 그것(자원봉사)의 '경제적' 가치가 계산될 수 있도록 자원봉사에 금전적 가치를 귀속시키려고 시도해왔다.	economist 경제학자 A such as B B와 같은 A impute 귀속시키다 a dollar value 금전적 가치 enable O O·C(to R) (5) ~가 …하도록 가능하게 하다 count 계산에 넣다, 포함시키다
3 TS	Yet / (despite this), / unpaid work and volunteering / (still) remain / (outside the defined economic framework) / (of our capitalist system) / {because capitalism has competition and financial reward / (as its cornerstones) / and volunteering does not}.	하지만 이에 불구하고, 자본주의가 경쟁과 재정적 보상을 그것의 초석으로 삼고 있는데 자원봉사는 그렇지 않기 때문에 무급 노동과 자원봉사는 여전히 우리의 자본주의 체제의 정의된 경제적 틀 밖에 머물러 있다.	despite ~에도 불구하고 (= in spite of) still 여전히, 아직 remain 남다, 남아있다 defined 정의된 framework 틀, 뼈대 capitalist 자본주의의 capitalism 자본주의 competition 경쟁 financial 재정적인, 금융의 reward 보상 cornerstone 초석, 주춧돌
4	(Having said that), / it has been estimated / {that volunteering contributes / about $42 billion / (a year) / (to the Australian economy)}.	그렇긴 해도, 자원봉사가 호주 경제에 연간 약 420억 달러를 기여하는 것으로 추정되어 왔다.	having said that 그렇긴 해도 estimate 추정하다 contribute A to B A를 B에 기여하다 billion 10억 economy 경제
5	{Although attempts / (to quantify and qualify the financial importance) / (of volunteering) / (in supporting our economic structures / and enhancing our social capital) / continue to be made}, / it is (slow) going.	비록 우리의 경제 구조를 지탱하고 우리의 사회적 자본을 향상시킴에 있어 자원봉사의 재정적 중요성을 정량화하고 기술하려는 시도가 계속 이루어지고 있지만, 그것은 느리게 진행되고 있다.	although (비록) ~일지라도 quantify 수량화하다 qualify (특성을) 기술하다 support 지지하다, 지탱하다 structure 구조 enhance 높이다, 향상시키다 capital 자본 continue O(to R) 계속 ~하다
6	And / {while volunteering remains / (outside the GDP)}, / its true value and importance is neglected.	그리고 자원봉사가 GDP 밖에 머물러 있는 동안, 그것의 진정한 가치와 중요성은 무시된다.	while ~하는 동안 GDP 국내 총생산 (= gross domestic product) neglect 소홀히 여기다
7	Governments continue / to pay lip service / (to the importance of volunteering) / but (ultimately) / (deny it official recognition).	정부는 자원봉사의 중요성에 대해 입에 발린 말을 계속 내놓지만, 궁극적으로는 그것을 공식적으로 인정하지 않는다.	government 정부 pay lip service to ~에 입에 발린 말을 하다 deny A B A에게서 B를 인정하지 않다[부인하다] official recognition 공식 인정

23 다음 글의 주제로 가장 적절한 것은? [3점] [49%]

① efforts to utilize volunteering as a business strategy
② mistaken view of identifying volunteering with labour
③ obstacles to our understanding of the capitalist system
④ governmental endeavours to involve volunteers in public service
⑤ lack of appreciation for the economic significance of volunteering

정답 | ⑤

해설 | ① 경제 전략으로써 자원봉사를 이용하기 위한 노력: 자원봉사를 경제 전략으로 이용한다는 내용은 없다.
② 자원봉사와 노동을 동일시하려는 잘못된 견해: 자원봉사와 노동을 동일시 한다는 내용은 없다.
③ 자본주의의 체계에 대한 우리의 이해에 장애물: 자본주의 체계에 대한 이해에 관한 내용은 없다.
④ 공공의 서비스에서 자원봉사자들을 관여시키기 위한 정부의 노력: 정부의 노력에 관한 내용은 없다.
⑤ 자원봉사의 경제적인 중요성에 대해 인정의 부족 : 3, 6, 7에서 자원봉사의 경제적 가치가 무시된다는 내용이 제시되므로 정답으로 적절하다.

문법

1 〈There/Here is 도치구문〉

긍정문	There (Here)	is	단수 주어	~이 있다 (여기에 ~이 있다)
		are	**복수 주어**	
부정문	There (Here)	is no	단수 주어	~이 없다 (여기에 ~이 없다)
		are no	복수 주어	

1 〈조동사 should의 용법〉 : 〈조동사 should의 용법〉 : 주절에 '주장/명령/요구/제안 동사'가 나오면 that절 안에 있는 동사는 '당위성'일 경우에 (should) R을 사용하고, **'일반적 사실'일 경우에 '시제 일치'를 시킨다.**

주장(insist, **argue**) / 요구/요청/부탁(require, demand, ask, desire, request, stipulate, move, beg, mandate) / 명령(command, order) / 충고(advise, urge) / 결정(agree, decide, decree, determine) / 소망(wish, pray, prefer) / 제안/권장 (suggest, propose, recommend)

1 〈주격 관계대명사 that〉 : 선행사를 포함하고 있는 관계대명사 what 사용 불가

	주격 관계대명사절		
선행사	주격 관계대명사	~~주어~~	동사
an activity	that		~~combine~~
			combines

1 2 3 4 5 〈혼동 어휘〉

economic(경제의) / economical(경제학의) / **economy**(경제) / **economist**(경제학자) / economics(경제학)

2 〈목적어 자리에 to부정사를 취하는 완전 타동사〉

주어	완전 타동사	목적어
–	afford / agree / ask / **attempt** / care / choose / claim / dare / decide / demand / desire / determine / elect / expect / fail / guarantee / hope / intend / learn / manage / need / offer / plan / pretend / promise / refuse / resolve / seek / threaten / volunteer / want / wish 등	to 동사원형

2 〈5형식 불완전 타동사의 목적격 보어〉 : 수동태 전환 시, 2형식 문장(be p.p.+to R)

주어	불완전 타동사	목적어	목적격 보어
–	advise / allow / ask / assign / assume / beg / bring / cause / command / compel / condition / decide / design / drive / **enable** / encourage / expect / forbid / force / inspire / instruct / intend / invite / lead / like / motivate / order / permit / persuade / predispose / prepare / pressure / proclaim / prod / program / provoke / push / require / teach / tell / train / trust / urge / want / warn / wish 등	–	to 동사원형

2 5 〈to R의 태와 시제〉 : **to be counted / to be made**

태	능동태	to R
	수동태	**to be p.p.**
시제	**단순시제** : 본동사 시제와 동일	**to R**
	완료시제 : 본동사 시제보다 한 시제 앞선 시제	to have p.p.
	완료수동	to have been p.p.

3 〈생략, 대동사〉 : **does not** (have competition and financial reward as its cornerstones).

4 〈무[비]인칭 독립분사구문 / 완료시제〉 : **Having said** that [분사구문에서 주어가 you, they, we 등과 같이 막연한 일반일 경우 / 부사절의 주어와 주절의 주어가 다르더라도 이를 생략하는 것]

4 〈가주어, 진주어〉 : it(가주어) ~ that절(진주어)

5 7 〈3형식에서 목적어 자리에 to R / -ing 둘 다 사용 가능한 동사들〉 : begin / cease / **continue** / dislike / hate / like / love / neglect / prefer / start 등

어법 & 연결어

More recently there **[has been / have been]** attempts **[arguing / to argue] [that / what]** unpaid work is work **[because / because of]** 'it is an activity **[that / what] [combine / combines]** labour with raw materials to produce goods and services with **[enhancing / enhanced] [economic / economical]** value'. Economists such as Duncan Ironmonger have attempted **[imputing / to impute]** a dollar value on volunteering to enable **[its / their]** '**[economic / economical]**' value **[to count / to be counted]**. (   ) **[although / despite]** this, unpaid work and volunteering still remain outside the **[defined / defining] [economic / economical]** framework of our capitalist system **[because / because of]** capitalism has **[competition / completion]** and financial reward as **[its / their]** cornerstones and volunteering does not. **[Saying / Having said] [that / what]**, it **[has estimated / has been estimated] [that / what]** volunteering contributes about $42 billion a year to the Australian **[economics / economy]**. **[Although / Despite]** attempts to quantify and **[qualify / qualifies]** the financial importance of volunteering in supporting our economic structures and **[enhance / enhancing]** our social capital continue **[to be made / to make]**, it is slow going. (   ) **[during / while]** volunteering remains outside the GDP, its true value and importance **[is neglected / neglects]**. Governments continue to pay lip service to the importance of volunteering but **[ultimate / ultimately]** deny **[it / them]** official recognition.

전국 2021학년도 7월 고3 24번

글의 제목

제목	불만 사항의 수가 적은 것이 과연 좋은 것일까?
주제	불만 사항의 수가 적은 것을 좋게 받아들이지 말고 문제를 직시해야 한다.
논리	통념·진실, 인용

	지문	해석	단어 & 숙어
1	(Amazingly), / many businesses evaluate / their customer service strategy / (by the number of complaints) / (they get). S: many businesses / V: evaluate / O: their customer service strategy / complaints 〈선행사〉 / (목·관 that) S: they / V: get 놀랍게도 / 많은 기업은 평가한다 / 고객 서비스 전략을 / 불만 사항의 수로 / 그들이 받는	놀랍게도 많은 기업은 고객 서비스 전략을 그들이 받는 불만 사항의 수로 평가한다.	amazingly 놀랍게도 business 사업, 기업 evaluate (가치를) 평가하다 customer service 고객 서비스 strategy 전략 the number of + 복수명사 ~의 수 complaint 불평
2 인용	'We have very few complaints / (from our customers), / so we don't need / customer service training / (at the moment).' S_1: We / V_1: have / O: very few complaints / S_2: we / V_2: don't need / O: customer service training "우리는 불만 사항을 거의 받지 않기 때문에 / 고객들로부터 / 따라서 우리는 필요하지 않습니다 / 고객 서비스 교육 / 현재"	"우리는 고객들로부터 불만 사항을 거의 받지 않기 때문에 현재 고객 서비스 교육이 필요하지 않습니다."	few 거의 없는, 소수의 training 교육, 훈련 at the moment 현재
3	I am told this / (regularly) / {when prospecting (for new clients)}. S: I / V〈수동태〉: am told / O: this / regularly 〈부사〉 / { }: 〈분사구문〉 when 〈종·접〉 prospecting 〈현재분사〉 나는 이 말을 듣는다 / 자주 / 새로운 의뢰인을 찾을 때	나는 새로운 의뢰인을 찾을 때 이 말을 자주 듣는다.	regularly 규칙적으로, 자주 prospect for ~을 찾아 발굴하다 client 의뢰인
4 인용	(Either that or), / 'The number of complaints has (dramatically) decreased / (this year) / and we are very pleased, / it seems / (our customer service initiatives are working)'. S_1: The number of complaints / dramatically 〈부사〉 / V_1〈현재완료〉: has decreased / S_2: we / V_2: are / S·C: very pleased / it 〈가S〉 / V: seems / (종·접 that) / ( ): 〈진S〉 S: our customer service initiatives / V〈현재진행〉: are working 이 말이나 혹은 / 불만 사항의 숫자가 대폭 줄었습니다 / 올해 / 그리고 우리는 매우 만족스럽습니다 / 보입니다 / 우리의 고객 서비스 계획이 효과가 있는 것처럼	이 말이나 혹은 "올해 불만 사항의 숫자가 대폭 줄었고 우리는 매우 만족스럽습니다. 우리의 고객 서비스 계획이 효과가 있어 보입니다."라는 말을 듣는다.	either A or A이거나 혹은 dramatically 극적으로 decrease 감소하다 pleased 기쁜, 만족해하는 it seems that S V ~처럼 보이다 initiative 계획 work (계획 등이) 잘되어 가다, 효과가 있다
5	Companies / (using this type of measure) / are (in denial). S〈선행사〉: Companies / using 〈현재분사〉 / O: this type of measure / V: are 기업은 / 이런 종류의 판단 기준을 사용하는 / 진실을 부정하고 있다	이런 종류의 판단 기준을 사용하는 기업은 진실을 부정하고 있다.	company 기업, 회사 measure 평가 기준 in denial 부정하는, 받아들이지 못하는
6 TS 통념 진실	[Although it is tempting / {to bury your head (in the sand) / and believe (no news is good news)}], / trust me, / {if customers are not complaining / (to you)}, / then they are complaining / (to other people) / or they are just never using / your business / (again). Although 〈종·접〉 / it 〈가S〉 / V: is / { }: 〈진S〉 ① to bury / O: your head / and ② (to) believe / ( ): O (종·접 that) S: no news / V: is / S·C: good news / V: trust / O: me / if 〈종·접〉 S: customers / V: are not complaining / S: they / V〈현재진행〉: are complaining / S: they / V〈현재진행〉: are just never using / O: your business 비록 솔깃할 수 있지만 / 문제를 직시하려고 하지 않고 / 무소식이 희소식이라고 믿는 것이 / 내 말을 믿어라 / 만약 고객들이 불만 사항을 제기하지 않는다면 / 여러분에게 / 그들은 불만을 제기하거나 / 다른 사람에게 / 이용하지 않고 있는 것이다 / 여러분의 기업을 / 다시는	비록 문제를 직시하려고 하지 않고 무소식이 희소식이라고 믿는 것이 솔깃할 수 있지만, 내 말을 믿어라, 만약 고객들이 여러분에게 불만 사항을 제기하지 않는다면 그들은 다른 사람에게 불만을 제기하거나 다시는 여러분의 기업을 이용하지 않고 있는 것이다.	although (비록) ~일지라도 tempting 유혹적인, 솔깃한 bury one's head in the sand 현실을 회피하다 trust 믿다, 신뢰하다 no news is good news 무소식이 희소식 complain to ~에게 불평하다 never ~ again 두 번 다시 ~않다
7	The concerning thing is / [that customers {who don't complain / (there and then)} / (increasingly) / post their views / (on the Internet) / and (through the social networking sites); / they are (no longer) telling / nine or so people / but are (probably) telling thousands]! concerning 〈현재분사〉 / S: thing / V: is / [ ]: S·C that 〈종·접〉 / S〈선행사〉: customers / who 〈주·관〉 / V: don't complain / increasingly 〈부사〉 / V: post / O: their views / S: they / V_1〈현재진행〉: are telling / O: nine or so people / V_2〈현재진행〉: are telling / O: thousands 우려되는 점은 / 불만 사항을 제기하지 않는 고객들은 / 즉석에서 / 갈수록 / 자신들의 의견을 게시하며 / 인터넷과 / 소셜 네트워크 사이트에 / 그들은 더는 얘기하는 것이 아니라 / 아홉 명 정도에게 / 아마도 수천 명에게 얘기한다는 것이다!	우려되는 점은 불만 사항을 즉석에서 제기하지 않는 고객들은 갈수록 자신들의 의견을 인터넷과 소셜 네트워크 사이트에 게시하며, 그들은 더는 아홉 명 정도에게 얘기하는 것이 아니라 아마도 수천 명에게 얘기한다는 것이다!	concerning 걱정시키는, 우려되는 there and then 즉시, 즉석에서 increasingly 점점 더, 갈수록 더 post 게시하다 view 의견, 견해 social networking site (서로 친구를 소개해 친구관계를 넓힐 것을 목적으로 개설된 커뮤니티형 웹사이트) (= SNS) no longer 이미 ~이 아니다 or so (수량을 나타내는 말 뒤에 쓰여) ~ 가량[정도/쯤] probably 아마

24 다음 글의 제목으로 가장 적절한 것은? [66%]

① Customers May Not Know What's Best for Them
② Customer Silence Is Not Golden for Your Business
③ Dos and Don'ts of Processing Customer Complaints
④ Customer Service Improvement: No Laughing Matter
⑤ Empathy: A Key to Collecting Meaningful Consumer Feedback

정답 | ②

해설 | ① 고객은 그들을 위해 무엇이 최고인지 알지 못할지도 모른다: 고객이 무엇이 최고인지 모른다는 내용은 없다.
② 고객의 침묵은 당신의 일에 좋은 것은 아니다: 6에서 고객의 침묵이 좋지 않다고 했으므로 정답으로 적절하다.
③ 고객의 불만을 처리하는 것에 해야 할 것과 하지 말아야 할 것: 고객의 불만 처리에 관한 내용은 없다.
④ 고객 서비스 향상: 웃어넘길 문제가 아니다: 고객 서비스 향상에 관한 내용은 없다.
⑤ 공감: 의미 있는 고객의 피드백을 수집하는 데에 열쇠: 공감에 관한 내용은 없다.

문법

1 〈목적격 관계대명사 that〉 : 3형식에서 타동사의 목적어가 없는 경우 / 선행사를 포함하고 있는 관계대명사 what 사용 불가

선행사	목적격 관계대명사절			
	목적격 관계대명사	주어	타동사	~~목적어~~
the ~ complaints	(that) 생략 가능	they	get	

2 〈few / a few / a little / little〉

수	few	거의 없는 (부정)	+ 복수명사 + 복수동사
	a few	약간 (긍정)	
양	a little	약간 (긍정)	+ 단수명사 + 단수동사
	little	거의 없는 (부정)	

3 〈분사구문〉 : [when(종속접속사) **I prospect** for new clients]

4 〈상관접속사〉 : 병렬구조

종류				뜻
not	A	but	B	A가 아니라 B (= B, not A)
not only		but also		A뿐만 아니라 B도 (= B as well as A)
either		**or**		**A와 B 둘 중 하나**
neither		nor		A와 B 둘 다 아닌
both		and		A와 B 둘 다

4 〈주어와 동사의 수의 일치〉 : the number of (~의 수) / a number of (많은 ~) : **the number of hours ~ has decreased**

the	**number**	**of**	복수명사	+ 단수동사
a	number	of	복수명사	+ 복수동사

4 〈감정과 관련된 완전 타동사〉 : 동사가 분사화되어 주격/목적격 보어 자리에 나올 때 일반적인 구별법

목적어	동사	주격 보어(S.C)
사람		**과거분사(p.p.) – 수동 (~되어진, ~당한)**
사물		현재분사(-ing) – 능동 (~하고 있는, ~하는)
we	are	pleased

4 6 〈가주어, 진주어 구문〉

가주어	동사	진주어
It (this, that, there 사용 불가)	–	**(that) + 주어 + 동사 (완전한 절)**
		to 동사원형
		동명사
		의문사 + 주어 + 동사 (간접의문문)
		if/whether + 주어 + 동사
It	seems	that절
it	is tempting	to bury

5 〈주격 관계대명사 + be동사 생략〉 : Companies [(which/that are) using(현재분사)] : 현재분사가 앞에 있는 명사를 후치 수식하는 경우

5 〈생략〉 : in (**a state of**) denial

6 〈양보/대조〉 : (비록 ~일지라도) 종속접속사(**although**, though, even though, even if) / 전치사(despite, in spite of, for all)

6 〈목적격 종속접속사 that 생략〉 : 완전 타동사의 목적어로 사용된 경우 / 관계대명사 what 사용 불가

완전 타동사	종속절 (명사절: 목적어) (완전한 절)		
	목적격 종속접속사	주어	동사
believe	(that) 생략 가능	no news	is

6 〈직접명령문〉 : trust~

직접명령문	긍정문	**동사원형**	~해라
		Please + 동사원형	~해 주세요
	부정문	Don't + 동사원형	~하지 마라
		Never + 동사원형	

7 〈주격 관계대명사절의 수의 일치〉 : 선행사를 포함하고 있는 관계대명사 what 사용 불가

선행사	주격 관계대명사절		
	주격 관계대명사	~~주어~~	동사
customers	who		~~doesn't complain~~
			don't complain

어법 & 연결어

Amazingly, many businesses evaluate their customer service strategy by the number of complaints they get. 'We have very **[little / few]** complaints from our customers, so we don't need customer service training at the moment.' I **[tell / am told]** this regularly when **[prospecting / prospected]** for new clients. **[Both / Either]** that or, 'The number of complaints **[have / has]** dramatically decreased this year and we are very **[pleasing / pleased]**, it seems our customer service initiatives are working'. Companies **[used / using]** this type of measure **[is / are]** in denial. **[Despite / Although]** **[this / it]** is tempting to bury your head in the sand and **[believe / believes]** no news is good news, trust me, if customers are not complaining to you, then they are complaining to other people or they are just never using your business again. The **[concerning / concerned]** thing is **[that / what]** customers who **[don't / doesn't]** complain there and then increasingly post their views on the Internet and **[thorough / through]** the social networking sites; they are no longer telling nine or so people but are probably **[told / telling]** thousands!

전국 2021학년도 7월 고3 29번		
	제목	개인의 신념에 부합하는 뉴스에 대한 선택적 노출
	주제	과거나 현재나 사람들은 개인의 신념에 부합하는 뉴스에 선택적으로 자신을 노출시킨다.
어법	논리	열거

	지문	해석	단어 & 숙어
1 TS	The idea / {that people ①(selectively) expose / themselves /(to news content)} / has been (around for a long time), / but it is (even) more important / (today) / {with the fragmentation (of audiences) / and the proliferation (of choices)}. S₁ = 〈동격〉 〈종·접〉 S 〈부사〉 V O / V₁〈현재완료〉 / S₂ V₂ 〈강조〉 S·C / ① ② 생각이 / 사람들이 선택적으로 노출시킨다는 / 자신을 / 뉴스 콘텐츠에 / 오랫동안 있어 왔지만 / 그것은 훨씬 더 중요하다 / 오늘날 / 구독자의 분열과 / 선택의 급증으로	사람들이 선택적으로 뉴스 콘텐츠에 자신을 노출시킨다는 생각이 오랫동안 있어 왔지만, 구독자의 분열과 선택의 급증으로 그것은 오늘날 훨씬 더 중요하다.	selectively 선택적으로 expose oneself to ~에 자신을 노출하다 content 내용 be around (근처에) 있다 fragmentation 분열 audience 시청자, 구독자 proliferation 급증 choice 선택
2	Selective exposure is a psychological concept / 〈that says / [people seek out information / {that conforms / (to their existing belief systems)} / and ②avoid information / (that challenges those beliefs)]〉. S V S·C〈선행사〉 〈주·관〉 V / [ ]: O (종·접 that) S V₁ O〈선행사〉 〈주·관〉 V / 〈현재분사〉 O / V₂ O〈선행사〉 〈주·관〉 / V O 선택적 노출은 심리학적 개념이다 / ~라는 / 사람들이 정보를 찾으려 한다 / 부합하는 / 자신의 기존 신념 체계에 / 그리고 정보를 피한다 / 그러한 신념에 도전하는	선택적 노출은 사람들이 자신의 기존 신념 체계에 부합하는 정보를 찾으려 하고 그러한 신념에 도전하는 정보를 피한다는 심리학적 개념이다.	selective 선택적인 exposure 노출 psychological 심리적인 concept 개념 seek A out (노력해서) A를 찾아내다 information 정보 conform to ~에 부합하다, ~에 순응하다 existing 기존의 belief 신념, 믿음 avoid 피하다 challenge 이의를 제기하다
3	(In the past) / (when there were few sources of news), / people could either expose / themselves / (to mainstream news) / — {where they would (likely) see / beliefs ③expressed / (counter to their own)} / — or they could avoid news / (altogether). 〈선행사〉 〈관·부〉 V S / S₁ V₁ O / 〈관·부〉 S V O / O·C〈p.p.〉 〈부사〉 / 〈either A or B〉 S₂ V₂ / O 과거에는 / 뉴스의 공급처가 얼마 없었던 / 사람들이 노출시키거나 / 자신을 / 주류 뉴스에 / 보게 될 수도 있는 / 표현된 신념을 / 그들 자신의 신념과 상반되게 / 뉴스를 피할 수 있었다 / 전적으로	뉴스의 공급처가 얼마 없었던 과거에는, 사람들이 그들 자신의 신념과 상반되게 표현된 신념을 보게 될 수도 있는 주류 뉴스에 자신을 노출시키거나 뉴스를 전적으로 피할 수 있었다.	in the past 과거에 source 근원, 공급처 either A or B A이거나 B인 mainstream 주류의 likely ~할 것 같은 express 표현하다 counter to ~에 반대로 altogether 전부
4	(Now) {with so many types of news (constantly) available / (to a full range of niche audiences)}, / people can (easily) find / a source of news / {④that (consistently) confirms / their own personal set of beliefs}. 〈전치사〉 O 〈부사〉 O·C〈형용사〉 / S V / O〈선행사〉 〈주·관〉 〈부사〉 V / O 이제 아주 많은 종류의 뉴스들이 끊임없이 이용 가능해 지면서 / 매우 다양한 틈새 구독자들에게 / 사람들은 쉽게 찾을 수 있다 / 뉴스의 공급처를 / 지속적으로 확인해주는 / 자신의 개인적 신념들을	아주 많은 종류의 뉴스들이 매우 다양한 틈새 구독자들에게 끊임없이 이용 가능해지면서 사람들은 자신의 개인적 신념들을 지속적으로 확인해주는 뉴스의 공급처를 쉽게 찾을 수 있다.	constantly 지속적으로 available to ~가 이용 가능한 a full range of 폭넓은, 다양한 niche 틈새 consistently 지속적으로 confirm 확정하다, 확인하다 a set of 일습[일련]의
5	This leads / (to the possibility) / (of creating many different small groups of people) / 〈with each (strongly) ⑤believes / [they are correct / and everyone else is wrong / {about (how the world works)}]〉. S V / 〈동명사〉 O / 〈 〉: 〈부대상황〉 〈전치사〉 O 〈부사〉 O·C(종·접 that) / [ ]: O S₁ V₁ S·C / S₂ V₂ S·C / 〈전치사〉 ( ): O〈간·의〉 〈의문사〉 S V 이것은 이어진다 / 가능성으로 / 사람들의 많은 다양한 소집단을 만들 수 있는 / 각자가 강하게 믿는 / 자신들이 옳고 / 다른 모든 사람들이 틀리다고 / 세상이 어떻게 돌아가는지에 대해	이것은 각자가 세상이 어떻게 돌아가는지에 대해 자신들이 옳고 다른 모든 사람들이 틀리다고 강하게 믿는 사람들의 많은 다양한 소집단을 만들 수 있는 가능성으로 이어진다.	lead to ~로 이어지다 possibility 가능성 create 만들다, 창조하다 correct 옳은 wrong 틀린, 잘못된 work 작동하다

29 다음 글의 밑줄 친 부분 중, 어법상 틀린 것은? [3점] [44%]

정답 | ⑤

해설 | ① 부사 vs. 형용사: 밑줄 친 부사 selectively는 동사 expose를 수식하기에 형용사 selective는 어법상 올바르지 않다.

② 병렬구조: 밑줄 친 현재형 동사 avoid는 대등접속사 and 앞에 있는 동사 seek out과 서로 병렬구조를 이루기에 어법상 올바르다.

③ 과거분사 vs. 현재분사: 밑줄 친 과거분사 expressed와 목적어 beliefs와의 관계가 수동이기에 현재분사 expressing은 어법상 올바르지 않다.

④ 주격 관계대명사 that vs. 주격 관계대명사 what: 이 둘은 모두 뒤에 주어가 없는 불완전한 문장이 나오는데, 이 둘의 차이점은 전자는 앞에 선행사가 있어야 하고 후자는 선행사가 없어야 한다. 밑줄 친 that 앞에 선행사 a source of news가 있기에 what은 어법상 올바르지 않다.

⑤ 동사 vs. 준동사: 전치사 with는 부대상황 용법으로 사용될 경우에 목적어 다음에 나오는 목적격 보어 자리에 분사를 사용할 수 있는데 이 문장에서는 목적어 each (group)가 believing하는 것이기에 수동의 의미를 지니는 과거분사 believed는 사용할 수 없고 본동사 leads가 있기에 밑줄 친 동사 believes도 사용할 수 없다.

문법

1 〈동격의 종속접속사 that〉 : 'the + 추상명사(idea) + that' (~라는 생각)

1 〈비교급 vs. 원급 강조〉

	비교급 강조 표현	원급 강조 표현
훨씬 ~한	much, **even,** still, by far, far, a lot, lots, a great deal	very, so, quite, really, extremely, too
조금 더 ~한	a little, slightly, a bit	

2 4 〈주격 관계대명사절의 수의 일치〉 : 선행사와 수의 일치함

	주격 관계대명사절		
선행사	주격 관계대명사		동사
a ~ concept	that	주어 (×)	says
information	that		conforms
information	that		challenges
news	that		confirms

2 5 〈목적격 종속접속사 that 생략〉 : 관계대명사 what 사용 불가

	종속절 (명사절: 목적어) (완전한 절)		
타동사	목적격 종속접속사	주어	동사
says	(that) 생략 가능 (~하는 것을)	people	seek out
believing		they	are

2 4 5 〈what vs. that〉

	관계대명사 (불완전한 문장)	접속사 (완전한 문장)
what	○ 선행사를 포함하고 있기 때문에 what 앞에 선행사 불필요	×
that	○ that 앞에 선행사 필요	○

3 〈관계부사〉 : the past(시간) + when(관계부사) / news(선행사) + where(관계부사)

3 〈지각동사〉

지각동사		목적어	목적격 보어
see	보다	–	〈목적어와 목적격 보어의 관계가 능동일 때〉 동사원형(R) – 완료 현재분사(-ing) – 진행, 순간, 찰라, 계속 〈목적어와 목적격 보어의 관계가 **수동**일 때〉 **과거분사(p.p.)** 〈to부정사는 불가〉 : 수동태 문장 전환 시 가능
watch			
look at			
behold			
(over)hear	듣다		
listen to			
feel	느끼다		
observe	관찰하다		
perceive	인식하다		
notice			
see		beliefs	expressed

4 5 〈with 부대상황〉

with	목적어	목적격 보어		
~하면서, ~한 채로		**형용사(구)**		
		부사(구)		
		전치사구		
		분사	**현재분사 (-ing)**	능동 (목적어가 목적격 보어를 ~하고 있는)
			과거분사 (p.p.)	수동 (목적어가 목적격 보어에게 ~당하는, ~되어진)
(with)	~	available		
(with)	~	believing		

5 〈간접의문문〉 : about(전치사) + [how(의문사) + the world(주어) + works(동사)] : 전치사의 목적어로 사용된 간접의문문

어법 & 연결어

The idea **[which / that]** people selectively expose **[them / themselves]** to news content **[have been / has been]** around for a long time, but it is **[even / very]** more important today with the fragmentation of audiences and the proliferation of choices. Selective exposure is a psychological concept **[that / what]** **[say / says]** people seek out information **[what / that]** **[conform / conforms]** to their **[existing / existed]** belief systems and **[avoid / avoids]** information **[that / what]** **[challenge / challenges]** those beliefs. In the past when there **[was / were]** **[few / little]** sources of news, people could **[both / either]** expose **[them / themselves]** to mainstream news — **[where / which]** they would **[alike / likely]** see beliefs **[expressed / expressing]** counter to their own — or they could avoid news altogether. Now with so many types of news **[constant / constantly]** **[available / availably]** to a full range of niche audiences, people can easily **[find / found]** a source of news **[what / that]** **[consistent / consistently]** confirms their own **[personal / personnel]** set of beliefs. This leads to the possibility of **[creating / creation]** many different small groups of people with each **[strong / strongly]** **[believed / believing]** they are **[correct / collect]** and everyone else is wrong about **[how does the world work / how the world works]**.

전국 2021학년도 7월 고3 30번

어휘 추론

제목	산업 혁명 이전의 운송
주제	산업 혁명 이전 해상 및 강 운송은 지배적인 방식이었다.
논리	예시, 원인·결과

	지문	해석	단어 & 숙어
1	(Prior to the Industrial Revolution), / the ①quantity (of freight) / (transported) / (between nations) / was negligible / (by contemporary standards). 산업 혁명 이전에 / 화물의 양은 / 운송된 / 국가 간 / 무시해도 될 정도였다 / 현대의 기준으로 볼 때	산업 혁명 이전에, 국가 간 운송된 화물의 양은 현대의 기준으로 볼 때 무시해도 될 정도였다.	prior to ~에 앞서 the Industrial Revolution 산업 혁명 quantity 양 freight 화물 negligible 무시할만한
2 예시1	For instance, / (during the Middle Ages), / the totality (of French imports) / (via the SaintGothard Passage) / would not fill a freight train. 예를 들어 / 중세 시대에는 / 프랑스 수입품의 총량은 / SaintGothard Passage를 통한 / 화물 열차 하나를 채우지 못했을 것이다	예를 들어, 중세 시대에는 SaintGothard Passage를 통한 프랑스 수입품의 총량은 화물 열차 하나를 채우지 못했을 것이다.	for instance 예를 들어 during ~ 동안 the Middle Ages 중세 시대 import 수입품 via 통해
3 예시2	The amount (of freight) / (transported by the Venetian fleet), / (which dominated Mediterranean trade), / would not fill a ②modern container ship. 화물의 양은 / 베네치아 선단에 의해 운송된 / 지중해 무역을 지배했던 / 현대의 화물선 하나를 채우지 못했을 것이다	지중해 무역을 지배했던 베네치아 선단에 의해 운송된 화물의 양은 현대의 화물선 하나를 채우지 못했을 것이다.	fleet 선단, 배의 무리 dominate 지배하다 Mediterranean 지중해의 trade 무역, 거래 container ship 화물선
4	The volume, (but not the speed), (of trade) / improved (under mercantilism), / (notably) / (for maritime transportation). 속도는 아니지만, 무역의 양은 / 중상주의 하에서 증대되었다 / 특히 / 해상 운송에서	속도는 아니지만, 특히 해상 운송에서, 무역의 양은 중상주의 하에서 증대되었다.	volume 분량 mercantilism 중상주의 maritime 해상의 transportation 운송
5	(In spite of all), / distribution capacities were (very) limited / and speeds (were) ③slow. 이 모든 것에도 불구하고 / 유통량은 매우 제한적이었다 / 그리고 속도는 느렸다	이 모든 것에도 불구하고, 유통량은 매우 제한적이었고 속도는 느렸다.	in spite of all 모든 것에도 불구하고 capacity 유통 능력 limit 제한하다
6 예시 원인	For example, / a stagecoach / (going through the English countryside) / (in the sixteenth century) / had an average speed (of 2 miles) (per hour); / {moving one ton of cargo / (30 miles) / (inland) / (in the United States) / (by the late eighteenth century)} / was as costly as moving it / (across the Atlantic). 예를 들어 / 역마차는 / 영국 시골 지역을 통과하는 / 16세기에 / 평균 시속 2마일이었다 / 1톤의 화물을 이동시키는 것은 / 30마일 / 내륙으로 / 미국에서 / 18세기 후반 무렵 / 그것을 이동시키는 것만큼 비용이 많이 들었다 / 대서양을 횡단하여	예를 들어, 16세기에 영국 시골 지역을 통과하는 역마차는 평균 시속 2마일이었다. 18세기 후반 무렵 미국에서 1톤의 화물을 내륙으로 30마일 이동시키는 것은 대서양을 횡단하여 그것을 이동시키는 것만큼 비용이 많이 들었다.	stagecoach 역마차 average 평균, 보통 mile 마일 per ~당[마다] cargo 화물 inland 내륙에서, 내륙의 as 형/부 as ~ ~만큼 …한
7 결과	The inland transportation system / was thus very ④limited. 내륙의 운송 체계는 / 그러므로 매우 제한적이었다	그러므로 내륙의 운송 체계는 매우 제한적이었다.	thus 그러므로, 따라서
8	(By the late eighteenth century), / canal systems started / to emerge / (in Europe). 18세기 후반 무렵 / 운하 체계가 시작했다 / 부상하기 / 유럽에서	18세기 후반 무렵 운하 체계가 유럽에서 부상하기 시작했다.	canal 운하 start O(to R/-ing) ~을 시작하다 emerge 등장하다
9	They permitted / the large movements / (of bulk freight) / (inland) / and expanded regional trade. 그것은 가능케 했고 / 대규모 이동을 / 선적 화물의 / 내륙으로 / 그리고 지역의 무역을 확장시켰다	그것은 내륙으로 선적 화물의 대규모 이동을 가능케 했고 지역의 무역을 확장시켰다.	permit 허용하다, 가능하게 하다 movement 이동 bulk 대량의 expand 확장시키다 regional 지역의
10 TS	Maritime and riverine transportation / were (consequently) the ⑤outdated modes (of the preindustrial era). 해상 및 강 운송은 / 결과적으로 산업화 이전 시대의 구식의 방식이었다	해상 및 강 운송은 결과적으로 산업화 이전 시대의 구식의(→지배적인) 방식이었다.	riverine 강의 outdated 구식인 preindustrial 산업화 이전의 era 시대

30 다음 글의 밑줄 친 부분 중, 문맥상 낱말의 쓰임이 적절하지 않은 것은? [33%]

정답 | ⑤

해설 | ① 2, 3의 예시에서 과거 화물의 양에 관해 설명하므로 quantity는 적절하다.
② 1에서 과거 화물의 양을 현대의 기준에서 바라보고 있으므로 modern은 적절하다.
③ 6, 7에서 과거 역마차의 평균 속도는 시속 2마일밖에 안 되며 운송 체계가 제한적이라고 했으므로 slow는 적절하다.
④ 6에서 과거 내륙 운송 체계의 한계에 관해 설명하므로 limited는 적절하다.
⑤ 8, 9에서 18세기 후반 무렵 운하 체계 등장의 긍정적인 영향에 관해 설명하므로 이를 부정적으로 묘사하는 outdated는 적절하지 않다.
outdated → dominant

문법

1 〈industry의 품사별 변화에 따른 의미〉

	명사	형용사	동사
industry	산업, 공업, 근면	–	–
industrial	산업 근로자, (특히) 직공	**산업(상)의, 공업(상)의**	–
industrious	–	근면한, 부지런한	–
industrialize	–	–	산업[공업]화하다[되다]
industrialization	산업[공업]화	–	

2 시간 (~ 동안)

전치사	**during**	+ **명사** / 명사 상당어구
종속접속사	while	+ 주어 + 동사

3 6 〈주격 관계대명사 + be동사 생략〉

–	생략 가능	
명사 (선행사)	(주격 관계대명사 + be동사)	**현재분사(-ing) – 능동 (~하고 있는, ~하는)**
		과거분사(p.p.) – 수동 (~되어진, ~당한)
		명사
		형용사(구) (~하는, ~할)
		부사
		전치사구
freight	(which/that was)	transported
a stagecoach	(which/that was)	going

3 〈주격 관계대명사 which의 계속적 용법〉 : 관계대명사 that 사용 불가

		주격 관계대명사절		
선행사	콤마(,)	which	~~주어~~	동사
the ~ fleet	계속적 용법	주격 관계대명사		dominated

5 〈양보/대조〉

종속접속사	though	+ 주어 + 동사	비록 ~일지라도
	although		
	even though		
	even if		
	as		
	while		반면에
	whereas		
전치사	**in spite of**	+ 명사 / 명사 상당어구	~에도 불구하고
	despite		
	for all		

6 〈동명사 주어〉 : moving ~ was

주어가 될 수 있는 것들		주어와 동사의 수의 일치
단어	명사	명사와 대명사에 따라 동사의 단/복수 결정
	대명사	
구	**to부정사구**	단수동사 *모든 구와 절은 단수 취급
	동명사구	
절	that절	
	what절	
	whether절	
	의문사절	
	복합 관계대명사절	

6 〈명사 + ly = 형용사〉

명사	ly	형용사	뜻
love	→	lovely	사랑스러운
friend		friendly	친절한
cost		**costly**	**값비싼**
man		manly	남자다운
time		timely	때맞춘
leisure		leisurely	한가한, 느긋한

8 〈3형식에서 목적어 자리에 to R / -ing 둘 다 사용 가능한 동사들〉 : begin / cease / continue / dislike / hate / like / love / neglect / prefer / **start** 등

어법 & 연결어

Prior to the **[Industrial / Industrious]** Revolution, the quantity of freight **[transported / transporting]** between nations **[was / were]** negligible by contemporary standards. (   ), **[while / during]** the Middle Ages, the totality of French imports via the SaintGothard Passage would not fill a freight train. The amount of freight **[transporting / transported]** by the Venetian fleet, **[which / what]** dominated Mediterranean trade, would not fill a modern container ship. The volume, but not the speed, of trade improved under mercantilism, notably for maritime transportation. **[Although / In spite of]** all, distribution capacities were very **[limiting / limited]** and speeds slow. (   ), a stagecoach **[gone / going]** **[thorough / through]** the English countryside in the sixteenth century had an average speed of 2 miles per hour; **[move / moving]** one ton of cargo 30 miles inland in the United States by the late eighteenth century was as **[cost / costly]** as moving **[it / them]** across the Atlantic. The inland transportation system was (   ) very **[limiting / limited]**. By the late eighteenth century, canal systems started to emerge in Europe. They permitted the large movements of bulk freight inland and **[expanded / expended]** regional trade. Maritime and riverine transportation were consequently the dominant modes of the preindustrial era.

전국 2021학년도 7월 고3 31번	
빈칸 추론	
제목	용어가 없다는 것은 그 개념을 이해하지 못함을 의미할까?
주제	용어가 없다는 것은 그 범주가 언어에 반영되지 않은 것일 뿐이다.
논리	예시, 원인·결과

	지문	해석	단어 & 숙어
1	(Relatively) undeveloped languages / have no single word / (for plants). 〈부사〉 p.p. S V O 상대적으로 미발달한 언어들은 / 하나의 단어가 없다 / 식물들을 위한	상대적으로 미발달한 언어들은 식물들을 일컫는 하나의 단어가 없다.	relatively 상대적으로 undeveloped 미발달한, 발달하지 않은 language 언어 single 단 하나의, 단일의 plant 식물
2	The lack (of a term) / doesn't mean / (they don't perceive differences), / and it doesn't mean / {they don't know the difference / (between spinach and a cactus)}; / they (just) lack an all-encompassing term / (with which to refer to plants). S_1 V_1 (종·접 that) ( ): O S V O / S_2 V_2 { }: O (종·접 that) S V O / S V O〈선행사〉 〈전치사 + 관·대 + to R〉 용어가 없다는 것은 / 의미하지 않는다 / 그들이 차이를 인식하지 못한다는 것을 / 그리고 그것은 의미하지도 않는다 / 그들이 차이를 모른다는 것을 / 시금치와 선인장의 / 그들은 그저 모두를 아우르는 용어가 부족한 것뿐이다 / 식물을 지칭하는	용어가 없다는 것은 그들이 차이를 인식하지 못한다는 것을 의미하지 않고, 그들이 시금치와 선인장의 차이를 모른다는 것을 의미하지도 않는다. 그들은 단지 식물을 지칭하는 모든 것을 포괄하는 용어가 없을 뿐이다.	lack 부족, 결여, 부족하다 term 용어 mean 의미하다 perceive 인식하다 the difference between A and B A와 B의 차이 spinach 시금치 cactus 선인장 all-encompassing 모든 것을 포괄하는 refer to ~을 칭하다
3	We see cases / (like this) / (in our own language). S V O 〈전치사〉 O 우리는 경우를 볼 수 있다 / 이와 같은 / 우리 자신의 언어에서	우리는 우리 자신의 언어에서 이와 같은 경우를 볼 수 있다.	case 경우, 사례 like ~와 같은[비슷한]
4 예시1	For example, / English lacks / a single basic term / (to refer to edible mushrooms). S V O 예를 들어 / 영어에는 없다 / 하나의 기본적인 용어가 / 식용 버섯을 가리키는	예를 들어, 영어에는 식용 버섯을 가리키는 하나의 기본적인 용어가 없다.	basic 기본적인 refer to[as] (~을 …이라고) 부르다, 가리키다 edible 식용의 mushroom 버섯
5 예시2	We (also) lack / a term / (for all the people) / (you would have to notify) / {if you were going / (into the hospital) / (for three weeks)}. S V O 〈선행사〉 (목·관 that) S V / 〈종·접〉 S V〈과거진행〉 우리는 또한 부족하다 / 용어가 / 모든 사람을 위한 / 너가 알려야할 / 너가 가게 되었다고 / 병원에 / 3주 동안에	우리는 또한 여러분이 3주 동안 병원에 입원했다면 알려야 할 모든 사람들에 대한 용어도 없다.	have to R ~해야만 한다 notify 알리다 go into the hospital 입원하다
6 예시2	These might include / close relatives, friends, your employer, the newspaper delivery person, and anyone / (you had appointments with) / (during that period). S V O_1 O_2 O_3 O_4 O_5〈선행사〉 (목·관 that) S V O 〈전치사〉 O 여기에는 포함될지 모른다 / 가까운 친척, 친구, 고용주, 신문 배달원, 그리고 어떤 사람도 / 여러분과 약속이 있는 / 그 기간 동안	여기에는 가까운 친척, 친구, 고용주, 신문 배달원, 그리고 그 기간 동안 여러분과 약속이 있는 어떤 사람도 포함될지 모른다.	include 포함하다 close (사이가) 가까운, 친(밀)한 relative 친척 employer 고용주, 사장 delivery 배달 have an appointment with ~와 만날 약속이 있다 during ~ 동안 period 기간, 시기
7 TS 결과	The lack (of a term) / doesn't mean / (you don't understand the concept); / it (simply) means / {that the ________ isn't reflected / (in our language)}. S V (종·접 that) ( ): O S V O / S V 〈종·접〉 S V〈수동태〉 { }: O 용어가 없다는 것은 / 의미하지는 않는다 / 여러분이 그 개념을 이해하지 못 한다는 것을 / 그것은 단지 의미한다 / 그 범주가 반영되어 있지 않다는 것을 / 우리 언어에	용어가 없다는 것은 여러분이 그 개념을 이해하지 못한다는 것을 의미하지는 않는다. 그것은 단지 그 범주가 우리 언어에 반영되어 있지 않다는 것을 의미한다.	understand 이해하다 concept 개념 category 범주 reflect 반영하다
8 원인	This could be / {because a need (for it) hasn't been so pressing / (that a word needed to be coined)}. S V { }: S·C 〈종·접〉 S V〈현재완료〉 (so 형/부 that S V) S·C 〈종·접〉 S V O〈to부정사의 수동〉 이것은 ~일 수 있다 / 그것에 대한 필요가 절실하지 않았기 때문 / 한 단어가 만들어져야 할 정도로	이것은 그것에 대한 필요가 한 단어가 만들어져야 할 정도로 절실하지 않았기 때문일 수 있다.	a need for ~의 필요 so 형/부 (that) S V 너무 ~해서 그 결과 …하다 pressing 절박한 need O(to R) ~을 할 필요가 있다 coin (어휘를) 만들다

31 다음 빈칸에 들어갈 말로 가장 적절한 것을 고르시오. [3점] [41%]

① category
② history
③ mood
④ frequency
⑤ preference

정답 | ①

해설 | ① 범주: 4, 5에서 용어의 범주가 언어에 반영되지 않은 사례를 제시하므로 정답으로 적절하다.
② 역사: 역사에 관한 내용은 없다.
③ 분위기: 분위기에 관한 내용은 없다.
④ 빈도: 빈도에 관한 내용은 없다.
⑤ 선호: 선호에 관한 내용은 없다.

문법

2 7 〈목적격 종속접속사 that 생략〉: 완전 타동사의 목적어로 사용된 경우 / 관계대명사 what 사용 불가

	종속절 (명사절: 목적어) (완전한 절)		
완전 타동사	목적격 종속접속사	주어	동사
doesn't mean	(that) 생략 가능	they	don't perceive
doesn't mean		they	don't know
doesn't mean		you	don't understand
means		the category	isn't reflected

2 〈전치사 + 관계대명사 + to동사원형〉: an all-encompassing term **with which they refer to plants**

5 〈목적격 관계대명사 that〉: 타동사 notify의 목적어가 없는 경우 / 선행사를 포함하고 있는 관계대명사 what 사용 불가

	목적격 관계대명사절			
선행사	목적격 관계대명사	주어	타동사	~~목적어~~
all the people	(that) 생략 가능	you	would have to notify	

5 〈가정법 과거〉: 현재 사실에 대한 반대를 가정할 때 사용한다. (만약 ~한다면, …할 텐데.): 종속절과 주절은 서로 자리가 바뀌어도 무관

주절		종속절		
주어	동사	(even) if	주어	동사
	조동사과거형 (**would**/should/could/might + 동사원형)			과거형 동사
				were
				were not[weren't]
				were to 동사원형
				조동사과거형 (would/should/could/might + 동사원형)
			(주어 + **be**동사) **현재분사/과거분사**	
you	would have to notify	if	you	were going

6 〈목적격 관계대명사 that〉: 전치사의 목적어가 없는 경우 / 선행사를 포함하고 있는 관계대명사 what 사용 불가

	목적격 관계대명사절					
선행사	목적격 관계대명사	주어	동사	목적어	전치사	~~목적어~~
anyone	(that) 생략 가능	you	had	appointments	with	

6 시간 (~ 동안)

전치사	**during**	+ **명사** / 명사 상당어구
종속접속사	while	+ 주어 + 동사

8 〈원인/이유: ~ 때문에〉

전치사	because of	+ (동)명사 / 명사 상당어구
	due to	
	for	
	on account of	
	owing to	
	thanks to	
종속접속사	as	+ 주어 + 동사 ~
	because	
	now (that)	
	since	

8 〈원인과 결과를 동시에 나타내는 표현〉: '너무 ~해서 그 결과 … 하다' (종속접속사 that 생략 가능)

〈원인〉: 너무 ~해서				〈결과〉: 그 결과 …하다		
so	**형용사/부사**	(a(n) + 명사)		**(that)**	**주어**	**동사**
such	(a(n))	형용사	명사	that	주어	동사

8 〈need 동사의 용법〉

need	목적어 (to 동사원형)		주어가 (~할) 필요가 있다	3형식
	목적어	목적격 보어 (to 동사원형)	주어는 목적어가 ~해 줄 필요가 있다	5형식

8 〈to R의 태와 시제〉: to be coined

태	능동태	to R
	수동태	**to be p.p.**
시제	**단순시제 : 본동사 시제와 동일**	**to R**
	완료시제 : 본동사 시제보다 한 시제 앞선 시제	to have p.p.
	완료수동	to have been p.p.

어법 & 연결어

[Relative / Relatively] undeveloped languages have no single word for plants. The lack of a term doesn't mean they don't perceive differences, and it doesn't mean they don't know the difference between spinach **[or / and]** a cactus; they just lack an all-encompassing term **[which / with which]** to **[refer / refer to]** plants. We see cases **[like / alike]** this in our own language. ( ), English lacks a single basic term to refer to edible mushrooms. We also lack a term for all the people you would have to notify if you were going into the hospital for three weeks. These might include close relatives, friends, your employer, the newspaper delivery person, and anyone **[that / what]** you had appointments with **[while / during]** that period. The lack of a term doesn't mean you don't understand the concept; it simply means **[that / what]** the category isn't reflected in our language. This could be **[because / because of]** a need for it hasn't been so **[pressed / pressing]** **[what / that]** a word needed **[to coin / to be coined]**.

전국 2021학년도 7월 고3 32번 빈칸 추론	
제목	우리의 일을 대신하는 기술에 의존하는 것의 문제점
주제	우리의 일을 대신하는 기술에 의존할 때 우리는 물리적 환경에 대한 인식이 희미해진다.
논리	연구, 인용, 예시

	지문	해석	단어 & 숙어
1 TS	[ ]: O Psychologists and neuroscientists warn / [that {when we rely S1 S2 V 〈종·접〉 〈종·접〉 S V 심리학자들과 신경 과학자들은 경고한다 우리가 의존할 때 on / technology / (to perform tasks) / (such as navigation) O O 기술에 일을 수행하는 길 찾기와 같은 / (for us)}, / ____________ 우리 대신에 우리의 물리적 환경에 대한 우리의 인식이 희미해진다고 / {as we become immersed / (instead) / (in an abstract, 〈종·접〉 S V S·C 〈형용사〉 우리가 빠져들면서 대신 computerized world)}]. p.p. O 추상적이고 컴퓨터화된 세계에	심리학자들과 신경 과학자들은 우리가 우리 대신에 길 찾기와 같은 일을 수행하는 기술에 의존할 때, 우리가 추상적이고 컴퓨터화된 세계에 대신 빠져들면서 우리의 물리적 환경에 대한 우리의 인식이 희미해진다고 경고한다.	psychologist 심리학자 neuroscientist 신경 과학자 warn 경고하다 rely on ~에 의존하다 technology 기술 perform 수행하다 task 일, 과제, 업무 A such as B B와 같은 A navigation 길 찾기 awareness 인식 physical 물리적인 environment 환경 fade 희미해지다 be immersed in ~에 몰두하다 instead ~ 대신 abstract 추상적인 computerized 컴퓨터화된
2 연구 예시	[ ]: O Studies show / [that we tend to place / too much faith / (in S V 〈종·접〉 S V ① O 연구에 따르면 우리는 경향이 있다 지나치게 신뢰하는 the accuracy of information) / (from computer monitors), 정보의 정확성을 (to) 컴퓨터 모니터에서 오는 / and to ignore / or discount information / (from our own ② ③ O 그리고 무시하거나 정보를 소홀히 하는 우리의 눈과 귀에서 오는 eyes and ears), / {an effect / (that has caused pilots to crash (which is) 〈선행사〉 〈주·관〉 V〈현재완료〉 O1 O·C1 이것은 효과이다 비행기를 추락시키고 조종사들을 만드는 planes / and GPS-following tourists to drive into the sea)}]. O2 O·C2 GPS를 따르는 관광객 들이 바다로 운전해 들어가게 만드는	연구에 따르면 우리는 컴퓨터 모니터에서 오는 정보의 정확성을 지나치게 신뢰하고 우리의 눈과 귀에서 오는 정보를 무시하거나 소홀히 하는 경향이 있는데, 이것은 조종사들이 비행기를 추락시키고 GPS를 따르는 관광객들이 바다로 운전해 들어가게 만드는 효과이다.	study 연구 tend to R ~하는 경향이 있다 place (one's) faith in ~을 신뢰하다 accuracy 정확도 information 정보 ignore 무시하다 discount 폄하하다 effect 효과, 영향 cause O O·C(to R) (5) ~가 …하도록 야기하다 pilot 조종사 crash 추락하다 plane 비행기 GPS 위성항법장치 (= Global Positioning System) tourist 관광객
3 연구	A team / (led by the British neuroscientist Hugo Spiers) S〈선행사〉(that was) p.p. 연구 팀은 영국의 신경 과학자인 Hugo Spiers가 이끈 { }: O / found / (in 2017) / {that areas of the brain / (normally) V 〈종·접〉 S〈선행사〉 (that are) 〈부사〉 발견했다 2017년에 뇌의 영역이 일반적으로 (involved in navigation) / just don't engage / (when people p.p. V 〈종·접〉 S 길 찾기에 관련된 아예 관여하지 않는다는 것을 use GPS)}. V O 사람들이 GPS를 사용할 때	영국의 신경 과학자인 Hugo Spiers가 이끈 연구팀은 사람들이 GPS를 사용할 때 일반적으로 길 찾기에 관련된 뇌의 영역이 아예 관여하지 않는다는 것을 2017년에 발견했다.	lead 이끌다, 주도하다 area 영역 normally 일반적으로 involved in ~에 관련된 engage 관여하다
4 인용	( ): D·O〈간·의〉 "[When we have technology / {telling us (which way to 〈종·접〉 S V O〈선행사〉 (that is) 〈현재분사〉 I·O 〈의문사〉 "우리가 기술을 가지고 있을 때 어느 길로 가야 하는지 알려주는" go)}]," / said Spiers, / "these parts (of the brain) / (simply) V S S Spiers가 말했다 "뇌의 이 부분은 don't respond / (to the street network). / (In that sense) / V 완전히 반응하지 않습니다 가로망에 그런 의미에서 our brain has switched off / its interest / (in the streets) / S V〈현재완료〉 O 우리의 뇌는 꺼버립니다 관심을 거리에 대한 (around us)." 우리 주변의"	"우리가 어느 길로 가야 하는지 알려주는 기술을 가지고 있을 때, 뇌의 이 부분들은 가로망에 완전히 반응하지 않습니다. 그런 의미에서, 우리의 뇌는 우리 주변의 거리에 대한 관심을 꺼버립니다."라고 Spiers가 말했다.	respond to ~에 반응하다 street network 가로망 in that sense 그런 의미에서 switch off 신경을 끄다 interest 관심 around ~의 주위에

32 다음 빈칸에 들어갈 말로 가장 적절한 것을 고르시오. [3점] [51%]

① we analyze information too thoroughly
② our awareness of our physical environment fades
③ our knowledge of the real world is not shared with others
④ our ability to emotionally connect to others is lost
⑤ unskilled manual labor is not appreciated

정답 | ②

해설 | ① 우리는 너무 철저하게 정보를 분석한다: 2에서 우리는 정보를 소홀히 한다고 했으므로 적절하지 않다.
② 우리의 물리적 환경에 대한 우리의 인식이 희미해진다 : 2, 3, 4에서 GPS를 사용할 때 우리의 뇌는 주변 거리에 관한 관심을 꺼버린다고 했으므로 정답으로 적절하다.
③ 실제 세상에 대한 우리의 지식이 타인과 공유되지 않는다: 타인과 공유에 관한 내용은 없다.
④ 다른 사람과 정서적으로 연결하는 우리의 능력은 상실된다: 타인과의 정서적 연결에 관한 내용은 없다.
⑤ 숙련되지 않은 육체노동은 높이 평가받지 않는다: 육체노동에 관한 내용은 없다.

문법

1 2 3 〈what vs. that〉

	관계대명사(불완전한 문장)	접속사(완전한 문장)
what	○ 선행사를 포함하고 있기 때문에 what 앞에 선행사 불필요	×
that	○ that 앞에 선행사 필요	○

1 〈rely on〉

주어	동사	해석
사람	**rely on**, depend on, count on, bank on, turn to, resort to	~에 의지[의존]하다
사물		~에 좌우되다, ~에 달려있다

1 〈become 동사 쓰임〉

become	주격 보어	2형식
	명사	(~으로) 되다
	형용사	
	과거분사	
	목적어	3형식
	명사	어울리다, 잘 맞다 (진행형/수동태 불가)

2 〈to부정사를 취하는 불완전 자동사〉

주어	불완전 자동사	
–	aim / appear / arrange / bother / consent / delight / fight / hesitate / hurry / long / prepare / seem / serve / strive / struggle / **tend** / yearn / wait 등	to 동사원형

2 〈주격 관계대명사절의 수의 일치〉 : 선행사를 포함하고 있는 관계대명사 what 사용 불가

	주격 관계대명사절		
선행사	주격 관계대명사	~~주어~~	동사
an effect	that		~~have caused~~
			has caused

2 〈5형식 불완전 타동사의 목적격 보어〉 : 수동태 전환 시, 2형식 문장(be p.p.+to R)

주어	불완전 타동사	목적어	목적격 보어
–	advise / allow / ask / assign / assume / beg / bring / **cause** / command / compel / condition / decide / design / drive / enable / encourage / expect / forbid / force / inspire / instruct / intend / invite / lead / like / motivate / order / permit / persuade / predispose / prepare / pressure / proclaim / prod / program / provoke / push / require / teach / tell / train / trust / urge / want / warn / wish 등	–	to 동사원형

3 〈주격 관계대명사 + be동사 생략〉

–	생략 가능	
명사 (선행사)	(주격 관계대명사 + be동사)	현재분사(-ing) – 능동 (~하고 있는, ~하는)
		과거분사(p.p.) – 수동 (~되어진, ~당한)
		명사
		형용사(구) (~하는, ~할)
		부사
		전치사구
A team	(which/that was)	led
areas of the brain	(which/that are)	involved
technology	(which/that is)	telling

3 〈find / found〉

원형	과거	과거분사	현재분사	뜻
find	**found**	found	finding	v. 발견하다, 알다
found	founded	founded	founding	v. 설립하다

4 〈간접의문문〉 : 〈의문사 to R〉 = 의문사 + 주어 + should + R (= telling us which way we should[can, will] go)

수여동사	간접목적어	직접목적어			
telling	us	〈간접의문문〉:명사절			
		의문사	명사	to	동사원형
		which	way	to	go

어법 & 연결어

Psychologists and neuroscientists warn **[what / that]** when we rely on technology to perform tasks such as **[navigating / navigation]** for us, our awareness of our physical environment fades as we become **[immersed / immersing]** instead in an abstract, **[computerized / computerizing]** world. Studies show **[that / what]** we tend **[placing / to place]** too much faith in the accuracy of information from computer monitors, and **[ignore / to ignore]** or discount information from our own eyes and ears, an effect **[what / that]** has caused pilots **[crashing / to crash]** planes and GPS-following tourists to drive into the sea. A team **[led / leading]** by the British neuroscientist Hugo Spiers **[found / founded]** in 2017 that areas of the brain **[normal / normally]** **[involved / involving]** in navigation just don't engage when people use GPS. "When we have technology **[telling / told]** us **[which / what]** way to go," said Spiers, "these parts of the brain simply don't respond to the street network. In that sense our brain has switched off **[its / their]** interest in the streets around us."

전국 2021학년도 7월 고3 33번		
빈칸 추론	제목	국가의 경제 개입에 관한 전통적인 견해
	주제	전통적인 견해는 국가가 시장 실패를 바로잡거나 경쟁의 장을 평등하게 하기 위해서가 아니라면 경제에 개입하면 안 된다고 주장한다.
	논리	비교·대조

	지문	해석	단어 & 숙어
1 TS	The conventional view / [of {what the state should do / (to foster innovation)}] / is simple: / it (just) needs / to get out of the way. 통념적인 견해는 / 국가가 무엇을 해야 하는지에 대한 / 혁신을 촉진하기 위해 / 간단한데 / 국가는 단지 할 필요가 있다는 것이다 / 방해가 안 되게	혁신을 촉진하기 위해 국가가 무엇을 해야 하는지에 대한 통념적인 견해는 간단한데 국가는 단지 방해가 안 되게 할 필요가 있다는 것이다.	conventional 관습적인, 기존의 view 견해, 관점 state 국가 foster 키우다 innovation 혁신 need O(to R) ~을 할 필요가 있다 get out of the way 방해가 안 되게 하다
2	At best, / governments (merely) facilitate / the economic dynamism / (of the private sector); / (at worst), / their lumbering, heavy-handed, and bureaucratic institutions / (actively) inhibit it. 기껏해야 / 정부는 단지 촉진할 뿐이고 / 경제적 역동성을 / 민간 부문의 / 최악의 경우에는 / 그들의 느릿느릿 움직이고, 위압적이며 관료적인 기관들이 / 적극적으로 그것을 억제한다	기껏해야 정부는 민간 부문의 경제적 역동성을 단지 촉진할 뿐이고, 최악의 경우에는 그들의 느릿느릿 움직이고, 위압적이며 관료적인 기관들이 적극적으로 그것을 억제한다.	at best 잘해야, 기껏해야 government 정부 merely 그저, 단지 facilitate 돕다, 촉진하다 economic 경제적인 dynamism 활력, 패기 private sector 민간 부문 at worst 최악으로 lumbering 느릿느릿 움직이는 heavy-handed 위압적인 bureaucratic 관료적인 institution 기관 actively 적극적으로 inhibit 억제하다
3	The fast-moving, risk-loving, and pioneering private sector, / by contrast, / is {what (really) drives the type of innovation / (that creates economic growth)}. 빠르게 움직이고, 위험을 사랑하며, 선구적인 민간 부문이 / 반면에 / 혁신 유형을 실제로 추진하는 것이다 / 경제 성장을 창출하는	반면에, 빠르게 움직이고, 위험을 사랑하며, 선구적인 민간 부문이 경제 성장을 창출하는 혁신 유형을 실제로 추진하는 것이다.	risk 위험 pioneering 개척[선구]적인 by contrast 반면에, 대조적으로 drive 추진하다, 진행하다 create 창조[창출]하다 growth 성장, 발전
4	(According to this view), / the secret / (behind Silicon Valley) / lies / (in its entrepreneurs and venture capitalists). 이 견해에 따르면 / 비결은 / 실리콘 밸리의 / 있다 / 기업가들과 벤처 투자가들에게	이 견해에 따르면 실리콘 밸리의 비결은 기업가들과 벤처 투자가들에게 있다.	according to ~에 따르면 secret 비밀, 비결 behind ~의 뒤에, 이면에 Silicon Valley 실리콘 밸리 lie ~에 있다[존재하다] entrepreneur 기업가 venture capitalist 벤처 투자가
5	The state can intervene / (in the economy) / — but only (to fix market failures / or level the playing field). 국가는 개입할 수 있다 / 경제에 / 하지만 오직 시장 실패를 바로잡거나 / 경쟁의 장을 평등하게 하기 위해서만 그렇다	국가는 경제에 개입할 수 있지만, 오직 시장 실패를 바로잡거나 경쟁의 장을 평등하게 하기 위해서만 그렇다.	intervene in ~에 개입하다 economy 경제 only to R 그 결과는 ~뿐 fix 바로잡다 market failure 시장의 실패 level 평등하게 하다 playing field 경쟁의 장
6	It can regulate / the private sector / (in order to account for the external costs) / {companies may impose (on the public)}, / (such as pollution), / and it can invest / (in public goods), / (such as basic scientific research or the development of drugs) / (with little market potential). 국가는 규제할 수 있다 / 민간 부문을 / 외부 비용에 대해 책임지기 위해 / 기업이 공공에 부과하는 / 공해와 같이 / 그리고 그것은 투자할 수 있다 / 공공재에 / 기초 과학 연구나 의약품 개발과 같은 / 시장 잠재력이 거의 없는	국가는 공해와 같이 기업이 공공에 부과하는 외부 비용에 대해 책임지기 위해 민간 부문을 규제할 수 있으며, 기초 과학 연구나 시장 잠재력이 거의 없는 의약품 개발과 같은 공공재에 투자할 수 있다.	regulate 규제하다 account for 책임지다 external cost 외부비용 company 회사, 기업 impose A on B A를 B에 부과하다 public 공공(의) pollution 공해, 오염 invest in ~에 투자하다 public goods 공공재 research 연구 development 개발 drug 의약품, 약 little 거의 없는 market potential 시장 잠재력(시장에서 판매될 가능성)
7	It should not, / however, / ____________________. 국가는 ~해서는 안 된다 / 그러나 / 시장을 만들고 형성하려고 직접 시도하는 것	그러나 국가는 시장을 만들고 형성하려고 직접 시도해서는 안 된다.	directly 직접적으로 attempt O(to R) ~하려고 시도하다 create 만들다 shape 형성하다

33 다음 빈칸에 들어갈 말로 가장 적절한 것을 고르시오. [3점] [27%]

① involve the private sector in shaping economic policies
② directly attempt to create and shape markets
③ regulate companies under any circumstances
④ take market failures into consideration
⑤ let the private sector drive innovation

정답 | ②

해설 | ① 경제 정책을 수립할 때 민간 부문을 포함시켜서는: 국가가 민간 부문에 참여한다는 내용은 없다.
② 시장을 만들고 형성하려고 직접적으로 시도해서는: 1, 5에서 국가는 시장 실패를 바로잡거나 경쟁의 장을 평등하기 위해서가 아니라면 경제에 개입하면 안 된다고 했으므로 정답으로 적절하다.
③ 어떤 상황이든 기업을 규제해서는: 국가가 기업을 규제한다는 내용은 없다.
④ 시장 실패를 고려해서는 : 시장 실패에 관한 내용은 없다.
⑤ 민간 부문이 혁신을 추진하도록 두어서는: 빈칸에 들어갈 말과 반대되므로 적절하지 않다.

문법

1 5 〈혼동 어휘〉: 철자가 비슷해서 혼동

stat	e	주, 국가, 말하다, 상태
	ue	동상
	ure	키, 신장, 위상
	us	지위, 상태

1 〈need 동사의 용법〉

need	목적어 (to 동사원형)		주어가 (~할) 필요가 있다	3형식
	목적어	목적격 보어 (to 동사원형)	주어는 목적어가 ~해 줄 필요가 있다	5형식

1 7 〈목적어 자리에 to부정사를 취하는 완전 타동사〉

주어	완전 타동사	목적어
–	afford / agree / ask / **attempt** / care / choose / claim / dare / decide / demand / desire / determine / elect / expect / fail / guarantee / hope / intend / learn / manage / **need** / offer / plan / pretend / promise / refuse / resolve / seek / threaten / volunteer / want / wish 등	to 동사원형

2 3 5 〈혼동 어휘〉

	형용사	명사
economic	**경제의**	–
economical	경제학의	–
economy	–	**경제**
economist	–	경제학자
economics	–	경제학

3 〈관계대명사 what〉: 주격 관계대명사 what절이 불완전 타동사 is의 주격 보어로 사용되는 경우 / 선행사가 필요한 관계대명사 that과 which 사용 불가

주격 관계대명사절			
~~선행사~~	what	~~주어~~	동사
	주격 관계대명사		drives

3 〈주격 관계대명사 that〉: 선행사를 포함하고 있는 관계대명사 what 사용 불가

	주격 관계대명사절		
선행사	주격 관계대명사	~~주어~~	동사
the type	that		~~create~~
			creates

4 〈according to / according as〉

~에 따르면	전치사구	**according to**	(동)명사
	종속접속사	according as	주어 동사

4 〈혼동하기 쉬운 동사〉

원형	과거	과거분사	현재분사	뜻
lie	lay	lain	lying	vi. 눕다, ~에 놓여 있다, **있다**
lay	laid	laid	laying	vt. 눕히다, 알을 낳다
lie	lied	lied	lying	vi. 거짓말하다

6 〈목적격 관계대명사 that 생략〉: 3형식에서 타동사의 목적어가 없는 경우 / 선행사를 포함하고 있는 관계대명사 what 사용 불가

	목적격 관계대명사절			
선행사	목적격 관계대명사	주어	타동사	~~목적어~~
the external costs	(that) 생략 가능	companies	may impose	

6 〈few / a few / a little / little〉

수	few	거의 없는 (부정)	+ 복수명사 + 복수동사
	a few	약간 (긍정)	
양	a little	약간 (긍정)	+ 단수명사 + 단수동사
	little	거의 없는 (부정)	

어법 & 연결어

The conventional view of **[that / what]** the **[state / statue]** should do to foster innovation is simple: it just needs **[getting / to get]** out of the way. (　　　　　), governments merely facilitate the **[economic / economical]** dynamism of the private sector; at worst, their lumbering, heavy-handed, and bureaucratic institutions actively inhibit **[it / them]**. The fast-moving, risk-loving, and pioneering private sector, (　　　　　), is **[that / what]** really **[drive / drives]** the type of innovation **[what / that]** **[create / creates]** **[economic / economical]** growth. According **[to / as]** this view, the secret behind Silicon Valley **[lays / lies]** in **[its / their]** entrepreneurs and venture capitalists. The **[state / status]** can intervene in the **[economy / economics]** — but only to fix market failures or level the playing field. It can regulate the private sector in order to account for the external costs companies may impose on the public, such as pollution, and it can invest in public goods, such as basic scientific research or the development of drugs with **[few / little]** market potential. It should not, (　　　　　), **[direct / directly]** attempt **[creating / to create]** and **[shape / shaping]** markets.

전국 2021학년도 7월 고3 34번		
빈칸 추론	제목	알고리즘 설계의 위험
	주제	알고리즘은 설계자의 이해와 다름없기에 위험성이 존재한다.
	논리	문제점, 열거, 원인·결과

	지문	해석	단어 & 숙어
1 TS 문제점 원인 결과	The designer / (in the Age of Algorithms) / poses a threat / (to American jurisprudence) / (because the algorithm is only as good / as ________________________). 설계자는 / 알고리즘 시대의 / 위협을 가한다 / 미국 법체계에 / 알고리즘이 다름없기 때문에 / 그 알고리즘의 의도된 용도에 대한 설계자의 이해와 (as 형/부 as)	알고리즘 시대의 설계자는 알고리즘이 그 알고리즘의 의도된 용도에 대한 설계자의 이해와 다름없기 때문에 미국 법체계에 위협을 가한다.	designer 설계자 age 시대, 시기 algorithm (컴퓨터) 문제 해결 절차 및 방법, 알고리즘 pose a threat to ~에 위협을 가하다 jurisprudence 법체계 as good as ~와 다름없는 understanding 이해 intended 의도된, 계획된
2 열거	The person (that is) (designing the algorithm) / may be an excellent software engineer, / but (without the knowledge of all the factors) / (that need to go into an algorithmic process), / the engineer could (unknowingly) produce / an algorithm / {whose decisions are (at best) incomplete / and (at worst) discriminatory and unfair}. 사람은 / 알고리즘을 설계하는 / 훌륭한 소프트웨어 기술자일 수 있다 / 모든 요인에 대한 지식이 없으면 / 알고리즘의 과정에 들어가야 할 / 그 기술자는 모르고 만들어 낼 수 있다 / 알고리즘을 / 결정이 기껏해야 불완전하고 / 최악의 경우 차별적이고 불공정한	알고리즘을 설계하는 사람은 훌륭한 소프트웨어 기술자일 수 있지만, 알고리즘의 과정에 들어가야 할 모든 요인에 대한 지식이 없으면, 그 기술자는 결정이 기껏해야 불완전하고 최악의 경우 차별적이고 불공정한 알고리즘을 모르고 만들어 낼 수 있다.	design 설계하다, 고안하다 excellent 훌륭한, 뛰어난 engineer 기술자 without ~ 없이 knowledge 지식 factor 요인 go into ~에 들어가다 (= enter) process 과정 unknowingly 부지불식간에 produce 생산하다, 만들어 내다 decision 결정, 판단 at best 기껏해야, 잘해야 incomplete 불완전한 at worst 최악으로 discriminatory 차별적인 unfair 불공평한
3 열거	(Compounding the problem), / an algorithm design firm / might be (under contract) / {to design algorithms / (for a wide range of uses)}, / [from determining / {which patients (awaiting transplants) / are chosen (to receive organs)}, / to {which criminals (facing sentencing) / should be given / probation or the maximum sentence}]. ( ): 〈분사구문〉 / 문제를 더 심각하게 만드는 것은 / 한 알고리즘 설계 회사가 / 계약을 체결할지도 모른다는 것이다 / 알고리즘을 설계하도록 / 광범위한 용도를 위해 / 〈from A to B〉 / 결정하는 것까지의 / 이식을 기다리는 어느 환자가 / 장기를 받도록 선택될지 선택하는 것부터 / 선고에 직면한 어느 범죄자가 / 받아야 하는지 / 집행 유예 또는 최고형을	문제를 더 심각하게 만드는 것은, 한 알고리즘 설계 회사가, 이식을 기다리는 어느 환자가 장기를 받도록 선택될지 결정하는 것부터, 선고에 직면한 어느 범죄자가 집행 유예 또는 최고형을 받아야 하는지 결정하는 것까지의, 광범위한 용도를 위해 알고리즘을 설계하도록 계약을 체결할지도 모른다는 것이다.	compound 심화시키다 firm 회사 be under contract 계약 중이다 a range of ~범위의 determine 결정하다 patient 환자 await ~을 기다리다 transplant 이식 choose O(to R) ~을 선택하다 (수동태 시, be chosen to R) receive 받다 organ 장기 criminal 범죄자 face 직면하다 sentencing 선고 probation 집행 유예 maximum sentence 최고형
4 열거	That firm is not going to be staffed / (with subject matter experts) / [who know / (what questions each algorithm needs to address), / {what databases the algorithm should use / (to collect its data)}, / and {what pitfalls the algorithm needs to avoid / (in churning out decisions)}]. 그 회사는 직원으로 두지는 않을 것이다 / 주제별 전문가들을 / 알고 있는 / 각 알고리즘이 어떤 문제를 다뤄야 하는지를 / 알고리즘이 어떤 데이터 베이스를 사용해야 하는지 / 그것의 데이터를 수집하기 위해 / 그리고 알고리즘이 어떤 위험을 피해야 하는지를 / 결정을 잇달아 낼 때	그 회사는 각 알고리즘이 어떤 문제를 다뤄야 하는지, 알고리즘이 그것의 데이터를 수집하기 위해 어떤 데이터베이스를 사용해야 하는지, 그리고 알고리즘이 결정을 잇달아 낼 때 어떤 위험을 피해야 하는지를 알고 있는 주제별 전문가들을 직원으로 두지는 않을 것이다.	be going to R ~할 예정이다 staff A with B A에 B를 직원으로 두다 (수동태 시, A be staffed with B) subject 주제 matter 문제, 사안 expert 전문가 address ~에 대처하다 collect 수집하다 pitfall 함정 avoid 피하다 churn out 잇달아 내다 decision 결정, 판단

34 다음 빈칸에 들어갈 말로 가장 적절한 것을 고르시오. [3점] [32%]

① the amount of data that the public can access
② its capacity to teach itself to reach the best decisions
③ its potential to create a lasting profit for the algorithm users
④ the functionality of the hardware the designing company operates
⑤ the designer's understanding of the intended use of the algorithm

정답 | ⑤

해설 | ① 대중들이 접근할 수 있는 데이터의 양: 대중들의 접근에 관한 내용은 없다.
② 최고의 결정에 도달할 수 있기 위해 스스로 학습하는 능력: 스스로 학습하는 능력에 관한 내용은 없다.
③ 알고리즘 사용자를 위해 지속적인 이익을 창조하기 위한 잠재적 가능성: 이익 창조에 관한 내용은 없다.
④ 설계한 회사가 운영하는 하드웨어의 기능성: 하드웨어의 기능성에 관한 내용은 없다.
⑤ 알고리즘에 의도된 용도에 대한 디자이너의 이해: 2에서 알고리즘 설계자의 지식에 관한 내용을 설명하므로 정답이다.

문법

1 〈원인/이유: ~ 때문에〉: 〈전치사〉 because of / due to / for / on account of / owing to / thanks to // 〈종·접〉 as / **because** / now (that) / since

2 3 〈주격 관계대명사 + be동사 생략〉

-	생략 가능	
명사 (선행사)	(주격 관계대명사 + be동사)	**현재분사(-ing) – 능동 (~하고 있는, ~하는)**
		과거분사(p.p.) – 수동 (~되어진, ~당한)
		명사
		형용사(구) (~하는, ~할)
		부사
		전치사구
The person	(who/that is)	designing
patients	(who/that are)	awaiting
criminals	(who/that are)	facing

2 4 〈주격 관계대명사절〉

	주격 관계대명사절		
선행사	주격 관계대명사	~~주어~~	복수동사
all the factors	that		need
experts	who		know

2 〈what vs. that〉

	관계대명사 (불완전한 문장)	접속사 (완전한 문장)
what	○ 선행사를 포함하고 있기 때문에 what 앞에 선행사 불필요	×
that	**○** that 앞에 선행사 필요	○

2 〈need 동사의 용법〉

need	**목적어 (to 동사원형)**		주어가 (~할) 필요가 있다	**3형식**
	목적어	목적격 보어 (to 동사원형)	주어는 목적어가 ~해 줄 필요가 있다	5형식

2 〈소유격 관계대명사〉: 소유격이 없는 that은 사용 불가

선행사 + 접속사 + 소유격 + 명사 + 동사 ~
= 선행사 + 접속사 + the + 명사 + of + 대명사 + 동사 ~
= **선행사 + whose + 명사 + 동사~**
= 선행사 + of which + the + 명사 + 동사 ~
= 선행사 the + 명사 + of which + 동사 ~

3 〈Compounding ~〉: 〈분사구문〉이 문두에 있는 경우 (능동) (= As it compounds)

3 〈간접의문문〉: 동명사와 전치사의 목적어로 사용된 경우

	간접의문문		
동명사/전치사	의문사	주어	동사
determining	which	patients	are chosen
to	which	criminals	should be given

4 〈be going to vs. will〉

	의미	쓰임	
will + 동사원형	~할 예정이다	먼 미래	추상적인 미래
be going to + 동사원형		가까운 미래	구체적인 미래

4 〈to R의 태와 시제〉: to be staffed

태	능동태	to R
	수동태	**to be p.p.**
시제	**단순시제 : 본동사 시제와 동일**	**to R**
	완료시제 : 본동사 시제보다 한 시제 앞선 시제	to have p.p.
	완료수동	to have been p.p.

4 〈간접의문문〉: 선행사가 필요한 that/which 불가

	목적격 관계대명사절				
타동사	의문사	명사	주어	동사	~~목적어~~
know	what	questions	each ~	needs to address	
	what	databases	the ~	should use	
	what	pitfalls	the ~	needs to avoid	

어법 & 연결어

The designer in the Age of Algorithms poses a threat to American jurisprudence **[because / because of]** the algorithm is only as good as the designer's understanding of the **[intended / intending]** use of the algorithm. The person **[designed / designing]** the algorithm may be an excellent software engineer, but without the knowledge of all the factors **[what / that] [need / needs] [going / to go]** into an algorithmic process, the engineer could unknowingly produce an algorithm **[that / whose]** decisions are at best incomplete and at worst discriminatory and unfair. **[Compounding / Compounded]** the problem, an algorithm design firm might be under contract to design algorithms for a wide range of uses, from determining **[what / which]** patients **[awaiting / awaited]** transplants **[choose / are chosen] [to receive / receiving]** organs, **[which / to which]** criminals **[facing / faced]** sentencing **[should give / should be given]** probation or the maximum sentence. That firm is not going **[to staff / to be staffed]** with subject matter experts who **[know / knows] [what / that]** questions each algorithm needs **[to address / addressing]**, **[that / what]** databases the algorithm should use to **[collect / correct] [its / their]** data, and what pitfalls the algorithm needs to avoid in churning out decisions.

전국 2021학년도 7월 고3 35번		
무관한 문장	제목	부모와 아이가 함께하는 양육
	주제	아이가 우리가 되길 바라는 부모로 우리를 기르는 능력을 가지고 있다.
	논리	통념·진실

	지문	해석	단어 & 숙어
1 TS 통념 진실	[While we believe / {we hold the power / (to raise our children)}], / the reality is / {that our children hold the power / (to raise *us* into the parents) / (they need us to become)}. 〈종·접〉 S V (종·접 that) { }: O S V O O 우리는 믿지만 / 우리가 능력을 가지고 있다고 / 아이들을 기르는 현실은 ~이다 / 〈종·접〉 S V / 우리의 아이들이 능력을 가지고 있다라는 것 (보격 관계대명사 that) S V O / 부모로 '우리'를 기르는 / 우리가 되기를 바라는 O·C { }: S·C	우리는 우리가 아이들을 기르는 능력을 가지고 있다고 믿지만, 현실은 우리의 아이들이 우리가 되기를 바라는 부모로 '우리'를 기르는 능력을 가지고 있다.	while ~하지만, ~이지만 hold the power ~할 능력이 있다 raise 양육하다 reality 현실, 실제 parent(s) 부모 need O O·C(to R) (5) ~가 …하는 것이 필요하다
2	① For this reason, / the parenting experience / isn't (one of parent *versus* child) / but (of parent *with* child). 〈현재분사〉 S V S·C 〈not A but B〉 이러한 이유로 / 양육 경험은 부모 '대' 아이가 아니라 / 아이'와 함께하는' 부모의 경험이다	이러한 이유로, 양육 경험은 부모 '대' 아이가 아니라 아이'와 함께하는' 부모의 경험이다.	for this[that] reason 이런[그런] 이유 때문에 parenting 양육, 부모 되기 experience 경험, 체험 not A but B A가 아니라 B one of + 복수명사 ~들 중의 하나 versus 대항한
3	② The road (to wholeness) / sits / (in our children's lap), / and all (we need do) / is take a seat. S_1 V_1 / 완전함으로 가는 길은 / 놓여 있다 / 우리 아이들의 무릎에 (목·관 that) (to) S_2 S V V_2 S·C 그리고 우리가 해야 할 일은 / 자리에 앉아있는 것뿐이다	완전함으로 가는 길은 우리 아이들의 무릎에 놓여 있으며[우리 아이들에게 달려 있으며], 우리가 해야 할 일은 자리에 앉아있는 것뿐이다.	the road to ~로 가는 길 wholeness 완전함 in one's lap ~의 무릎에[~의 수중에] all we need (to) do is (to) R ~하기만 하면 된다 take a seat 자리에 앉다
4	③ {As our children show / us our way (back) (to our own essence)}, / they become / our greatest awakeners. 〈종·접〉 S V I·O D·O 〈부사〉 우리 아이들이 보여주기에 / 우리에게 우리 자신의 본질로 되돌아가는 길을 S V S·C 그들은 된다 / 우리를 가장 잘 일깨우는 사람이	우리 아이들이 우리 자신의 본질로 되돌아 가는 길을 보여주기에, 그들은 우리를 가장 잘 일깨우는 사람이 된다.	as ~이기 때문에, ~이므로 show I·O D·O (4) ~에게 …을 보여주다 essence 본질 become ~이 되다 awakener 일깨우는 사람
5	④ This means / 〈that [how much we pay attention / {to (awakening our children's minds)}] / can make a difference / (in their lives)〉. 〈 〉: O [ ]: S〈간·의〉 S V 〈종·접〉 〈의문사〉 S V O 〈전치사〉 이것은 의미한다 / 우리가 관심을 얼마만큼 쏟느냐가 〈동명사〉 O V O 우리 아이들의 정신을 일깨우는 데 / 차이를 만들 수 있다는 것을 그들의 인생에	(이것은 우리가 우리 아이들의 정신을 일깨우는 데 관심을 얼마만큼 쏟느냐가 그들의 인생에 차이를 만들 수 있다는 것을 의미한다.)	mean 의미하다 pay attention to + (동)명사 ~에 관심을 두다 awaken 일깨우다 make a difference 차이를 만들다, 변화를 가져오다 in one's life ~의 삶에서
6	⑤ (If we fail / to hold their hand / and follow their lead) / {as they guide us / (through the gateway of increased consciousness)}, / we lose the chance / {to walk (toward our own enlightenment)}. 〈종·접〉 S V O_1 (to) O_2 만일 우리가 못하면 / 그들의 손을 잡고 / 그들의 안내를 따라가지 〈종·접〉 S V O 〈전치사〉 O p.p. 그들이 우리를 안내할 때 / 증진된 자각의 입구로 S V O 〈전치사〉 우리는 기회를 잃게 된다 O 우리 자신의 깨달음으로 향해 가는	만일 그들이 증진된 자각의 입구로 우리를 안내할 때, 우리가 그들의 손을 잡고 그들의 안내를 따라가지 못하면, 우리는 우리 자신의 깨달음으로 향해 가는 기회를 잃게 된다.	fail O(to R) ~을 실패하다 hold one's hand ~의 손을 잡다 follow one's lead ~가 이끄는 대로 따르다 as ~할 때 guide 안내하다, 인도하다 through ~을 통해 gateway 입구 increase 증진[증가]하다 consciousness 의식 lose 잃다 chance 기회 toward ~쪽으로, ~을 향하여 enlightenment 깨달음

35 다음 글에서 전체 흐름과 관계 없는 문장은? [40%]

정답 | ④

해설 | 글에서는 아이들이 우리가 되기를 바라는 부모로 우리를 기른다는 내용을 제시하지만, (④)는 우리가 아이들의 정신을 일깨우는 것에 관한 내용을 제시하므로 전체 흐름과 관계 없다.

문법

1 〈while의 용법〉

부사절을 이끄는 종속접속사		
while	시간	~ 동안에
	양보/대조	비록 ~일지라도, ~이긴 하지만

1 〈목적격 종속접속사 that〉 : 완전 타동사의 목적어로 사용된 경우 / 관계대명사 what 사용 불가

	종속절 (명사절: 목적어) (완전한 절)		
완전 타동사	목적격 종속접속사	주어	동사
believe	(that) 생략 가능 (~하는 것을)	we	hold

1 〈혼동하기 쉬운 동사〉

원형	과거	과거분사	현재분사	뜻
rise	rose	risen	rising	vi. 오르다, 일어나다
raise	raised	raised	raising	vt. 올리다, 기르다
arise	arose	arisen	arising	vi. 발생하다, 기인하다

1 〈보격 관계대명사 that〉 : 목적격 보어 자리에 있는 불완전 자동사 become의 주격 보어가 없는 경우 / 선행사를 포함하고 있는 관계대명사 what 사용 불가

	목적격 관계대명사절					
선행사	보격 관계대명사	주어	타동사	목적어	목적격 보어	
					to become	~~주격 보어~~
the parents	that	they	need	us		

3 〈주격 보어 자리에 to가 생략되는 경우〉

주어 (한정하는 표현)					주격 보어
What **All** The only thing The first thing The best (thing)	목적격 관계대명사	주어	do	be동사	(to) 동사원형
all	(that)	we	need do	is	(to) take

4 〈부사절을 이끄는 종속접속사〉 : as 용법

	쓰임	해석
as + 주어 + 동사	시간	~하고 있을 때, ~하자마자, ~하면서
	원인/이유	**~ 때문에**
	조건	~한다면
	양보	~일지라도
	비교	~보다/만큼
	비례	~함에 따라, ~할수록
	방법/상태	~대로/~하듯이

1 3 5 〈what vs. that〉

	관계대명사 (불완전한 문장)	접속사 (완전한 문장)
what	○ 선행사를 포함하고 있기 때문에 what 앞에 선행사 불필요	×
that	○ that 앞에 선행사 필요	○

5 〈주어와 동사의 수의 일치〉

주어가 될 수 있는 것들		주어와 동사의 수의 일치
단어	명사	명사와 대명사에 따라 동사의 단/복수 결정
	대명사	
구	to부정사구	단수동사 *모든 구와 절은 단수 취급
	동명사구	
절	that절	
	what절	
	whether절	
	의문사절	
	복합 관계대명사절	

5 〈간접의문문〉 : 주어 자리에 사용된 경우

주어 : 〈간접의문문〉						동사
how	we	pay	attention	to	awakening ~	can make
의문사	주어	동사	목적어	전치사	동명사	

5 〈to가 전치사인 경우〉 : pay attention to + (동)명사

6 〈목적어 자리에 to부정사를 취하는 완전 타동사〉

주어	완전 타동사	목적어
–	afford / agree / ask / attempt / care / choose / claim / dare / decide / demand / desire / determine / elect / expect / **fail** / guarantee / hope / intend / learn / manage / need / offer / plan / pretend / promise / refuse / resolve / seek / threaten / volunteer / want / wish 등	to 동사원형

6 〈혼동 어휘〉

through	전치사	~을 통하여
throughout	전치사	(장소) ~의 도처에, (시간) ~ 동안, ~ 내내
	부사	도처에, 완전히, 철저하게
though	접속사	~에도 불구하고
thorough	형용사	철저한, 완전한

6 〈소유격을 강조하는 표현〉 : '소유격 + own(~ 자신의) + 명사'

	own은 소유격대명사 강조		
전치사	소유격	own	명사
toward	our	own	enlightenment

어법 & 연결어

While we believe we hold the power to **[rise / raise]** our children, the reality is **[that / what]** our children hold the power to **[raise / arise]** *us* into the parents they need us to become. (   ), the parenting experience isn't one of parent *versus* child but of parent *with* child. The road to wholeness **[seats / sits]** in our children's lap, and all we need do is **[taking / take]** a seat. As our children show us our way back to our own essence, they become our greatest awakeners. If we fail **[holding / to hold]** their hand and follow their lead as they guide us **[through / thorough]** the gateway of increased consciousness, we lose the chance to walk toward **[our own / own our]** enlightenment.

전국 2021학년도 7월 고3 36번		
글의 순서	제목	회귀의 오류
	주제	회귀의 오류는 상황이 어떻게 변동하는지를 고려하지 못하여 발생하는 인과 추론의 실수이다.
	논리	예시

	지문	해석	단어 & 숙어
1 TS	Regression fallacy / is a mistake / (of causal reasoning) / 〈due to the failure / [to consider / {how things fluctuate (randomly), / (typically) (around some average condition)}]〉. S: Regression fallacy / V: is / S·C: a mistake / 〈전치사〉 due to / O: failure / 〈의문사〉 how / S: things / V: fluctuate / 〈부사〉 randomly / 〈부사〉 typically / { }: O〈간·의〉 회귀의 오류는 / 실수이다 / 인과 추론의 / 실패로 인해 발생하는 / 고려하는 데 있어 / 어떻게 상황이 무작위로 변동하는지를 / 일반적으로 어떤 평균적인 상태 주변에서	회귀의 오류는 어떻게 상황이 일반적으로 어떤 평균적인 상태 주변에서 무작위로 변동하는지를 고려하지 못하여 발생하는 인과 추론의 실수이다.	regression fallacy 회귀 오류 (극단적이거나 이례적인 결과는 평균 방향으로 되돌아오는 경향) causal 인과의 consider 고려하다 fluctuate 변동하다 randomly 무작위로 typically 일반적으로 average 평균의
2	Intense pain, exceptional sports performance, and high stock prices / are likely {to be followed / (by more subdued conditions) / (eventually) / (due to natural fluctuation)}. S_1: Intense pain / S_2: exceptional sports performance / S_3: high stock prices / V: are / S·C: likely / 〈to부정사의 수동〉 to be followed / p.p.: subdued / O: conditions / 〈부사〉 eventually / 〈전치사〉 due to / O: natural fluctuation 심한 통증, 스포츠에서의 특출한 활약 그리고 높은 주가는 / 뒤따를 가능성이 있다 / 더 약화된 상태가 / 결국 / 자연스러운 변동 때문에	심한 통증, 스포츠에서의 특출한 활약 그리고 높은 주가는 결국 자연스러운 변동 때문에 더 약화된 상태가 뒤따를 가능성이 있다.	intense 심한 pain 통증, 고통 exceptional 예외적인 performance 성취, 성과 stock price 주가 be likely to R ~할 것 같다, ~할 가망이 있다 A be followed by B A 다음에 B가 나오다 subdued 약화된 fluctuation 변동
3	(A) {During a period (of very intense pain)}, / the patient decided / (to try alternative therapy) / {like putting a magnetic patch / (on his back)}. 〈전치사〉 During / O: a period / S: the patient / V: decided / ( ): O / O: alternative therapy / 〈전치사〉 like / 〈동명사〉 putting / O: a magnetic patch 매우 심한 통증이 있는 기간 동안 / 환자는 결정했다 / 대체 의학 요법을 시도하기로 / 자석 패치를 붙이는 것과 같은 / 등에	(A) 매우 심한 통증이 있는 기간 동안, 환자는 등에 자석 패치를 붙이는 것과 같은 대체 의학 요법을 시도하기로 결정했다.	period 기간, 시기 patient 환자 decide O(to R) ~을 결정하다 alternative therapy 대체 의학 치료법 put A on B A를 B에 두다 magnetic patch 자석 패치
4	He felt / less pain (afterward) / and concluded / (that the patch worked). S: He / V_1: felt / O: less pain / V_2: concluded / ( ): O / 〈종·접〉 that / S: the patch / V: worked 그는 느꼈다 / 이후에 통증을 덜 / 그리고 결론을 내렸다 / 패치가 효과가 있었다는	그는 이후에 통증을 덜 느꼈으며 패치가 효과가 있었다는 결론을 내렸다.	pain 고통, 아픔 afterward 이후에 conclude 결론짓다 patch (상처 따위에) 대는 것, 고약, 반창고 work 효과가 있다, 도움이 되다
5	But / this could (just) be the result / (of regression). S: this / V: could be / S·C: the result 하지만 / 이것은 단지 결과일 수 있다 / 회귀의	하지만 이것은 단지 회귀의 결과일 수 있다.	result 결과 regression 회귀
6	(B) Failure (to recognize this fact) / can lead (to wrong conclusions) / (about causation). S: Failure / O: this fact / V: can lead 이 사실을 인식하지 못하는 것은 / 잘못된 결론으로 이어질 수 있다 / 인과관계에 대한	(B) 이 사실을 인식하지 못하는 것은 인과관계에 대한 잘못된 결론으로 이어질 수 있다.	failure to R ~하지 않기, 못하기 recognize 인식하다 lead to ~로 이어지다 wrong 잘못된 conclusion 결론 causation 인과관계
7 예시	For example, / someone might suffer / (from back pain) / (now and then) / but nothing seems / {to solve the problem / (completely)}. S_1: someone / V_1: might suffer / S_2: nothing / V_2: seems / { }: S·C / O: the problem / 〈부사〉 completely 예를 들어 / 어떤 사람이 가끔 고통받고 있는데 / 요통으로 / 때때로 / 어떤 것도 보인다 / 그 문제를 해결할 수 없는 것처럼 / 완전히	예를 들어, 어떤 사람이 가끔 요통으로 고통받고 있는데 어떤 것도 그 문제를 완전히 해결할 수 없는 것처럼 보인다.	suffer from ~로 고통받다 back pain 요통 now and then 때때로 seem S·C(to R) (~하는 것으로) 생각되다, 느껴지다 solve 해결하다 completely 완전히
8	(C) (If he sought treatment) / (when the pain was very intense), / it is (quite) possible / {that the pain has (already) reached / its peak / and would lessen / (in any case) / (as part of the natural cycle)}. 〈종·접〉 If / S: he / V: sought / O: treatment / 〈종·접〉 when / S: the pain / V: was / S·C: intense / 〈가S〉 it / V: is / S·C: possible / 〈종·접〉 that / S: the pain / V_1〈현재완료〉: has reached / O: its peak / V_2: would lessen / { }: 〈진S〉 만약 그가 치료법을 시도했다면 / 통증이 매우 심했을 때 / 가능성이 꽤 있다 / 통증이 이미 도달했으며 / 절정에 / 줄었을 / 어쨌든 / 자연스러운 주기의 일부로	(C) 만약 그가 통증이 매우 심했을 때 치료법을 시도했다면, 통증이 이미 절정에 도달했으며 어쨌든 자연스러운 주기의 일부로 줄었을 가능성이 꽤 있다.	treatment 치료법 quite 상당히, 꽤 possible 가능한, 가능성이 있는 reach its peak[zenith] 절정에 이르다 lessen 줄다 in any case 어쨌든 as part of ~의 일환으로 natural 자연스러운 cycle 주기, 순환
9	{Inferring / (that the patch was effective)} / ignored a relevant alternative explanation. { }: S / 〈동명사〉 Inferring / ( ): O / 〈종·접〉 that / S: the patch / V: was / S·C: effective / V: ignored / O: alternative explanation 추론하는 것은 / 패치가 효과가 있었다고 / 타당한 다른 설명을 무시한 것이다	패치가 효과가 있었다고 추론하는 것은 타당한 다른 설명을 무시한 것이다.	infer 추론하다 effective 효과적인 ignore 무시하다 relevant 타당한 explanation 설명

36 주어진 글 다음에 이어질 글의 순서로 가장 적절한 것을 고르시오. [49%]

① (A)-(C)-(B) ② (B)-(A)-(C)
③ (B)-(C)-(A) ④ (C)-(A)-(B)
⑤ (C)-(B)-(A)

정답 | ②

해설 | 6에서 this fact는 2의 내용을 가리키므로 주어진 글 다음에 (B)가 이어진다.
7에서 요통을 겪는 사람의 예시가 제시되었고, 8에서 그 사람이 대체 의학 요법을 시도하는 상황이 제시되므로 (B) 다음에 (A)가 이어진다.
(C)에서는 5에서 패치가 효과가 있다고 결론지은 것이 회귀의 오류라는 내용을 설명하고 있으므로 (A) 다음에 (C)가 이어진다.

문법

1 2 〈원인/이유: ~ 때문에〉 : 〈전치사〉 because of / **due to** / for / on account of / owing to / thanks to // 〈종·접〉 as / because / now (that) / since

1 〈간접의문문〉

	〈간접의문문〉 : 타동사의 목적어 (완전한 문장)		
타동사	의문사	주격 보어	동사
consider	how	things	fluctuate

2 〈high / highly〉

high	**형용사**	**높은**
	부사	높게
	명사	높은 곳
highly	부사	매우 (= very)

2 〈to R의 태와 시제〉 : **to be followed**

태	능동태	to R
	수동태	**to be p.p.**
시제	**단순시제 : 본동사 시제와 동일**	**to R**
	완료시제 : 본동사 시제보다 한 시제 앞선 시제	to have p.p.
	완료수동	to have been p.p.

3 〈목적어 자리에 to부정사를 취하는 완전 타동사〉

주어	완전 타동사	목적어
–	afford / agree / ask / attempt / care / choose / claim / dare / **decide** / demand / desire / determine / elect / expect / fail / guarantee / hope / intend / learn / manage / need / offer / plan / pretend / promise / refuse / resolve / seek / threaten / volunteer / want / wish 등	to 동사원형

4 8 9 〈what vs. that〉

	관계대명사 (불완전한 문장)	접속사 (완전한 문장)
what	○ 선행사를 포함하고 있기 때문에 what 앞에 선행사 불필요	×
that	○ that 앞에 선행사 필요	**○**

6 〈to가 전치사인 경우〉 : lead to + (동)명사

7 〈seem 동사의 쓰임〉

주어	seem	주격 보어	2형식
		(to be) 보어	~처럼 보이다, 보기에 ~하다; ~인 듯하다 [것 같다], ~인 것처럼 생각되다
		to 동사원형	

7 〈혼동 어휘〉

complete(완수하다, 완전한, 완벽한) / completion(완성, 완수) / compete(경쟁하다) / competition(경쟁, 대회) / competitor(경쟁자) / competence(능력, 자격) / incompetence(무능력) / complement(보완하다, 보완, 보충) / compliment(칭찬하다, 칭찬) / complimentary(칭찬하는, 무료의) / complimentarily(찬사로, 무료로) / competitive(경쟁적인) / competent(유능한, 적임의, 자격이 있는) / **completely(완전히, 전적으로)** / competitively(경쟁적으로) / competently(유능하게)

8 〈가주어, 진주어 구문〉

가주어	동사	진주어
It (this, that, there 사용 불가)	–	**that + 주어 + 동사 (완전한 절)**
		to 동사원형
		동명사
		의문사 + 주어 + 동사 (간접의문문)
		if/whether + 주어 + 동사
it	is	that절

9 〈동명사구가 주어로 사용된 경우〉

	동명사 inferring의 목적어				
Inferring	that	the patch	was	effective	ignored
동명사	종속접속사	주어	동사	주격 보어	
주어 : 〈동명사구〉					동사

어법 & 연결어

Regression fallacy is a mistake of causal reasoning **[because / due to]** the failure to consider **[how do things fluctuate / how things fluctuate]** randomly, typically around some average condition. Intense pain, exceptional sports performance, and **[high / highly]** stock prices are **[alike / likely]** **[to follow / to be followed]** by more **[subdued / subduing]** conditions **[eventual / eventually]** **[due to / because]** natural fluctuation. Failure to recognize this fact can lead to wrong conclusions about causation. (　　　　　　　), someone might suffer from back pain now and then but nothing seems to solve the problem **[complete / completely]**. **[During / While]** a period of very intense pain, the patient decided **[trying / to try]** alternative therapy **[like / alike]** putting a magnetic patch on his back. He felt less pain afterward and concluded **[that / what]** the patch worked. (　　　　) this could just be the result of regression. If he sought treatment when the pain was very intense, it is quite possible **[what / that]** the pain has already reached its peak and would lessen in any case as part of the natural cycle. **[Infer / Inferring]** **[what / that]** the patch was effective ignored a relevant alternative explanation.

전국 2021학년도 7월 고3 37번

글의 순서

제목	종마다 수면 시간이 다른 것을 어떻게 설명할 수 있을까?
주제	수면의 질을 평가하는 것이 수면 시간 차이를 설명할 수 있을 것이다.
논리	강조

	지문	해석	단어 & 숙어
1	There was a moment / (in research history) / 《when scientists wondered / 〈if the measure of choice / — total minutes of sleep / — was the wrong way / (of looking at the question) / [of {why sleep varies / (so considerably) / (across species)}]〉》. V, S(선행사), 〈관·부〉, S, V, 〈의문사 대용어〉, S, V, S·C, 〈동명사〉, O, 〈의문사〉, S, V; 〈 〉: O〈간·의〉; { }: O〈간·의〉 한 적이 있었다 / 연구의 역사에서 / 과학자들이 궁금해 / 선택된 척도가 / 전체 수면 시간이라는 / 잘못된 방법인지 / 문제를 보는 / 왜 수면이 많이 다른지에 대한 / 그렇게 / 종에 따라	연구의 역사에서 과학자들이 전체 수면 시간이라는 선택된 척도가 왜 수면이 종에 따라 그렇게 많이 다른지에 대한 문제를 보는 잘못된 방법인지 궁금해 한 적이 있었다.	moment 시기, 때 research history 조사 연구사 wonder 궁금해하다 if ~인지 (아닌지) (= whether) measure 척도 total minutes 전체 시간 wrong 잘못된 look at ~을 보다[살피다] (= examine) vary 다르다 considerably 상당히 species 종(種)
2 TS	Instead, / they suspected / {that (assessing sleep *quality*, / rather than *quantity* (time)), / would shed some light / (on the mystery)}. S, V, 〈종·접〉, 〈동명사〉, O, 〈A rather than B〉, V, O; { }: O, ( ): S 대신 / 그들은 생각했다 / 수면의 '질'을 평가하는 것이 / 수면의 '양'(시간)이 아닌 / 설명해줄 것이라고 / 그 비밀을	대신, 그들은 수면의 '양'(시간)이 아닌 수면의 '질'을 평가하는 것이 그 비밀을 설명해줄 것이라고 생각했다.	instead 대신에 suspect 의심하다 assess 평가하다 quality 질, 우수함 A rather than B B보다 오히려 A quantity 양 shed light on 밝히다, 해명하다 (= clarify, clear up) mystery 미스터리, 비밀
3	(A) (When we can), / our understanding (of the relationship) / (between sleep quantity and quality) / (across the animal kingdom) / will (likely) explain / {what (currently) appears / to be an incomprehensible map / (of sleep-time differences)}. 〈종·접〉, S, V, S, 〈between A and B〉, V, 〈주·관〉, V, S·C; { }: O 우리가 할 수 있을 때 / 관계에 대한 우리의 이해가 / 수면의 양과 질 사이의 / 동물계 전체에 걸쳐 / 설명할 수 있을 것이다 / 현재에는 보이는 것을 / 이해할 수 없는 지도로 / 수면 시간 차이의	(A) 우리가 할 수 있을 때, 동물계 전체에 걸쳐 수면의 양과 질 사이의 관계에 대한 우리의 이해가 현재에는 수면 시간 차이의 이해할 수 없는 지도로 보이는 것을 설명할 수 있을 것이다.	the relationship between A and B A와 B 사이의 관계 across ~에 걸쳐 animal kingdom 동물계 likely ~할 것 같은 currently 현재 appear S·C(to R) ~처럼 보이다 incomprehensible 이해할 수 없는 difference 차이
4	(B) In truth, / the way / {quality is (commonly) assessed / (in these investigations) / (degree of unresponsiveness / (to the outside world) / and the continuity of sleep)} / is (probably) a poor index / (of the real biological measure of sleep quality): / one {that we cannot (yet) obtain / (in all these species)}. (관계부사 대용어 that), S, S, 〈부사〉, V〈수동태〉, ①, ②, V, S·C, 〈선행사〉, 〈목·관〉, S, V 사실 / 방법은 / 질이 일반적으로 평가되는 / 이러한 연구에서 / 무반응의 정도와 / 외부 세계에 대한 / 수면의 연속성 / 아마도 부족한 지표이다 / 수면 질의 실제 생물학적 척도에 대한 / 우리가 아직 얻을 수 없는 / 이 모든 종들에 대해	(B) 사실, 이러한 연구에서 질이 일반적으로 평가되는 방법(외부 세계에 대한 무반응의 정도와 수면의 연속성)은 아마도 우리가 이 모든 종들에 대해 아직 얻을 수 없는 수면 질의 실제 생물학적 척도에 대한 부족한 지표이다.	in truth 사실상 commonly 일반적으로 investigation 조사 degree 정도 unresponsiveness 무반응 outside world 외부 세계 continuity 지속성 probably 아마도 poor 부족한, 불충분한 index 지표 biological 생물학적인 obtain 얻다
5	(C) That is, / species / (with superior quality of sleep) / should be able to accomplish all / (they need) / (in a shorter time), / and (vice versa). S, (목·관 that), V, O, S, V 즉 / 종들은 / 수면의 질이 우수한 / 성취할 수 있어야 하고 모든 것을 / 필요한 / 더 짧은 시간 안에 / 그 반대의 경우도 가능해야 한다	(C) 즉, 수면의 질이 우수한 종들은 더 짧은 시간 안에 필요한 모든 것을 성취할 수 있어야 하고, 그 반대의 경우도 가능해야 한다.	that is 즉 superior 우월한 be able to R ~할 수 있다 accomplish 성취하다 vice versa 그 반대도 성립하다
6	It was a great idea, / (with the exception) / {that, (if anything), / we've discovered / the opposite relationship}: / those (that sleep more) / have deeper, "higher"-quality sleep. S, V, S·C, 〈전치사〉, O, =〈동격〉, 〈종·접〉, 〈종·접〉, S, V〈현재완료〉, O, S〈선행사〉, 〈주·관〉, V, V, O 그것은 좋은 아이디어였다 / 제외하면 / 오히려 / 우리가 발견했다는 것을 / 정반대의 관계를 / 잠을 더 많이 자는 종들이 / 더 깊고 '더 높은' 질의 수면을 취한다는	그것은 우리가 오히려 잠을 더 많이 자는 종들이 더 깊고 '더 높은' 질의 수면을 취한다는 정반대의 관계를 발견했다는 것을 제외하면 좋은 아이디어였다.	exception 예외 if anything 오히려 discover 발견하다 opposite 반대의

37 주어진 글 다음에 이어질 글의 순서로 가장 적절한 것을 고르시오. [3점] [28%]

① (A)-(C)-(B) ② (B)-(A)-(C)
③ (B)-(C)-(A) ④ (C)-(A)-(B)
⑤ (C)-(B)-(A)

정답 | ⑤

해설 | 5은 That is와 함께 2의 내용을 보충 설명하므로 주어진 글 다음에 (C)가 이어진다.
6에서는 수면의 질을 평가하는 것이 좋은 아이디어라고 했지만, 4에서 In truth와 함께 얻을 수 없는 실제 생물학적 척도에 대해 부족한 지표라고 하므로 (C) 다음에 (B)가 이어진다.
4에서 아직 얻을 수 없는 생물학적 척도에 대해 부족한 지표라고 했지만, 8에서는 그게 가능할 때에 설명 가능할 것이라고 하므로 (B) 다음에 (A)가 이어진다.

문법

1 **〈There/Here is 도치구문〉**

긍정문	There (Here)	is	단수 주어	~이 있다 (여기에 ~이 있다)
		are	복수 주어	
부정문	There (Here)	is no	단수 주어	~이 없다 (여기에 ~이 없다)
		are no	복수 주어	

1 **〈wonder / wander〉**

원형	과거	과거분사	현재분사	뜻
wonder	**wondered**	wondered	wondering	**v. 궁금해하다**
wander	wandered	wandered	wandering	v. 돌아다니다

1 **〈if의 용법〉**

	용법	뜻	동의 표현
부사절	가정·조건	만약 ~면, ~의 경우에는	–
	양보·대조	비록[설사] ~일지라도 / ~이지만, ~하지만	even though, even if
	시간·인과	~할 때는 언제나	whenever
명사절	**간접의문문**	**~인지 (아닌지)**	**whether**

1 **〈간접의문문〉** : 타동사/전치사의 목적어로 사용된 경우 (if는 의문사 대용어)

	간접의문문		
타동사/전치사	의문사	주어	동사
wondered	if	the measure	was
of	why	sleep	varies

2 3 4 6 **〈what vs. that〉**

	관계대명사 (불완전한 문장)	접속사 (완전한 문장)
what	○ 선행사를 포함하고 있기 때문에 what 앞에 선행사 불필요	×
that	○ that 앞에 선행사 필요	○

2 4 **〈access vs. assess〉**

	동사	명사
access	접근하다, 입력하다	접근
assess	**평가하다**, 할당하다	–

2 **〈동명사구가 주어로 사용된 경우〉** : [assessing ~ (동명사구)] + would shed(동사)

3 **〈생략/대동사〉** : When we **can (obtain a real biological measure of sleep quality in all these species)**

3 **〈관계대명사 what〉** : 주격 관계대명사 what절이 타동사 will explain의 목적어로 사용되는 경우 / 선행사가 필요한 관계대명사 that과 which 사용 불가

	주격 관계대명사절		
~~선행사~~	what	~~주어~~	동사
	주격 관계대명사		appears

3 **〈appear 동사의 쓰임〉** : ~처럼 보이다 (주격 보어 자리에 올 수 있는 것들 : that절, to동사원형, **(to be) 명사**/형용사/분사, as + 명사)

4 **〈관계부사〉** : 관계부사절은 완전한 문장이 나오고, 선행사와 관계부사는 서로 같이 사용할 수도 있고 둘 중 하나는 생략할 수도 있다.

용도	선행사	관계부사	전치사 + 관계대명사
시간	the time	when	in/at/on + which
장소	the place	where	in/at/on + which
이유	the reason	why	for which
방법	**(the way)**	how	in which
	the way how는 같이 사용 못함 the way, the way in which, the way that은 사용 가능 (how 대신에 사용되는 that은 관계부사 대용어라고 함)		

4 5 **〈목적격 관계대명사 that〉** : 선행사를 포함하고 있는 관계대명사 what 사용 불가

	목적격 관계대명사절			
선행사	목적격 관계대명사	주어	타동사	~~목적어~~
one	(that) 생략 가능	we	cannot obtain	
all		they	need	

6 **〈동격의 종속접속사 that〉** : 'the + 추상명사(exception) + that' (~라는 예외), (관계대명사 which/what 사용 불가)

6 **〈주격 관계대명사절의 수의 일치〉** : 선행사를 포함하고 있는 관계대명사 what 사용 불가

	주격 관계대명사절		
선행사	주격 관계대명사	~~주어~~	동사
those	that		~~sleeps~~
			sleep

어법 & 연결어

There **[was / were]** a moment in research history when scientists wondered **[if / that]** the measure of choice — total minutes of sleep — **[was / were]** the wrong way of looking at the question of **[why sleep varies / why does sleep vary]** so considerably across species. (   ), they suspected **[that / what] [accessing / assessing]** sleep *quality*, rather than *quantity* (time), would shed some light on the mystery. (   ), species with superior quality of sleep should be able to accomplish all they need in a shorter time, and vice versa. It was a great idea, with the exception **[that / what]**, if anything, we've discovered the opposite relationship: those **[what / that] [sleep / sleeps]** more have deeper, "higher"-quality sleep. (   ), the way quality is commonly **[assessed / assessing]** in these investigations (degree of unresponsiveness to the outside world and the continuity of sleep) is probably a poor index of the real biological measure of sleep quality: one **[what / that]** we cannot yet obtain in all these species. When we can, our understanding of the relationship between sleep quantity **[and / or]** quality across the animal kingdom will **[likely / alike]** explain **[what / that] [current / currently]** appears to be an incomprehensible map of sleep-time differences.

전국 2021학년도 7월 고3 38번		
문장 삽입	제목	왜 목욕 후 손발의 피부가 주름질까?
	주제	피부 각질층이 물을 흡수할 때 팽창하여 주름 생성 효과를 일으켜 손발의 피부가 주름지게 된다.
	논리	질문·답변, 통념·진실, 인용

	지문	해석	단어 & 숙어
1 답변	Actually, / it does, / but there is more room / (for the moisture) / (to be absorbed) / (in these less densely packed areas) / (before it shows). S₁ V₁〈대동사〉 V₂ S₂ ( ): 〈의S〉 〈to부정사 수동〉 〈부사〉 p.p. 〈종·접〉 S V 사실 / 그것은 그렇게 된다 / 하지만 더 많은 공간이 있다 / 수분이 / 흡수될 / 이 덜 빽빽하게 채워진 부위에는 / 그것이 나타나기 전에	사실, 그것은 그렇게 되지만, 이 덜 빽빽하게 채워진 부위에는 그것이 나타나기 전에 수분이 흡수될 더 많은 공간이 있다.	actually 사실, 실제로 room 공간, 장소 moisture 습기 absorb 흡수하다 densely 빽빽하게 packed 꽉 들어찬 (= crowded) area 부위, 영역
2 질문	Why does the skin (on the extremities) wrinkle / (after a bath)? 〈조동사〉 S V〈동사원형〉 왜 손발의 피부가 주름질까 / 목욕 후	왜 목욕 후 손발의 피부가 주름질까?	extremities 손발 wrinkle 주름지다 bath 목욕
3 질문	And / why only the extremities? 그리고 / 왜 손발만일까	그리고 왜 손발만일까?	only 오직, ~만
4 통념	(Despite its appearance), / your skin isn't shrinking / (after your bath). 〈전치사〉 O S V〈현재진행〉 그것의 겉모양에도 불구하고 / 여러분의 피부는 오그라들고 있는 것이 아니다 / 여러분이 목욕한 후	그것의 겉모양에도 불구하고, 여러분의 피부는 여러분이 목욕한 후 오그라들고 있는 것이 아니다.	despite ~에도 불구하고 (= in spite of) appearance 겉모양, 외형 shrink 오그라들다
5 진실	Actually, / it is expanding. S V〈현재진행〉 사실 / 그것은 팽창하고 있는 것이다	사실, 그것은 팽창하고 있는 것이다.	expand 팽창하다
6	(①) The skin / (on the fingers, palms, toes, and soles) / wrinkles / only {after it is soaked (with water)}. S V 〈종·접〉 S V〈수동태〉 피부는 / 손가락, 손바닥, 발가락, 그리고 발바닥의 / 주름이 진다 / 물에 흠뻑 적셔진 후에야	손가락, 손바닥, 발가락, 그리고 발바닥의 피부는 물에 흠뻑 적셔진 후에야 주름이 진다.	palm 손바닥 toe 발가락 sole 발바닥 soak A with B A를 B로 적시다 (수동태 시, A be soaked with B)
7	(②) The stratum corneum / — the thick, dead, rough layer of the skin / (that protects us from the environment) / and {that makes the skin / (on our hands and feet) / tougher and thicker / than that (on our stomachs or faces)} / — expands / (when it soaks up water). S 〈형용사〉₁ 〈형용사〉₂ 〈형용사〉₃ 〈선행사〉 〈주·관〉 V O 〈주·관〉 V O O·C 〈-er than〉 (= the skin) V 〈종·접〉 S V O 피부 각질층은 / 두껍고, 무감각하고, 거친 피부층인 / 우리를 환경으로부터 보호하고 / 피부를 만드는 / 우리의 손과 발의 / 더 억세고 더 두껍게 / 복부나 얼굴의 그것(피부)보다 / 팽창한다 / 그것이 물을 흡수할 때	환경으로부터 우리를 보호하고 우리의 손과 발의 피부를 복부나 얼굴의 그것(피부)보다 더 억세고 더 두껍게 만드는 두껍고, 무감각하고, 거친 피부층인 피부 각질층은 그것이 물을 흡수할 때 팽창한다.	stratum corneum 각질층 thick 두꺼운 dead 무감각한 rough 거친 layer 층 protect A from B A를 B로부터 보호하다 environment 환경 make O O·C(형용사) (5) ~을 …한 상태로 만들다 tough 억센, 단단한 stomach 복부 soak A up A를 빨아들이다
8 TS 답변	(③) This expansion / causes the wrinkling effect. S V O 이 팽창은 / 주름 생성 효과를 일으킨다	이 팽창은 주름 생성 효과를 일으킨다.	expansion 팽창, 확장 cause 야기하다, 일으키다 wrinkling effect 주름 생성 효과
9 질문	(④) So / why doesn't the skin / (on other parts of the body) / also wrinkle / (when soaked)? V S 〈종·접〉 p.p. 그러면 / 왜 피부는 않을까 / 몸의 다른 부분의 / 또한 주름지지 / 물에 흠뻑 적셔졌을 때	그러면 왜 몸의 다른 부분의 피부 또한 물에 흠뻑 적셔졌을 때 주름지지 않을까?	
10 인용	(⑤) One doctor / (we contacted) / said [that soldiers {whose feet are submerged / (in wet boots) / (for a long period)} / will exhibit wrinkling / (all over the covered area)]. S(선행사) (목·관 that) S V V [ ]: O 〈종·접〉 S 〈소·관〉 〈명사〉 V〈수동태〉 V O p.p. 한 의사는 / 우리가 접촉한 / 말했다 / 군인들은 / 발이 잠겨 있는 / 물에 흠뻑 젖은 장화에 / 오랫동안 / 주름지는 것을 보일 것이라고 / 그 덮여있는 부위 전체에서	우리가 접촉한 한 의사는 물에 흠뻑 젖은 장화에 발이 오랫동안 잠겨 있는 군인들은 그 덮여있는 부위 전체에서 주름지는 것을 보일 것이라고 말했다.	contact 접촉하다, 연락하다 soldier 군인 submerge (물에) 잠그다 wet 젖은 boot 장화 period 시간, 기간 exhibit 보여주다 all over 곳곳에[온 데] cover 덮다

38 글의 흐름으로 보아, 주어진 문장이 들어가기에 가장 적절한 곳을 고르시오. [43%]

정답 | ⑤

해설 | 주어진 문장은 9의 질문에 대한 답변이므로 (⑤)에 들어가는 것이 가장 적절하다.

문법

1 **〈대동사〉**: 동사(구)를 대신하는 말 [does = wrinkles when soaked]

동사		대동사
be	→	be
조동사		조동사
일반동사		do/**does**/did

1 **〈There/Here is 도치구문〉**

긍정문	**There** (Here)	**is**	**단수 주어**	~이 있다 (여기에 ~이 있다)
		are	복수 주어	
부정문	There (Here)	is no	단수 주어	~이 없다 (여기에 ~이 없다)
		are no	복수 주어	

1 **〈to부정사의 의미상 주어〉: for the moisture**

주어	동사~	to R
		주체가 주어

주어	동사~	for+목적격	to R
		〈의미상의 주어〉	주체가 주어가 아니기 때문에 의미상의 주어가 필요

1 **〈to R의 태와 시제〉: to be absorbed**

태	능동태	to R
	수동태	**to be p.p.**
시제	**단순시제 : 본동사 시제와 동일**	**to R**
	완료시제 : 본동사 시제보다 한 시제 앞선 시제	to have p.p.
	완료수동	to have been p.p.

5 7 8 **〈extend / expend / expand〉**

동사		명사	
extend	(손·발 등을) 뻗다, 뻗치다, (기간을) 늘이다, (범위·영토 등을) 넓히다	extension	확장, 연장
expend	(시간·노력 등을) 들이다, 소비하다, 쓰다	expense	돈, 비용
expand	(정도·크기·용적 등을) 넓히다, 펼치다, **팽창하다**, (토론 등을)전개시키다	**expansion**	**팽창**, 확장

7 **〈die의 어휘 변화〉**

	동사	명사	형용사
die	죽다	–	–
death	–	죽음	–
dead	–	–	**죽은, 무감각한**
deadly	–	–	치명적인

7 **〈관계대명사의 이중한정〉**: 동일한 선행사(the skin)를 목적격 관계대명사절 두 개 (that protects ~ environment 와 that makes ~ faces) 모두가 수식하는 경우

7 10 **〈what vs. that〉**

	관계대명사 (불완전한 문장)	접속사 (완전한 문장)
what	○ 선행사를 포함하고 있기 때문에 what 앞에 선행사 불필요	×
that	○ that 앞에 선행사 필요	○

7 **〈방해/금지〉**

주어	완전 타동사	목적어	전치사	목적어
	keep		from	
	prohibit			
	deter			
	bar			
	hinder			
	prevent			
	protect			
	discourage			
	stop			

7 **〈make 상태동사〉**: 수동태 시, be made + 주격 보어(형용사/명사)

make	목적어	목적격 보어	해석
상태동사	명사 / 명사 상당어구	**형용사**	~가 …한 상태로 만들다
		명사	

make가 '~을 …한 상태로 만들다'라는 의미로 사용될 경우, make를 상태동사라 칭한다. 이때 주의사항은 목적격 보어 자리에 사용하는 형용사 대신 부사를 사용할 수 없다는 점이다.

9 **〈생략, 분사구문〉**: when (**it is**) soaked?

10 **〈목적격 관계대명사 that〉**: 타동사의 목적어가 없는 경우 / 선행사를 포함하고 있는 관계대명사 what 사용 불가

	목적격 관계대명사절			
선행사	목적격 관계대명사	주어	타동사	~~목적어~~
One doctor	(that) 생략 가능	we	contacted	

10 **〈소유격 관계대명사〉**: 소유격이 없는 that은 사용 불가

선행사 + 접속사 + 소유격 + 명사 + 동사 ~
= 선행사 + 접속사 + the + 명사 + of + 대명사 + 동사 ~
= **선행사 + whose + 명사 + 동사 ~**
= 선행사 + of which + the + 명사 + 동사 ~
= 선행사 + the + 명사 + of which + 동사 ~

어법 & 연결어

Why does the skin on the extremities wrinkle after a bath? And why only the extremities? **[Despite / Although]** **[its / their]** appearance, your skin isn't **[shrinking / shrunk]** after your bath. (　　　　　), it is **[expanding / expending]**. The skin on the fingers, palms, toes, and soles wrinkles only after it **[soaks / is soaked]** with water. The stratum corneum — the thick, **[dead / deadly]**, rough layer of the skin **[what / that]** **[protect / protects]** us from the environment and **[what / that]** **[make / makes]** the skin on our hands and feet tougher and thicker than **[those / that]** on our stomachs or faces — **[extends / expands]** when it soaks up water. This expansion causes the wrinkling effect. (　　　) why doesn't the skin on other parts of the body also wrinkle when **[soaking / soaked]**? (　　　　　), it does, but there **[is / are]** more room for the moisture **[to absorb / to be absorbed]** in these less **[dense / densely]** **[packed / packing]** areas before it shows. One doctor we contacted said **[that / what]** soldiers **[that / whose]** feet **[submerge / are submerged]** in wet boots for a long period will exhibit wrinkling all over the **[covering / covered]** area.

전국 2021학년도 7월 고3 39번	제목	특정한 행동을 수행하거나, 상상할 때 일어나는 뇌의 발화
문장 삽입	주제	뇌는 특정한 행동을 수행하고나, 상상할 때 같은 방식으로 발화한다.
	논리	예시

	지문	해석	단어 & 숙어
1	This doesn't happen / {when you encounter this action / (in isolation) / ('The man threw the ball')}. This(S) doesn't happen(V) 이것은 일어나지 않는다 / when〈종·접〉 you(S) encounter(V) this action(O) 여러분이 이 행동을 마주할 때는 / in isolation 분리된 상태에서 / The man(S) threw(V) the ball(O) ('그 남자가 공을 던졌다')	이것은 여러분이 이 행동을 분리된 상태에서 마주할 때는 일어나지 않는다 ('그 남자가 공을 던졌다').	happen (일이) 일어나다 encounter 마주치다 action 행동 in isolation 별개로, 고립되어 throw 던지다 (throw – threw – thrown – throwing)
2 예시	(Whenever you perform / a specific action / (say, throwing a ball)) / your brain fires off / (in a very specific pattern). Whenever〈복합 관계부사〉 you(S) perform(V) 여러분이 수행할 때마다 / a specific action(O) 특정한 행동을 / throwing〈동명사〉 a ball(O) (예를 들면, 공 던지기) / your brain(S) fires off(V) 여러분의 뇌는 발화한다 / 아주 특정한 방식으로	여러분이 특정한 행동(예를 들면, 공 던지기)을 수행할 때마다 여러분의 뇌는 아주 특정한 방식으로 발화한다.	whenever ~할 때마다 (매번) perform 수행하다 specific 특정한 fire off 발화하다, 발사하다 pattern 방식
3 TS	(①) **Interestingly**, / {whenever you *imagine* yourself / (performing this same action)}, / your brain fires off / (in almost the same pattern). 흥미롭게도 / whenever〈복합 관계부사〉 you(S) imagine(V) yourself(O) 여러분이 스스로 '상상할' 때마다 / ( ): O·C performing〈현재분사〉 this same action(O) 이 같은 행동을 수행하는 것을 / your brain(S) fires off(V) 여러분의 뇌는 발화한다 / 거의 같은 방식으로	흥미롭게도 여러분이 스스로 이 같은 행동을 수행하는 것을 '상상할' 때마다, 여러분의 뇌는 거의 같은 방식으로 발화한다.	interestingly 흥미롭게도 imagine O O·C(-ing) (5) ~가 …하는 것을 상상하다 almost 거의
4	(②) This is / {why mental rehearsal is such a prominent technique / (in sports training)}: / the brain doesn't draw a strict distinction / (between the real and the imagined). This(S) is(V) 이것은 이유이다 / why〈관·부〉 mental rehearsal(S) is(V) such a prominent technique(S·C) 심리적 연습이 그렇게 중요한 기술이 되는 / 스포츠 훈련에서 / the brain(S) doesn't draw(V) a strict distinction(O) 엄격한 구분을 뇌는 하지 않는다 / 〈between A and B〉 실제와 상상 사이에	이것은 심리적 연습이 스포츠 훈련에서 그렇게 중요한 기술이 되는 이유이다. 뇌는 실제와 상상 사이에 엄격한 구분을 하지 않는다.	mental rehearsal 심리적 연습 prominent 탁월한 technique 기술 training 훈련 draw a distinction between A and B A와 B를 구분 짓다 strict 엄격한 real 실제, 현실
5 예시	(③) Here's the best bit: / {whenever you hear a *story* / (about a person) / (performing this same action) / (throwing a ball)} / your brain will fire off / (in almost the same pattern). Here's(V) the best bit(S) 여기 가장 좋은 상황이 있다 / whenever〈복합 관계부사〉 you(S) hear(V) a story(O) 여러분이 '이야기'를 들을 때마다 / ( ): 〈의S〉 a person 한 사람이 / performing〈현재분사〉 this same action(O) 이 같은 행동을 수행하는 것에 관한 / throwing〈동명사〉 a ball(O) (공 던지기) / your brain(S) will fire off(V) 여러분의 뇌는 발화할 것이다 / 거의 같은 방식으로	여기 가장 좋은 상황이 있다. 여러분이 한 사람이 이 같은 행동(공 던지기)을 수행하는 것에 관한 '이야기'를 들을 때마다 여러분의 뇌는 거의 같은 방식으로 발화할 것이다.	the best bit 최고의 부분
6	(④) **But** / {as soon as it's embedded / (within a narrative)} / your brain will respond / (largely) / (as though *you* were performing the action). 하지만 / as soon as〈종·접〉 it(S) 's embedded(V〈수동태〉) 그것이 넣어지자마자 / 이야기 속에 / your brain(S) will respond(V) 여러분의 뇌는 반응할 것이다 / 주로 / as though〈종·접〉 you(S) were performing(V〈과거진행〉) the action(O) 마치 '여러분'이 그 행동을 수행하는 것처럼	하지만 그것이 이야기 속에 넣어지자마자 여러분의 뇌는 주로 마치 '여러분'이 그 행동을 수행하는 것처럼 반응할 것이다.	as soon as ~하자마자 embed 끼워 넣다 narrative 이야기 respond 반응하다 largely 대체로, 주로 as though 마치 ~인 것처럼
7	(⑤) This means / {we do not (simply) listen to stories} / — we experience stories. This(S) means(V) 이는 의미한다 / { }: O (종·접 that) we(S) do not (simply) listen to(V) stories(O) 우리가 단순히 이야기를 듣는 것이 아니라 / we(S) experience(V) stories(O) 이야기를 경험한다는 것을	이는 우리가 단순히 이야기를 듣는 것이 아니라 이야기를 경험한다는 것을 의미한다.	mean 의미하다 not simply 단순히 ~뿐만은 아닌 listen to ~을 듣다 experience 경험하다

39 글의 흐름으로 보아, 주어진 문장이 들어가기에 가장 적절한 곳을 고르시오. [49%]

정답 | ④

해설 | 주어진 문장에서 This는 5의 내용을 가리키고, 이것이 분리된 상태에서 마주할 때는 일어나지 않는다고 했고, 6에서 But과 함께 이야기 속에 넣어지면 반응이 일어날 것이라고 했으므로 주어진 문장은 (④)에 들어가는 것이 가장 적절하다.

문법

2 3 5 〈복합 관계부사〉 : 복합 관계부사절은 '관계부사 + ever' 형식을 가지고, 부사 역할을 한다. (관계부사절은 선행사를 수식하는 형용사절이다.)

복합 관계부사	시간/장소의 부사절	양보 부사절
whenever	at[on/in] any time when[that] **~할 때는 언제나** = every time = each time	no matter when 언제 ~할지라도
wherever	at[on/in] any place where[that] ~하는 곳은 어디나	no matter where 어디에서 ~할지라도
however	×	no matter how 아무리 ~할지라도
		by whatever means 어떻게 ~한다 할지라도

3 〈대명사 vs. 재귀대명사〉

		주어와 다름	주어와 동일
주어	~	대명사	재귀대명사
you		you	**yourself**

3 〈imagine 동사의 쓰임〉 : 5형식일 경우

imagine	목적어	목적격 보어	해석
		to 동사원형	~이 (…하는 것을) 마음에 그리다
		현재분사	
		(to be) 보어	~이 (…이라고) 상상하다

3 5 〈혼동 어휘〉

	대명사	형용사	부사
most	대부분의 것들[사람들]	대부분의	가장
almost	–	–	**거의**
mostly	–	–	주로, 일반적으로

4 〈This/That/It is because vs. This/That/It is why〉

This/That/It	is	because	주어	동사~
결과		원인		

This/That/It	is	**why**	주어	동사~
원인		결과		

4 〈관사의 위치〉

so / how / too / as	형용사	a/an	명사
such / what / many / quite / rather / half	**a/an**	**형용사**	**명사**

4 〈the + 형용사〉

단수	the + thing	~한 것	the beautiful	a beautiful thing
	the + person	~한 사람	the accused	the accused person
	the + 추상명사	~함	the beautiful	beauty
복수	the + people	~한 사람들	the best	the best people

5 〈There/Here is 도치구문〉

긍정문	There **(Here)**	**is**	**단수 주어**	~이 있다 (여기에 ~이 있다)
		are	복수 주어	
부정문	There (Here)	is no	단수 주어	~이 없다 (여기에 ~이 없다)
		are no	복수 주어	

5 〈동명사의 의미상 주어〉 : about **a person** performing

주어	~	전치사	**소유격/목적격**	동명사 (목적어)
동명사의 주체가 아님			**동명사의 주체임 : 동명사의 의미상 주어**	

6 〈~하자마자 …했다〉

〈종속절〉: ~하자마자			주절	
as soon as / the moment / the instant / the minute / the second / soon after / shortly after	주어	동사,	주어	동사

〈전치사구〉: ~하자마자			주절	
on / upon / soon after / shortly after	one's	동명사	주어	동사

6 〈as if / as though 가정법 과거〉 : 마치 ~ 인 것처럼

주절	조건절 (마치 ~ 인 것처럼)	용법
직설법	as if + 주어 + 현재형 동사	추측(사실일 수 있음)
직설법	as if + 주어 + **가정법 과거 동사**	사실과 반대

6 〈even vs. as〉

종속접속사	even though	+ 주어 + 동사	비록 ~일지라도	양보/대조
	even if			
	as though		**마치 ~처럼**	**가정법**
	as if			

7 〈목적격 종속접속사 that 생략〉

	종속절 (명사절: 목적어) (완전한 절)		
완전 타동사	목적격 종속접속사	주어	동사
means	(that) 생략 가능	we	do not listen

어법 & 연결어

[When / Whenever] you perform a specific action (say, throwing a ball) your brain fires off in a very specific pattern. (   ), **[whenever / however]** you *imagine* **[you / yourself] [performing / to perform]** this same action, your brain fires off in **[most / almost]** the same pattern. This is **[because / why]** mental rehearsal is **[so / such]** a prominent technique in sports training: the brain doesn't draw a strict distinction between the real **[and / or]** the imagined. Here's the best bit: **[when / whenever]** you **[hear / will hear]** a *story* about a person **[performed / performing]** this same action (throwing a ball) your brain will fire off in **[most / almost]** the same pattern. This doesn't happen when you encounter this action in isolation ('The man threw the ball'). (   ) as soon as it's embedded within a narrative your brain will respond largely **[even though / as though]** *you* were performing the action. This means we do not simply listen to stories — we experience stories.

전국 2021학년도 7월 고3 40번		
문단 요약	제목	공급이 증가했지만, 가격이 올라가는 현상
	주제	20세기 숙련된 노동자의 공급이 증가했지만, 임금이 올라간 것은 새로운 기술이 숙련 편향적이었기 때문이다.
	논리	예시, 질문·답변, 원인·결과

	지문	해석	단어 & 숙어
1	A basic principle (in economics) / is [that {when the supply (of something) goes up}, / its price should go down]. 경제학에서 하나의 기본 원리는 / 어떤 것의 공급이 증가하면 / 그것의 가격이 내려가야 한다는 것이다	경제학에서 하나의 기본 원리는 어떤 것의 공급이 증가하면 그것의 가격이 내려가야 한다는 것이다.	principle 원리 economics 경제학 supply 공급 go up (가격·기온 등이) 오르다 go down (가격·기온 등이) 내려가다[낮아지다]
2	The puzzle was / [that (in the twentieth century), / there were prolonged periods / {where the reverse appeared to happen / (in the world of work)}]. 난제는 ~이었다 / 20세기에 / 오랜 기간이 있었다는 것이다 / 정반대의 현상이 일어난 것으로 보이는 / 노동계에서	난제는 20세기에 노동계에서 정반대의 현상이 일어난 것으로 보이는 오랜 기간이 있었다는 것이었다.	puzzle 난제 prolonged 연장된, 장기간의 period 시기, 기간 reverse 정반대의 것 appear S·C(to R) ~처럼 보이다 happen (일·사건 등이) 일어나다, 생기다 work 일, 노동, 작업
3 예시	(In some countries), / there was huge growth / (in the number of high-skilled people) / (pouring out of colleges and universities), / yet their wages appeared / to rise rather than fall / (compared to those) / (without this education). 일부 국가에서는 / 엄청난 증가가 있었지만 / 고도로 숙련된 인력 수의 / 전문학교와 대학으로부터 쏟아져 나오는 / 그들의 임금은 나타났다 / 감소하기보다는 증가하는 것으로 / 사람들에 비해 / 이러한 교육을 받지 않은	일부 국가에서는 전문학교와 대학으로부터 쏟아져 나오는 고도로 숙련된 인력 수의 엄청난 증가가 있었지만, 그들의 임금은 이러한 교육을 받지 않은 사람들에 비해 감소하기보다는 증가하는 것으로 나타났다.	huge 엄청난 growth 성장, 증가 the number of + 복수명사 ~의 수 high-skilled 고도로 숙련된 pour 쏟아지다 out of ~에서(= from) wage 임금 rise 오르다, 증가하다 A rather than B B라기 보다는 오히려 A fall 떨어지다, 감소하다 compared to ~에 비교되어 education 교육
4 질문	How could this be? 어떻게 이럴 수 있었을까?	어떻게 이럴 수 있었을까?	
5	The supply (of high-skilled workers) / (did) grow, / {pushing their wages (downward)}, / but new technologies were skill-biased / and so caused / the demand (for high-skilled workers) / to soar. 고도로 숙련된 노동자의 공급은 / 실제로 증가하여 / 임금을 낮추었다 / 하지만 새로운 기술은 숙련 편향적이었다 / 그래서 ~하게 했다 / 고도로 숙련된 노동자에 대한 수요를 / 급증하게	고도로 숙련된 노동자의 공급은 실제로 증가하여 임금을 낮추었지만, 새로운 기술은 숙련 편향적이어서 고도로 숙련된 노동자에 대한 수요를 급증하게 했다.	downward 하향의, 아래쪽으로 technology 기술 skill-biased 기술[숙련] 편향적인 cause O O·C(to R) (5) ~가 …하도록 야기하다 demand 수요, 요구 soar 치솟다
6 원인 결과 답변	The latter effect / was so great / {that it overcame the former}, / so {even though there were more educated people / (looking for work)}, / the demand (for them) / was so strong / {that the amount (they were paid) / (still) went up}. 후자의 효과는 / 너무 커서 / 전자를 압도했고 / 따라서 교육받은 사람들이 더 많았음에도 불구하고 / 일자리를 찾는 / 그들에 대한 수요는 / 너무 강해서 / 그들이 받는 액수는 / 여전히 증가했다	후자의 효과는 너무 커서 전자를 압도했고, 따라서 일자리를 찾는 교육받은 사람들이 더 많았음에도 불구하고, 그들에 대한 수요는 너무 강해서 그들이 받는 액수는 여전히 증가했다.	latter 후자의 effect 영향 so 형/부 (that) S V 너무 ~해서 그 결과 …하다 overcome 압도하다, 이기다 former 전자 even though ~에도 불구하고 educated 교육받은, 교양 있는 look for ~을 찾다 amount 액수 pay (보수를) 지급하다
7 TS 요약	(In the twentieth century), / there were times / {where the wages (of high-skilled workers) ____(A)____ } / {when the supply (of them) increased}, / and it was (because new technologies ____(B)____ them). 20세기에 / 시기가 있었는데 / 고도로 숙련된 노동자들의 임금이 올랐던 / 그들의 공급이 증가했을 때 / 그것은 새로운 기술이 그들을 선호했기 때문이었다	20세기에 고도로 숙련된 노동자들의 공급이 증가했을 때 그들의 임금이 (A)올랐던 시기가 있었는데, 그것은 새로운 기술이 그들을 (B)선호했기 때문이었다.	time 시기, 때 escalate (단계적으로) 상승하다 favor 선호하다

40 다음 글의 내용을 한 문장으로 요약하고자 한다. 빈칸 (A), (B)에 들어갈 말로 가장 적절한 것은? [39%]

	(A)		(B)
①	escalated	……	favored
②	stabilized	……	replaced
③	increased	……	devalued
④	declined	……	alienated
⑤	diminished	……	standardized

정답 | ①

해설 | ① 올랐다 – 선호했다: 3에서 숙련된 노동자의 임금이 증가했다고 했으므로 (A)에는 'escalated'가 적절하다. 5, 6에서 그 이유는 노동자에 대한 수요가 매우 컸기 때문이라고 했으므로 (B)에는 선호했다는 뜻의 'favored'이 적절하다.

② 안정화되다 – 대체했다
③ 증가했다 – 가치를 낮추다
④ 감소했다 – 표준화했다
⑤ 줄어들다 – 소외했다

문법

1 〈혼동 어휘〉

	형용사	명사
economic	경제의	–
economical	경제학의	–
economy	–	경제
economist	–	경제학자
economics	–	경제학

1 2 6 〈what vs. that〉

	관계대명사(불완전한 문장)	접속사(완전한 문장)
what	○ 선행사를 포함하고 있기 때문에 what 앞에 선행사 불필요	×
that	○ that 앞에 선행사 필요	○

2 6 7 〈There/Here is 도치구문〉

긍정문	**There** (Here)	is	단수 주어	~이 있다 (여기에 ~이 있다)
		are	**복수 주어**	
부정문	There (Here)	is no	단수 주어	~이 없다 (여기에 ~이 없다)
		are no	복수 주어	

2 7 〈관계부사 where〉: 시간을 장소로 인식함 (= when, in which)

3 〈appear 동사의 쓰임〉: ~처럼 보이다 (주격 보어 자리에 올 수 있는 것들 : that절, **to동사원형**, (to be) 명사/형용사/보어, as + 명사)

3 〈rise / raise / arise〉

원형	과거	과거분사	현재분사	뜻
rise	rose	risen	rising	vi. **오르다**, 일어나다
raise	raised	raised	raising	vt. 올리다, 기르다
arise	arose	arisen	arising	vi. 발생하다, 기인하다

5 〈동사 강조 표현〉: did grow

do/does/did	+ 동사원형
정말로 (= really, certainly)	

5 〈pushing ~〉: 〈분사구문〉이 문미에 있는 경우 (능동) (= as it pushed)

5 〈5형식 불완전 타동사의 목적격 보어〉: 수동태 전환 시, 2형식 문장(be p.p.+to R)

주어	불완전 타동사	목적어	목적격 보어
–	advise / allow / ask / assign / assume / beg / bring / **cause** / command / compel / condition / decide / design / drive / enable / encourage / expect / forbid / force / inspire / instruct / intend / invite / lead / like / motivate / order / permit / persuade / predispose / prepare / pressure / proclaim / prod / program / provoke / push / require / teach / tell / train / trust / urge / want / warn / wish 등	–	to 동사원형

6 〈불규칙적으로 변화하는 중요 형용사와 부사〉

원급	비교급	뜻	최상급	뜻	의미
late	later	나중의, 나중에	latest	최근의	시간
	latter	후자의	last	최후의	순서

6 〈원인과 결과를 동시에 나타내는 표현〉: '너무 ~해서 그 결과 …하다' (종속접속사 that 생략 가능)

〈원인〉: 너무 ~해서				〈결과〉: 그 결과 …하다		
so	**형용사/부사**	(a(n) + 명사)		**(that)**	**주어**	**동사**
such	(a(n))	형용사	명사	that	주어	동사

6 〈주격 관계대명사 + be동사 생략〉: people [(who/that were) looking(현재분사)] : 현재분사가 앞에 있는 명사를 후치 수식하는 경우

6 〈목적격 관계대명사 that〉: 수여동사 pay의 직접목적어가 없는 경우 / 선행사를 포함하고 있는 관계대명사 what 사용 불가

	목적격 관계대명사절			
선행사	목적격 관계대명사	주어	수여동사	~~직접목적어~~
the amount	(that) 생략 가능	they	were paid	

어법 & 연결어

A basic principle in **[economy / economics]** is **[that / what]** when the supply of something goes up, **[its / their]** price should go down. The puzzle was **[what / that]** in the twentieth century, there **[were / was]** prolonged periods **[which / where]** the reverse appeared to happen in the world of work. In some countries, there **[was / were]** huge growth in the number of high-skilled people **[poured / pouring]** out of colleges and universities, yet their wages appeared to **[rise / raise]** rather than fall compared to **[that / those]** without this education. How could this be? The supply of high-skilled workers did **[grow / to grow]**, **[pushing / pushed]** their wages downward, but new technologies were skill-biased and so caused the demand for high-skilled workers **[to soar / soaring]**. The **[later / latter]** effect was so **[great / greatly]** **[what / that]** it overcame the former, so **[as though / even though]** there **[was / were]** more **[educated / educating]** people **[looked / looking]** for work, the demand for them was so **[strong / strongly]** **[what / that]** the amount they **[paid / were paid]** still went up.

→ In the twentieth century, there **[was / were]** times **[where / what]** the wages of high-skilled workers escalated **[what / when]** the supply of them increased, and it was **[because / because of]** new technologies favored them.

전국 2021학년도 7월 고3 41번~42번

장문 독해 (1)

제목	인쇄된 미디어와 디지털 매체의 차이
주제	인쇄 미디어에서 뉴스는 진정성과 경직성을 가지고, 디지털 매체에서 뉴스는 민주적이고 가변성을 가진다.
논리	비교·대조

	지문	해석	단어 & 숙어
1	There is something / (about a printed photograph or newspaper headline) / {that makes the event / (it describes) more real / than (in any other form of news reporting)}. There(V: is) (S〈선행사〉: something) 무언가가 있다 / printed: p.p. / photograph: ① / headline: ② / 인쇄된 사진이나 신문 헤드라인에는 / that: 〈주·관〉 / makes: V / the event: O / (목·관 that) it: S / describes: V / 사건을 만드는 / 그것이 묘사하는 / more real: O·C / 더 사실적으로 / than: 〈more A than B〉 / 다른 어떤 뉴스 보도 형태에서보다	인쇄된 사진이나 신문 헤드라인에는 다른 어떤 뉴스 보도 형태에서보다 그것이 묘사하는 사건을 더 사실적으로 만드는 무언가가 있다.	printed 인쇄된 photograph 사진 headline 표제, 헤드라인 event 사건, 일 describe O O·C(to be) (5) ~을 …로 묘사하다 (수동태 시, be described S·C(to be)) real 사실적인, 진짜의 in the form of ~의 모양으로 any other 뭔가 다른 reporting 보도
2	(Perhaps) / this is {because / there is an undeniable reality / (to the newspaper) (itself)}: / it is a real material object. 아마도 / this: S / is: V / 이것은 때문이다 / { }: S·C / because: 〈종·접〉 / is: V / an undeniable reality: S / 부인할 수 없는 현실이 있다 / itself: 〈강조〉 / 신문 자체에 / it: S / is: V / a real material object: S·C / 그것이 실재하는 유형의 물체라는 것이다	아마도 이것은 신문 자체에 부인할 수 없는 현실이 있기 때문이고, 그것이 실재하는 유형의 물체라는 것이다.	perhaps 아마도 undeniable 부인할 수 없는 reality 현실 material 유형의 object 물체, 대상
3	That (a) authenticity rubs off / (on the news). That authenticity: S / rubs off: V / 그 진정성은 영향을 준다 / 뉴스에	그 진정성은 뉴스에 영향을 준다.	authenticity 진정성 rub off on (습관·생각 따위가) ~에 영향을 주다, ~에 옮다
4	It can be pointed to, / underlined, / cut out, / pinned (on notice boards), / stuck (in a scrapbook), / or archived (in libraries). It: S / can be pointed to: V_1〈수동태〉 그것은 가리킬 수 있고 / (can be) underlined: V_2〈수동태〉 밑줄 칠 수도 있고 / (can be) cut out: V_3〈수동태〉 잘라낼 수도 있고 / (can be) pinned: V_4〈수동태〉 게시판에 꽂을 수도 있고 / (can be) stuck: V_5〈수동태〉 스크랩북에 부착할 수도 있고 / (can be) archived: V_6〈수동태〉 도서관에 보관할 수도 있다	그것은 가리킬 수 있고, 밑줄 칠 수도 있고, 잘라낼 수도 있고, 게시판에 꽂을 수도 있고, 스크랩북에 부착할 수도 있고, 도서관에 보관할 수도 있다.	point to A A를 가리키다 underline 밑줄을 긋다, 강조하다 cut A out A를 자르다 pin A on B A를 B에 핀으로 꽂다 stick A in B A를 B의 안에 붙이다 scrapbook 스크랩북 archive 보관하다 library 도서관
5	The news / becomes an artifact, / ((b) frozen in time); / the event may be (long) gone, / but it lives (on) / (as an indisputable fact) / (because of its material presence) / — (even if it is untrue). The news: S 뉴스는 / becomes: V / an artifact: S·C 인공물이 된다 / (which is) frozen: p.p. 시간 안에서 얼어붙은 / the event: S_1 / may be: V_1 / gone: S·C / 그 사건은 사라진지 오래된 것일지도 모르지만 / it: S_2 / lives: V_2 / on: 〈부사〉 / 계속 존재한다 / 논쟁의 여지가 없는 사실로 / because of: 〈전치사〉 / its material presence: O / 그것의 물질적인 존재 때문에 / even if: 〈종·접〉 / it: S / is: V / untrue: S·C / 비록 그것이 사실이 아니더라도	뉴스는 시간 안에서 얼어붙은 인공물이 된다. 그 사건은 사라진지 오래된 것일지도 모르지만, 비록 그것이 사실이 아니더라도 그것의 물질적인 존재 때문에 논쟁의 여지가 없는 사실로 계속 존재한다.	artifact 유물, 인공물 freeze 얼다 (freeze – froze – frozen – freezing) be gone 없어지다, 사라지다 live on 계속 살다[존재하다] indisputable 논쟁의 여지없는 material 물질적인 (↔ spiritual) presence 존재 even if 혹시 ~하더라도 untrue 사실이 아닌, 허위의

문법

1 2 〈There/Here is 도치구문〉

긍정문	**There** (Here)	**is**	**단수 주어**	~이 있다 (여기에 ~이 있다)
		are	복수 주어	
부정문	There (Here)	is no	단수 주어	~이 없다 (여기에 ~이 없다)
		are no	복수 주어	

1 〈주격 관계대명사절의 수의 일치〉: 선행사를 포함하고 있는 관계대명사 what 사용 불가

	주격 관계대명사절		
선행사	주격 관계대명사	~~주어~~	동사
something	that		~~make~~
			makes

1 〈what vs. that〉

	관계대명사 (불완전한 문장)	접속사 (완전한 문장)
what	○ 선행사를 포함하고 있기 때문에 what 앞에 선행사 불필요	×
that	**○** that 앞에 선행사 필요	○

1 〈make 상태동사〉: 수동태 시, be made + 주격 보어(형용사/명사)

make	목적어	목적격 보어	해석
상태동사	명사 / 명사 상당어구	**형용사**	~가 …한 상태로 만들다
		명사	

1 〈목적격 관계대명사 that〉: 타동사의 목적어가 없는 경우 / 선행사를 포함하고 있는 관계대명사 what 사용 불가

	목적격 관계대명사절			
선행사	목적격 관계대명사	주어	타동사	~~목적어~~
the event	(that) 생략 가능	it	describes	

2 5 〈원인/이유: ~ 때문에〉

전치사	**because of**	+ (동)명사 / 명사 상당어구
	due to	
	for	
	on account of	
	owing to	
	thanks to	
종속접속사	as	+ 주어 + 동사 ~
	because	
	now (that)	
	since	

2 〈재귀대명사의 용법〉: itself

용법	생략 유무	쓰임
재귀적용법	생략 불가	주어/목적어 자신이 동작의 대상이 되는 경우
강조적용법	생략 가능	주어/목적어/보어와 동격이 되어 그 뜻을 강조하는 경우

5 〈주격 관계대명사 + be동사 생략〉

–	생략 가능	
명사 (선행사)	(주격 관계대명사 + be동사)	현재분사(-ing) – 능동 (~하고 있는, ~하는)
		과거분사(p.p.) – 수동 (~되어진, ~당한)
		명사
		형용사(구) (~하는, ~할)
		부사
		전치사구
an artifact	(which/that is)	frozen

5 〈양보/대조〉

종속접속사	though	+ 주어 + 동사	비록 ~일지라도
	although		
	even though		
	even if		
	as		
	while		반면에
	whereas		
전치사	in spite of	+ 명사 / 명사 상당어구	~에도 불구하고
	despite		
	for all		

5 〈even vs. as〉

종속접속사	even though	+ 주어 + 동사	비록 ~일지라도	양보/대조
	even if			
	as though		마치 ~처럼	가정법
	as if			

	지문	해석	단어 & 숙어
6 TS	In contrast, / news websites / seem short-lived. S V S·C 대조적으로 뉴스 웹사이트는 짧게 지속되는 것처럼 보인다	대조적으로, 뉴스 웹사이트는 짧게 지속되는 것처럼 보인다.	in contrast 대조적으로 seem S·C(to be) ~처럼 보이다 short-lived 단명하는
7	{Although they (too) are archived}, / there is no unique physical component / (to point to) / (as (c) evidence) (of the information) / (they convey). 〈종·접〉 S V〈수동태〉 V S (목·관 that) 〈선행사〉 S V 그것들 역시 보관되어 있지만 고유한 물리적 구성요소는 없다 지목할 수 있는 정보의 증거로 그들이 전달하는	그것들 역시 보관되어 있지만, 그들이 전달하는 정보의 증거로 지목할 수 있는 고유한 물리적 구성요소는 없다.	although (비록) ~일지라도 unique 고유의, 특유의 physical 물질의, 물리적인 component 구성요소 point to ~을 지목하다, 가리키다 evidence 증거 information 정보 convey 전달하다
8	For this reason, / there is a sense / {in which they can be (more easily) manipulated}, / and {that history (itself) could be altered}. V S 〈전치사 + 관·대〉 S V〈수동태〉 =〈동격〉 〈종·접〉 S 〈강조〉 V〈수동태〉 이런 이유로 인식이 있다 그것들이 더 쉽게 조작될 수 있다 그리고 역사 자체가 바뀔 수 있다는	이런 이유로, 그것들이 더 쉽게 조작될 수 있고, 역사 자체가 바뀔 수 있다는 인식이 있다.	for this reason 이런 이유로, 이 때문에 sense 인식, 인지, 관념 manipulate 조작하다 alter 변경하다
9	At the same time, / it is (precisely) this immediacy and (d) rigidity (of content) / (that makes the digital media so exciting). 〈It be ~ that … 강조구문〉 S V S·C₁ S·C₂ 〈주·관〉 V O O·C 동시에 바로 이러한 콘텐츠의 즉각성과 경직성이다 디지털 미디어를 매우 흥미롭게 만드는 것은	동시에 디지털 미디어를 매우 흥미롭게 만드는 것은 바로 이러한 콘텐츠의 즉각성과 경직성(→가변성)이다.	at the same time 동시에 precisely 정확하게 immediacy 즉각성 rigidity 강직, 경직 variability 가변성 content 내용 make O O·C(형용사) (5) ~을 …한 상태로 만들다 exciting 신나는, 흥미로운
10	The news website is in tune / (with an age) / {that sees history as (much) less monolithic / than previous eras (once) did}. S V 〈선행사〉 〈주·관〉 V O 〈강조〉 O·C 〈less A than B〉 S 〈대동사〉 뉴스 웹사이트는 부합한다 시기와 역사를 훨씬 덜 단일화된 것으로 보는 과거에서 한때 그랬던 것보다	뉴스 웹사이트는 역사를 과거에서 한때 그랬던 것보다 훨씬 덜 단일화된 것으로 보는 시기와 부합한다.	be in tune with ~와 일치하다, ~와 부합하다 age 시기 see O O·C(as) (5) ~을 …로 여기다 (수동태 시, be seen S·C(as)) monolithic 단일체인 previous 이전의 era 시대 once 한때
11	Digital news websites / are (potentially) (much) more (e) democratic, (too), / 〈for [while a physical newspaper requires / huge printing presses and a distribution network / {linking trains, planes, trucks, shops, and (ultimately) newspaper sellers}], / (in the digital world) / a single person can communicate / (with the whole world) / (with the aid of a single computer) / and (without requiring a single tree to be cut down)〉. S V 〈강조〉 S·C 〈종·접〉 〈종·접〉 S V O₁ O₂ 〈현재분사〉 S V 〈동명사〉 O O·C〈to부정사의 수동〉 디지털 뉴스 웹사이트는 또한 잠재적으로 훨씬 더 민주적이다 물리적 신문이 요구하는 반면에 거대한 인쇄기와 유통망을 기차, 비행기, 트럭, 상점, 그리고 궁극적으로 신문 판매자들을 연결하는 디지털 세계에서 한 사람은 소통할 수 있기 때문이다 전 세계와 컴퓨터 한 대의 도움으로 그리고 한 그루의 나무도 베어질 필요 없이	디지털 뉴스 웹사이트는 또한 잠재적으로 훨씬 더 민주적인데, 그 이유는 물리적 신문이 거대한 인쇄기와 기차, 비행기, 트럭, 상점, 그리고 궁극적으로 신문 판매자들을 연결하는 유통망을 요구하는 반면에, 디지털 세계에서 한 사람은 컴퓨터 한 대의 도움으로 그리고 한 그루의 나무도 베어질 필요 없이 전 세계와 소통할 수 있기 때문이다.	potentially 잠재적으로 democratic 민주주의의, 민주적인, 평등한 require 필요로 하다, 요구하다 huge 막대한[엄청난], 거대한 (= enormous, vast) printing press 인쇄기 distribution network 유통망 link 연결하다, 관련짓다 ultimately 궁극적으로 seller 판매자, 판매인 communicate with ~와 소통하다 with the aid of ~의 도움으로 without ~없이, ~하지 않고 cut A down 베어 쓰러뜨리다 (수동태 시, A be cut down)

문법

6 〈seem 동사의 쓰임〉

주어	seem	주격 보어	2형식
		(to be) 보어	~처럼 보이다, 보기에 ~하다; ~인 듯하다 [것 같다], ~인 것처럼 생각되다
		to 동사원형	

7 〈양보/대조〉

종속접속사	though	+ 주어 + 동사	비록 ~일지라도
	although		
	even though		
	even if		
	as		
	while		반면에
	whereas		
전치사	in spite of	+ 명사 / 명사 상당어구	~에도 불구하고
	despite		
	for all		

7 8 〈There/Here is 도치구문〉

긍정문	**There (Here)**	**is**	**단수 주어**	~이 있다 (여기에 ~이 있다)
		are	복수 주어	
부정문	There (Here)	is no	단수 주어	~이 없다 (여기에 ~이 없다)
		are no	복수 주어	

유도부사 there/here와 함께 도치구문을 이루는 be동사(is/are/was/were) 대신에 완전 자동사 appear, come, exist, follow, live, stand 등을 사용할 수 있다.

7 〈목적격 관계대명사 that〉 : 타동사의 목적어가 없는 경우 / 선행사를 포함하고 있는 관계대명사 what 사용 불가

	목적격 관계대명사절			
선행사	목적격 관계대명사	주어	타동사	~~목적어~~
the information	(that) 생략 가능	they	convey	

8 〈전치사 + 관계대명사 vs. 관계대명사〉 : in which (= where)

관계부사와 같기 때문에 뒤 문장이 완전한 문장이 나온다. 전치사는 맨 뒤로 보낼 수 있는데 이때 전치사의 목적어가 없기 때문에 관계대명사절은 불완전하다.

선행사	**전치사 + 관계대명사** = 관계부사	주어	동사			완전한 문장
	관계대명사	주어	동사	전치사	~~목적어~~	불완전한 문장

8 〈동격〉 : 추상명사(a sense) + 종속접속사(that) (~라는 인식)

7 8 9 10 〈what vs. that〉

	관계대명사 (불완전한 문장)	접속사 (완전한 문장)
what	○ 선행사를 포함하고 있기 때문에 what 앞에 선행사 불필요	×
that	**○** that 앞에 선행사 필요	**○**

8 〈재귀대명사의 용법〉 : itself

용법	생략 유무	쓰임
재귀적용법	생략 불가	주어/목적어 자신이 동작의 대상이 되는 경우
강조적용법	**생략 가능**	주어/목적어/보어와 동격이 되어 그 뜻을 강조하는 경우

9 〈It be ~ that … 강조구문〉 : …한 것은 바로 ~이다

It	be 동사	강조하고 싶은 말	that (경우에 따라 아래처럼 바꿔 사용 가능)	
~~This That There~~	시제에 따라 달라짐	주어 목적어 보어 부사(구, 절) 〈동사는 사용 불가〉	관계대명사	who
				whom
				which
			관계부사	when
				where
It	is	this ~ content	that ~	

9 10 〈주격 관계대명사〉

	〈주격 관계대명사절〉		
선행사	주격 관계대명사	~~주어~~	동사
this ~ content	that		makes
an age	that		sees

9 〈make 상태동사〉 : 수동태 시, be made + 주격 보어(형용사/명사)

make	목적어	목적격 보어	해석
상태동사	명사 / 명사 상당어구	**형용사**	~가 …한 상태로 만들다
		명사	

make가 '~을 …한 상태로 만들다'라는 의미로 사용될 경우, make를 상태동사라 칭한다. 이때 주의사항은 목적격 보어 자리에 사용하는 형용사 대신 부사를 사용할 수 없다는 점이다.

10 〈대동사〉 : 동사구를 대신하는 말 **did(= saw history as monolithic)**

11 〈비교급 vs. 원급 강조〉

	비교급 강조 표현	원급 강조 표현
훨씬 ~한	**much**, even, still, by far, far, a lot, lots, a great deal	very, so, quite, really, extremely, too
조금 더 ~한	a little, slightly, a bit	

11 〈while의 용법〉

	부사절을 이끄는 종속접속사	
while	시간	~동안에
	양보/대조	비록 ~일지라도, **반면에**

11 〈주격 관계대명사 + be동사 생략〉 : a distribution network [(which/that is) linking(현재분사)] : 현재분사가 앞에 있는 명사를 후치 수식하는 경우

11 〈5형식 불완전 타동사의 목적격 보어〉 : 수동태 전환 시, 2형식 문장(be p.p. + to R)

주어	불완전 타동사	목적어	목적격 보어
–	advise / allow / ask / assume / beg / bring / cause / command / compel / condition / decide / design / drive / enable / encourage / expect / forbid / force / inspire / instruct / intend / invite / lead / like / motivate / order / permit / persuade / predispose / pressure / proclaim / prod / program / provoke / push / **require** / teach / tell / train / trust / urge / want / warn / wish 등	–	to 동사원형

11 〈to R의 태와 시제〉 : to be cut down

태	능동태	to R
	수동태	**to be p.p.**
시제	**단순시제 : 본동사 시제와 동일**	**to R**
	완료시제 : 본동사 시제보다 한 시제 앞선 시제	to have p.p.
	완료수동	to have been p.p.

[41~42] 다음 글을 읽고, 물음에 답하시오.

41 윗글의 제목으로 가장 적절한 것은? [47%]

① How Has Digital Media Pushed Out Printed Media?
② Is Media Doing Good or Harm in Our Modern Society?
③ Realism in Media Is Not Necessarily Based on Real Facts
④ Digital World: Where Any of Us Can Create and Deliver News
⑤ Material Presence: What Differentiates Printed and Digital Media

42 밑줄 친 (a)~(e) 중에서 문맥상 낱말의 쓰임이 적절하지 않은 것은? [53%]

① (a) ② (b) ③ (c) ④ (d) ⑤ (e)

정답 | ⑤, ④

41 해설 | ① 어떻게 디지털 미디어가 인쇄 미디어를 밀어냈는가?: 디지털 미디어가 인쇄 미디어를 밀어냈다는 내용은 없다.
② 미디어는 우리 현대 사회에 좋은 것을 했는가 나쁜 것을 했는가?: 미디어의 좋고 나쁨에 관한 내용은 없다.
③ 미디어에서 현실주의는 반드시 기초를 기반에 두고 있지 않는다: 미디어의 기반에 관한 내용은 없다.
④ 디지털 세상 : 어떤 누구도 뉴스를 만들고 전달할 수 있는 곳: 글에서는 인쇄 미디어와 디지털 미디어의 차이를 설명하고 있으므로 디지털 미디어에만 초점을 맞춘 것은 적절하지 않다.
⑤ 물질적인 존재: 인쇄된 미디어와 디지털 매체의 차이를 만드는 것: 6의 In contrast를 기준으로 앞에서는 인쇄된 미디어에 관한, 뒤에서는 디지털 매체에 관한 내용을 제시하며 차이를 설명하고 있으므로 정답이다.

42 해설 | ① 1, 2에서 인쇄 미디어가 사건을 사실적으로 만드는 무언가를 설명하였고 이를 일반화한 authenticity는 적절하다.
② 5에서 인쇄 미디어의 뉴스는 계속 존재한다고 했으므로 이를 얼어붙었다고 비유한 frozen은 적절하다.
③ 8에서 디지털 매체의 뉴스는 조작될 수 있다고 했으므로 '증거'가 없다는 evidence는 적절하다.
④ 6에서 뉴스 웹사이트는 짧게 지속된다고 했고, 8에서 조작되거나 바뀔 수 있다고 했으므로 이러한 특징을 경직성을 뜻하는 rigidity라고 하는 것은 적절하지 않다. rigidity(경직성) → variability(가변성)
⑤ 11에서 뉴스 웹사이트는 물리적인 유통망을 필요로 하지 않고 전 세계와 소통할 수 있다고 했으므로 democratic은 적절하다.

어법 & 연결어

There [is / are] something about a [printing / printed] photograph or newspaper headline [that / what] [make / makes] the event it describes more [real / really] than in any other form of news reporting. Perhaps this is [why / because] there [is / are] an undeniable reality to the newspaper [it / itself]: it is a real material object. That authenticity rubs off on the news. It [can point / can be pointed] to, underlined, cut out, pinned on notice boards, stuck in a scrapbook, or [archive / archived] in libraries. The news becomes an artifact, [freezing / frozen] in time; the event may be long gone, but it lives on as an indisputable fact [because / because of] its material presence — [as if / even if] it is untrue. (   ), news websites seem short-lived. [Although / Despite] they too are archived, there [is / are] no unique physical component to point to as evidence of the information they convey. (   ), there [is / are] a sense [which / in which] they can be more easily manipulated, [and / and that] history [it / itself] [could alter / could be altered]. (   ), it is precisely this immediacy and variability of content [what / that] [make / makes] the digital media so [excited / exciting]. The news website is in tune with an age [what / that] [see / sees] history as much less monolithic than previous eras once [were / did]. Digital news websites are potentially [much / very] more democratic, too, for while a physical newspaper requires huge printing presses and a distribution network [linked / linking] trains, planes, trucks, shops, and [ultimate / ultimately] newspaper sellers, in the digital world a single person can communicate with the whole world with the aid of a single computer and without requiring a single tree [to cut down / to be cut down].

전국 2021학년도 7월 고3 43번~45번	
장문 독해 (2)	
제목	미식축구 선수 Sayers와 Piccolo의 우정
주제	미식축구 선수 Sayers는 동료 Piccolo와 친밀하게 지냈고, 아파서 행사에 참여하지 못한 그를 수상 소감에 언급하였다.
논리	이야기

	지문	해석	단어 & 숙어
1	(A) Gayle Sayers(S) / was(V) one(S·C) (of the best running backs) / (목·관 that) {the Chicago Bears(S) (ever) had(V)}. Gayle Sayers는 최고의 러닝백 중 하나였다 Chicago Bears가 보유했던	(A) Gayle Sayers는 Chicago Bears가 보유했던 최고의 러닝백 중 하나였다.	one of + 복수명사 ~(들) 중에 하나 running back 러닝 백(라인 후방에 있다가 공을 받아 달리는 공격수)
2	He(S) was(V) black(S·C). 그는 흑인이었다	그는 흑인이었다.	black 흑인(의)
3	(In 1967), / Sayers' teammate(S) (in the backfield) / was(V) another great running back(S·C) / (by the name of Brian Piccolo). 1967년에 백 필드로 뛰는 Sayers의 팀 동료는 또 하나의 훌륭한 러닝백이었다 Brian Piccolo라는 이름의	1967년에 백 필드로 뛰는 Sayers의 팀 동료는 Brian Piccolo라는 이름의 또 하나의 훌륭한 러닝백이었다.	teammate 팀 동료 backfield 후위(공격 측 라인에서 1야드 떨어진 후방지역) by the name of ~라는 이름의
4	Piccolo(S) / was(V) white(S·C). Piccolo는 백인이었다	Piccolo는 백인이었다.	white 백인(의)
5	Blacks($S_1$①) and whites($S_1$②) (often) played(V_1) / (on the same professional teams), / but these two athletes(S_2) were(V_2) different(S·C). 흑인과 백인은 종종 뛰긴 했지만 같은 프로팀에서 이 두 선수는 달랐다	흑인과 백인은 종종 같은 프로팀에서 뛰긴 했지만, 이 두 선수는 달랐다.	often 종종, 자주 professional 프로(선수) (↔ amateur) athlete (운동)선수
6	They(S) were(V) roommates(S·C) / (on away games), / {which(주·관) was(V) a first(S·C) / (for race relations) / (in professional football)}. 그들은 룸메이트로 지냈는데 원정 경기 때 그것은 처음 있는 일이었다 인종 관계에 있어서 프로 미식축구에서의	그들은 원정 경기 때 룸메이트로 지냈는데, 그것은 프로 미식축구에서의 인종 관계에 있어서 처음 있는 일이었다.	roommate 룸메이트, 동숙자 away game 원정 경기 race relations 인종 관계 football 미식축구
7	Sayers(S) had (never) had(V〈과거완료〉) a close relationship(O) / (with〈전치사〉① any white man) / (before〈부사〉), / {except〈종·접〉 (with〈전치사〉② George Halas(O), the head coach of the Bears(=〈동격〉))}. Sayers는 친밀한 관계를 형성하지 않았었다 어떤 백인과도 이전에는 Bears의 수석코치였던 George Halas를 제외하고	Sayers는 Bears의 수석코치였던 George Halas를 제외하고, 이전에는 어떤 백인과도 친밀한 관계를 형성하지 않았었다.	never 결코[절대/한 번도] ~않다 have a close relationship with ~와 긴밀한 관계를 유지하다 except 제외하고 head coach 수석코치
8	And / Piccolo(S) admitted(V) / { }:O {that〈종·접〉 he(S) had never really known(V〈과거완료〉) / a black person(O) / (during〈전치사〉 (a) his lifetime(O))}. 그리고 Piccolo는 인정했다 제대로 알았던 적이 없었음을 흑인을 그의 일생 동안	그리고 Piccolo는 그의 일생 동안 흑인을 제대로 알았던 적이 없었음을 인정했다.	admit 인정하다 during ~ 동안[내내] lifetime 일생, 평생
9	These two athletes(S) / became(V_1) friends(S·C) / (immediately) / and grew(V_2) (exceptionally) close(S·C). 이 두 선수는 친구가 되었다 바로 그리고 매우 친해졌다	이 두 선수는 바로 친구가 되었고 매우 친해졌다.	athlete (운동) 선수 become ~이[가] 되다 immediately 즉시, 바로 grow close 사이가 가까워지다 exceptionally 예외적으로

문법

1 〈목적격 관계대명사 that〉: 타동사의 목적어가 없는 경우 / 선행사를 포함하고 있는 관계대명사 what 사용 불가

	목적격 관계대명사절			
선행사	목적격 관계대명사	주어	타동사	~~목적어~~
one ~ backs	(that) 생략 가능	the Chicago Bears	had	

3 another 또 다른 하나 (나머지 있음) / the other 그 나머지 (나머지 없음)

6 〈주격 관계대명사 which의 계속적 용법〉: 관계대명사 that 사용 불가 (= and it[this, that])

		주격 관계대명사절		
선행사	콤마(,)	which	~~주어~~	동사
앞 문장 전체	계속적 용법	주격 관계대명사		was

7 〈except의 쓰임〉: ~을 제외하고 (except with)

전치사	except + 목적격 대명사
	except + (동)명사(구)
접속사	except + (that) + 주어 + 동사
	except + 부사(구/절)
	except + 전치사구
타동사	except + 목적어 + from + (동)명사
자동사	except + to/against + (동)명사

7 〈동격〉: A(명사), B(명사)

동격 (B라는 A)		
명사 (A)	,(콤마)	명사(구/절) (B)
George Halas		the head coach of the Bears

1 8 〈what vs. that〉

	관계대명사 (불완전한 문장)	접속사 (완전한 문장)
what	○ 선행사를 포함하고 있기 때문에 what 앞에 선행사 불필요	×
that	○ that 앞에 선행사 필요	○

8 시간 (~ 동안)

전치사	**during**	+ **명사** / 명사 상당어구
종속접속사	while	+ 주어 + 동사

	지문	해석	단어 & 숙어
10	(B) Sayers and Piccolo, and their wives, / had made plans / (to sit together) / (at the annual Professional Football Writers' Banquet) / (in New York), / [where Gayle Sayers was {to receive / the George S. Halas award / (as "the most courageous player) / (in professional football)}]." V〈과거완료〉 / 〈선행사〉 / 〈관·부〉 / 〈be to 용법-예정〉 Sayers와 Piccolo 그리고 그들의 부인들은 / 계획을 세웠다 / 동석할 / 연례 Professional Football Writers' Banquet에 / 뉴욕에 열리는 / 그곳에서 Gayle Sayers는 받을 예정이었다 / George S. Halas상을 / 가장 용기 있는 선수로 / 프로 미식 축구에서	(B) Sayers와 Piccolo 그리고 그들의 부인들은 뉴욕에서 열리는 연례 Professional Football Writers' Banquet에 동석할 계획을 세웠고, 그곳에서 Gayle Sayers는 "프로 미식축구에서 가장 용기 있는 선수"로 George S. Halas 상을 받을 예정이었다.	make a plan 계획을 짜다 plan O(to R) ~할 작정이다 sit together 동석하다 annual 연례의 banquet 연회 receive 받다 award 상 courageous 용감한 player 참가자[선수]
11	{By the time (of the banquet)}, / Piccolo was too sick to attend. 〈전치사〉 / 〈too 형/부 to R〉 그 만찬 무렵 / Piccolo는 너무 아파서 참석할 수 없었다	그 만찬 무렵, Piccolo는 너무 아파서 참석할 수 없었다.	by the time of ~ 즈음에 too 형/부 to R 너무 ~해서 …할 수 없다 attend 참석하다
12	{When Sayers stood / (to receive (b) his award) / (at the banquet)}, / tears began to flow. 〈종·접〉 Sayers가 일어서자 / 그의 상을 받기 위해 / 만찬에서 / 눈물이 흘러내리기 시작했다	Sayers가 만찬에서 그의 상을 받기 위해 일어서자 눈물이 흘러내리기 시작했다.	stand 일어서다, 서다 begin O(to R/-ing) ~하기 시작하다 (begin - began - begun - beginning) flow 흐르다
13	(C) Sayers, / {choking (through his tears)}, / said, / "You flatter me / (by giving me this award), / but I tell you / {that I accept this award / not (for me), / but (for Brian Piccolo)}. (who was) { }: 〈분사구문〉 / 〈현재분사〉 / 〈전치사〉 / 〈동명사〉 / { }: D·O 〈종·접〉 / 〈not A but B〉 Sayers는 / 눈물에 목이 멘 채 / 말했다 / "여러분은 저를 추켜세워 주십니다 / 저에게 이 상을 주심으로써 / 하지만 저는 여러분께 말씀 드립니다 / 이 상을 받겠다고 / 저를 위해서가 아니라 / Brian Piccolo를 위해	(C) Sayers는 눈물에 목이 멘 채 말했다, "여러분은 저에게 이 상을 주심으로써 저를 추켜세워 주시지만, 저는 저를 위해서가 아니라 Brian Piccolo를 위해 이 상을 받겠다고 여러분께 말씀 드립니다.	choke 목이 메다, 숨 막히다 flatter 우쭐하게 만든다 by+-ing ~함으로써 give I·O D·O (4) ~에게 …을 주다 tell I·O D·O(that S V) (4) ~에게 …을 말하다 accept 받아들이다 not A but B A가 아니라 B
14	However, / Brian cannot be / (here) (tonight). 하지만 / Brian은 올 수가 없습니다 / 오늘 밤 이 자리에	하지만 Brian은 오늘 밤 이 자리에 올 수가 없습니다.	
15	He is too ill. 그는 너무 아픕니다	그는 너무 아픕니다.	ill 아픈, 병든
16	But / (c) he is a man / {who has more courage / than (any of us) (here) (tonight)}." S·C〈선행사〉 / 〈주·관〉 / 〈more A than B〉 하지만 / 그는 사람입니다 / 더 많은 용기를 가진 / 오늘 밤 이곳에 있는 우리 중 그 어떤 누구보다도"	하지만 그는 오늘 밤 이곳에 있는 우리 중 그 어떤 누구보다도 더 용기 있는 사람입니다."	courage 용기
17	(Shortly) (after that memorable night), / Brian Piccolo died. 기억에 남을 그 밤이 지나고 얼마 안 있어 / Brian Piccolo는 세상을 떠났다	기억에 남을 그 밤이 지나고 얼마 안 있어, Brian Piccolo는 세상을 떠났다.	shortly after 금세, 곧 memorable 기억할 만한
18	(d) His memory will (forever) be etched / (in the heart of Gayle Sayers). V〈미래수동〉 그에 대한 기억은 영원히 새겨질 것이다 / Gayle Sayers의 마음에	그에 대한 기억은 Gayle Sayers의 마음에 영원히 새겨질 것이다.	memory 기억 forever 영원히 etch 새기다 heart 마음, 가슴
19	Piccolo and Sayers had cultivated / more (than a superficial, tough-guy relationship). V〈과거완료〉 / 〈전치사〉 / 〈형용사〉$_1$ / 〈형용사〉$_2$ Piccolo와 Sayers는 쌓았다 / 피상적이고 거친 사내 간의 관계 이상의 것을	Piccolo와 Sayers는 피상적이고 거친 사내 간의 관계 이상의 것을 쌓았다.	cultivate 키우다, 경작하다 superficial 피상적인 tough-guy 거친 사내의 relationship 관계

문법

10 〈sit / seat / set〉

원형	과거	과거분사	현재분사	뜻
sit	sat	sat	sitting	vi. **앉다**, ~에 놓여있다
seat	seated	seated	seating	vt. 앉히다
set	set	set	setting	vt. 두다, ~을 놓다

10 〈관계부사 where의 용법〉

1. 제한적 용법 : 관계부사 앞에 콤마(,)가 없는 경우

	〈관계부사절〉: 완전한 절		
선행사	where	주어	동사
장소	~하는		

2. 계속적 용법 : 관계부사 앞에 콤마(,)가 있는 경우 (there는 선행사를 지칭함)

		〈관계부사절〉: 완전한 절		
선행사	**콤마(,)**	**where**	주어	동사
장소		**= and there**		

10 〈혼동 어휘〉

	대명사	형용사	부사
most	대부분의 것들[사람들]	대부분의	**가장**
almost	–	–	거의
mostly	–	–	주로, 일반적으로

11 〈너무 ~해서 …할 수 없다〉

주어	동사	so	형용사/부사	that	주어	can't + 동사원형
주어	**동사**	**too**	**형용사/부사**	**to 동사원형**	–	–

12 〈3형식에서 목적어 자리에 to R / -ing 둘 다 사용 가능한 동사들〉: **begin** / cease / continue / dislike / hate / like / love / neglect / prefer / start 등

13 〈주격 관계대명사 + be동사 생략〉

–	생략 가능	
명사 (선행사)	(주격 관계대명사 + be동사)	**현재분사(-ing) – 능동 (~하고 있는, ~하는)**
		과거분사(p.p.) – 수동 (~되어진, ~당한)
		명사
		형용사(구) (~하는, ~할)
		부사
		전치사구
Sayers	(who was)	choking

13 〈혼동 어휘〉

through	**전치사**	~을 통하여
throughout	전치사	(장소) ~의 도처에, (시간) ~ 동안, ~ 내내
	부사	도처에, 완전히, 철저하게
though	접속사	~에도 불구하고
thorough	형용사	철저한, 완전한

13 〈what vs. that〉

	관계대명사 (불완전한 문장)	접속사 (완전한 문장)
what	○ 선행사를 포함하고 있기 때문에 what 앞에 선행사 불필요	×
that	○ that 앞에 선행사 필요	**o**

16 **〈주격 관계대명사절의 수의 일치〉**: 선행사를 포함하고 있는 관계대명사 what 사용 불가

	주격 관계대명사절		
선행사	주격 관계대명사	~~주어~~	동사
a man	who		~~have~~
			has

17 〈short / shortly〉

	형용사	부사
short	짧은, 부족한	짧게
shortly	–	곧, 즉시

	지문	해석	단어 & 숙어
20	{Although tough and competitive men / (to the core)}, / a true and caring love / had developed / (between these two strong athletes). { }: 〈분사구문〉(they are) / 〈종·접〉 S·C_1 S·C_2 / 〈형용사〉$_1$ 〈현재분사〉 S V〈과거완료〉 〈전치사〉 O 비록 거칠고 경쟁심이 강한 사람들이었지만 / 뼛속까지 / 진실하고 배려하는 애정이 / 생겼다 / 이 두 강인한 선수들 사이에	비록 뼛속까지 거칠고 경쟁심이 강한 사람들이었지만 진실하고 배려하는 애정이 이 두 강인한 선수들 사이에 생겼다.	although (비록) ~일지라도 tough 억센, 모진 competitive 경쟁심 강한 to the core 속속들이, 뼛속까지 true 진실한 caring 배려하는 develop 자라다, 생기다 between ~ 사이에 athlete (운동) 선수
21	(D) (During the 1969 season), / Brian Piccolo was diagnosed / as having cancer. 〈전치사〉 O S V〈수동태〉 S·C 1969년 시즌 중에 / Brian Piccolo는 받았다 / 암 진단을	(D) 1969년 시즌 중에 Brian Piccolo는 암 진단을 받았다.	during ~ 동안에, ~ 중에 diagnose O O·C(as) (5) ~을 …로 진단하다 (수동태 시, be diagnosed S·C(as)) have cancer 암에 걸리다
22	{Although (e) he fought / (to play out the season)}, / Piccolo was (in the hospital) / (more) / {than he was (on the playing field)}. 〈종·접〉 S V / S V 〈부사〉 〈종·접〉 S V 비록 그가 분투했지만 / 시즌을 끝까지 뛰려고 / Piccolo는 병원에 있었다 / 더 많이 / 경기장에서보다	비록 그가 시즌을 끝까지 뛰려고 노력했지만, Piccolo는 경기장에서보다 병원에서 더 많이 있었다.	fight to ~을 위하여 분투하다 play A out A를 끝내다[끝까지 경기하다] be in (the) hospital 입원해 있다 more than ~보다 많이 playing field 경기장[운동장]
23	It was (during this time) / {when Piccolo was battling his illness / and fighting the daily depths of depression}, / (that these two athletes shared / a very special relationship). △: 〈It be ~ that … 강조구문〉 S V 〈전치사〉 〈선행사〉 〈관·부〉 S V_1〈과거진행〉 O (was) V_2 O 〈종·접〉 S V O 바로 이 시기이다 / Piccolo가 병마와 싸우면서 / 매일 깊은 우울증과도 싸우고 있었던 / 이 두 선수는 맺었다 / 매우 특별한 관계를	Piccolo가 병마와 싸우면서 매일 깊은 우울증과도 싸우고 있었던 바로 이 시기에 이 두 선수는 매우 특별한 관계를 맺었다.	battle 싸우다 illness 병[질환], 아픔 daily 매일, 날마다 depth 절정, 구렁텅이 depression 우울함 share 공유하다, 나누다 special 특별한 relationship 관계
24	**Frequently**, / Sayers flew / (to be at the bedside of his friend), / {as the cancer gripped / Piccolo's weakened body / (tighter and tighter)}. S V 〈종·접〉 S V p.p. O 때때로 / Sayers는 비행기를 타고 가서 / 그의 친구의 머리맡을 지켰다 / 암이 지배함에 따라 / Piccolo의 약해진 몸을 / 점점 더 단단히	때때로 Sayers는 암이 Piccolo의 약해진 몸을 점점 더 지배함에 따라 비행기를 타고 가서 그의 친구의 머리맡을 지켰다.	frequently 자주, 흔히 (↔ infrequently) bedside (병자의) 머리맡 as ~함에 따라 grip 옥죄다, 빼앗다 weakened 쇠약한, 약해진 tight 단단히, 꽉

문법

20 22 〈양보/대조〉

종속접속사	though	+ 주어 + 동사	비록 ~일지라도
	although		
	even though		
	even if		
	as		
	while		반면에
	whereas		
전치사	in spite of	+ 명사 / 명사 상당어구	~에도 불구하고
	despite		
	for all		

20 〈혼동 어휘〉

	동사	형용사	명사	부사
complete	완수하다	완전한, 완벽한	–	–
completion	–	–	완성, 완수	–
compete	경쟁하다	–	–	–
competition	–	–	경쟁, 대회	–
competitor	–	–	경쟁자	
competence	–	–	능력, 자격	–
incompetence	–	–	무능력	–
complement	보완하다	–	보완, 보충	–
compliment	칭찬하다	–	칭찬	
complimentary	–	칭찬하는, 무료의	–	–
complimentarily	–	–	–	찬사로, 무료로
competitive	–	**경쟁적인**	–	–
competent	–	유능한, 적임의, 자격이 있는	–	–
completely	–	–	–	완전히, 전적으로
competitively	–	–	–	경쟁적으로
competently	–	–	–	유능하게

21 시간 (~ 동안)

전치사	**during**	+ **명사** / 명사 상당어구
종속접속사	while	+ 주어 + 동사

21 〈5형식 불완전 타동사의 목적격 보어〉: 수동태 전환 시, 2형식 문장(be p.p. + as 보어)

주어	불완전 타동사	목적어	목적격 보어
–	accept / achieve / announce / characterize / cite / consider / count / deem / define / describe / **diagnose** / disguise / dismiss / identify / interpret / look at / look upon / perceive / praise / present / read / reckon / refer to / recognize / regard / remember / respect / see / speak of / think of / train / treat / use / view / visualize 등	–	as 보어

22 〈to부정사를 취하는 자동사〉

주어	불완전 자동사	
–	aim / appear / arrange / bother / consent / **fight** / hesitate / hurry / long / prepare / proceed / seem / serve / strive / struggle / tend / yearn / wait 등	to 동사원형

23 〈It be ~ that … 강조구문〉: …한 것은 바로 ~이다

It	be 동사	강조하고 싶은 말	that (관계대명사/종속접속사) (경우에 따라 아래처럼 바꿔 사용 가능)	
~~This That There~~	시제에 따라 달라짐	주어 목적어 보어 부사(구, 절) 〈동사는 사용 불가〉	관계대명사	who
				whom
				which
			관계부사	when
				where
It	was	during ~	that절	

23 〈관계부사〉: 관계부사절은 완전한 문장이 나오고, 선행사와 관계부사는 서로 같이 사용할 수도 있고 둘 중 하나는 생략할 수도 있다.

용도	선행사	관계부사	전치사 + 관계대명사
시간	**the time**	**when**	in/at/on + which
장소	the place	where	in/at/on + which
이유	the reason	why	for which
방법	(the way)	how	in which
	the way how는 같이 사용 못함 the way, the way in which, the way that은 사용 가능 (that은 관계부사 대신 사용가능하고 이를 관계부사 대용어라고 함)		

23 〈what vs. that〉

	관계대명사 (불완전한 문장)	접속사 (완전한 문장)
what	○ 선행사를 포함하고 있기 때문에 what 앞에 선행사 불필요	×
that	○ that 앞에 선행사 필요	○

[43~45] 다음 글을 읽고, 물음에 답하시오.

43 주어진 글 (A)에 이어질 내용을 순서에 맞게 배열한 것으로 가장 적절한 것은? [78%]

① (B)–(D)–(C) ② (C)–(B)–(D)
③ (C)–(D)–(B) ④ (D)–(B)–(C)
⑤ (D)–(C)–(B)

44 밑줄 친 (a)~(e) 중에서 가리키는 대상이 나머지 넷과 다른 것은? [66%]

① (a) ② (b) ③ (c) ④ (d) ⑤ (e)

45 윗글에 관한 내용으로 적절하지 않은 것은? [76%]

① 1967년에 Sayers와 Piccolo는 같은 팀 동료였다.
② Sayers와 Piccolo는 원정 경기 때 같은 방을 썼다.
③ Sayers와 Piccolo는 뉴욕에서 열리는 행사에 함께 참석하려 했다.
④ Piccolo는 Sayers가 상을 받기 전 세상을 떠났다.
⑤ Piccolo는 암 투병 중 우울증을 겪었다.

정답 | ④, ②, ④

43 해설 | (B), (C), (D) 모두 Piccolo가 암을 진단받은 후 이야기이므로 암 진단을 진단받았다는 내용이 처음 제시되는 (D)가 (A) 다음에 이어진다. (B), (C)는 Professional Football Writers' Banquet에서 이야기이므로 행사에 참여한다는 내용이 처음 제시되는 (B)가 (D) 다음에 이어진다. 12에서는 Sayers가 상을 받기 위해 일어나고, 13에서 수상 소감을 말하고 있으므로 (B) 다음에 (C)가 이어진다.

44 해설 | ① Piccolo를 지칭한다.
② Sayers를 지칭한다.
③ Piccolo를 지칭한다.
④ Piccolo를 지칭한다.
⑤ Piccolo를 지칭한다.

45 해설 | ① 3에 제시되어 있다.
② 6에 제시되어 있다.
③ 10에 제시되어 있다.
④ 17에서 Piccolo는 상을 받은 후 세상을 떠났으므로 적절하지 않다.
⑤ 23에 제시되어 있다.

어법 & 연결어

Gayle Sayers was one of the best running backs the Chicago Bears ever had. He was black. In 1967, Sayers' teammate in the backfield was **[another / the other]** great running back by the name of Brian Piccolo. Piccolo was white. Blacks and whites often played on the same professional teams, but these two athletes were different. They **[was / were]** roommates on away games, **[which / what]** **[was / were]** a first for race relations in professional football. Sayers had never had a close relationship with any white man before, except with George Halas, the head coach of the Bears. And Piccolo admitted **[what / that]** he had never really known a black person **[during / while]** his lifetime. These two athletes became friends immediately and grew exceptionally close. **[During / While]** the 1969 season, Brian Piccolo **[diagnosed / was diagnosed]** as having cancer. **[Although / Despite]** he fought to play out the season, Piccolo was in the hospital more than he was on the playing field. It was **[while / during]** this time when Piccolo was battling his illness and **[fought / fighting]** the daily depths of depression, **[that / what]** these two athletes shared a very special relationship. Frequently, Sayers flew to be at the bedside of his friend, as the cancer gripped Piccolo's weakened body tighter and tighter. Sayers and Piccolo, and their wives, **[made / had made]** plans to **[sit / seat]** together at the annual Professional Football Writers' Banquet in New York, **[which / where]** Gayle Sayers was to receive the George S. Halas award as "the **[most / almost]** courageous player in professional football." By the time of the banquet, Piccolo was too sick to attend. When Sayers stood to receive his award at the banquet, tears began to flow. Sayers, **[choked / choking]** **[through / thorough]** his tears, said, "You flatter me by giving me this award, but I tell you **[what / that]** I accept this award not for me, but for Brian Piccolo. (   ), Brian cannot be here tonight. He is too ill. (   ) he is a man who **[have / has]** more courage than any of us here tonight." **[Short / Shortly]** after that memorable night, Brian Piccolo died. His memory will forever **[etch / be etched]** in the heart of Gayle Sayers. Piccolo and Sayers had cultivated more than a superficial, tough-guy relationship. **[Despite / Although]** tough and **[comparative / competitive]** men to the core, a true and caring love had developed between these two strong athletes.

ABSOLUTE

앱솔루티

2021학년도

10월

고3 전국연합 학력평가

전국 2021학년도 10월 고3 18번		
	제목	문의 받은 직원의 채용 추천
	주제	문의 받은 직원이 채용에 적합하며, 그를 고용하기를 결정하기 바란다.
글의 목적	논리	주장과 근거

	지문	해석	단어 & 숙어
1	Dear Ms. Lopez, Lopez 씨께	Lopez 씨께	dear ~에게[께], ~ 귀하 Ms. (여성이 미혼(Miss)인지 기혼(Mrs.)인지 모를 때 성·성명에 붙여) ~씨, ~님
2 근거	(In reply to your letter) / (of September 29), / it(〈가S〉) affords(V) me(I·O) great pleasure(D·O) / [to say / {that(〈종·접〉) we(S) know(V) / Mr. Turner(O) to be alert(O·C₁) and (to be) diligent(O·C₂), / as well as(〈B as well as A〉) faithful(O·C₃) / (in his duties) / and loyal(O·C₄) (to his employers)}]. { }: O [ ]: 〈진S〉 귀하의 편지에 대한 답장으로 / 9월 29일자 / 저는 매우 기쁩니다 / 말씀드릴 수 있어서 / 우리는 알고 있다는 것을 / Turner 씨가 기민하고 부지런함을 / 충실할 뿐만 아니라 / 자신의 직무에 / 그리고 고용주에게 충직합니다	9월 29일자 귀하의 편지에 대한 답장으로, 우리는 Turner 씨가 자신의 직무에 충실하고 고용주에게 충직할 뿐만 아니라 기민하고 부지런함을 알고 있다는 것을 말씀드릴 수 있어서 저는 매우 기쁩니다.	in reply to ~에 답하여, ~의 회답으로서 afford I·O D·O (4) ~에게 …을 주다 pleasure 기쁨, 즐거움 know O O·C(to be) (5) ~이 …라고 알다 alert 민첩한, 기민한 diligent 부지런한 B as well as A A뿐만 아니라 B도 faithful in ~의 점에서 성실한[충실한] duty 의무 loyal to ~에 충실한 employer 고용주
3 근거	He(S) is(V₁) a fine judge(S·C) (of goods) / and has done(V₂〈현재완료〉) most of the buying(O) / (in our textile department) / (for the past two years). 그는 상품 감별을 아주 잘 해냅니다 / 그리고 대부분의 구매를 해냈습니다 / 우리의 직물 부서에서 / 지난 2년 동안	그는 상품 감별을 아주 잘해서 지난 2년 동안 우리의 직물 부서에서 대부분의 구매를 해냈습니다.	fine (사람·작품이) 우수한, 뛰어난 judge 감정가, 감식가, 전문가 goods 상품 buying 구매, 구입 textile 직물, 옷감 department 부서
4 TS 주장	We(S₁) regret(V₁) / (to lose him(O)), ( ): O / but the position(S₂〈선행사〉) / {(목·관 that) he(S) seeks(V) (in your company)} / is(V) (probably) (much)(〈강조〉) better(S·C) / (than anything(〈선행사〉) / (목·관 that) (we(S) have to offer(V)), / and we(S₃) hope(V₃) / {that(〈종·접〉) you(S) will decide(V) / (to employ him(O))}. { }: O ( ): O 우리는 유감입니다 / 그를 잃게 되어 / 하지만 그 일자리는 / 그가 구하고 있는 / 귀하의 회사에서 / 아마도 훨씬 좋을 것입니다 / 그 어떤 자리보다도 / 우리가 제공해야 할 / 그리고 우리는 바랍니다 / 귀하께서 결정하시기를 / 그를 고용하기로	그를 잃게 되어 유감이지만, 그가 귀하의 회사에서 구하고 있는 일자리는 아마도 우리가 제공해야 할 그 어떤 자리보다도 훨씬 좋을 것이며, 우리는 귀하께서 그를 고용하기로 결정하시기를 바랍니다.	regret O(to R) ~하게 되어 유감이다 position 일자리, 직책 seek 찾다, 구하다 probably 아마도 have to R ~해야만 한다 offer 제공하다 hope 희망하다 decide O(to R) ~하기를 결정하다 employ 고용하다
5	Very truly yours, Charles Moore Charles Moore 올림	Charles Moore 올림	〈손윗사람에게 보내는 편지의 정중한 맺음말 관련 표현〉 Yours truly[cordially, sincerely, respectfully, ever], Truly[Cordially, Faithfully, Sincerely, Respectfully] yours, With kind regards

18 다음 글의 목적으로 가장 적절한 것은? [82%]

① 문의 받은 직원이 채용에 적합함을 알려 주려고
② 위탁 판매 요청을 수락한 것에 감사하려고
③ 동료 직원의 승진을 축하하고 격려하려고
④ 회사 내 업무 조정 결과를 공지하려고
⑤ 결원에 따른 인원 충원을 건의하려고

정답 | ①

해설 | ① 2, 4에서 문의 받은 직원이 채용에 적합하다고 했으므로 정답이다.
② 위탁 판매 요청을 수락했다는 내용은 없다.
③ 동료 직원의 승진에 관한 내용은 없다.
④ 업무 조정 결과에 관한 내용은 없다.
⑤ 인원 충원을 건의하는 내용은 없다.

문법

2 〈가주어, 진주어 구문〉

가주어	동사	진주어
It (this, that, there 사용불가)	–	that + 주어 + 동사 (완전한 절)
		to 동사원형
		동명사
		의문사 + 주어 + 동사 (간접의문문)
		if/whether + 주어 + 동사
it	affords	to say

2 4 〈what vs. that〉

	관계대명사(불완전한 문장)	접속사(완전한 문장)
what	○ 선행사를 포함하고 있기 때문에 what 앞에 선행사 불필요	×
that	**○** that 앞에 선행사 필요	**○**

2 〈불완전 타동사 + 목적어 + 목적격 보어[to be 보어(명사/형용사)]〉 : 수동태 시, be p.p. + 주격 보어(to be 보어)

주어	불완전 타동사	목적어	목적격 보어
–	assume / announce / believe / claim / conceive / consider / declare / deem / feel / find / guess / hold / imagine / intend / presume / proclaim / prove / show / suppose / take / think / wish / discover / imagine / **know**	–	(to be) 보어

2 〈as well as〉 : A뿐만 아니라 B도

not only = just = simply = merely = alone	~	but 주어 also 동사	~	
		but 주어 + 동사		(as well)
		;(세미콜론) 주어 + 동사		as well
		,(콤마) 주어 + 동사		as well
		.(마침표) 주어 + 동사		as well
= B as well as A (주어는 B)				

3 〈혼동 어휘〉

	대명사	형용사	부사
most	**대부분의 것들[사람들]**	대부분의	가장
almost	–	–	거의
mostly	–	–	주로, 일반적으로

4 〈to부정사 vs. 동명사〉

완전 타동사	목적어	해석	의미
regret	**to R**	**~해 유감이다**	**미래**
	-ing	과거에 ~한 일을 후회하다	과거
remember	to R	~할 것을 기억하다	미래
	-ing	과거에 ~한 것을 기억하다	과거
forget	to R	~할 일을 잊다	미래
	-ing	과거에 ~한 것을 잊다	과거

4 〈목적격 관계대명사 that〉 : 타동사의 목적어가 없는 경우 / 선행사를 포함하고 있는 관계대명사 what 사용 불가

	목적격 관계대명사절			
선행사	목적격 관계대명사	주어	타동사	~~목적어~~
the position	(that) 생략 가능	he	seeks	
anything		we	have to offer	

4 〈비교급 vs. 원급 강조〉

비교급 강조 표현		원급 강조 표현
훨씬 ~한	**much**, even, still, by far, far, a lot, lots, a great deal	very, so, quite, really, extremely, too
조금 더 ~한	a little, slightly, a bit	

4 〈hope 동사의 쓰임〉 : 종속절에 있는 동사를 미래형으로 사용하여 '~을 희망하다'라는 의미를 지님

		〈종속절〉: 목적어		
주어	hope	종속접속사	주어	will R
		(that) 생략 가능		미래 동사

4 〈목적어 자리에 to부정사를 취하는 완전 타동사〉 : decide

주어	완전 타동사	목적어
–	afford / agree / ask / attempt / care / choose / claim / dare / **decide** / demand / desire / determine / elect / expect / fail / guarantee / hope / intend / learn / manage / need / offer / plan / pretend / promise / refuse / resolve / seek / threaten / volunteer / want / wish 등	to 동사원형

어법 & 연결어

Dear Ms. Lopez,

In reply to your letter of September 29, it affords me great pleasure to say **[what / that]** we know Mr. Turner to be alert and diligent, as well as **[faithful / faithfully]** in his duties and loyal to his employers. He is a fine judge of goods and has done **[most / almost]** of the buying in our textile department for the past two years. We regret **[losing / to lose]** him, but the position he seeks in your company is probably **[much / very]** better than anything we have to offer, and we hope **[what / that]** you will decide **[employing / to employ]** him.

Very truly yours,
Charles Moore

전국 2021학년도 10월 고3 19번

심경 · 심경 변화

제목	킬리만자로 산 등산
주제	킬리만자로 산을 오르는 것은 매우 힘들었지만, 오를 가치가 있다.
논리	이야기

	지문	해석	단어 & 숙어
1	(Off) I went (in the dark), / (headed to the top of Kilimanjaro). 〈부사〉 S V / ( ): 〈분사구문〉 p.p. 나는 어둠 속에서 출발하여 / 킬리만자로의 정상으로 향했다	어둠 속에서 출발하여, 나는 킬리만자로의 정상으로 향했다.	go off 자리를 뜨다 head to ~로 향하다 top 정상, 꼭대기
2	Some sections were so steep / {that I had to make zigzags / (to make it easy) / (on my oxygen deprived body)}. S V 〈so 형/부 that S V〉 S·C 〈종·접〉 S V O / O O·C / p.p. 몇몇 구역들은 너무 급경사라서 / 나는 지그재그로 가야 했다 / 편할 수 있도록 / 산소가 부족한 몸이	몇몇 구역들은 너무 급경사라서 나는 산소가 부족한 몸이 편할 수 있도록 지그재그로 가야 했다.	section 구역 so 형/부 that S V 너무 ~해서 그 결과 …하다 steep 가파른 have to R ~해야만 한다 make a zigzag 갈지자형이 되다 make it easy on ~의 짐을 덜어주다 oxygen deprived 산소가 부족한
3	All the energy / (I had) / went (to breathing). S〈선행사〉 (목·관 that) S V V 모든 에너지는 / 내가 가진 / 숨을 쉬는 데 할애되었다	내가 가진 모든 에너지는 숨을 쉬는 데 할애되었다.	go to ~에게 주어지다 breathe 호흡하다
4	My body felt (like a dead weight). S V 〈전치사〉 O 몸이 천근만근이었다	몸이 천근만근이었다.	feel like ~처럼 느끼다 dead weight 천근만근, 무거운 짐
5	I (almost) gave up, / (with the summit just around the corner). S V / ( ): 〈부대상황〉 (being) 나는 거의 포기했다 / 정상을 코앞에 두고	정상을 코앞에 두고 나는 거의 포기했다.	almost 거의 (= nearly) give up 포기하다 summit 정상 just around the corner 임박하여
6	My guide responded / (to my exhaustion), / {saying, / "Go (slow and steady), / (just one step) (at a time)"}. S V / { }: 〈부대상황〉 〈현재분사〉 V / 〈부사적 대격〉 가이드는 반응했다 / 탈진한 나에게 / 라고 말하며 / "천천히 그리고 꾸준히 가라 / 한 번에 한 걸음씩만"	탈진한 나에게 가이드는 "한 번에 한 걸음씩만 천천히, 그리고 꾸준히 가라."고 말하며 반응했다.	respond to ~에 반응하다 exhaustion 탈진 steady 꾸준히 a[one] step at a time 한 번에 한 걸음씩[천천히 점진적으로]
7	I followed his words. S V O 나는 그의 말을 따랐다	나는 그의 말을 따랐다.	follow 따라가다[오다]
8	I made it / (to Uhuru Peak), / (known as the very top of Kilimanjaro). S V O 〈선행사〉 (which is) p.p. 〈전치사〉 나는 올랐다 / Uhuru Peak에 / 킬리만자로의 바로 그 정상으로 알려진	나는 킬리만자로의 그 정상으로 알려진 Uhuru Peak에 올랐다.	make it to ~에 도착하다 known as ~으로 알려진 the very + 명사 바로 그러한 명사
9	Indeed, / I saw / the incredible, unforgettable sunrise! S V 〈형용사〉$_1$ 〈형용사〉$_2$ O 정말로 / 나는 보았다 / 놀랍고 잊을 수 없는 일출을	정말로 나는 놀랍고 잊을 수 없는 일출을 보았다!	indeed 실제로, 사실 incredible 믿을 수 없는, 굉장한 unforgettable 잊을 수 없는 sunrise 일출, 해돋이 (= dawn)
10	The beauty, the teamwork, / and the accomplishment (of a personal life goal) / were worth (all the sacrifice and strain). S_1 S_2 S_3 V S·C O_1 O_2 ( ): O〈전치사적 형용사 worth의 목적어〉 아름다움, 팀워크 / 그리고 개인적 삶의 목표의 달성은 / 모든 것을 희생하고 애쓸 만한 가치가 있었다	아름다움, 팀워크, 개인적 삶의 목표 달성은 모든 것을 희생하고 애쓸 만한 가치가 있었다.	beauty 아름다움, 미 teamwork 팀워크, 협동 작업 accomplishment 성취, 업적 personal 개인의[개인적인] goal 목표 be worth + (동)명사 ~할 가치가 있다 sacrifice 희생 strain 분투, 애씀
11	Mt. Kilimanjaro / was worth the climb! S V S·C O 킬리만자로 산은 / 오를 가치가 있었다!	킬리만자로 산은 오를 가치가 있었다!	climb 오름

19 다음 글에 드러난 'I'의 심경 변화로 가장 적절한 것은? [90%]

① bored → curious
② grateful → regretful
③ confident → nervous
④ frustrated → satisfied
⑤ surprised → disappointed

정답 | ④

해설 | ① 지루한 → 호기심 있는: 지루하고 호기심 있는 심경은 드러나지 않았다.
② 감사하는 → 후회하는: 글에서 'I'의 심경은 부정적이었다가 긍정적으로 변하므로 적절하지 않다.
③ 자신감 있는 → 두려운: 글에서 'I'의 심경은 부정적이었다가 긍정적으로 변하므로 적절하지 않다.
④ 좌절되는 → 만족하는: 5에서 좌절하는 심경이, 11에서 만족하는 심경이 드러나므로 정답이다.
⑤ 놀란 → 실망한: 'I'의 심경은 부정적이었다가 긍정적으로 변하므로 적절하지 않다.

문법

1 **〈부사구 문두 도치〉** : 부사구의 종류에는 장소/방법/시간이 있는데, 장소와 관련된 부사가 문두에 위치하면 도치가 될 때, 도치는 선택적이고, 일반 동사라고 해도 do/does/did를 사용할 수 없음

부사구	주어	동사
Off	I	went

1 **〈headed ~〉** : 〈분사구문〉이 문미에 있는 경우 (수동) (= as I was headed)

2 **〈원인과 결과를 동시에 나타내는 표현〉** : '너무 ~해서 그 결과 …하다' (종속접속사 that 생략 가능)

〈원인〉: 너무 ~해서				〈결과〉: 그 결과 …하다		
so	형용사	(a(n) + 명사)		(that)	주어	동사
such	(a(n))	형용사	명사	that	주어	동사

2 3 **〈what vs. that〉**

	관계대명사 (불완전한 문장)	접속사 (완전한 문장)
what	○ 선행사를 포함하고 있기 때문에 what 앞에 선행사 불필요	×
that	○ that 앞에 선행사 필요	○

2 **〈make 상태동사〉** : 수동태 시, be made + 주격 보어(형용사/명사)

make	목적어	목적격 보어	해석
상태동사	명사 / 명사 상당어구	**형용사**	~가 …한 상태로 만들다
		명사	

3 **〈목적격 관계대명사 that〉** : 3형식에서 타동사 had의 목적어가 없는 경우 / 선행사를 포함하고 있는 관계대명사 what 사용 불가

	목적격 관계대명사절			
선행사	목적격 관계대명사	주어	타동사	~~목적어~~
All the energy	(that) 생략 가능	I	had	

4 **〈감각동사〉**

감각동사	주격 보어	
feel, look, seem, sound, taste, appear, smell	형용사(현재분사/과거분사)	
	명사	
	like (전치사)	(that) + 주어 + 동사
		(동)명사
	~~alike~~	
	~~likely~~	

5 **〈with 부대상황〉**

with	목적어	목적격 보어		
~하면서, ~한 채로		형용사(구)		
		부사(구)		
		전치사구		
		분사	현재분사 (-ing)	능동 (목적어가 목적격 보어를 ~하고 있는, ~하는)
			과거분사 (p.p.)	수동 (목적어가 목적격 보어에게 ~당하는, ~되어진)
with	the summit	just around the corner		

6 **〈saying ~〉** : 〈분사구문〉이 문미에 있는 경우 (능동) (= as he said)

8 **〈주격 관계대명사 + be동사 생략〉** : Uhuru Peak, [(which is) known(과거분사)]

8 **〈상태 수동태〉** : 수동의 전치사 by이외 다른 전치사를 사용하는 경우
: be known by/to/for/as

	과거분사	전치사	뜻
be 동사	**known**	by + 수단, 판단	~에 의해서 알려지다
		to + 동사원형	~한 것으로 알려져 있다
		to + 대상	~에게 알려지다
		for + 이유, 근거	~로 알려지다, ~ 때문에 알려지다
		as + 자격, 신분	**~로서 알려지다**

8 **〈명사를 강조하는 표현〉**

the/this/that/one's	**very**	**명사**	**바로 그 ~, 다름 아닌 그**
명사	재귀대명사		~ 자기 자신
It be	강조하고 싶은 말 (동사는 제외)	that ~	~한 것은 바로 …이다

10 11 **〈worth 쓰임〉**

be	**worth**	(동)명사		~할 가치가 있다, ~할 보람이 있다
	worthy	of	(동)명사	
	worthwhile		to R	

어법 & 연결어

Off I went in the dark, headed to the top of Kilimanjaro. Some sections were so **[steep / steeply]** **[that / what]** I had to make zigzags to make **[it / them]** **[easy / easily]** on my oxygen **[deprived / depriving]** body. All the energy **[that / what]** I had went to **[breathe / breathing]**. My body felt **[like / alike]** a **[dead / deadly]** weight. I **[most / almost]** gave up, with the summit just around the corner. My guide responded to my exhaustion, **[said / saying]**, "Go slow and steady, just one step at a time". I followed his words. I made it to Uhuru Peak, **[knowing / known]** as the very top of Kilimanjaro. (   ), I saw the incredible, unforgettable sunrise! The beauty, the teamwork, and the accomplishment of a **[personal / personnel]** life goal were **[worth / worthy]** all the sacrifice and strain. Mt. Kilimanjaro was **[worth / worthy]** the climb!

전국 2021학년도 10월 고3 20번

글의 주장

제목	전략을 세울 때 현재 상황 파악
주제	자신의 현재 상황을 파악한 후 전략을 세워야 한다.
논리	질문·답변, 원인·결과, 인용

	지문	해석	단어 & 숙어
1	We can't begin / {to build a strategy (for our lives)} / {without first understanding / (where we are) / and (where we want to go)}. S V O / 〈전치사〉 O〈동명사〉 / 〈의문사〉 S V ( ): O_1〈간·의〉 / 〈의문사〉 S V O ( ): O_2〈간·의〉 우리는 시작할 수 없다 / 우리 삶을 위한 전략을 세우는 것을 / 먼저 이해하지 않고서 / 우리가 어디에 있고 / 어디로 가기를 원하는지를	우리는 우리가 어디에 있고 어디로 가기를 원하는지를 먼저 이해하지 않고서 우리 삶을 위한 전략을 세우는 것을 시작할 수 없다.	begin O(to R) ~하기 시작하다 build 세우다 strategy 전략 without ~하지 않고 want O(to R) ~하기(를) 원하다
2 원인	(Since people are different), / it's reasonable / [to assume / {their current situations or starting points / will be different (as well)}]. 〈종·접〉 S V S·C / 〈가S〉 V S·C / [ ]: 〈진S〉 / (종·접 that) / { }: O / S_1 S_2 V S·C 사람들은 서로 다르기 때문에 / 합당하다 / 가정하는 것이 / 그들의 현재 상황이나 출발점이 / 또한 다를 것이라고	사람들은 서로 다르기 때문에, 그들의 현재 상황이나 출발점 또한 다를 것이라고 가정하는 것이 합당하다.	since ~ 때문에 reasonable 합리적인 assume 추정하다, 가정하다 current 현재의 situation 상황, 처지 starting point 출발점, 시작점 as well 또한, 역시
3 결과	That's [why / books {that tout a single formula / (for success or improvement)}, / (without taking into account / the different places (people are starting from), / are worthless.] S V 〈관·부〉 S〈선행사〉 〈주·관〉 V O / 〈전치사〉 〈동명사〉 / O〈선행사〉 (목·관 that) S V〈현재진행〉 / V S·C [ ]: S·C 그것이 바로 이유이다 / 하나의 방식만을 권유하는 서적들이 / 성공이나 개선을 위한 / 고려하지 않고 / 사람들의 서로 다른 출발점을 / 가치가 없다	그것이 바로 사람들의 서로 다른 출발점을 고려하지 않고 성공이나 개선을 위한 하나의 방식만을 권유하는 서적들이 가치가 없는 이유이다.	tout 권유하다 formula 공식 success 성공 improvement 개선, 향상 take A into account A를 고려하다 start from ~에서 출발하다 worthless 가치 없는
4 질문	Would you trust a doctor / [who didn't ask any questions or run any tests / {to diagnose (what was wrong)}, / yet wrote you a prescription (anyway)]? S V O〈선행사〉 / 〈주·관〉 V_1 O / V_2 O / 〈의문사〉 V S·C ( ): O〈간·의〉 / V_3 I·O D·O 의사를 신뢰하겠는가 / 어떤 질문도 하지 않거나 아무런 검사도 하지 않는 / 잘못된 것이 무엇인지 진단하기 위해 / 아무튼 처방전을 발급한	잘못된 것이 무엇인지 진단하기 위해 어떤 질문도 하지 않거나 아무런 검사도 하지 않고 아무튼 처방전을 발급한 의사를 신뢰하겠는가?	trust 신뢰하다 ask a question 질문을 하다 run a test 테스트를 시행하다 diagnose 진단하다 wrong 잘못된 write I·O D·O (4) ~에게 …을 쓰다 prescription 처방(전) anyway 어쨌든 (= anyhow)
5 인용	(In medicine), / the adage is / {*Prescription* (*without diagnosis*) *equals malpractice*}. S V / S V O { }: S·C 의학에는 / 격언이 있다 / '진단 없는 처방은 의료 과실과도 같다'라는	의학에는 '진단 없는 처방은 의료 과실과도 같다.'라는 격언이 있다.	medicine 의학, 의료 adage 격언 diagnosis 진단 equal ~와 같다 malpractice 의료사고
6 TS 답변	(Before we can "prescribe" strategy), / we (first) need (to diagnose the situation) / — (where we stand), / (where we are today). 〈종·접〉 S V O / S V ( ): O O / 〈선행사 포함 관·부〉 S V / 〈선행사 포함 관·부〉 S V 전략을 '처방할' 수 있기 전에 / 먼저 상황을 진단해야 한다 / 즉 우리가 서 있는 곳 / 우리가 현재 있는 곳	전략을 '처방할' 수 있기 전에 먼저 상황, 즉 우리가 서 있는 곳, 우리가 현재 있는 곳을 진단해야 한다.	prescribe 처방하다 first 우선, 맨 먼저 need O(to R) ~을 할 필요가 있다 stand 서다, 서 있다

20 다음 글에서 필자가 주장하는 바로 가장 적절한 것은? [84%]

① 자신의 현재 상황을 파악한 후에 전략을 세워야 한다.
② 다른 사람의 능력을 인정하고 배울 줄 알아야 한다.
③ 상황이 바뀌어도 처음 세운 원칙을 고수해야 한다.
④ 서두르지 말고 작은 목표부터 단계별로 달성해야 한다.
⑤ 한 가지 방식만 고집하지 말고 다양한 시도를 해야 한다.

정답 | ①

해설 | ① 1, 6에서 전략을 세울 때 자신의 현재 상황을 파악하라고 했으므로 정답이다.
② 다른 사람의 능력을 인정하라는 내용은 없다.
③ 처음 세운 원칙을 고수하라는 내용은 없다.
④ 목표를 단계별로 달성하라는 내용은 없다.
⑤ 다양한 시도를 하라는 내용은 없다.

문법

1 〈3형식에서 목적어 자리에 to R / -ing 둘 다 사용 가능〉

주어	완전 타동사	목적어
–	**begin(~을 시작하다)** / cease(~을 중단하다) / continue(~을 계속하다) / dislike(~을 싫어하다) / hate(~을 싫어하다) / like(~을 좋아하다) / love(~을 사랑하다) / neglect(~하는 것을 소홀히 하다) / prefer(~쪽을 좋아하다) / start(~을 시작하다)	to R / -ing (의미 차이 없음)

1 〈간접의문문〉

	〈간접의문문〉: 동명사의 목적어 (완전한 문장)		
동명사	의문사	주어	동사
understanding	where	we	are
	where	we	want

1 〈want 동사의 쓰임〉

want	목적어 (to 동사원형)		주어가 ~하는 것을 원하다	3형식
	목적어	목적격 보어 (to 동사원형)	주어는 목적어가 ~하는 것을 원하다	5형식

2 〈since 용법〉

종속접속사	시간	~이래 (죽), ~한 때부터 내내
	이유	**~이므로, ~이니까**
전치사	시간	~이래 (죽), ~부터 (내내)
부사	시간	(그때)이래 (죽), 그 뒤[후] 줄 곧

2 〈가주어, 진주어 구문〉

가주어	동사	진주어
It (this, that, there 사용 불가)	–	that + 주어 + 동사 (완전한 절)
		to 동사원형
		동명사
		의문사 + 주어 + 동사 (간접의문문)
		if/whether + 주어 + 동사
it	is	to assume

2 〈목적격 종속접속사 that 생략〉: 완전 타동사의 목적어로 사용된 경우 / 관계대명사 what 사용 불가

	종속절 (명사절: 목적어) (완전한 절)		
완전 타동사	목적격 종속접속사	주어	동사
assume	(that) 생략 가능 (~하는 것을)	their ~ points	will be

3 〈주격 관계대명사절의 수의 일치〉: 선행사를 포함하고 있는 관계대명사 what 사용 불가

	주격 관계대명사절		
선행사	주격 관계대명사	~~주어~~	동사
books	that		~~touts~~
			tout

3 〈목적격 관계대명사 that 생략〉: 전치사의 목적어가 없는 경우 / 선행사를 포함하고 있는 관계대명사 what 사용 불가

	목적격 관계대명사절				
선행사	목관	주어	동사	전치사	~~목적어~~
places	(that) 생략 가능	people	are starting	from	

4 〈주격 관계대명사 who〉: 선행사를 포함하고 있는 관계대명사 what 사용 불가

	주격 관계대명사절		
선행사	주격 관계대명사	~~주어~~	동사
a doctor	who		didn't ask

4 〈간접의문문〉: 의문대명사 what이 있는 경우

	〈간접의문문〉: 타동사의 목적어	
타동사	의문대명사	동사
diagnose	what	was

6 〈need 동사의 용법〉

need	목적어 (to 동사원형)		주어가 (~할) 필요가 있다	3형식
	목적어	목적격 보어 (to 동사원형)	주어는 목적어가 ~해 줄 필요가 있다	5형식

6 〈관계부사 where의 용법〉: 관계대명사 which 사용 불가

선행사 있는 경우	선행사(장소) + where + 주어 + 동사 ~ (완전한 절)	형용사절 : 선행사가 앞에 있는 경우 : ~하는
(선행사) 없는 경우	**where + 주어 + 동사 ~ (완전한 절)**	**부사절/명사절 : 선행사를 포함하고 있는 경우 : ~하는 곳[점]**
	where + 주어 + 동사 ~ (완전한 절), 주어 + 동사 …	상황의 부사절을 이끌어 : ~하는 경우에

어법 & 연결어

We can't begin to build a strategy for our lives without first understanding **[where we are / where are we]** and **[where we want / where do we want]** to go. **[Although / Since]** people are different, it's reasonable to assume their current situations or starting points will be different as well. That's **[why / because]** books **[what / that]** **[tout / touts]** a single formula for success or improvement, without taking into account the different places **[that / what]** people are starting from, **[is / are]** worthless. Would you trust a doctor who didn't ask any questions or run any tests to diagnose **[that / what]** was wrong, yet wrote you a prescription anyway? In medicine, the adage is *Prescription without diagnosis equals malpractice*. Before we can "prescribe" strategy, we first need **[diagnosing / to diagnose]** the situation — **[which / where]** we stand, **[where we are / where are we]** today.

전국 2021학년도 10월 고3 21번	
밑줄 의미	
제목	인터넷을 검색할 때 과대평가
주제	인터넷을 검색할 때 자신의 지식과 능력을 과대평가하는 경향이 있다.
논리	연구

	지문	해석	단어 & 숙어
1 TS	Two independent research groups have discovered / {that we have "confusion / (at the frontier)" / (when we search the Internet)}. 두 개의 독립적인 연구 집단은 발견했다 / 우리가 '경계에 있어서의 혼란'을 느낀다는 것을 / 인터넷을 검색할 때 (S / V〈현재완료〉 / { }: O 〈종·접〉 / S V O / 〈종·접〉 S V / O)	두 개의 독립적인 연구 집단은 인터넷을 검색할 때 우리가 '경계에 있어서의 혼란'을 느낀다는 것을 발견했다.	independent 독립적인 research group 연구 집단 discover 발견하다 confusion 혼란 frontier 경계 search 검색하다
2 연구1	Adrian Ward, a psychologist / (at the University of Texas), / found / [that {engaging (in Internet searches)} / increased people's cognitive self-esteem, / their sense of their own ability / (to remember and process information)]. 심리학자, Adrian Ward는 / Texas 대학의 / 알아냈다 / 인터넷 검색을 하는 것이 / 사람들의 인지적 자존감을 강화했다는 것을 / 능력에 대한 그들의 느낌을 / 정보를 기억하고 처리하는 (= 〈동격〉; S / V / 〈종·접〉 { }: S〈동명사〉 / V / O / = 〈동격〉 / ① (to) ② O / [ ]: O)	Texas 대학의 심리학자 Adrian Ward는 인터넷 검색을 하는 것이 사람들의 인지적 자존감, 즉 정보를 기억하고 처리하는 능력에 대한 그들의 느낌을 강화했다는 것을 알아냈다.	psychologist 심리학자 engage in ~에 참여하다 increase 증가하다 cognitive 인지적 self-esteem 자존감 sense 느낌, 감각 an ability to R ~하는 능력 process 처리[정리]하다 information 정보
3	Moreover, / people / {who searched the Internet / (for facts) (they didn't know) / and were (later) asked / (where they found the information)} / (often) misremembered and reported / {that they had known it (all along)}. 또한 / 사람들은 / 인터넷을 검색한 / 사실을 / 자신이 몰랐던 / 나중에 질문 받은 / 어디에서 그 정보를 찾았는지에 대해 / 자주 잘못 기억하면서 말했다 / 자신이 그 정보를 내내 알고 있었다고 (S〈선행사〉 / 〈주·관〉 V₁ O / 〈선행사〉 (목·관 that) S V / V₂〈수동태〉 / ( ): O〈간·의〉 〈의문사〉 S V O / V₁ V₂ / 〈종·접〉 S V〈과거완료〉 O / { }: O)	또한 자신이 몰랐던 사실을 인터넷에서 검색한 다음 나중에 어디에서 그 정보를 찾았는지에 대해 질문 받은 사람들은 자주 자신이 그 정보를 (검색 이전부터) 내내 알고 있었다고 잘못 기억하면서 말했다.	moreover 게다가, 더욱이 search A for B B를 찾기 위해 A를 수색하다 fact 사실 later 나중에, 후에 often 자주, 종종 misremember 잘못 기억하다 report 말하다, 알리다 all along 그동안 내내
4	Many of them / (completely) forgot / (ever) (having conducted the search). 그들 중 다수는 / 완전히 잊어버렸다 / 검색했다는 것조차 (S / V / ( ): O 〈동명사의 완료시제〉 O)	그들 중 다수는 검색했다는 것조차 완전히 잊어버렸다.	completely 완전히 forget O(-ing) (과거에) ~했던 것을 잊다 conduct 수행하다
5	They gave / themselves the credit / (instead of the Internet). 그들은 돌렸다 / 자신에게 공을 / 인터넷 대신 (S V / I·O D·O / 〈전치사〉 O)	그들은 인터넷 대신 자신에게 공을 돌렸다.	give A the credit A에게 그 공로를 돌리다 instead of ~ 대신, ~보다는
6 연구2	(In a different set of studies), / researchers found / [that those {who had searched the Internet / (to answer specific questions)} / rated their ability / (to answer unrelated questions) / as higher than those (who had not)]. 다른 일련의 연구에서 / 연구원들은 알아냈다 / 인터넷을 검색한 사람들이 / 특정한 질문에 답하기 위해 / 자신들의 능력을 평가했다는 것을 / 관련이 없는 질문에 답할 수 있는 / 더 높게 / 그렇게 하지 않았던 사람들보다 (S V / [ ]: O 〈종·접〉 / S〈선행사〉 〈주·관〉 V〈과거완료〉 O / O / V O / p.p. O / O·C 〈-er than〉 〈선행사〉 〈주·관〉 V)	다른 일련의 연구에서, 연구원들은 특정한 질문에 답하기 위해 인터넷을 검색한 사람들이 그렇게 하지 않았던 사람들보다 관련이 없는 질문에 답할 수 있는 자신들의 능력을 더 높게 평가했다는 것을 알아냈다.	a set of 일련의, 일습의 study 연구 researcher 연구원 those who ~하는 사람들 answer[reply to] a question 질문에 대답하다 specific 특정한 rate O O·C(as) (5) A를 B로 여기다 unrelated 관계가 없는
7	The act / {of searching the Internet and finding answers / (to one set of questions)} / caused the participants (to increase their sense) / {that they knew the answers / (to all questions)}, / {including those / (whose answers they had not researched)}. 행위는 / 인터넷을 검색하여 답을 찾는 / 일련의 질문에 대한 / 참가자들이 느낌을 높여 주었다 / 답을 알고 있다는 / 모든 질문에 대한 / 질문을 포함한 / 자신이 답을 조사하지 않은 (S / 〈동명사〉₁ O 〈동명사〉₂ O / V O ( ): O·C / O = 〈동격〉 〈종·접〉 S V O / 〈현재분사〉 〈선행사〉 (= the questions) 〈소·관〉 〈명사〉 S / V〈과거완료〉)	인터넷을 검색하여 일련의 질문에 대한 답을 찾는 행위는 자신이 답을 조사하지 않은 질문을 포함한 모든 질문에 대한 답을 참가자들이 알고 있다는 느낌을 높여 주었다.	cause O O·C(to R) (5) ~가 …하도록 야기하다 participant 참여자, 참가자 including ~을 포함하여 (↔ excluding)

21 밑줄 친 we have "confusion at the frontier"가 다음 글에서 의미하는 바로 가장 적절한 것은? [3점] [49%]

① we tend to overestimate our knowledge and ability
② we are prone to putting off making final decisions
③ we often forget how easily we lose our self-esteem
④ we are overwhelmed by a vast amount of information
⑤ we strive to distinguish false information from the truth

정답 | ①

해설 | ① 우리는 자신의 지식과 능력을 과대평가하는 경향이 있다: 2, 6에서 인터넷을 검색한 사람이 자신의 지식과 능력을 과대평가했다고 했으므로 정답이다.
② 우리는 마지막 결정을 안 하고 미루려는 경향이 있다: 결정을 미룬다는 내용은 없다.
③ 우리는 종종 우리가 얼마나 쉽게 자존감을 잃어버릴 수 있는지를 잊는다: 자존감을 잃는다는 내용은 없다.
④ 우리는 많은 양의 정보에 의해 압도된다: 많은 양의 정보에 압도된다는 내용은 없다.
⑤ 우리는 거짓된 정보와 진실을 구별하려고 굉장히 노력한다: 거짓된 정보 구별에 관한 내용은 없다.

문법

1 2 3 〈what vs. that〉: 이 문장에서 that은 have discovered, found, reported의 목적어로 각각 사용됨

	관계대명사(불완전한 문장)	접속사(완전한 문장)
what	○ 선행사를 포함하고 있기 때문에 what 앞에 선행사 불필요	×
that	○ that 앞에 선행사 필요	○

2 〈동격〉: A(명사), B(명사) (A가 주어, B라는 A)

동격(B라는A)		
명사(A)	,(콤마)	명사(구/절)(B)
Adrian Ward		a psychologist at the University of Texas
self-esteem		their sense ~ information

3 〈목적격 관계대명사 that〉: 타동사의 목적어가 없는 경우 / 선행사를 포함하고 있는 관계대명사 what 사용 불가

	목적격 관계대명사절			
선행사	목적격 관계대명사	주어	타동사	~~목적어~~
facts	(that) 생략 가능	they	didn't know	

3 〈불규칙적으로 변화하는 중요 형용사와 부사〉

원급	비교급	뜻	최상급	뜻	의미
late	**later**	나중의, **나중에**	latest	최근의	시간
	latter	후자의	last	최후의	순서

3 〈간접의문문〉: 의문사가 있는 경우

	〈간접의문문〉: 완전 타동사의 목적어		
완전 타동사	의문사	주어	동사
were asked	where	they	found

4 〈혼동 어휘〉: complimentarily 찬사로, 무료로 / **completely 완전히**, 전적으로 / competitively 경쟁적으로 / competently 유능하게

4 〈to부정사 vs. 동명사〉

remember / regret / **forget**	+	to부정사 : 미래
		동명사 : 과거

4 〈동명사의 태/시제/부정〉: having conducted

태	**능동**	**-ing**
	수동	being p.p.
시제	단순시제 : 본동사 시제와 동일	-ing
	완료시제 : 본동사 시제보다 한 시제 앞선 시제	**having p.p.**
	완료 수동	having been p.p.

6 〈5형식 불완전 타동사의 목적격 보어〉: 수동태 전환 시, 2형식 문장(be p.p. + as 보어)

주어	불완전 타동사	목적어	목적격 보어
–	accept / achieve / advertise / announce / characterize / cite / consider / count / deem / define / describe / disguise / identify / interpret / look at / look upon / perceive / praise / present / **rate** / read / reckon / refer to / recognize / regard / remember / respect / see / speak of / think of / train / treat / use / view / visualize 등	–	as 보어

6 〈those who〉: ~하는 사람들

	주격 관계대명사절		
those	who	주어	동사
선행사	주격 관계대명사		had searched

6 〈생략, 대동사〉: **had not (searched the Internet to answer specific questions)**

7 〈5형식 불완전 타동사의 목적격 보어〉: 수동태 전환 시, 2형식 문장(be p.p. + to R)

주어	불완전 타동사	목적어	목적격 보어
–	advise / allow / ask / assume / beg / bring / **cause** / command / compel / condition / decide / design / drive / enable / encourage / expect / forbid / fit / force / inspire / instruct / intend / invite / lead / like / motivate / order / permit / persuade / predispose / pressure / proclaim / prod / program / provoke / push / require / stimulate / teach / tell / train / trust / urge / want / warn / wish 등	–	to R

7 〈소유격 관계대명사 whose〉: 관계대명사 who, which, that, what 사용 불가

	소유격 관계대명사절				
선행사	소유격 관계대명사	~~소유격~~	명사	주어	동사
those	whose		answers	they	had not researched

어법 & 연결어

Two independent research groups have discovered **[that / what]** we have "confusion at the frontier" **[when / which]** we search the Internet. Adrian Ward, a psychologist at the University of Texas, **[founded / found]** **[that / what]** **[engaging / engage]** in Internet searches increased people's cognitive self-esteem, their sense of their own ability to remember and process information. (   ), people who searched the Internet for facts they didn't know and **[was / were]** **[later / latter]** **[asked / asking]** **[where they found / where did they find]** the information often misremembered and reported **[what / that]** they had known **[it / them]** all along. Many of them completely forgot ever **[conducting / having conducted]** the search. They gave **[them / themselves]** the credit instead of the Internet. In a different set of studies, researchers **[found / founded]** **[what / that]** those who had searched the Internet to answer specific questions **[rating / rated]** their ability to answer **[unrelated / unrelating]** questions as higher than those who had not. The act of searching the Internet and finding answers to one set of questions caused the participants **[increasing / to increase]** their sense **[that / which]** they knew the answers to all questions, including those **[that / whose]** answers they had not researched.

전국 2021학년도 10월 고3 22번		
글의 요지	제목	감정적인 반응을 불러일으키는 시각적 장면
	주제	동일한 시각 정보라도 선행 장면에 따라 다르게 해석될 수 있다.
	논리	예시, 연구

	지문	해석	단어 & 숙어
1	A visual scene can set up / our emotional response. S V O 시각적 장면이 불러일으킬 수 있다 우리의 감정적인 반응을	시각적 장면이 우리의 감정적인 반응을 불러일으킬 수 있다.	visual 시각적인 scene 장면 set up 설정하다 emotional 정서적인, 감정적인
2	Suspense is driven / (by a sense of calm) / (with the anticipation) / (of impending terror). S V〈수동태〉 긴장감은 조성된다 정적감에 의해 〈현재분사〉 예상을 동반한 임박한 공포에 대한	긴장감은 임박한 공포에 대한 예상을 동반한 정적감에 의해 조성된다.	suspense 긴장감 be driven by ~에 이끌리다, 사로잡히다 calm 차분함, 침착 anticipation 기대 impending (불쾌한 일이) 임박한
3	Indeed, / anticipation or expectations / play a key role / (in driving our emotions). S_1 S_2 V O 실제로 예상과 기대는 중요한 역할을 한다 〈동명사〉 O 우리의 감정을 조성하는 데	실제로, 예상과 기대는 우리의 감정을 조성하는 데 중요한 역할을 한다.	indeed 실제로 expectation 예상 play a role 역할을 하다 key 중요한, 핵심적인 emotion 감정
4	The Russian silent filmmaker Lev Kuleshov considered / such contextual influences. S V 러시아의 무성 영화 제작자인 Lev Kuleshov는 고려했다 O 그러한 상황적인 영향을	러시아의 무성 영화 제작자인 Lev Kuleshov는 그러한 상황적인 영향을 고려했다.	silent filmmaker 무성 영화 제작자 consider 고려하다 contextual 상황의, 전후 관계의 influence 영향
5	He interspersed / shots (of an actor) / (exhibiting a neutral expression) / (with shots of a child's coffin or a plate of soup). S V O 〈선행사〉 (who was) 〈현재분사〉 O 그는 배치했다 배우의 장면 사이에 감정이 드러나지 않는 표정을 짓고 있는 ① ② 어린아이의 관 혹은 수프 한 접시와 같은 장면을	그는 감정이 드러나지 않는 표정을 짓고 있는 배우의 장면 사이에 어린아이의 관 혹은 수프 한 접시와 같은 장면을 배치했다.	intersperse (~사이에) 배치하다 shot 장면 exhibit 보이다[드러내다] (= display) neutral 중립적인 coffin 관(棺)
6 TS	This same "neutral" expression was interpreted / (differently) / {depending on (what image preceded it)}. S V〈수동태〉 〈부사〉 { }: 〈독립분사구문〉 이 똑같은 '감정이 드러나지 않는' 표정은 해석되었다 다르게 〈현재분사〉 〈의문사〉 S V O ( ): O〈간·의〉 그 앞에 어떤 이미지가 나왔는가에 따라	이 똑같은 '감정이 드러나지 않는' 표정은 그 앞에 어떤 이미지가 나왔는가에 따라 다르게 해석되었다.	interpret 해석하다 differently 다르게 depending on ~에 따라 precede ~에 선행하다, 앞서다
7	Thus, / the same expression appeared / (to show sorrow or hunger), / (depending on the context). S V O_1 즉 그 똑같은 표정이 보였다 슬픔이나 배고픔을 나타내는 것처럼 O_2 〈현재분사〉 O ( ): 〈독립분사구문〉 상황에 따라	즉, 그 똑같은 표정이 상황에 따라 슬픔이나 배고픔을 나타내는 것처럼 보였다.	thus 따라서 appear S·C(to R) ~처럼 보이다 sorrow 슬픔, 비애 hunger 배고픔, 굶주림 context 상황
8 연구	Psychological studies / (of the *Kuleshov* effect) / have confirmed the impact / (of the social context) / (on emotion). S 심리학적 연구들은 'Kuleshov' 효과에 대한 V〈현재완료〉 O 영향을 확증했다 사회적 상황이 감정에 미치는	'Kuleshov' 효과에 대한 심리학적 연구들은 사회적 상황이 감정에 미치는 영향을 확증했다.	psychological 심리학의 Kuleshov effect 쿨레쇼프 효과 (구 소련의 영화감독 겸 이론가였던 레프 쿨레쇼프가 주창한 쇼트 편집의 효과로 쇼트와 쇼트를 병치시키는 편집에 의해 색다른 의미와 정서적인 효과를 유발할 수 있다고 한 이론) confirm 확인[확증]하다 impact 영향
9 예시1	For example, / {if a person smiles at you / and then the smile turns / (into a neutral expression)}, / that person will appear / (somewhat) / grumpy or disappointed. 〈종·접〉 S_1 V_1 O 예를 들어 만약 어떤 사람이 여러분에게 미소를 지은 다음 그 미소가 바뀌면 S_2 V_2 S 감정이 드러나지 않는 표정으로 그 사람이 보일 것이다 V $S·C_1$ $S·C_2$〈p.p.〉 다소 기분이 언짢거나 실망한 것처럼	예를 들어, 만약 어떤 사람이 여러분에게 미소를 지은 다음 그 미소가 감정이 드러나지 않는 표정으로 바뀌면, 그 사람이 다소 기분이 언짢거나 실망한 것처럼 보일 것이다.	smile at ~을 보고 미소 짓다 A turn into B A가 B로 바뀌다, 변하다 appear S·C(형용사/분사) ~인 것처럼 보이다, 나타나다 somewhat 얼마간, 다소, 좀 grumpy 기분이 언짢은 disappointed 실망한, 낙담한
10 예시2	Conversely, / {if a person (first) looks angry / and then the expression turns / (into a neutral expression)}, / the person looks / (somewhat) pleasant or positive. 〈종·접〉 S_1 V_1 S·C 반대로 어떤 사람이 처음에 화난 것처럼 보인 다음 S_2 V_2 S 그 표정이 바뀌면 감정이 드러나지 않는 표정으로 그 사람이 보이게 된다 V $S·C_1$ $S·C_2$ 약간 기분 좋아 보이거나 긍정적으로	반대로 어떤 사람이 처음에 화난 것처럼 보인 다음 그 표정이 감정이 드러나지 않는 표정으로 바뀌면, 그 사람이 약간 기분 좋아 보이거나 긍정적으로 보이게 된다.	conversely 반대로, 역으로 look S·C(형용사) ~처럼 보이다 pleasant 즐거운, 기분 좋은 positive 긍정적인

22 다음 글의 요지로 가장 적절한 것은? [70%]

① 영상과 음향의 대비가 긴장감을 조성한다.
② 사회적 상황에 따라 감정의 표현 방식이 다르다.
③ 시대의 상황을 반영한 영화는 관객의 공감을 얻는다.
④ 중립적인 태도 유지가 갈등을 해결하는 데 도움이 된다.
⑤ 선행 장면에 따라서 동일한 시각 정보가 다르게 해석된다.

정답 | ⑤

해설 | ① 영상과 음향의 대비에 관한 내용은 없다.
② 사회적 상황에 관한 내용은 없다.
③ 시대의 상황 반영에 관한 내용은 없다.
④ 갈등 해결에 관한 내용은 없다.
⑤ 6에서 동일한 시각 정보가 선행 장면에 따라 다르게 해석된다고 했으므로 정답이다.

문법

5 〈주격 관계대명사 + be동사 생략〉

–	생략할 수 있음	
명사 (선행사)	(주격 관계대명사 + be동사)	**현재분사(-ing) – 능동 (~하고 있는, ~하는)**
		과거분사(p.p.) – 수동 (~되어진, ~당한)
		명사
		형용사(구) (~하는, ~할)
		부사
		전치사구
an actor	(who/that was)	exhibiting

6 7 〈무[비]인칭 독립분사구문〉 : 분사구문에서 주어가 you, they, we 등과 같이 막연한 일반일 경우 / 부사절의 주어와 주절의 주어가 다르더라도 이를 생략하는 것

무[비]인칭 독립분사구문	해석
generally speaking	일반적으로 말해서
roughly speaking	대략적으로 말해서
frankly speaking	솔직히 말해서
strictly speaking	엄격하게 말해서
simply put	간단히 말해서
considering + 명사(구/절)	~을 고려해 볼 때
concerning + 명사(구/절)	~에 관하여
regarding + 명사(구/절)	~에 관하여
including + 명사(구/절)	~을 포함하여
depending on + 명사(구/절)	**~에 따라서**
based on + 명사(구/절)	~에 근거해 볼 때
judging from + 명사(구/절)	~로 판단해 보면
compared with/to + 명사(구/절)	~와 비교하면
talking/speaking of + 명사(구/절)	~말인데
granting/granted + that절	가령 ~이라 하더라도
seeing + that절	~인 것으로 보아
supposing/assuming + that절	만약 ~이라면
Provided (that) ~ = Providing (that) ~	~라면
Given + that절	~을 고려하면

6 〈간접의문문〉

	〈간접의문문〉 : 전치사의 목적어			
전치사	의문형용사	명사	동사	목적어
on	what	image	preceded	it

7 9 〈appear 동사의 쓰임〉 : ~처럼 보이다

appear	주격 보어 자리
	that절
	to 동사원형
	(to be) 명사, **형용사, 분사**
	as + 명사

9 〈감정과 관련된 완전 타동사〉 : 동사가 분사화되어 주격/목적격 보어 자리에 나올 때 일반적인 구별법

주어	동사	주격 보어(S·C)
사람		**과거분사(p.p.) – 수동 (~되어진, ~당한)**
사물		현재분사(-ing) – 능동 (~하고 있는, ~하는)
that person	will appear	disappointed

9 〈시간/조건의 부사절〉 : 현재(완료)가 미래(완료)를 대신함 / 종속절과 주절의 위치는 서로 바뀔 수 있음

〈종속절〉 : 부사절 (~한다면)					주절	
If	주어	동사			주어	동사
	a person	~~will smile~~	→	smiles	that person	will appear

10 〈감각동사〉

감각동사	주격 보어	
feel, **look**, seem, sound, taste, appear, smell	**형용사** (현재분사/과거분사)	
	명사	
	like (전치사)	(that) + 주어 + 동사
		(동)명사
	~~alike~~	
	~~likely~~	

어법 & 연결어

A visual scene can set up our emotional response. Suspense **[drives / is driven]** by a sense of calm with the anticipation of impending terror. (   ), anticipation or expectations play a key role in driving our emotions. The Russian silent filmmaker Lev Kuleshov considered such contextual influences. He interspersed shots of an actor **[exhibited / exhibiting]** a neutral expression with shots of a child's coffin or a plate of soup. This same "neutral" expression **[interpreted / was interpreted]** **[different / differently]** **[depending / depended]** on **[that / what]** image preceded it. (   ), the same expression appeared to show sorrow or hunger, depending on the context. Psychological studies of the *Kuleshov* effect have confirmed the impact of the social context on emotion. (   ), if a person **[smiles / will smile]** at you and then the smile **[turns / will turn]** into a neutral expression, that person will appear somewhat grumpy or **[disappointing / disappointed]**. (   ), if a person first looks **[angry / angrily]** and then the expression turns into a neutral expression, the person looks somewhat pleasant or positive.

전국 2021학년도 10월 고3 23번

글의 주제

제목	내진설계가 잘 되어있는 건축 환경을 위한 고려사항
주제	내진설계가 잘 되어있는 건축 환경을 조성하기 위한 노력이 계속되고 있다.
논리	열거

	지문	해석	단어 & 숙어
1	The most enduring lessons / have to be learnt / (from the seismic response) / (of ground and the built environment) / (in the largest natural laboratory), / (i.e.), the earth, / (from damage observations) / (in all earthquakes), / (whether inter- or intra-plate). enduring〈현재분사〉 lessons S / have to be learnt V〈to R 수동〉 / ground ① built environment ② (built p.p.) / the earth = 〈동격〉 가장 지속되는 교훈은 / 학습되어야 한다 / 지진에 의한 반응으로부터 / 지반과 건조(建造) 환경의 / 가장 큰 자연 실험실, 즉 지구에서 / 피해 관측으로부터 / 모든 지진에서의 / 판 사이이든 판 안이 든	가장 지속되는 교훈은 가장 큰 자연 실험실, 즉 지구에서 지반과 (자연환경과 대비되는) 건조(建造) 환경의 지진에 대한 반응으로부터, 그리고 판 사이이든 판 안이든 모든 지진에서의 피해 관측으로부터 학습되어야 한다.	enduring 지속하는, 불후의 have to R ~해야만 한다 learn A from B B에서 A를 배우다 (수동태 시, A be learnt from B) seismic 지진에 의한 ground 지반 built environment 건조 환경 natural 자연의 laboratory 실험실 i.e. 즉, 다시 말하면 (라틴어 id est) (= that is) observation 관찰 earthquake 지진 inter-plate 판 사이 intra-plate 판 내부
2	Complete protection / (of all life and the entire built environment) / (in all earthquakes) / is (still) a distant dream. Complete〈형용사〉 protection S / all life ① / the entire built environment ② / is V / a distant dream S·C 완벽하게 보호하는 것은 / 모든 생명과 전체 건조 환경을 / 모든 지진에서 / 여전히 먼 꿈이다	모든 지진에서 모든 생명과 전체 건조 환경을 완벽하게 보호하는 것은 여전히 먼 꿈이다.	complete 완전한 protection 보호 life 생명 entire 전체의 still 여전히 distant (가능성이) 먼
3 TS	However, / efforts are on / (to have a built environment) / (in which loss of life is minimized), / and lifelines and infrastructure continue to function / (during and after an earthquake disaster). efforts S_1 are on V_1 / built p.p. / environment O / in which 〈전치사 + 관·대〉 / loss of life S / is minimized V〈수동태〉 / lifelines $S_2$① / infrastructure $S_2$② / continue V / to function O / during 〈전치사〉 after 〈전치사〉 / earthquake disaster O 그러나 / 노력은 계속되고 있다 / 건조 환경을 조성하기 위한 / 인명 손실을 최소화하고 / 생명선과 기반 시설이 계속 작동하는 / 지진 재해 진행 중과 그 이후에	그러나 인명 손실을 최소화하고, 지진 재해 진행 중과 그 이후에 생명선과 기반 시설이 계속 작동하는 건조 환경을 조성하기 위한 노력은 계속되고 있다.	effort 노력 be on 진행 중이다 loss of life 인명 손실 minimize 최소화하다 lifeline (생명 유지에 필요한 자원 수송로) 생명선 infrastructure 사회[공공] 기반 시설 continue O(to R) 계속 ~하다 function 작동하다
4 열거1	Construction activities / (in seismically prone and hazardous areas) / {that are vulnerable / (to different damaging effects of earthquakes)} / are (best) avoided. Construction activities S / seismically 〈부사〉 prone 〈형용사〉₁ / hazardous 〈형용사〉₂ / areas 〈선행사〉 / that 〈주·관〉 / are V / vulnerable S·C / damaging 〈현재분사〉 / are avoided V〈수동태〉 건설 활동은 / 지진이 발생하기 쉽고 위험한 지역에서의 / 취약한 / 다양한 피해를 주는 지진의 영향에 / 피하는 것이 가장 좋다	다양한 피해를 주는 지진의 영향에 취약한, 지진이 발생하기 쉽고 위험한 지역에서의 건설 활동은 피하는 것이 가장 좋다.	construction 건설 activity 활동 (복수형: activities) seismically 지진에 의해 prone 일어나기 쉬운 hazardous 위험한, 모험적인 area 지역 vulnerable to ~에 취약한 damaging 손상[피해/훼손/악영향]을 주는
5 열거2	(Most of the time) / such situations are unavoidable; / (in that case) / appropriate strengthening measures are required. such situations S / are V / unavoidable S·C / appropriate 〈형용사〉 / strengthening measures S / are required V〈수동태〉 대부분의 경우에 / 이러한 상황은 불가피한데 / 그러한 경우 / 적절한 강화 조치가 필요하다	대부분의 경우에 이러한 상황은 불가피한데, 그러한 경우 적절한 강화 조치가 필요하다.	unavoidable 불가피한 appropriate 적절한 strengthen 강화하다 measure 조치 require 필요하다
6 열거3	Structures / should be (preferably) made / (on firm ground). Structures S / should be made V〈수동태〉 / firm 〈형용사〉 구조물은 / 만들어지는 것이 바람직하다 / 단단한 지반 위에	구조물은 단단한 지반 위에 만들어지는 것이 바람직하다.	structure 구조물 preferably 되도록(이면) firm 견고한, 단단한
7 열거4	(For construction) / (in soft soil), / the ground should be strengthened, / and the foundations should be (sufficiently) deep, wide, and strong. the ground S_1 / should be strengthened V_1〈수동태〉 / the foundations S_2 / should be V_2 / deep $S·C_1$ wide $S·C_2$ strong $S·C_3$ 건축하는 경우 / 연약 지반에 / 지반이 보강되어야 하며 / 기초는 충분히 깊고, 넓고, 강해야 한다	연약 지반에 건축하는 경우, 지반이 보강되어야 하며, 기초는 충분히 깊고, 넓고, 강해야 한다.	soft soil 연약 지반 foundation 기반 sufficiently 충분히
8 열거5	Subsequently, / application (of appropriate interventions) / {regarding earthquake-resistant design / (of structures)} / goes a long way / (in saving human lives). application S / { }: 〈분사구문〉 / regarding 〈현재분사〉 / earthquake-resistant 〈형용사〉 / design O / goes a long way V / saving 〈동명사〉 / human lives O 그 후에 / 적절한 조정의 적용은 / 내진 설계와 관련된 / 구조물의 / 많은 도움이 된다 / 인명 구조에	그 후에, 구조물의 내진 설계와 관련된 적절한 조정의 적용은 인명 구조에 많은 도움이 된다.	subsequently 그 후에, 이어서 application 적용 appropriate 적절한 intervention 중재 regarding ~에 관한 earthquake-resistant design 내진 설계 go a long way 도움이 되다, 유용하다 save 구하다

23 다음 글의 주제로 가장 적절한 것은? [67%]

① essential procedures during earthquake drills
② advanced technologies for earthquake prediction
③ causes of earthquakes from a geological perspective
④ restorations of the built environment after an earthquake
⑤ considerations for an earthquake-resistant built environment

정답 | ⑤

해설 | ① 지진 훈련 동안 필수적인 절차: 지진 훈련에 관한 내용은 없다.
② 지진 예측을 위한 진보된 기술: 지진 예측에 관한 내용은 없다.
③ 지질의 전망으로부터 지진의 원인: 지진의 원인에 관한 내용은 없다.
④ 지진 후에 건축 환경의 복구: 지진 후 복구에 관한 내용은 없다.
⑤ 내진설계가 잘 되어 있는 건축 환경을 위한 고려사항: 3에서 내진설계가 잘 되어 있는 건축 환경을 조성하기 위한 노력이 계속되고 있다고 했고, 그 이후로 그것을 위한 고려사항들을 열거하고 있으므로 정답으로 적절하다.

문법

1 5 〈혼동 어휘〉

	대명사	형용사	부사
most	**대부분의 것들[사람들]**	대부분의	**가장**
almost	–	–	거의
mostly	–	–	주로, 일반적으로

1 〈i.e.〉: [라틴어] id est (= that is) (즉, 바꿔 말하면) (= in other words, that is, that is to say, say, namely, so to speak)

1 〈whether의 용법〉

종류				명사절	부사절
whether	(or not)	주어	동사	~인지 아닌지	~든지 말든지, ~하든 말든, ~인지 아닌지
	주어	동사	(or not)		
	A	**or**	**B**	**A 이거나 B**	

2 〈혼동 어휘〉

	동사	형용사
complete	완수하다	완전한, **완벽한**
complimentary	–	칭찬하는, 무료의
competitive	–	경쟁적인
competent	–	유능한, 적임의, 자격이 있는

3 〈전치사 + 관계대명사 vs. 관계대명사〉: in which = where

관계부사와 같기 때문에 뒤 문장에 완전한 문장이 나온다. 전치사는 맨 뒤로 보낼 수 있는데 이때 전치사의 목적어가 없기 때문에 관계대명사절은 불완전하다.

선행사	전치사 + 관계대명사 = 관계부사	주어	동사			완전한 문장
	관계대명사	주어	동사	전치사	~~목적어~~	불완전한 문장

3 〈3형식에서 목적어 자리에 to R / -ing 둘 다 사용 가능한 동사들〉: begin / cease / **continue** / dislike / hate / like / love / neglect / prefer / start 등

3 시간 (~ 동안)

전치사	**during**	+ **명사** / 명사 상당어구
종속접속사	while	+ 주어 + 동사

4 〈주격 관계대명사절의 수의 일치〉: 선행사를 포함하고 있는 관계대명사 what 사용 불가

	주격 관계대명사절		
선행사	주격 관계대명사	~~주어~~	동사
areas	that		~~is~~
			are

8 〈무[비]인칭 독립분사구문〉: 분사구문에서 주어가 you, they, we 등과 같이 막연한 일반일 경우 / 부사절의 주어와 주절의 주어가 다르더라도 이를 생략하는 것

〈무[비]인칭 독립분사구문〉	해석
generally speaking	일반적으로 말해서
roughly speaking	대략적으로 말해서
frankly speaking	솔직히 말해서
strictly speaking	엄격하게 말해서
simply put	간단히 말해서
considering + 명사(구/절)	~을 고려해 볼 때
concerning + 명사(구/절)	~에 관하여
regarding + 명사(구/절)	**~에 관하여**
including + 명사(구/절)	~을 포함하여
depending on + 명사(구/절)	~에 따라서
based on + 명사(구/절)	~에 근거해 볼 때
judging from + 명사(구/절)	~로 판단해 보면
compared with/to + 명사(구/절)	~와 비교하면
talking/speaking of + 명사(구/절)	~말인데
granting/granted + that절	가령 ~이라 하더라도
seeing + that절	~인 것으로 보아
supposing/assuming + that절	만약 ~이라면
Provided (that) ~ = Providing (that) ~	~라면
Given + that절	~을 고려하면

어법 & 연결어

The **[most / almost] [enduring / endured]** lessons have **[to learn / to be learnt]** from the seismic response of ground and the **[built / building]** environment in the largest natural laboratory, i.e., the earth, from damage observations in all earthquakes, **[if / whether]** inter- or intra-plate. **[Complete / Completing]** protection of all life and the entire built environment in all earthquakes **[is / are]** still a distant dream. (   ), efforts are on to have a built environment **[which / in which]** loss of life **[minimizes / is minimized]**, and lifelines and infrastructure continue to function **[during / while]** and after an earthquake disaster. Construction activities in seismically prone and hazardous areas **[what / that] [is / are]** vulnerable to different damaging effects of earthquakes are best **[avoiding / avoided]**. **[Most / Almost]** of the time such situations are unavoidable; in that case **[appropriate / appropriately]** strengthening measures **[require / are required]**. Structures should be preferably **[made / making]** on firm ground. For construction in soft soil, the ground should be strengthened, and the foundations should be **[sufficient / sufficiently]** deep, wide, and strong. (   ), application of appropriate interventions **[regarding / regarded]** earthquake-resistant design of structures **[go / goes]** a long way in saving human lives.

전국 2021학년도 10월 고3 24번

글의 제목

제목	즉흥적인 혁신은 어떻게 나타날까?
주제	집단의 즉흥적인 협업은 세부 사항에서 시작하고, 차츰 큰 그림에 이르게 된다.
논리	원인·결과

	지문	해석	단어 & 숙어
1	The most innovative teams / are those / [that can restructure themselves / {in response to unexpected shifts (in the environment)}]; / they don't need / a strong leader / {to tell them (what to do)}. (= the teams) S·C〈선행사〉 〈주·관〉 〈전치사〉 p.p. ( ): D·O〈간·의〉 〈의문사〉 가장 혁신적인 팀들은 / 팀들이다 / 스스로 재구성할 수 있는 / 예기치 않은 환경의 변화에 대응하여 / 그 팀들은 필요로 하지 않는다 / 강력한 리더를 / 무엇을 해야 할지를 그들에게 말해 주는	가장 혁신적인 팀들은 예기치 않은 환경의 변화에 대응하여 스스로 재구성할 수 있는 팀들이며, 그 팀들은 무엇을 해야 할지를 그들에게 말해 주는 강력한 리더를 필요로 하지 않는다.	innovative 혁신적인 restructure 재구성하다 in response to ~에 대응하여 unexpected 예기치 않은, 예상 밖의 shift 변화 environment 환경 tell I·O D·O(의문사 to R) (4) ~에게 …을 말하다
2	Moreover, / they tend / {to form (spontaneously)}; / (when like-minded people find each other), / a group emerges. 〈부사〉 〈종·접〉 p.p. 게다가 / 그들은 경향이 있다 / 자발적으로 형성되는 / 생각이 비슷한 사람들이 서로를 발견할 때 / 집단이 생겨난다	게다가, 그 팀들은 자발적으로 형성되는 경향이 있는데, 생각이 비슷한 사람들이 서로를 발견할 때, 집단이 생겨난다.	moreover 게다가 tend to R ~하는 경향이 있다 form 형성하다 spontaneously 자발적으로 like-minded 같은 마음의 each other 서로 emerge 등장하다, 나타나다
3	The improvisational collaboration / (of the entire group) / translates moments / (of individual creativity) / (into group innovation). 〈형용사〉 즉흥적인 협업은 / 집단 전체의 / 순간을 바꾼다 / 개인의 창의성의 / 집단 혁신으로	집단 전체의 즉흥적인 협업은 개인의 창의성의 순간을 집단 혁신으로 바꾼다.	improvisational 즉흥적인 collaboration 협력, 합작 entire 전체의 translate A into B A를 B로 바꾸다 moment 순간 individual 개별적인 creativity 창의성 innovation 혁신
4 원인 결과	{Allowing the space / (for this self-organizing emergence) / (to occur)} / is difficult / (for many managers) / {because the outcome isn't controlled / (by the management team's agenda) / and is therefore less predictable}. { }: S 〈동명사〉 〈현재분사〉 ( ): O·C 〈종·접〉 V_1〈수동태〉 V_2 여지를 허용하는 것은 / 이러한 자발적으로 조직하는 (집단의) 출현이 / 발생하도록 / 어려운 일이다 / 많은 관리자에게 / 왜냐하면 그 결과는 통제되지 않는다 / 관리팀의 일정에 의해 / 따라서 덜 예측 가능하기 때문이다	이러한 자발적으로 조직하는 (집단의) 출현이 발생하도록 여지를 허용하는 것은 많은 관리자에게 어려운 일인데, 왜냐하면 그 결과는 관리팀의 일정에 의해 통제되지 않으며, 따라서 덜 예측 가능하기 때문이다.	allow O O·C(to R) (5) ~가 …하도록 하다 self-organizing 자발(자기) 조직화 emergence 출현, 발생 occur 발생하다 difficult 어려운 manager 관리자 outcome 결과(물) control 통제하다 management 관리, 경영 agenda 의제, 안건, 행동강령 therefore 따라서 predictable 예측[예상] 가능한
5 원인	Most business executives like / to start with the big picture / and (then) work out the details. O_1 O_2 대부분의 기업 관리자들은 좋아한다 / 큰 그림에서 시작하고 / 그다음에 세부 사항을 해결하는 것을	대부분의 기업 관리자들은 큰 그림에서 시작하고 그다음에 세부 사항을 해결하는 것을 좋아한다.	executive 임원 like O(to R) ~하고 싶어하다 start with ~와 함께 출발하다 work out 해결하다, 생각해내다 detail 세부 (항목)
6 결과	That's {why / so many of the best examples / (of improvised innovation) / take place / (outside of formal organizations)}. { }: S·C 〈관·부〉 p.p. 그것이 바로 이유이다 / 즉흥적 혁신의 가장 좋은 여러 사례는 / 일어난다 / 공식적 조직 밖에서	그런 이유 때문에 즉흥적 혁신의 가장 좋은 여러 사례는 공식적 조직 밖에서 일어난다.	improvise 즉흥적으로 하다 take place 일어나다 formal 공식적인 organization 조직
7 TS	(In improvisational innovation), / teams start / (with the details) / and (then) work up / (to the big picture). V_1 V_2 즉흥적 혁신을 할 때 / 팀은 시작하고 / 세부 사항에서 / 차츰 이르게 된다 / 큰 그림에	즉흥적 혁신을 할 때, 팀은 세부 사항에서 시작하고 차츰 큰 그림에 이르게 된다.	work up to ~까지 발전하다, ~에 이르다
8	It's riskier and less efficient, / but (when a successful innovation emerges), / it's often very surprising and imaginative. S_1 V_1 $S·C_1$ $S·C_2$ 〈종·접〉 S_2 V_2 $S·C_1$〈현재분사〉 $S·C_2$ 그것은 더 위험하고 덜 효율적이다 / 하지만 성공적인 혁신이 일어나면 / 그것은 흔히 매우 놀랍고 창의적이다	그것은 더 위험하고 덜 효율적이지만, 성공적인 혁신이 일어나면 그것은 흔히 매우 놀랍고 창의적이다.	risky 위험한 efficient 효율적인 successful 성공적인 imaginative 상상력이 풍부한

24 다음 글의 제목으로 가장 적절한 것은? [36%]

① The Start of Innovation: A Leader's Big Picture
② Unpredictable Changes: Challenges to Innovation
③ Conflicting Ideas Lead to the Ultimate Innovation
④ Weakness of Improvisational Teams in Emergencies
⑤ Improvised Innovation Emerges from the Bottom Up

정답 | ⑤

해설 | ① 혁신의 시작: 리더의 큰 그림: 1에서 혁신적인 팀은 리더를 필요로 하지 않는다고 했으므로 적절하지 않다.
② 예측할 수 없는 변화: 혁신에 대한 도전: 예측할 수 없는 변화에 관한 내용은 없다.
③ 상충하는 아이디어는 궁극적인 혁신으로 이끈다: 상충하는 아이디어에 관한 내용은 없다.
④ 긴급 상황에서 즉흥적인 팀의 약점: 즉흥적인 팀의 약점에 관한 내용은 없다.
⑤ 즉흥적인 혁신은 밑에서 위로 나타난다: 7에서 즉흥적인 혁신은 세부 사항(밑)에서 시작하여 큰 그림(위)에 이르게 된다고 했으므로 정답이다.

문법

1 5 〈혼동 어휘〉

	대명사	형용사	부사
most	대부분의 것들[사람들]	**대부분의**	**가장**
almost	–	–	거의
mostly	–	–	주로, 일반적으로

1 〈주격 관계대명사절의 수의 일치〉: 선행사를 포함하고 있는 관계대명사 what 사용 불가 (those = the teams)

	주격 관계대명사절		
선행사	주격 관계대명사	~~주어~~	동사
those	that		can restructure

1 〈대명사 vs. 재귀대명사〉

		주어와 다름	주어와 동일
주어	~	대명사	재귀대명사
teams		them	**themselves**

1 〈need 동사의 용법〉

need	목적어 (to 동사원형)		주어가 (~할) 필요가 있다	3형식
	목적어	목적격 보어 (to 동사원형)	주어는 목적어가 ~해 줄 필요가 있다	5형식

1 〈간접의문문〉: 〈의문사 to R〉 = 의문사 + 주어 + should + R

수여동사	간접목적어	직접목적어		
tell	them	〈간접의문문〉: 명사절		
		의문사	to	동사원형
		what	to	do

2 〈to부정사를 취하는 불완전 자동사〉

주어	불완전 자동사	
–	aim / appear / arrange / bother / consent / delight / fight / hesitate / hurry / long / prepare / seem / serve / strive / struggle / **tend** / yearn / wait 등	to 동사원형

2 〈each other vs. one another〉

서로서로	**each other**	둘 사이	혼용
	one another	셋 이상	

4 〈동명사 주어〉: [**Allowing** ~ (동명사 구)] + **is**(단수동사)] (모든 구/절은 단수 취급)

4 〈5형식 불완전 타동사의 목적격 보어〉: 수동태 전환 시, 2형식 문장(be p.p. + to R)

주어	불완전 타동사	목적어	목적격 보어
–	advise / **allow** / ask / assume / beg / bring / cause / command / compel / condition / decide / design / drive / enable / encourage / expect / forbid / force / inspire / instruct / intend / invite / lead / like / motivate / order / permit / persuade / predispose / pressure / proclaim / prod / program / provoke / push / require / teach / tell / train / trust / urge / want / warn / wish 등	–	to 동사원형

5 〈3형식에서 목적어 자리에 to R / -ing 둘 다 사용 가능한 동사들〉: begin / cease / continue / dislike / hate / **like** / love / neglect / prefer / start 등

6 〈This/That/It is because vs. This/That/It is why〉

This / That / It	is	because	주어	동사~
결과		원인		

This / That / It	is	why	주어	동사~
원인		결과		

8 〈혼동 어휘〉: succeed 성공하다 / success 성공 / successor 후임자, 상속자 / **successful 성공적인** / successive 연속적인 / successfully 성공적으로 / successively 연속하여, 잇따라서

8 〈혼동 어휘〉

	명사	형용사	동사
imagine	–	–	상상하다
imagination	상상력	–	–
imaginary	–	가상의	–
imaginable	–	상상할 수 있는	–
imaginative	–	**상상력이 있는**	–

어법 & 연결어

The **[most / almost]** innovative teams are those **[that / what]** can restructure **[them / themselves]** in response to **[unexpecting / unexpected]** shifts in the environment; they don't need a strong leader to tell them what to do. (   ), they tend **[forming / to form]** spontaneously; when like-minded people **[find / found]** each other, a group emerges. The improvisational collaboration of the entire group translates moments of individual creativity into group innovation. **[Allow / Allowing]** the space for this self-organizing emergence **[to occur / occurring]** is difficult for many managers **[because / because of]** the outcome isn't **[controlling / controlled]** by the management team's agenda and is (   ) less predictable. **[Most / Almost]** business executives like to start with the big picture and then work out the details. That's **[because / why]** so many of the best examples of **[improvised / improvising]** innovation take place outside of formal organizations. In improvisational innovation, teams start with the details and then work up to the big picture. It's riskier and less efficient, but when a **[successful / successive]** innovation emerges, it's often very **[surprising / surprised]** and **[imaginable / imaginative]**.

전국 2021학년도 10월 고3 29번		
어법	제목	스포츠 상황에서의 찬가
	주제	스포츠 상황에서의 찬가는 즐거움과 감정적 과잉을 보인다.
	논리	강조, 정의, 인용, 대조

	지문	해석	단어 & 숙어
1 정의	(According to its dictionary definition), / an anthem is {both a song / (of loyalty, often to a country), / and a piece of 'sacred music'}, / definitions / {that are both applicable / (in sporting contexts)}. 그것의 사전적 정의에 따르면 / 찬가(讚歌)는 노래이자 / 흔히 국가에 대한, 충성의 / 한 곡의 '성스러운 음악'인데 / 이 두 가지 정의는 / 모두 적용이 가능하다 / 스포츠 상황에서도	사전적 정의에 따르면, 찬가(讚歌)는, 흔히 국가에 대한, 충성의 노래이자 한 곡의 '성스러운 음악'인데, 이 두 가지 정의는 모두 스포츠 상황에서도 적용이 가능하다.	according to ~에 따르면 dictionary definition 사전상 정의 anthem 찬가 both A and B A와 B 둘 다 loyalty 충성 sacred 신성한 applicable 적용[응용]할 수 있는 sporting 스포츠의 context 상황, 맥락
2 TS	This genre is dominated, / (although not exclusively), / (by football) / and has produced / a number of examples / {① where popular songs become synonymous / (with the club) / and are (enthusiastically) adopted (by the fans)}. 이 장르는 가장 두드러지게 나타난다 / 독점적이지는 않을지라도 / 축구에서 / 그리고 만들어 냈다 / 많은 사례를 / 인기 있는 노래들이 밀접한 연관을 갖게 되고 / 구단과 / 팬들에 의해 열광적으로 받아들여지는	이 장르는 독점적이지는 않을지라도 축구에서 가장 두드러지게 나타나며, 인기 있는 노래들이 구단과 밀접한 연관을 갖게 되고 팬들에 의해 열광적으로 받아들여지는 많은 사례를 만들어 냈다.	genre 장르 dominate 지배하다 exclusively 배타적으로, 독점적으로 produce 생산하다, 만들어 내다 a number of + 복수명사 다수의, 많은 popular 인기 있는, 대중적인 be synonymous with ~와 밀접한 관련이 있다, ~의 대명사가 되다, ~의 동의어가 되다 club 구단, 동호회 enthusiastically 열정적으로 adopt 채택하다
3 인용	(More than this) / they are (often) spontaneous expressions / (of loyalty and identity) / and, (according to Desmond Morris), / have 'reached the level of something / (② approached a local art form)'. 이에 더하여 / 그것들은 흔히 자발적인 표현이며 / 충성과 정체성의 / Desmond Morris에 따르면 / 어떤 것의 수준에 도달했다 / 지역 예술 형태에 근접하는	이에 더하여 그것들은 흔히 충성과 정체성의 자발적인 표현이며, Desmond Morris에 따르면, '지역 예술 형태에 근접하는 어떤 것의 수준에 도달했다'.	often 흔히, 종종 spontaneous 자발적인 expression 표현 identity 정체(성) reach 이르다, 도달하다 level 수준 approach 근접하다 local 지역의 form 형태
4	A strong element (of the appeal) / (of such sports songs) / ③ is / {that they feature / 'memorable and (easily) sung choruses / (in which fans can participate)'}. 강력한 매력 요소는 / 그런 스포츠 노래들의 / 이다 / 그것들이 특징으로 한다는 것이다 / '외우기 쉽고 부르기 쉬운 합창'을 / '팬들이 참여할 수 있는'	그런 스포츠 노래들의 강력한 매력 요소는 그것들이 '팬들이 참여할 수 있는 외우기 쉽고 부르기 쉬운 합창'을 특징으로 한다는 것이다.	element 요소 appeal 매력 feature 특징으로 하다 memorable 기억할 만한, 외우기 쉬운 chorus 합창 participate in ~에 참여하다
5	This / is a vital part / (of the team's performance) / (④ as it makes the fans' presence more tangible). 이것은 / 아주 중요한 부분이다 / 팀의 (경기) 수행에 / 팬들의 존재를 더 확실하게 느낄 수 있게 하기 때문에	이것은 팬들의 존재를 더 확실하게 느낄 수 있게 하기 때문에 팀의 (경기) 수행에 아주 중요한 부분이다.	vital 중대한 performance 수행 as ~ 때문에 make O O·C(형용사) (5) ~을 …한 상태로 만들다 presence 존재 tangible (사실·근거 등이) 명백한, 확실한
6 대조	This form (of popular culture) / can be said / (⑤ to display pleasure and emotional excess) / (in contrast to the dominant culture) / {which tends / (to maintain 'respectable aesthetic distance and control')}. 이러한 형태의 대중문화는 / 말할 수 있다 / 즐거움과 감정적 과잉을 보여 준다고 / 지배적인 문화와는 대조적으로 / 경향이 있는 / '품위 있는 미적 거리와 통제'를 유지하는	이러한 형태의 대중문화는 '품위 있는 미적 거리와 통제'를 유지하는 경향이 있는 지배적인 문화와는 대조적으로, 즐거움과 감정적 과잉을 보여 준다고 말할 수 있다.	popular culture 대중문화 be said to R ~한다는 얘기가 있다 display 보이다, 드러내다 pleasure 즐거움 emotional 감정적인 excess 초과(량), 과도함 in contrast to ~에 대조적으로 dominant 지배적인, 우세한, 유력한 tend to R ~하는 경향이 있다 maintain 유지하다 respectable 훌륭한, 존경할 만한 aesthetic 미적인 distance 거리 control 통제

29 다음 글의 밑줄 친 부분 중, 어법상 틀린 것은? [3점] [50%]

정답 | ②

해설 | ① 관계부사 where vs. 관계대명사 which: where는 뒤 문장이 완전하고, which는 뒤 문장이 불완전하다. 여기에서 밑줄 친 where는 뒤 문장이 완전한 문장이 있기에 어법상 올바르다.

② 현재분사 vs. 과거분사: 이 둘은 모두 형용사 역할을 하기에 명사를 앞이나 뒤에서 수식할 수 있고 보어로 사용될 수 있다. 전자는 능동(~하고 있는, ~하는)이고 후자는 수동(~되어진, ~당한)이다. 앞에 있는 something과 능동 관계이기 때문에 밑줄 친 과거분사 approached를 현재분사 approaching으로 고쳐 사용해야 어법상 올바르다.

③ 주어와 동사의 수의 일치: 밑줄 친 단수동사 is의 주어는 단수명사 A strong element이기에 복수동사 are를 사용할 수 없다.

④ 종속접속사 as 용법: 밑줄 친 as는 '원인/이유 (~하기 때문에)' 의미로 사용되고 뒤 문장이 완전한 문장이 나오는 종속접속사로 사용되어 어법상 올바르다.

⑤ say 동사의 수동태: 타동사 say가 수동태가 될 경우 to부정사를 사용할 수 있기에 밑줄 친 to display가 어법상 올바르다.

문법

1 3 ⟨according to/as⟩

~에 따르면	전치사구	**according to**	(동)명사
	종속접속사	according as	주어 + 동사

1 6 ⟨주격 관계대명사절⟩ : 선행사를 포함하고 있는 관계대명사 what 사용 불가

	주격 관계대명사절		
선행사	주격 관계대명사	주어	동사
definitions	that		are
the dominant culture	which		tends

1 ⟨동격⟩ : A(명사), B(명사)

동격(B라는 A)		
명사(A)	,(콤마)	명사(B)
sacred music		definitions ~

2 ⟨생략, 분사구문⟩ : although (**it is**) not (**dominated**) exclusively (주절의 주어 종속절의 주어가 같을 시 종속절 안에 있는 '주어 + be동사'는 생략 가능)

2 ⟨관계부사 where 용법⟩ : 관계대명사 which 사용 불가 (a number of examples **where** ~)

선행사 있는 경우	**선행사(장소) + where + 주어 + 동사 ~ (완전한 절)**	**형용사절 : 선행사가 앞에 있는 경우 : ~하는**
(선행사) 없는 경우	where + 주어 + 동사 ~ (완전한 절)	부사절/명사절 : 선행사를 포함하고 있는 경우 : ~하는 곳[점]
	where + 주어 + 동사 ~ (완전한 절), 주어 + 동사 …	상황의 부사절을 이끌어 : ~하는 경우에

2 ⟨adapt / adopt / adept⟩

	adapt	adopt	adept
동사	적응시키다, 개조하다, 개작하다	양자로 삼다, 채택하다	–
형용사	adaptive 적응할 수 있는	adoptive 양자 결연(관계)의	숙련된
명사	adaptation 적응, 순응	adoption 양자, 채용	adeptness 숙련

3 ⟨주격 관계대명사 + be동사 생략⟩ : something [(which/that is) approaching(현재분사)] 현재분사 앞에 있는 명사를 후치 수식하는 경우

1 4 ⟨what vs. that⟩

	관계대명사 (불완전한 문장)	접속사 (완전한 문장)
what	○ 선행사를 포함하고 있기 때문에 what 앞에 선행사 불필요	×
that	○ that 앞에 선행사 필요	○

4 ⟨전치사 + 관계대명사 vs. 관계대명사⟩ : in which = where

관계부사와 같기 때문에 뒤 문장에 완전한 문장이 나온다. 전치사는 맨 뒤로 보낼 수 있는데 이때 전치사의 목적어가 없기 때문에 관계대명사절은 불완전하다.

선행사	전치사 + 관계대명사 = 관계부사	주어	동사			완전한 문장
	관계대명사	주어	동사	전치사	목적어	불완전한 문장

5 ⟨make 상태동사⟩ : 수동태 시, be made + 주격 보어(형용사/명사)

make	목적어	목적격 보어	해석
상태동사	명사 / 명사 상당어구	**형용사**	~가 …한 상태로 만들다
		명사	

6 ⟨say 동사의 수동태⟩ : It can be said that 주어 + 현재형 동사 = 주어 can be said to 동사원형

= **It can be said that** this form of popular culture displays pleasure ~

= This form of popular culture **can be said to display** ~

6 ⟨to부정사를 취하는 불완전 자동사⟩

주어	불완전 자동사	
–	aim / appear / arrange / bother / consent / fight / hesitate / hurry / long / prepare / seem / serve / strive / struggle / **tend** / yearn / wait 등	to 동사원형

어법 & 연결어

According **[as / to]** its dictionary definition, an anthem is both a song of loyalty, often to a country, **[or / and]** a piece of 'sacred music', definitions **[what / that]** **[is / are]** **[either / both]** applicable in sporting contexts. This genre **[dominates / is dominated]**, **[although / despite]** not **[exclusive / exclusively]**, by football and **[has produced / has been produced]** a number of examples **[which / where]** popular songs become **[synonymous / synonymously]** with the club and **[is / are]** enthusiastically **[adopted / adapted]** by the fans. More than this they are often spontaneous expressions of loyalty and identity and, according **[as / to]** Desmond Morris, have 'reached the level of something **[approaching / approached]** a local art form'. A strong element of the appeal of such sports songs **[is / are]** **[that / what]** they feature 'memorable and easily **[singing / sung]** choruses **[which / in which]** fans can participate'. This is a vital part of the team's performance as it makes the fans' presence more **[tangible / tangibly]**. This form of popular culture **[can say / can be said]** to display pleasure and emotional excess in contrast to the dominant culture **[what / which]** **[tend / tends]** **[to maintain / maintaining]** 'respectable aesthetic distance and control'.

전국 2021학년도 10월 고3 30번	
어휘 추론	
제목	타인의 행동에 영향받는 사람들
주제	사람들이 어떻게 행동하느냐는 다른 사람들의 행동에 달려 있다.
논리	예시

	지문	해석	단어 & 숙어
1 TS	(How people behave) / often depends / {on (what others do)}. ( ): S〈간·의〉 〈의문사〉 S V / V / 〈전치사〉 ( ): O 〈목·관〉 S V 사람들이 어떻게 행동하느냐는 / 흔히 달려 있다 / 다른 사람들이 하는 것에	사람들이 어떻게 행동하느냐는 흔히 다른 사람들이 하는 것에 달려 있다.	behave 행동하다 often 흔히, 자주 depend on ~에 의존하다
2 예시	{If other car drivers or subway users / leave for work / (at 8 a.m.)}, / it may be (to my ① advantage) / (to leave at 6 a.m.), / {even if that is really too early / (from my point of view)}. 〈종·접〉 S_1 S_2 V / 〈가S〉 V / ( ): 〈진S〉 / 〈종·접〉 S V S·C 만약 다른 운전자나 지하철 이용자들이 / 출근한다면 / 오전 8시에 / 나에게 유리할 것이다 / 오전 6시에 출발하는 것이 / 비록 그것이 정말로 너무 이르더라도 / 내 관점에서는	만약 다른 운전자나 지하철 이용자들이 오전 8시에 출근한다면, 비록 내 관점에서는 그것이 정말로 너무 이르더라도, 오전 6시에 출발하는 것이 나에게 유리할 것이다.	subway 지하철 leave for work 출근하다, 일하러 나서다 to one's advantage ~에게 유리한 even if (비록) ~일지라도 point of view 관점
3	(In equilibrium), / flows ② stabilize / [so that each person makes / the best trade-off / (between their ideal schedule and the congestion) / {they will suffer (on their commute)}]. S V 〈종·접〉 S V O 〈between A and B〉 〈선행사〉 (목·관 that) S V 균형 상태에서는 / (교통의) 흐름이 안정되어 / 각 개인이 이룬다 / 최상의 균형을 / 각자 자신들의 이상적인 일정과 혼잡 사이에서 / 출퇴근 시 자신들이 겪게 될	균형 상태에서는 (교통의) 흐름이 안정되어 각자 자신들의 이상적인 일정과 자신들이 출퇴근 시 겪게 될 혼잡 사이에서 최상의 균형을 이룬다.	equilibrium 균형 (상태) flow 흐름 stabilize 안정되다 so that S+V ~하도록 trade-off 균형 between A and B A와 B 사이에 ideal 이상적인 schedule 일정 congestion 혼잡 suffer 경험하다, 겪다 commute 통근, 출퇴근
4	(In making such choices), / agents seek {to ③ differentiate their behavior / (from that of others)}. 〈동명사〉 O S V { }: O O 그러한 선택을 함에 있어 / 행위자는 자신의 행동을 차별화하려고 한다 / 다른 행위자의 행동과	그러한 선택을 함에 있어 행위자는 다른 행위자의 행동과 자신의 행동을 차별화하려고 한다.	make a choice 선택하다 agent 행위자 seek to R ~하고자 하다 differentiate A from B A를 B와 차별화하다 behavior 행동
5	(On other occasions), / agents have / a problem (with coordination). S V O 다른 경우에는 / 행위자가 겪기도 한다 / 조정에 문제를	다른 경우에는 행위자가 조정에 문제를 겪기도 한다.	occasion 경우 agent 행위자 have a problem with ~에 문제를 가지고 있다 coordination 동등하게 맞춤, 조정
6	They would like to choose / {to behave the same way (as others)}. S V 〈the same A as B〉 O { }: O 그들은 선택하려고 한다 / 다른 사람들과 똑같이 행동하는 것을	그들은 다른 사람들과 똑같이 행동하는 것을 선택하려고 한다.	would like to R ~하고 싶다 choose O(to R) ~을 결정하다 behave 행동하다 the same A as B B와 같은 A
7 예시	For example, / (if most of my fellow citizens / did not pay their parking tickets), / there would be (unfortunately) strong pressure / (for an amnesty) / (for such offenders), / [which would ④ increase my incentive / {to pay my parking tickets / (too)}]. 〈종·접〉 S V O / V S / 〈주·관〉 V O O 예를 들어 / 만약 나의 동료 시민들 대부분이 / 주차 위반 벌금을 내지 않는다면 / (유감스럽게도) 강한 압력이 있을 것이고 / 사면해야 한다는 / 이런 위반자들을 / 이는 나의 동기를 증가시킬 것이다 / 주차 위반 벌금을 내야 하는 / 또한	예를 들어, 만약 나의 동료 시민들 대부분이 주차 위반 벌금을 내지 않는다면, (유감스럽게도) 그런 위반자들을 사면해야 한다는 강한 압력이 있을 것이고, 이는 주차 위반 벌금을 내야 하는 나의 동기를 또한 증가시킬(→ 감소시킬) 것이다.	a fellow citizen 동료 시민 pay 지불하다, 내다 parking ticket 주차 위반 딱지 unfortunately 유감스럽게도 pressure 압박 amnesty 사면 offender 위반자 increase 증가시키다 (↔ diminish) reduce 줄이다 incentive 동기
8	There may be multiple equilibria, / {so that two (otherwise) identical societies may ⑤ adopt / different behavioral patterns}. V S 〈종·접〉 〈부사〉 〈형용사〉 S V O 다양한 균형 상태가 존재할 수도 있으며 / 그렇지 않다면 똑같을 두 사회가 취할 수도 있다 / 서로 다른 행동 패턴을	다양한 균형 상태가 존재할 수도 있으며, 그렇지 않다면 똑같을 두 사회가 서로 다른 행동 패턴을 취할 수도 있다.	multiple 다중의 equilibria 균형, 평형 (상태) otherwise 그렇지 않으면 identical 똑같은 adopt 취하다, 채택하다 behavioral 행동의, 행동에 관한

30 다음 글의 밑줄 친 부분 중, 문맥상 낱말의 쓰임이 적절하지 않은 것은? [51%]

정답 | ④

해설 | ① 2 내에서 다른 사람들은 8시에 출근하므로, 6시에 출근하는 것이 유리할 것이므로 advantage는 적절하다.
② 3 내에서 균형 상태일 때는 최상의 균형이 이루어진다고 했으므로 흐름이 안정된다는 stabilize는 적절하다.
③ 2에서 출근 시간을 결정할 때 타인의 행동과 차별화한 것이 유리하다고 했으므로 differentiate는 적절하다.
④ 6에서 행위자가 다른 사람들과 똑같이 행동하려 한다고 했으므로, 벌금을 낼 동기가 증가한다는 increase는 적절하지 않다. increase → decrease
⑤ 글에서 행위자가 어떻게 행동 패턴을 취하는지에 관한 내용을 제시했으므로 adopt는 적절하다.

문법

1 **〈간접의문문〉**: 주어 자리에 사용 / 모든 구와 절은 단수 취급하기에 동사는 단수형을 사용

〈주어〉: 간접의문문			동사
How	people	behave	depends
의문사	주어	동사	

1 **〈depend on〉**

주어	동사	해석
사람	rely on, **depend on**, count on, bank on, turn to, resort to	~에 의지[의존]하다
사물		~에 좌우되다, ~에 달려있다

1 **〈목적격 관계대명사 what〉**: 타동사의 목적어가 없는 경우 / 선행사를 필요로 하는 관계대명사 that, which 사용 불가

	목적격 관계대명사절			
선행사	목적격 관계대명사	주어	타동사	~~목적어~~
없음	what	others	do	

2 **〈even vs. as〉**

종속접속사	even though	+ 주어 + 동사	비록 ~일지라도	양보/대조
	even if			
	as though		마치 ~처럼	가정법
	as if			

3 8 **〈so that과 comma(,) so that 그리고 so 형용사/부사 that의 차이점〉**

인과 관계	해석
결과 so that 원인	**~이니까, ~해서**
원인, so that 결과	**그 결과**
so 형용사/부사(원인) that 주어 + 동사(결과)	너무 ~해서 그 결과 …하다

3 **〈주어와 동사의 수의 일치〉**: **each**/every/any + 단수명사 + 단수동사

3 **〈목적격 관계대명사 that〉**: 타동사의 목적어가 없는 경우 / 선행사를 포함하고 있는 관계대명사 what 사용 불가

	목적격 관계대명사절			
선행사	목적격 관계대명사	주어	타동사	~~목적어~~
the congestion	(that) 생략 가능	they	will suffer	

4 6 **〈목적어 자리에 to부정사를 취하는 완전 타동사〉**

주어	완전 타동사	목적어
–	afford / agree / ask / attempt / care / **choose** / claim / dare / decide / demand / desire / determine / elect / expect / fail / guarantee / hope / intend / learn / manage / need / offer / plan / pretend / promise / refuse / resolve / **seek** / threaten / volunteer / want / wish 등	to 동사원형

6 **〈the same 용법〉**

① the same as: 동일한 종류
This is the same car as I lost. 이것은 내가 잃어버린 것과 같은 종류의 자동차이다.
This is the same car that I lost. 이것은 내가 잃어버린 바로 그 자동차이다.
② **the same as + 단어**/구/절 : '~와 같은'
My opinion is the same as yours. 나의 의견은 당신의 것과 같다.

7 **〈가정법 과거〉**: 현재 사실에 대한 반대를 가정할 때 사용한다. (만약 ~한다면, ~할 텐데.): 종속절과 주절은 서로 자리가 바뀌어도 무관

종속절			주절	
(Even) **If**	주어	동사	주어	동사
		과거형 동사		조동사 과거형 (**would**/should/could/might + **동사원형**)
		were		
		were not[weren't]		
		were to 동사원형		
		조동사 과거형 (would/should/could/might + 동사원형)		
	(주어 + be동사) 현재분사/과거분사			

8 **〈adapt / adopt / adept〉**

	adapt	adopt	adept
동사	적응시키다, 개조하다, 개작하다	양자로 삼다, **채택하다**	–
형용사	adaptive 적응할 수 있는	adoptive 양자 결연(관계)의	숙련된
명사	adaptation 적응, 순응	adoption 양자, 채용	adeptness 숙련

어법 & 연결어

How people behave often **[to depend / depends]** on **[that / what]** others do. If other car drivers or subway users leave for work at 8 a.m., it may be to my advantage to leave at 6 a.m., **[as if / even if]** that is really too early from my point of view. In equilibrium, flows stabilize so that each person **[make / makes]** the best trade-off between their ideal schedule **[or / and]** the congestion they will suffer on their commute. In making such choices, agents seek **[differentiating / to differentiate]** their behavior from that of others. On other occasions, agents have a problem with coordination. They would like to choose **[to behave / behaving]** the same way as others. (   ), if **[most / almost]** of my fellow citizens did not pay their parking tickets, there would be (   ) strong pressure for an amnesty for such offenders, **[what / which]** would decrease my incentive to pay my parking tickets too. There may be multiple equilibria, so that two otherwise identical societies may **[adapt / adopt]** different behavioral patterns.

전국 2021학년도 10월 고3 31번	
빈칸 추론	
제목	곡에서 가사가 주는 표현 수준의 변화
주제	가사는 음악에서 정서적 연상들을 구체적인 인간의 관심사와 사건으로 한정시켜 준다.
논리	예시, 순서, 원인·결과

	지문	해석	단어 & 숙어
1 TS 원인	(Writing lyrics) / means / {shaping the meaning (of something)} / [which, {if left (as instrumental music)}, / would remain undefined]; / there is a change (of the level of expression). ( ): S 〈동명사〉 O / V / { }: O 〈동명사〉 O / 〈선행사〉 / 〈주·관〉 〈종·접〉 p.p. { }: 〈분사구문〉 / V S·C〈p.p.〉 / V S 가사를 쓰는 것은 / 의미한다 / 무언가의 의미를 만드는 것을 / 만약 기악곡으로 남겨진다면 / 막연한 채로 있을 / 표현 수준의 변화가 생긴다	가사를 쓰는 것은, 만약 기악곡으로 남겨진다면 막연한 채로 있을 무언가의 의미를 만드는 것을 의미한다. (그리하여) 표현 수준의 변화가 생긴다.	lyric 가사, 노랫말 mean O(-ing) ~을 의미하다 shape 형성하다 leave O O·C(as) (5) ~을 …한 상태로 남겨두다 (수동태 시, be left S·C(as)) instrumental (가사 없는) 기악의 remain S·C(분사) 여전히 ~이다 undefined 확실하지 않은, 막연한 level 수준 expression 표현
2 결과	That's one reason / {why (for many songwriters) 'lyric' seems / to be the hardest word}. S V S·C〈선행사〉 / 〈관·부〉 / S / V / S·C 그것이 한가지 이유이다 / 곡을 쓰는 많은 사람들에게 '가사'가 보이는 / 가장 어려운 말처럼	그것이 곡을 쓰는 많은 사람들에게 '가사'가 가장 어려운 말처럼 보이는 이유 중 하나이다.	songwriter 작사가 겸 작곡가 seem S·C(to be) ~처럼 보이다, ~인 듯하다(것 같다)
3 예시	Picture this scene: / a songwriter / (at the piano), or (with a guitar), / plays (with chords) / and creates an emotion and atmosphere / {that is (creatively) inspiring}. V O / S / V_1 / V_2 O〈선행사〉 / 〈주·관〉 V / S·C〈현재분사〉 이런 장면을 상상해 보라 / 곡을 쓰는 사람이 / 피아노나 기타로 / 코드를 활용하여 / 감정과 분위기를 만들어 낸다 / 독창적으로 영감을 불러일으키는	이런 장면을 상상해 보라. 곡을 쓰는 사람이 피아노나 기타로 코드를 활용하여 독창적으로 영감을 불러일으키는 감정과 분위기를 만들어 낸다.	picture ~을 상상하다[마음속에 그리다] scene 장면 play with ~을 가지고 놀다, 능숙하게 다루다 chord 화음, 코드 create 만들어 내다, 창작하다 emotion 감정 atmosphere 분위기 creatively 독창적으로 inspiring 영감을 주는
4 순서1	Our songwriter invents / a melody / (to go with this mood). S V / O 우리의 곡을 쓰는 사람은 만들어 낸다 / 멜로디를 / 이 분위기에 잘 어울리는	우리의 곡을 쓰는 사람은 이 분위기에 잘 어울리는 멜로디를 만들어 낸다.	invent 창조하다, 창작하다 melody 선율, 멜로디, 곡[노래] go with ~와 어울리다 mood 분위기
5 순서2	Then / comes the moment / (where words are required), / and that means / (getting specific). 〈도치〉 V_1 S_1〈선행사〉 / 〈관·부〉 S V〈수동태〉 / S_2 V_2 / ( ): O 〈동명사〉 S·C 그런 다음 / 순간이 온다 / 가사가 필요한 / 그리고 이는 곧 의미한다 / 특정화됨을	그런 다음 가사가 필요한 순간이 오고, 이는 곧 특정화됨을 의미한다.	then 그 다음에 moment 순간 require 필요하다 get S·C(형용사) ~의 상태가 되다 specific 구체적인
6 순서3	This sad- or happy-sounding chord progression / must (now) direct / its general sadness or happiness / (to a *particular* human situation). 〈현재분사〉 S / V / O_1 O_2 슬프거나 행복하게 들리는 이 코드의 진행은 / 이제 향하게 해야 한다 / 일반적인 슬픔이나 행복을 / '특정한' 인간적 상황으로	슬프거나 행복하게 들리는 이 코드의 진행은 이제 일반적인 슬픔이나 행복을 '특정한' 인간적 상황으로 향하게 해야 한다.	chord 코드, 화음 progression 진행 direct A to B A를 B에 보내다, 전송하다 (= forward A to B) general 일반적인 particular 특정한 situation 상황
7	A lyric is the place / {where the emotional suggestions (of pure music) are defined / (as ________ human concerns and events)}. S V S·C〈선행사〉 / 〈관·부〉 S / V〈수동태〉 / $S·C_1$ / $S·C_2$ 가사는 부분이다 / 순전히 음악만 있는 정서적 연상들이 한정되는 / 구체적인 인간의 관심사와 사건으로	가사는 (가사 없이) 순전히 음악만 있는 정서적 연상들이 구체적인 인간의 관심사와 사건으로 한정되는 부분이다.	emotional 정서적인 suggestion 암시 pure 순수한 define O O·C(as) (5) (경계·범위 등)을 ~로 한정하다 (수동태 시, be defined S·C(as)) concrete 구체적인 concern 관심, 관심사 event 사건
8	It's {like a piece of translation}, / (from one medium into another). S V 〈전치사〉 O 그것은 마치 한 편의 번역 작품과도 같다 / 한 매체에서 다른 매체로 바뀐	그것은 마치 한 매체에서 다른 매체로 바뀐 한 편의 번역 작품과도 같다.	be like + (동)명사 ~와 같다 piece 작품, 한 편의 시[글, 악곡, 각본] translation 번역 medium 매체[수단]
9	The general musical mood is focused / (by a lyric) / (into a context, a voice, a human drama). S V〈수동태〉 막연한 음악적 분위기는 초점이 맞춰진다 / 가사에 의해 / 하나의 맥락, 하나의 목소리, 하나의 인간 드라마로	막연한 음악적 분위기는 가사에 의해 하나의 맥락, 하나의 목소리, 하나의 인간 드라마로 초점이 맞춰진다.	general 막연한 focus 집중하다, 초점을 맞추다 context 맥락 voice 목소리

31 다음 빈칸에 들어갈 말로 가장 적절한 것을 고르시오. [44%]

① concrete
② obscure
③ ethical
④ unforeseen
⑤ exaggerated

정답 | ①

해설 | ① 구체적인: 5, 6에서 가사가 곡을 특정화해 준다고 했으므로 정답으로 적절하다.
② 어두운: 가사가 곡을 어둡게 한다는 내용은 없다.
③ 윤리적인: 가사의 역할을 윤리적인 관점으로 보고 있지 않다.
④ 우연의: 우연성에 관한 내용은 없다.
⑤ 과장된: 가사가 곡을 과장한다는 내용은 없다.

문법

1 〈주어와 동사의 수의 일치〉: [**Writing** lyrics (동명사구 주어)] + **means** (단수동사)

1 5 〈mean 동사의 쓰임〉

mean	목적어	3형식
	동명사	**의미하다**
	to R	~할 작정이다

1 3 〈주격 관계대명사절〉: 선행사를 포함하고 있는 관계대명사 what 사용 불가

	주격 관계대명사절		
선행사	주격 관계대명사	주어	동사
something	which		would remain
an ~ atmosphere	that		is

1 〈생략〉: if(종속접속사) + (**it were**) left(과거분사) (종속절 안에 '주어 + be동사'는 주절의 주어와 종속절의 주어가 같을 시 생략 가능함)

1 〈가정법 과거〉: 현재 사실에 대한 반대를 가정할 때 사용한다. (만약 ~한다면, ~할 텐데.): 종속절과 주절은 서로 자리가 바뀌어도 무관

종속절			주절	
(Even) **If**	주어	동사	주어	동사
		과거형 동사		조동사 과거형 (**would**/should/could/might + **동사원형**)
		were		
		were not[weren't]		
		were to 동사원형		
		조동사 과거형 (would/should/could/might + 동사원형)		
	(주어 + be동사) 현재분사/**과거분사**			

1 〈remain 동사의 쓰임〉

remain	주격 보어	2형식
	형용사	(~의 상태로) 여전히 있다; 변함없이 (~의 상태)이다
	현재분사	
	과거분사	

2 5 7 〈관계부사〉: 관계부사절은 완전한 문장이 나오고, 선행사와 관계부사는 서로 같이 사용할 수도 있고 둘 중 하나는 생략할 수도 있다.

용도	선행사	관계부사	전치사 + 관계대명사
시간	the time	when	in/at/on + which
장소	**the place (= the moment)**	**where**	in/at/on + which
이유	**the reason**	**why**	for which
방법	(the way)	how	in which
	the way how는 같이 사용 못함 the way, the way in which, the way that은 사용 가능 (that은 관계부사 대신 사용가능하고 이를 관계부사 대용어라고 함)		

3 〈직접명령문〉: Picture ~

직접명령문			
	긍정문	**동사원형**	~해라
		Please + 동사원형	~해 주세요
	부정문	Don't + 동사원형	~하지 마라
		Never + 동사원형	

5 〈부사 vs. 접속부사〉

시간	**Then**	주어	동사		
	When	주어	동사,	주어	동사 ~
장소	There	주어	동사		
	Where	주어	동사,	주어	동사 ~

5 〈부사(구) 문두 도치〉: 부사(구)가 문장 앞에 위치하면 도치됨.

〈부사구〉	동사	주어
Then	comes	the moment

7 〈5형식 불완전 타동사의 목적격 보어〉: 수동태 전환 시, 2형식 문장(be p.p. + as 보어)

주어	불완전 타동사	목적어	목적격 보어
–	accept / achieve / advertise / announce / characterize / cite / consider / count / deem / **define** / describe / disguise / identify / interpret / look at / look upon / perceive / praise / present / read / reckon / refer to / recognize / regard / remember / respect / see / speak of / think of / train / treat / use / view / visualize 등	–	as 보어

9 〈등위접속사 대신 사용한 콤마(,)〉: a context, a voice, a human drama (등위접속사 and보다 긴밀한 연속을 나타내는 경우)

어법 & 연결어

Writing lyrics **[mean / means]** **[shaping / to shape]** the meaning of something **[what / which]**, if **[left / leaving]** as instrumental music, would remain **[undefining / undefined]**; there **[is / are]** a change of the level of expression. That's one reason **[which / why]** for many songwriters 'lyric' seems to be the hardest word. **[Picture / Picturing]** this scene: a songwriter at the piano, or with a guitar, plays with chords and creates an emotion and atmosphere **[what / that]** **[are / is]** creatively inspiring. Our songwriter invents a melody to go with this mood. (   ) comes the moment **[where / which]** words **[require / are required]**, and that means **[to get / getting]** specific. This sad- or happy-sounding chord progression must now direct **[its / their]** general sadness or happiness to a *particular* human situation. A lyric is the place **[which / where]** the emotional suggestions of pure music **[define / are defined]** as concrete human concerns and events. It's **[like / alike]** a piece of translation, from one medium into **[another / the other]**. The general musical mood **[focuses / is focused]** by a lyric into a context, a voice, a human drama.

전국 2021학년도 10월 고3 32번	
빈칸 추론	
제목	건강 분야에서 구매 후 사용에 대한 우려
주제	건강 분야에서 구매자가 새로운 습관을 끝까지 지키도록 돕는 것이 중요하다.
논리	예시

	지문	해석	단어 & 숙어
1 TS	(In the health area), / the concern (with use) / (after "purchase") / is as critical / as and (even) more critical / than the concern / (with the purchase) (itself). S: the concern / 〈전치사〉 after / V: is / S·C₁: critical / 〈as 형/부 as〉 / (강조) even / S·C₂: critical / 〈more A than B〉 건강 분야에서는 / 사용에 대한 우려가 / '구매' 후 / 중요하다 / 그리고 훨씬 더 중요하다 / 우려보다 / 구매 자체에 대한	건강 분야에서는, '구매' 후 사용에 대한 우려가 구매 자체에 대한 우려 못지않게, 그리고 훨씬 더 중요하다.	health 건강, 보건 area 분야 concern with ~에 대한 관심 purchase 구매, 구입 as 형/부 as ~만큼 …한 critical 중요한, 비판적인
2 예시1	The person / {who is sold on and goes through disease screening procedures / but does not follow through / (with medical treatment) / (for a diagnosed condition)}, / is as much of a failure as a person / {who did not avail himself / (of the screening program) / (to begin with)}. S〈선행사〉: The person / 〈주·관〉 who / V₁〈수동태〉: is sold on / V₂: goes through / O: disease screening procedures / V₃: does not follow through / p.p.: diagnosed / V: is / S·C: much of a failure / 〈선행사〉 a person / 〈주·관〉 who / V: did not avail / O: himself 사람은 / 질병 검진 절차를 받아들이고 그 절차를 거친 / 하지만 끝까지 하지 않는 / 의학적 치료를 / 진단받은 질환에 대한 / 사람 못지않은 실패자이다 / 이용하지 않은 / 검진 프로그램을 / 애초에	질병 검진 절차를 받아들여서 그 절차를 거치지만 진단받은 질환에 대한 의학적 치료를 끝까지 하지 않는 사람은 애초에 검진 프로그램을 이용하지 않은 사람 못지않은 실패자이다.	be sold on ~하도록 설득되다, ~에 정신 팔리다 go through (일련의 행동·방법·절차를) 거치다 disease screening 질병 검사[검진] procedure 절차 follow through with ~을 끝까지 이행[완수]하다 medical 의학적인 treatment 치료(법) diagnose 진단하다 as much A as B B만큼 A한 failure 실패, 실패자 avail oneself of ~을 이용하다 screening 검사, 검진 to begin with 애초에, 처음부터
3 예시2	The obese individual / [who has been (successfully) sold {on / going on a (medically) prescribed diet} / but is lured back / (to his candy jar and apple pie) / (after one week)], / is as much of a failure / {as if he never had been sold (on / the need) / (to lose and control his weight)}. S〈선행사〉: The obese individual / 〈주·관〉 who / V₁〈현재완료수동〉: has been sold / 〈동명사〉 going / 〈부사〉 medically / p.p.: prescribed / V₂〈수동태〉: is lured back / V: is / S·C: much of a failure / 〈종·접〉 as if / S: he / V〈과거완료수동〉: had been sold / ①: lose / ②: control / O: his weight 과체중인 사람은 / 성공적으로 받아들였다 / 의학적으로 처방된 다이어트를 하겠다고 / 하지만 유혹에 빠져 다시 / 사탕병과 애플파이에 손대는 / 일주일 후에 / 다름없는 실패자이다 / 아예 받아들이지 않은 경우와 / 필요성을 / 자신의 체중 감량과 조절의	의학적으로 처방된 다이어트를 하겠다고 성공적으로 받아들였으나 일주일 후에 유혹에 빠져 다시 사탕(을 담아 놓은) 병과 애플파이에 손대는 과체중인 사람은 아예 자신의 체중 감량과 조절의 필요성을 받아들이지 않은 경우와 다름없는 실패자이다.	obese 비만의, 비만인 individual 개인, 사람 successfully 성공적으로 sell on 받아들이다, 납득시키다(= convince of) go on a diet 식이요법을 하다 medically 의학적으로 prescribed 처방된 be lured to ~에게 유혹되다 jar 병, 항아리, 단지 much of a(n) + 명사 대단한 ~ the need to R ~의 필요 lose[reduce] one's weight 체중을 줄이다(감량하다) control one's weight 체중을 조절하다
4	The most challenging, most difficult, most perplexing problem / is not / {how to sell people (on health-supportive practices)}, / not even {how to get them (to initiate such practices)}. 〈현재분사〉 challenging / 〈형용사〉 difficult / 〈현재분사〉 perplexing / S: problem / V: is not / 〈의문사〉 how / { }: S·C₁〈간·의〉 / 〈의문사〉 how / O: them / ( ): O·C / { }: S·C₂〈간·의〉 / O: practices 가장 힘들고, 가장 어렵고, 가장 까다로운 문제는 / 아니다 / 어떻게 건강에 도움을 주는 습관을 사람들에게 받아들이게 하느냐가 / 심지어 어떻게 그들에게 그러한 습관을 시작하도록 하게 하느냐도 아니다	가장 힘들고, 가장 어렵고, 가장 까다로운 문제는 어떻게 사람들에게 건강에 도움을 주는 습관을 받아들이게 하느냐가 아니며, 심지어 어떻게 그들에게 그러한 습관을 시작하게 하느냐도 아니다.	challenging 힘든, 도전적인 difficult 어려운 perplexing 난처한, 당혹스러운 how to R ~하는 방법, 어떻게 ~하는가 sell A on B B하도록 A를 설득하다 supportive 도와주는, 도움을 주는 practice 습관 get O O·C(to R) (5) ~가 …하도록 하다 initiate 시작하다
5	We / have been (fairly) successful / (with these). S: We / V〈현재완료〉: have been / S·C: successful 우리는 / 상당히 성공적이었다 / 이것들에	우리는 이것들에 상당히 성공적이었다.	fairly 꽤, 매우 successful 성공적인
6	It is to persuade / and (to) help them ____________). ( ): S·C₂ S: It / V: is / S·C₁: to persuade / O: them / O·C: ____________ 그것(그 문제)은 설득한다 / 그리고 그들이 새로운 습관을 끝까지 지키도록 돕는 것이다	그것(그 문제)은 그들이 새로운 습관을 끝까지 지키도록 설득하고 돕는 것이다.	persuade 설득하다 help O O·C((to) R) (5) ~가 …하도록 돕다 stick with ~을 계속하다

32 다음 빈칸에 들어갈 말로 가장 적절한 것을 고르시오. [37%]

① to discover the blind spot
② to stick with new practices
③ to build a sense of security
④ to avoid unnecessary treatment
⑤ to come up with novel solutions

정답 | ②

해설 | ① 맹점을 발견하도록: 맹점에 관한 내용은 없다.
② 새로운 습관을 끝까지 지키도록: **2**, **3**에 제시된 두 사례에서 새로운 습관을 끝까지 지키도록 하는 것이 중요함을 알 수 있으므로 정답이다.
③ 안전한 느낌을 만들도록: 안전에 관한 내용은 없다.
④ 불필요한 치료를 피하도록: 불필요한 치료에 관한 내용은 없다.
⑤ 새로운 해결책을 생각해내도록: 새로운 해결책에 관한 내용은 없다.

문법

1 **〈동등[원급]비교〉**: ~만큼 …한

지시부사			접속사/유사관계대명사
as	**형용사**	원급	as
	부사		
	~~critically~~		
	critical		

1 **〈비교급 vs. 원급 강조〉**

	비교급 강조 표현	원급 강조 표현
훨씬 ~한	much, **even,** still, by far, far, a lot, lots, a great deal	very, so, quite, really, extremely, too
조금 더 ~한	a little, slightly, a bit	

1 **〈재귀대명사의 용법〉**: itself

용법	생략 유무	쓰임
재귀적용법	생략 불가	주어/목적어 자신이 동작의 대상이 되는 경우
강조적용법	생략 가능	주어/목적어/보어와 동격이 되어 그 뜻을 강조하는 경우

2 **3** **〈주격 관계대명사 who절〉**: 선행사를 포함하고 있는 관계대명사 what 사용 불가

	주격 관계대명사절		
선행사	주격 관계대명사		동사
The person	who	~~주어~~	is sold
a person	who		did not avail
The ~ individual	who		has been sold

2 **〈혼동 어휘〉**

through	전치사	~을 통하여
throughout	전치사	(장소) ~의 도처에, (시간) ~ 동안, ~ 내내
	부사	도처에, 완전히, 철저하게
though	접속사	~에도 불구하고
thorough	형용사	철저한, 완전한

2 **〈대명사 vs. 재귀대명사〉**

		주어와 다름	주어와 동일
주어	~	대명사	재귀대명사
a person		him	**himself**

3 **〈as if / as though 가정법〉**

as if / as though	주어	동사시제	용법		해석
		과거 / were / 조동사 + 동사원형	주절 동사와 같은 시제 사실의 반대	현실(재) 반대	(현재) 그렇지 않는 데 마치 ~인 것처럼 (현재)하다
				과거 반대	(과거에) 그렇지 않는 데 마치 ~인 것처럼 (과거에)했다
		과거완료 / 조동사 과거형 + have + p.p.	주절의 동사보다 이전 사실의 반대	**과거 반대**	**(과거에) 그렇지 않는 데 마치 ~였던 것처럼 (현재)한다**
				대과거 반대	(과거에 이전에) 그렇지 않는 데 마치 ~였던 것처럼 (과거에)했다

4 **〈간접의문문〉**: 〈의문사 to R〉 = 의문사 + 주어 + should + R

자동사	주격 보어		
is	〈간접의문문〉: 명사절		
	how	to	sell
	how	to	get

4 **〈get 동사의 쓰임〉**: 5형식일 경우

get	목적어	목적격 보어	해석	목적어와 목적격 보어와의 관계
		형용사	~을 …의 상태가 되게 하다	능동
		현재분사	~을 …의 상태가 되게 하다	
		to 동사원형	**(남에게) …시키다**	
		과거분사	(물건을) …하게 하다	수동

6 **〈help 동사의 쓰임〉**

help	목적어		3형식
	(to) R		
help (준사역동사)	목적어	목적격 보어	5형식
		(to) R	

어법 & 연결어

In the health area, the concern with use after "purchase" is as **[critical / critically]** as and **[even / very]** more critical than the concern with the purchase **[it / itself]**. The person who **[sells / is sold]** on and goes **[thorough / through]** disease **[screening / screened]** procedures but does not follow **[thorough / through]** with medical treatment for a **[diagnosed / diagnosing]** condition, is as much of a failure as a person who did not avail **[him / himself]** of the screening program to begin with. The obese individual who **[have / has]** been successfully **[selling / sold]** on going on a **[medical / medically]** **[prescribing / prescribed]** diet but **[is lured / lures]** back to his candy jar and apple pie after one week, **[is / are]** as much of a failure **[even if / as if]** he never **[had sold / had been sold]** on the need to lose and **[control / controlled]** his weight. The most challenging, most difficult, most perplexing problem **[is / are]** not how to sell people on health-supportive practices, not even how to get them **[to initiate / initiating]** such practices. We have been fairly **[successive / successful]** with these. It is to persuade and help them **[sticking / to stick]** with new practices.

전국 2021학년도 10월 고3 33번		
빈칸 추론	제목	어떤 것을 살아 있다고 느끼게 하는 움직임
	주제	움직임은 어떤 것을 살아 있다고 느끼게 할 수 있다.
	논리	예시

	지문	해석	단어 & 숙어
1 TS	(Like faces), / (sometimes) / movement / can ____________ ____________. 〈전치사〉 S 표정과 마찬가지로 간혹 움직임은 어떤 것이 생각을 가지고 있다고 믿도록 우리를 속일 수 있다	표정과 마찬가지로, 움직임은 간혹 어떤 것이 생각을 가지고 있다고 믿도록 우리를 속일 수 있다.	like ~와 비슷하게, 마찬가지로 face 얼굴, 표정 sometimes 때때로, 가끔 movement 움직임 fool O into -ing ~가 …하도록 속이다 have a mind 마음을 먹다
2 예시	For example, / toys (that seem to come alive) / fascinate children. S〈선행사〉 〈주·관〉 V S·C V O 예를 들어 살아 움직이는 것처럼 보이는 장난감은 아이들을 매료시킨다	예를 들어, 살아 움직이는 것처럼 보이는 장난감은 아이들을 매료시킨다.	come alive 활기를 띠다 (= come to life) fascinate 매료시키다
3	(In my day), / one (of the popular toys) / was a piece of finely coiled wire / (called a "Slinky.") S V 〈부사〉 p.p. S·C p.p. S·C 내가 어렸을 적 인기 있던 장난감 중 하나는 촘촘하게 나선형으로 감긴 한 뭉치의 철사였다 'Slinky'라고 불리는	내가 어렸을 적 인기 있던 장난감 중 하나는 'Slinky'라는 촘촘하게 나선형으로 감긴 한 뭉치의 철사였다.	in one's day (~의) 어린 시절에 one of + 복수명사 + 단수동사 ~들 중에 하나는 …이다 a piece of 하나의 ~, 한 뭉치의 finely 섬세[정교]하게, 촘촘하게 coiled 똘똘 감긴, 나선형으로 감긴 wire 철사
4	It could appear to walk / {by stretching and lifting up one end / (over another)} / (down an incline), / a bit (like an acrobatic caterpillar). S V S·C 〈동명사〉₁ 〈동명사〉₂ O 〈전치사〉 〈전치사〉 O 이것은 걷는 것처럼 보일 수 있는데 한쪽 끝을 늘리면서 들어 올려서 다른 쪽 끝 위로 경사면 아래로 애벌레가 곡예를 부리는 것과 약간 비슷하다	이것은 한쪽 끝을 늘리면서 다른 쪽 끝 위로 들어 올려서 경사면 아래로 걷는 것처럼 보일 수 있는데, 애벌레가 곡예를 부리는 것과 약간 비슷하다.	appear S·C(to R) ~처럼 보이다 by + -ing ~함으로써 stretch 잡아 늘이다 lift up 들어 올리다 incline 경사면 a bit like 약간/다소 ~ 같은 acrobatic 곡예를 부리는 caterpillar 애벌레
5	The attraction (of the Slinky) / (on Christmas Day) / was the lifelike movement / (it had) / {as it stepped (down the stairs)} / {before someone trod (on it) / or twisted the spring / and ruined it (for good)}. S V S·C 〈선행사〉 (목·관 that) S V 〈종·접〉S V 〈전치사〉 〈종·접〉 S V_1 V_2 O V_3 O Slinky의 매력은 크리스마스 날 살아있는 듯한 움직임이었다 그것이 가졌던 그것이 계단을 내려올 때 누군가가 밟거나 스프링을 비틀어 그것을 영원히 망가뜨릴 때까지	크리스마스 날 Slinky의 매력은 누군가가 밟거나 스프링을 비틀어 그것을 영원히 망가뜨릴 때까지 그것이 계단을 내려올 때 했던 살아 있는 듯한 움직임이었다.	attraction 매력 lifelike 살아있는 듯한 step down (계단 등을) 내려가다 stair 계단 tread on ~을 밟다 (tread – trod – trod/trodden – treading) twist 비틀다 ruin 망치다 for good 영원히, 완전히
6	Toys / (that appear to be alive) / are curiosities / [because they challenge / {how we think / (inanimate objects and living things should behave)}]. S〈선행사〉 〈주·관〉 V S·C V S·C 〈종·접〉 S V 〈의문사〉 S V (종·접 that) 〈형용사〉 S_1 〈형용사〉 S_2 V ( ): O { }: O〈간·의〉 장난감은 살아 있는 듯 보이는 진기한 물건이다 거스르기 때문에 우리가 생각하는 무생물과 생물의 행동 방식을	살아 있는 듯 보이는 장난감은 우리가 생각하는 무생물과 생물의 행동 방식을 거스르기 때문에 진기한 물건이다.	alive 살아 있는 curiosity 진귀한 물건 challenge 거스르다 inanimate 무생물의, 죽은 (것 같은), 활기 없는 object 물체, 물건 behave 행동하다
7	Many toys / (today) exploit / this principle / (to great effect), / but be warned: / not all babies enjoy / objects / {that (suddenly) seem lifelike}. S V O V〈수동태〉 S V O〈선행사〉 〈주·관〉 V S·C 많은 장난감이 오늘날 이용한다 이 원리를 큰 효과를 내려고 하지만 주의해야 하는데 모든 아기가 좋아하는 것은 아니다 물건을 갑자기 살아있는 것처럼 보이는	오늘날 많은 장난감이 이 원리를 이용해 큰 효과를 내려고 하지만 주의해야 하는데, 모든 아기가 갑자기 살아 있는 것처럼 보이는 물건을 좋아하는 것은 아니다.	exploit 이용하다 principle 원칙, 원리 to great effect 대단한 결과를 낳는 warn 경고하다 not all[every] 반드시 ~하지 않다 object 물건 suddenly 갑자기 seem S·C((to be) 형용사) ~처럼 보이다
8	This anxiety / (probably) reflects / their confusion / (over the question), / "Is it alive or what?" S V O V S S·C 이러한 불안감은 아마도 나타낸다 그들의 혼란을 질문에 대한 "그것이 살아있는 것인가, 아니면 무엇인가?"라는	이러한 불안감은 아마도 "그것이 살아있는 것인가, 아니면 무엇인가?"라는 질문에 대한 그들의 혼란을 나타낸다.	anxiety 불안 probably 아마, 아마도 reflect 반영하다 confusion 혼란
9	{Once babies decide / (that something is alive)}, / they are inclined (to see / its movements as purposeful). ( ): O 〈종·접〉 S V 〈종·접〉 S V S·C S V〈수동태〉 O O·C 일단 아기들이 판단하면 무언가가 살아있다고 아기는 보는 경향이 있다 그것의 움직임을 의도적인 것으로	일단 무언가가 살아 있다고 판단하면, 아기는 그것의 움직임을 의도적인 것으로 보는 경향이 있다.	once 한 번[일단] ~하면 decide 판단하다 be inclined to R ~하는 경향이 있다 purposeful 의도적인

33 다음 빈칸에 들어갈 말로 가장 적절한 것을 고르시오. [3점] [46%]

① fool us into thinking that something has a mind
② help us release and process certain feelings
③ shift our energy and protective mechanisms
④ secretly unlock emotions that words cannot
⑤ create a definite sense of achievement

정답 | ①

해설 | ① 어떤 것이 생각을 가지고 있다고 믿도록 우리를 속이다: 6에서 장난감의 움직임이 그것을 살아 있다고 느끼게 한다고 했으므로 정답이다.
② 우리를 확실한 감정을 배출하고 처리하도록 돕다: 감정 배출에 관한 내용은 없다.
③ 우리의 에너지와 보호 시스템을 바꾸다: 에너지와 보호 시스템에 관한 내용은 없다.
④ 말로는 표현할 수 없는 감정을 비밀스럽게 드러내다: 말로 표현할 수 없는 감정에 관한 내용은 없으므로 적절하지 않다.
⑤ 확실한 성취감을 만든다: 성취감에 관한 내용은 없다.

문법

1 2 6 7 9 〈what vs. that〉

	관계대명사(불완전한 문장)	접속사(완전한 문장)
what	○ 선행사를 포함하고 있기 때문에 what 앞에 선행사 불필요	×
that	○ that 앞에 선행사 필요	○

2 6 7 〈주격 관계대명사 that절〉

	주격 관계대명사절		
선행사	주격 관계대명사	~~주어~~	복수동사
toys	that		seem
Toys	that		appear
objects	that		seem

2 〈seem 동사의 쓰임〉

주어	seem	주격 보어	2형식
		(to be) 보어	~처럼 보이다, 보기에 ~하다; ~인 듯하다[것 같다], ~인 것처럼 생각되다
		to 동사원형	

2 6 8 〈서술적 형용사〉: 명사 수식 불가, 보어로만 사용

상태 형용사	afraid, alike, **alive,** alone, amiss, ashamed, asleep, astray, awake, aware, unaware 등
감정 형용사	content, fond, glad, ignorant, pleasant, proud, unable, upset, well, worth 등

3 〈one of + 복수명사 + 단수동사 : ~ 중의 하나〉

one (주어 : 단수)	of	복수명사	단수동사
one		the popular toys	was

3 〈주격 관계대명사 + be동사 생략〉: wire [(which/that was) called(과거분사)] : 과거분사가 앞에 있는 명사를 후치 수식하는 경우

4 6 〈appear 동사의 쓰임〉: ~처럼 보이다 (주격 보어 자리에 올 수 있는 것들 : that절, **to 동사원형**, **(to be)** 명사, **형용사**, 분사, as + 명사)

4 another 또 다른 하나 (나머지 있음) / the other 그 나머지 (나머지 없음)

5 〈목적격 관계대명사 that 생략〉: 3형식에서 타동사의 목적어가 없는 경우 / 선행사를 포함하고 있는 관계대명사 what 사용 불가

	목적격 관계대명사절			
선행사	목적격 관계대명사	주어	타동사	~~목적어~~
movement	(that) 생략 가능	it	had	

6 〈간접의문문〉

	〈간접의문문〉: 타동사의 목적어		
타동사	의문사	주어	동사
challenge	how	we	think

1 6 9 〈목적격 종속접속사 that 생략〉: 완전 타동사의 목적어로 사용된 경우 / 관계대명사 what 사용 불가 / thinking (that) / think (that) / decide (that)

7 〈직접명령문〉: 동사원형으로 시작하는 문장 (be warned)

7 〈부분부정과 전체부정〉

부분부정	**not** + **all**, always, necessarily, exactly, extremely
전체부정	not + ever (= never), not either (= neither), not any one (= none) not + anything (= nothing), not anywhere (= nowhere)

9 〈5형식 불완전 타동사의 목적격 보어〉: 수동태 전환 시, 2형식 문장(be p.p. + as 보어)

주어	불완전 타동사	목적어	목적격 보어
–	accept / achieve / announce / characterize / cite / consider / count / deem / define / describe / disguise / identify / interpret / look at / look upon / perceive / praise / present / read / reckon / refer to / recognize / regard / remember / respect / **see** / speak of / think of / train / treat / use / view / visualize 등	–	as 보어

어법 & 연결어

[Like / Alike] faces, sometimes movement can fool us into thinking **[that / what]** something has a mind. ( ), toys **[what / that]** **[seem / seems]** to come **[live / alive]** **[fascinate / to fascinate]** children. In my day, one of the popular toys **[was / were]** a piece of **[fine / finely]** **[coiled / coiling]** wire **[calling / called]** a “Slinky.” It could appear to walk by stretching and **[lift / lifting]** up one end over **[the other / another]** down an incline, a bit **[like / alike]** an acrobatic caterpillar. The attraction of the Slinky on Christmas Day was the lifelike movement it had as it stepped down the stairs before someone trod on **[it / them]** or twisted the spring and ruined **[it / them]** for good. Toys **[what / that]** appear to be alive are curiosities **[because / because of]** they challenge **[how we think / how do we think]** inanimate objects and living things should behave. Many toys today exploit this principle to great effect, but **[are warned / be warned]**: not all babies enjoy objects **[what / that]** suddenly **[seem / seems]** lifelike. This anxiety probably reflects their confusion over the question, “Is it alive or what?” Once babies decide **[what / that]** something is alive, they **[incline / are inclined]** to see **[its / their]** movements as **[purposeful / purposefully]**.

전국 2021학년도 10월 고3 34번

빈칸 추론

제목	인위적인 영역에서 사물의 본질을 찾는 것의 중요성
주제	사물의 본질을 인위적인 영역에서 찾는다면, 정상적인 상황에서의 그것을 인식하지 못할 것이다.
논리	예시

	지문	해석	단어 & 숙어
1 TS	〈If the nature (of a thing) is such [that / (when removed from the environment) / {in which it (naturally) occurs} / it alters (radically)]〉, / you will not glean / an accurate account / (of it) / {by examining it / (within laboratory conditions)}. 사물의 본질이 그런 것이라면 / 환경으로부터 동떨어져 있을 때 / 자연스럽게 발생하는 / 사물이 근본적으로 변하는 / 여러분은 찾아내지 못할 것이다 / 정확한 설명을 / 그것(사물의 본질)에 대한 / 조사하는 것으로 / 실험실 환경 안에서	사물의 본질이 그것(사물)이 자연스럽게 발생하는 환경으로부터 동떨어져 있을 때 그것(사물의 본질)이 근본적으로 변하는 그런 것이라면, 여러분은 실험실 환경 안에서 조사하는 것으로 그것(사물의 본질)에 대한 정확한 설명을 찾아내지 못할 것이다.	nature 본질, 본성 be such that S V S가 V하는 그런 것이다 remove A from B A를 B로부터 옮기다 (수동태 시, A be removed from B) naturally 자연스럽게 occur 발생하다 alter 변하다, 달라지다 radically 급격히, 근본적으로 glean 찾아내다 accurate 정확한 account 설명 examine 검사[조사]하다 laboratory 실험실 conditions 상황, 형편
2	{If you are only accustomed / (to seeing it operate) / (within such an artificial arena)}, / you may not (even) recognize it / {when it is functioning / (in its normal context)}. 만약 당신이 오직 익숙하다면 / 그것이 작동하는 것을 보는 것에만 / 그런 인위적인 영역 안에서 / 그것을 인식조차 못할 수도 있다 / 그것이 작동하고 있을 때 / 정상적인 상황에서	그것이 그런 인위적인 영역 안에서 작동하는 것을 보는 것에만 익숙하다면, 그것이 정상적인 상황에서 작동하고 있을 때 그것을 인식조차 못할 수도 있다.	be accustomed to (동)명사 ~에 익숙하다 see O O·C(R) (5) ~가 …하는 것을 보다 operate 작동하다 within (특정 거리, 기간) ~ 이내에 artificial 인공적인 arena 경기장, 환경 recognize 알아보다 function 기능하다 normal 정상적인 context 상황
3	Indeed, / {if you ever spot it / (in that environment)} / you may think / (it is something else). 사실 / 그것을 발견한다 해도 / 그러한 환경에서 / 여러분은 생각할지도 모른다 / 그것이 다른 것이라고	사실, 그러한 환경에서 그것을 발견한다 해도 여러분은 그것이 다른 것이라고 생각할지도 모른다.	indeed 사실 spot 발견하다
4 예시	Similarly, / [if you believe / {that leadership (only) takes the form / (of heroic men)} / {(metaphorically) / charging in / (on white horses) / (to save the day)}], / you may neglect / the many acts / (which ____________). 마찬가지로 / 만약 믿는다면 / 리더십이 그저 모습을 취한다고 / 영웅적인 사람의 / 은유적으로 쓰인 / 돌진하여 / 백마를 타고 / 궁지에서 벗어나게 하는 / 여러분은 간과할 수도 있다 / 많은 행동들을 / 그곳에 있도록 하는 그들의 능력에 이바지하는	마찬가지로, 만약 리더십이 그저 은유적으로 쓰인 백마를 타고 돌진하여 궁지에서 벗어나게 하는 영웅적인 사람의 모습을 취한다고 믿는다면, 여러분은 그곳에 있도록 하는 그들의 능력에 이바지하는 많은 행동들을 간과할 수도 있다.	similarly 비슷하게, 마찬가지로 take the form of ~의 모습을 취하다, ~ 모습으로 나타내다 heroic 대담한, 영웅적인 metaphorically 은유적으로 charge in 돌진하다 on a horse 말을 타고 save the day 불가능해 보이는 것을 해내다, 곤경에서 벗어나다 neglect 무시[방치]하다 contribute to (동)명사 ~에 기여[공헌]하다 an ability to R ~할 수 있는 능력
5	You may fail {to see / the importance (of the grooms)} / (who care for the horses), / the messengers / {who bring attention / (to the crisis)} / or the role / {played by those / (cheering from the sidelines)}. 못 볼 수도 있다 / 마부들의 중요성을 / 말을 돌보는 / 전령들 / 주의를 기울이게 하는 / 위기에 / 혹은 역할의 / 사람들이 하는 / 옆에서 응원하는	말을 돌보는 마부들, 위기에 주의를 기울이게 하는 전령들, 혹은 옆에서 응원하는 사람들이 하는 역할의 중요성을 못 볼 수도 있다.	fail O(to R) ~에 실패하다, ~하지 못하다 importance 중요성 groom (말을 돌보는) 시종, 신랑 care for ~을 돌보다 messenger 배달원, 전령 bring attention to (동)명사 ~에 관심을 두게 하다 crisis 위기 play a role 역할을 하다 cheer 응원하다, 힘을 북돋우다 from the sidelines (경기장, 현장 등) 옆에서
6	You may miss / the fact / {that (without troops) / (supporting them), / any claims / (to leading on the part of these heroes) / would be (rather) hollow}. 깨닫지 못할 수도 있다 / 사실을 / 군대가 없으면 / 그들을 지원하는 / 그 어떤 주장도 / 이 영웅들의 편에 서야 한다는 / 상당히 공허할 것이라는	이 영웅들의 편에 서야 한다는 그 어떤 주장도 그들을 지원하는 군대가 없으면 상당히 공허할 것이라는 사실을 깨닫지 못할 수도 있다.	miss 이해[파악]하지 못하다 without ~없이 troop 군대 support 지원하다, 지지하다 a claim to (동)명사 ~에 대한 주장 lead 앞장서서 가다, 안내하다, 선도하다 on the part of ~ 편에서는 rather 상당히, 꽤 hollow 공허한

34 다음 빈칸에 들어갈 말로 가장 적절한 것을 고르시오. [3점] [41%]

① alter the powers of local authorities
② contribute to their ability to be there
③ compel them to conceal their identity
④ impose their sacrifice and commitment
⑤ prevent them from realizing their potential

정답 | ②

해설 | ① 지역 당국의 힘을 바꾸다: 지역 당국의 힘에 관한 내용은 없다.
② 그곳에 있도록 하는 그들의 능력에 이바지하다: 5, 6에서 리더십에 이바지하는 요소들을 구체화하고 있으므로 정답으로 적절하다.
③ 그들에게 그들의 정체성을 숨기게 한다: 정체성을 숨긴다는 내용은 없다.
④ 그들의 희생과 헌신을 강요하다: 희생과 헌신에 관한 내용은 없다.
⑤ 그들에게 그들의 잠재적 가능성을 실현하지 못하게 하다: 잠재적 가능성에 관한 내용은 없다.

문법

1 〈시간/조건의 부사절〉 : 현재(완료)가 미래(완료)를 대신함 / 종속절과 주절의 위치는 서로 바뀔 수 있음

〈종속절〉: 부사절(~한다면)					주절	
If	주어	동사			주어	동사
	the nature	~~will be~~	→	is	you	will not glean

1 3 4 6 〈what vs. that〉

	관계대명사(불완전한 문장)	접속사(완전한 문장)
what	○ 선행사를 포함하고 있기 때문에 what 앞에 선행사 불필요	×
that	○ that 앞에 선행사 필요	○

1 〈생략〉 : when(종속접속사) (**it is**) removed(과거분사) (주절의 주어와 같을 시, 종속절 안에 있는 '주어 + be동사' 생략 가능)

1 〈전치사 + 관계대명사 vs. 관계대명사〉 : in which (= where)

관계부사와 같기 때문에 뒤 문장이 완전한 문장이 나온다. 전치사는 맨 뒤로 보낼 수 있는데 이때 전치사의 목적어가 없기 때문에 관계대명사절은 불완전하다.

선행사	전치사 + 관계대명사 = 관계부사	주어	동사			완전한 문장
	관계대명사	주어	동사	전치사	~~목적어~~	불완전한 문장

2 〈used 용법〉

be	used	to	동사원형(R)	~하는 데 사용되다
be[get/become]	used[**accustomed**]		**동명사(-ing)**	**~에 익숙하다**
used			동사원형(R)	~하곤 했다

2 〈지각동사 see〉 : see + O + O·C (5) 문장에서 목적어 it이 operate하는 입장이기에 동사원형으로 operate가 사용됨 (목적어와 목적격 보어 관계가 능동)

3 4 〈목적격 종속접속사 that 생략〉 : 동사의 목적어로 사용된 경우 / 관계대명사 what 사용 불가

	종속절(명사절: 목적어)(완전한 절)		
동사	목적격 종속접속사	주어	동사
may think	(that) 생략 가능 (~하는 것을)	it	is
believe		leadership	takes

4 5 6 〈분사의 후치 수식 시, 주격 관계대명사 + be동사 생략〉 : heroic men [(who/that are) charging(현재분사)] / the role [(which/that is) played(과거분사)] / those [(who/that are) cheering(현재분사)] / troops [(which/that are) supporting(현재분사)]

4 5 〈주격 관계대명사 that절〉 : 선행사를 포함하고 있는 관계대명사 what 사용 불가

	주격 관계대명사절		
선행사	주격 관계대명사	~~주어~~	동사
many acts	which		contribute
the grooms	who		care
the messengers	who		bring

5 〈목적어 자리에 to부정사를 취하는 완전 타동사〉

주어	완전 타동사	목적어
–	afford / agree / ask / attempt / care / choose / claim / dare / decide / demand / desire / determine / elect / expect / **fail** / guarantee / hope / intend / learn / manage / need / offer / plan / pretend / promise / refuse / resolve / seek / threaten / volunteer / want / wish 등	to 동사원형

6 〈동격의 종속접속사 that〉 : 'the + 추상명사(fact) + that' (~라는 사실)

6 〈without 가정법 과거〉

조건절(~이 없다면)	주절(~할 것이다)		
Without ~ ,	주어	조동사 과거형 **would**/should/could/might	**동사원형**
But for ~ ,			
If it were not for ~ ,			
Were it not for ~ ,			

6 〈to가 전치사인 경우〉 : a claim to + (동)명사 (~에 대한 주장)

어법 & 연결어

If the nature of a thing **[is / will be]** such **[what / that]** when **[removed / removing]** from the environment **[which / in which]** it naturally occurs it alters radically, you will not glean an accurate account of **[it / them]** by **[examination / examining]** **[it / them]** within laboratory conditions. If you are only accustomed to **[see / seeing]** **[it / them]** **[operate / to operate]** within such an artificial arena, you may not even recognize it when it is **[functioning / functioned]** in its normal context. (　　　　　　), if you ever spot it in that environment you may think it is something else. (　　　　　　), if you believe **[what / that]** leadership only takes the form of heroic men metaphorically charging in on white horses to save the day, you may neglect the many acts **[what / which]** contribute to their ability to be there. You may fail **[seeing / to see]** the importance of the grooms who **[care / cares]** for the horses, the messengers who **[bring / brings]** attention to the crisis or the role **[playing / played]** by those **[cheered / cheering]** from the sidelines. You may miss the fact **[what / that]** without troops **[supported / supporting]** them, any claims to **[lead / leading]** on the part of these heroes would be rather hollow.

전국 2021학년도 10월 고3 35번	
제목	인권 조약의 영향력에 대한 현실주의자의 관점
주제	국제적 활동 무대는 제로섬 게임이므로 인권 조약이나 국제법은 국가들의 행동에 영향을 미치지 못한다.
논리	주장과 근거

무관한 문장

	지문	해석	단어 & 숙어
1 주장	A group of academics, / (mainly political scientists), / assumed {that human rights treaties did *not* have / any effect / (on the behavior of countries)}. { }: O (= 〈동격〉 / S / V / 〈종·접〉 / S / V / O) 한 집단의 학자들 / 주로 정치학자들은 / 인권 조약이 미치지 '않는다'고 생각했다 / 아무런 영향을 / 국가들의 행동에	한 집단의 학자들, 주로 정치학자들은, 인권 조약이 국가들의 행동에 아무런 영향을 미치지 '않는다'고 생각했다.	a group of 한 무리[집단]의 academics 학자들 mainly 주로 political scientist 정치학자 assume 추정하다 human right 인권 treaty 조약, 협정 have an effect on ~에 영향을 미치다 behavior 행동
2	① Indeed, / these academics, / {who (typically) called themselves "realists,"} / assumed / {that international law (generally) did not affect / the behavior of states}. { }: O (S〈선행사〉 / 〈주·관〉 / V / O / O·C / V / 〈종·접〉 / S / V / O) 사실 / 이러한 학자들은 / 일반적으로 자신들을 '현실주의자'라고 부르는 / 생각했다 / 국제법이 대개 영향을 미치지 않는다고 / 국가들의 행동에	사실, 일반적으로 자신들을 '현실주의자'라고 부르는 이러한 학자들은 국제법이 국가들의 행동에 대개 영향을 미치지 않는다고 생각했다.	indeed 사실 typically 보통, 일반적으로 call O O·C(명사) (5) ~을 …라고 부르다 (수동태 시, be called S·C(명사)) realist 현실주의자 international law 국제법 generally 대개, 대체로 affect ~에 영향을 미치다 state 국가
3 근거	② They saw / the international arena / as a security competition / (among different states), / a zero-sum game / (in which one state's gain was another state's loss). (S / V / O / O·C / = 〈동격〉 / 〈전치사〉 / 〈선행사〉 / 〈전치사 + 관·대〉 / S / V / S·C) 그들은 보았다 / 국제적 활동 무대를 / 안보 경쟁 / 여러 국가들 간의 / 제로섬 게임으로 / 즉 한 국가의 이득이 다른 국가의 손실인	그들은 국제적 활동 무대를 여러 국가들 간의 안보 경쟁, 즉 한 국가의 이득이 다른 국가의 손실인 제로섬 게임으로 보았다.	see O O·C(as) (5) ~을 …로 여기다 (수동태 시, be seen S·C(as)) arena 경기장, 무대 security 안보 competition 경쟁 among ~ 중[사이]에 zero-sum game 제로섬 게임 (참가자 각각의 이득과 손실의 합이 제로가 되는 게임) gain 이득 loss 손실
4	③ International lawyers and human rights advocates assumed / {that human rights treaties caused / countries (to improve their treatment of their citizens)}. ( ): O·C { }: O (S_1 / S_2 / V / 〈종·접〉 / S / V / O / O) 국제 변호사들과 인권 옹호자들은 생각했다 / 인권 조약이 한다고 / 국가들로 하여금 자국민들에 대한 처우를 개선하게	(국제 변호사들과 인권 옹호자들은 인권 조약이 국가들로 하여금 자국민들에 대한 처우를 개선하게 한다고 생각했다.)	International lawyer 국제 변호사 human right 인권 advocate 옹호자 cause O O·C(to R) (5) ~가 …하도록 야기시키다 improve 개선하다 treatment 처우, 대우 citizen 시민, 본토 사람
5	④ (In such conditions), / states could gain little / (by cooperating with each other) / — [except (in temporary military alliances or security agreements) / {that could fall (apart) / (at a moment's notice)}]. (S / V / O / 〈동명사〉 / 〈종·접〉 / ① / ② 〈선행사〉 / 〈주·관〉 / V / 〈부사〉) 그런 상황에서 / 국가들은 얻을 수 있는 이득이 거의 없었다 / 서로 협력함으로써 / 일시적인 군사 동맹 외에 안보 협정이나 / 결렬될 수 있는 / 당장에라도	그런 상황에서, 국가들은 당장에라도 결렬될 수 있는 일시적인 군사 동맹이나 안보 협정에서 (얻는 이익) 외에, 서로 협력함으로써 얻을 수 있는 이득은 거의 없었다.	conditions 상황, 사정, 형편 (= circumstances) gain 이득을 얻다 little 거의 없는, 아주 적은 by + -ing ~함으로써 cooperate with ~에 협조하다 each other 서로 temporary 일시적인, 임시의 military 군사/군대(의) alliance 동맹, 연합 security 안보 agreement 합의, 동의 fall apart 무너지다 at a moment's notice 당장, 즉석에서
6	⑤ International law could play / a minimal role / or (none at all), / and was (perhaps) just an illusion, / a sophisticated kind of propaganda / — a set of rules / (that would be swept away) / (whenever the balance of power changed). (S / V_1 / O / V_2 / $S·C_1$ / p.p. / $S·C_2$ / 〈선행사〉 / 〈주·관〉 / V〈수동태〉 / 〈복합 관계부사〉 / S / V) 국제법은 / 최소한의 역할만 할 수 있거나 / 혹은 아무것도 할 수 없었으며 / 아마도 그것은 단지 환상 / 어떤 정교한 선전 / 즉 규칙들의 집합이었다 / 없어져 버릴 / 힘의 균형이 달라질 때마다	국제법은 최소한의 역할만 할 수 있거나 혹은 아무것도 할 수 없었으며, 아마도 그것은 단지 환상, 어떤 정교한 선전, 즉 힘의 균형이 달라질 때마다 없어져 버릴 규칙들의 집합이었다.	play a role 역할을 하다 minimal 최소의 none at all 전혀 없다 perhaps 아마도 illusion 환상 sophisticated 정교한 propaganda 선전, 선동 a set of 일련의, 일습의 rule 규칙 sweep A away A를 쓸어내다 (수동태 시, A be swept way) whenever ~할 때마다 balance 균형

35 다음 글에서 전체 흐름과 관계 없는 문장은? [44%]

정답 | ③

해설 | 1과 같이 글에서는 인권 조약이나 국제법이 국가들의 행동에 거의 영향을 주지 않는다고 했지만, (③)에서는 인권 조약이 국민의 처우를 개선한다는 상반되는 관점을 취하므로 전체 흐름과 관계 없다.

문법

1 2 4 5 6 〈what vs. that〉

	관계대명사(불완전한 문장)	접속사(완전한 문장)
what	○ 선행사를 포함하고 있기 때문에 what 앞에 선행사 불필요	×
that	○ that 앞에 선행사 필요	○

1 2 〈~에 영향을 미치다〉

have [exert]	an	effect / influence / impact	on
affect			
influence			

2 5 6 〈주격 관계대명사절〉: 선행사를 포함하고 있는 관계대명사 what 사용 불가

	주격 관계대명사절		
선행사	주격 관계대명사	~~주어~~	동사
these academics	who		called
agreements	that		could fall
a set of rules	that		would be swept

2 〈대명사 vs. 재귀대명사〉

		주어와 다름	주어와 동일
주어	~	대명사	재귀대명사
these academics		them	**themselves**

3 〈5형식 불완전 타동사의 목적격 보어〉: 수동태 전환 시, 2형식 문장(be p.p. + as 보어)

주어	불완전 타동사	목적어	목적격 보어
–	accept / achieve / announce / characterize / cite / consider / count / deem / define / describe / disguise / identify / interpret / look at / look upon / perceive / praise / present / read / reckon / refer to / recognize / regard / remember / respect / **see** / speak of / think of / train / treat / use / view / visualize 등	–	as 보어

3 〈between vs. among〉

전치사	between	~ 사이에	둘 사이	혼용
	among		셋 이상	

1 3 〈동격〉: A(명사), B(명사)

동격(B라는 A)		
명사(A)	,(콤마)	명사(B)
A group of academics		mainly~scientists
different states		a zero-sum game

3 〈전치사 + 관계대명사 vs. 관계대명사〉: in which (= where)

관계부사와 같기 때문에 뒤 문장이 완전한 문장이 나온다. 전치사는 맨 뒤로 보낼 수 있는데 이때 전치사의 목적어가 없기 때문에 관계대명사절은 불완전하다.

선행사	전치사 + 관계대명사 = 관계부사	주어	동사			완전한 문장
	관계대명사	주어	동사	전치사	~~목적어~~	불완전한 문장

3 **another** 또 다른 하나 (나머지 있음) / the other 그 나머지 (나머지 없음)

4 〈5형식 불완전 타동사의 목적격 보어〉: 수동태 전환 시, 2형식 문장(be p.p. + to R)

주어	불완전 타동사	목적어	목적격 보어
–	advise / allow / ask / assume / beg / bring / **cause** / command / compel / condition / decide / design / drive / enable / encourage / expect / forbid / fit / force / inspire / instruct / intend / invite / lead / like / motivate / order / permit / persuade / predispose / pressure / proclaim / prod / program / provoke / push / require / stimulate / teach / tell / train / trust / urge / want / warn / wish 등	–	to R

6 〈복합 관계부사〉: 복합 관계부사절은 '관계부사 + ever' 형식을 가지고, 부사 역할을 한다. (관계부사절은 선행사를 수식하는 형용사절이다.)

복합관계부사	시간/장소의 부사절	양보 부사절
whenever	**at[on/in] any time when[that]** **~할 때는 언제나** **= every time** **= each time**	no matter when 언제 ~할지라도
wherever	at[on/in] any place where[that] ~하는 곳은 어디나	no matter where 어디에서 ~할지라도
however	×	no matter how 아무리 ~할지라도
		by whatever means 어떻게 ~한다 할지라도

어법 & 연결어

A group of academics, **[main / mainly]** political scientists, assumed **[that / what]** human rights treaties did *not* have any effect on the behavior of countries. (   ), these academics, who typically called **[them / themselves]** "realists," assumed **[what / that]** international law generally did not affect the behavior of states. They saw the international arena as a security **[completion / competition]** among different states, a zero-sum game **[which / in which]** one state's gain was **[another / the other]** state's loss. International lawyers and human rights advocates assumed **[what / that]** human rights treaties caused countries **[improving / to improve]** their treatment of their citizens. In such conditions, states could gain **[little / few]** by **[cooperation / cooperating]** with each other — except in temporary military alliances or security agreements **[that / what]** could fall apart at a moment's notice. International law could play a minimal role or none at all, and was perhaps just an illusion, a **[sophisticated / sophisticating]** kind of propaganda — a set of rules **[what / that]** **[would sweep / would be swept]** away **[when / whenever]** the balance of power changed.

전국 2021학년도 10월 고3 36번	제목	가족과 친구들에게 열정 쏟는 것을 보여 주기
	주제	가족과 친구들에게 열정을 쏟는 것을 보여 줌으로써 감정적으로 연결될 수 있다.
글의 순서	논리	순서

	지문	해석	단어 & 숙어
1	(In a process) / (called *seeding*), / you need (to have / a time frame in mind). ( ): O p.p. S·C S V 과정에서 / '씨뿌리기'라고 불리는 / 여러분은 가질 필요가 있다 / 마음속에 시간의 틀을	'씨뿌리기'라고 불리는 과정에서, 여러분은 마음속에 시간의 틀을 가질 필요가 있다.	seeding 씨뿌리기 have A in mind A를 마음에 두다 time frame (행동·계획에 관한) 시간의 틀
2 순서1	Start / [telling your family / {how you feel / (about your current job)}]. [ ]: O, { }: D·O〈간·의〉 V 〈동명사〉 I·O 〈의문사〉 S V 시작하라 / 가족들에게 말하기 / 여러분이 어떻게 느끼는지를 / 여러분의 현재 직업에 대해	여러분의 현재 직업에 대해 어떻게 느끼는지를 가족들에게 말하기 시작하라.	start O(to R/-ing) ~하기를 시작하다 tell I·O D·O(의문사 S V) (4) ~에게 …을 말하다
3	Tell them / {how you get frustrated / and bored (with this job)}. { }: D·O〈간·의〉 V I·O 〈의문사〉 S V S·C_1 S·C_2 그들에게 말하라 / 여러분이 얼마나 좌절감을 느끼고 / 이 직업에 대해 지루해 하는지를	그들에게 여러분이 이 직업에 대해 얼마나 좌절감을 느끼고 지루해 하는지를 말하라.	frustrated 좌절감을 느끼는 get bored with ~에 권태를 느끼다
4 순서4	(A) These stories will make / them [realise / {that you are meant / (to follow your passion)}]. [ ]: O·C, { }: O S V O 〈종·접〉 S V〈수동태〉 O 이 이야기들은 해 줄 것이다 / 그들이 깨닫게 / 여러분이 해야 한다는 것을 / 열정을 따라야	(A) 이 이야기들은 여러분이 열정을 따라야만 한다는 것을 그들이 깨닫게 해 줄 것이다.	make O O·C(R) (5) ~가 …하게 시키다 realise 깨닫다 (= realize) be meant to R ~하기로 되어 있다, ~해야만 한다 passion 열정
5	(At times) / they need / to be surprised / (with your small achievements), / {which could be some additional skills / (you acquired), / or some awards / (you won) / (in your field of passion)}. S V O〈to부정사 수동〉 〈주·관〉 V S·C_1 (목·관 that) S V S·C_2 (목·관 that)S V 때때로 / 그들은 필요가 있다 / 놀랄 / 여러분의 작은 성과에 / 그것은 몇 가지 추가의 기술이다 / 여러분이 습득한 / 또는 몇 개의 상일 수도 있다 / 여러분이 받은 / 열정 분야에서	때때로 그들은 여러분의 작은 성과에 놀랄 필요가 있는데, 그것은 여러분이 추가로 습득한 몇 가지 기술이나 여러분이 열정 분야에서 받은 몇 개의 상일 수도 있다.	at times 때로는, 가끔은 need O(to R) ~을 할 필요가 있다 be surprised with ~에 놀라다 achievement 업적, 성취 additional 추가적인, 추가의 acquire a skill 기술을 익히다 win an award 상을 타다 field 분야, 영역
6	(B) Discuss this / (almost) / (twice a week). V O 이것에 대해 논의하라 / 거의 / 일주일에 두 번은	(B) 거의 일주일에 두 번은 이것에 대해 논의하라.	discuss 논의하다, 상의하다
7 TS 순서2	(Then) start / {doing work / (related to your passion) / (on the side)} / and let them see and experience / (how happy you are) / (while doing this). { }: O, ( ): O〈간·의〉, ( ): 〈분사구문〉 V_1 〈동명사〉 O p.p. V_2 O O·C_1 O·C_2 〈의문사〉 S·C S V 〈종·접〉 〈현재분사〉 O 그런 다음에 시작하라 / 일을 하기 / 열정과 관련된 / 추가로 / 그들이 보고 경험하게 하라 / 여러분이 얼마나 행복한지를 / 이 일을 하는 동안에	그런 다음에 열정과 관련된 일을 추가로 하기 시작하고, 이 일을 하는 동안에 여러분이 얼마나 행복한지를 그들이 보고 경험하게 하라.	do work 일하다 related to ~와 관련된 on the side 추가로, 부업으로 let O O·C(R) (5) ~가 …하도록 하다 while ~하는 동안
8	Find a way / {to get your family and friends involved / (in your passion)}. V O O_1 O_2 O·C 방법을 찾아라 / 여러분의 가족과 친구들이 관여하게 할 / 여러분의 열정에	여러분의 가족과 친구들이 여러분의 열정에 관여하게 할 방법을 찾아라.	find a way 방법을 찾아내다 get O O·C(p.p.) (5) ~가 …하게 하다 involved in ~에 관련된[연루된]
9	The more they see you / (doing your passion), / the more they connect (with you) / (emotionally). ( ): O·C 〈the 비교급 ~, the 비교급 …〉 S_1 V_1 O 〈현재분사〉 O S_2 V_2 그들이 더 많이 볼수록 / 여러분이 열정을 쏟는 것을 / 그들은 여러분과 더 많이 연결된다 / 감정적으로	여러분이 열정을 쏟는 것을 더 많이 볼수록, 그들은 여러분과 감정적으로 더 많이 연결된다.	the more ~, the more … ~하면 할수록, 더욱더 …하다 see O O·C(-ing) (5) ~이 …하는 것을 보다, 목격하다 connect with ~와 연결되다 emotionally 감정적으로
10 순서3	(C) Tell them stories / [of {how you are inspired (by the passion)} / and {how it makes a difference / not only (to you) but also (to others)}]. { }: O_1〈간·의〉, { }: O_2〈간·의〉 V I·O D·O 〈전치사〉 〈의문사〉 S V〈수동태〉 〈의문사〉 S V O 〈not only A but also B〉 그들에게 이야기하라 / 어떻게 그 열정에 영감을 받고 / 어떻게 변화를 주는지에 대해 / 그것이 여러분뿐만 아니라 다른 사람들에게도	(C) 그 열정에 어떻게 영감을 받고 그것이 여러분뿐만 아니라 다른 사람들에게도 어떻게 변화를 주는지에 대해 그들에게 이야기하라.	tell I·O D·O (4) ~에게 …을 말하다 be inspired by ~에 의해 영감을 받다 make a difference 변화를 일으키다 not only A but also B A뿐만 아니라 B 또한
11	Give examples / [of {how someone (living a similar passion) started his or her life} / and (today) {how he or she is living (happily)}]. { }: O_1〈간·의〉, { }: O_2〈간·의〉 V O 〈전치사〉 〈의문사〉 S〈선행사〉 〈현재분사〉 O V O 〈의문사〉 S V〈현재진행〉 예를 들어 주어라 / 비슷한 열정을 갖고 사는 사람이 어떻게 그 사람의 삶을 시작했는지 / 그리고 오늘날 그 사람이 어떻게 행복하게 살고 있는지	비슷한 열정을 갖고 사는 사람이 어떻게 그 사람의 삶을 시작했는지 그리고 오늘날 그 사람이 어떻게 행복하게 살고 있는지 예를 들어 주어라.	give examples[an example] 예를 들다 similar 비슷한

36 주어진 글 다음에 이어질 글의 순서로 가장 적절한 것을 고르시오. [34%]

① (A)-(C)-(B)　② (B)-(A)-(C)
③ (B)-(C)-(A)　④ (C)-(A)-(B)
⑤ (C)-(B)-(A)

정답 | ③

해설 | 6에서 this는 2, 3의 내용을 가리키므로 주어진 글 다음에 (B)가 이어진다.
9에서 열정을 쏟는 것을 가족과 친구들에게 보여 주어 감정적으로 연결된다는 내용이 10에서 열정이 다른 사람들에게 변화를 준다는 내용과 이어지므로 (B) 다음에 (C)가 이어진다.
4에서 These stories가 10, 11의 내용을 가리키므로 (C) 다음에 (A)가 이어진다.

문법

1 7 11 〈주격 관계대명사 + be동사 생략〉 : a process [(which/that is) called(과거분사)] / work [(which/that is) related(과거분사)]: 과거분사가 명사 뒤에서 후치 수식하는 경우 / someone [(who/that was) living(현재분사)] : 현재분사가 명사 뒤에서 후치 수식하는 경우

1 5 〈need 동사의 용법〉

need	목적어 (to 동사원형)		주어가 (~할) 필요가 있다	3형식
	목적어	목적격 보어 (to 동사원형)	주어는 목적어가 ~해 줄 필요가 있다	5형식

2 3 6 8 10 11 〈직접명령문〉 : Start / Tell / Discuss / Find / Give

직접명령문	긍정문	동사원형	~해라
		Please + 동사원형	~해 주세요
	부정문	Don't + 동사원형	~하지 마라
		Never + 동사원형	

2 7 〈3형식에서 목적어 자리에 to R / -ing 둘 다 사용 가능한 동사들〉 : begin / cease / continue / dislike / hate / like / love / neglect / prefer / **start** 등

2 3 〈간접의문문〉

수여동사	간접목적어	직접목적어		
telling	your family	〈간접의문문〉: 명사절		
Tell	them	의문사	주어	동사
		how	you	feel
		how	you	get

4 〈have 사역동사〉

make	목적어	목적격 보어	해석
사역동사	명사 / 명사 상당어구	**동사원형: 능동**	~가 …하도록 시키다
		과거분사: 수동	~가 …하게 당하다
make	them	~~realises~~	
		realise	

4 〈미국식 영어 vs. 영국식 영어〉 : 철자 차이

미국식 영어	영국식 영어	미국식 영어	영국식 영어
apologize	apologise	recognize	recognise
realize	**realise**	analyze	analyse

5 〈주격 관계대명사절〉 : 계속적 용법으로는 that 사용 불가 (, which could be ~ = **and they** could be ~)

		주격 관계대명사절		
선행사	콤마(,)	주·관	~~주어~~	동사
your ~ achievements	계속적 용법	which		could be

5 〈목적격 관계대명사 that〉 : 타동사의 목적어가 없는 경우 / 선행사를 포함하고 있는 관계대명사 what 사용 불가

	목적격 관계대명사절			
선행사	목적격 관계대명사	주어	타동사	~~목적어~~
skills	(that) 생략 가능	you	acquired	
some awards		you	won	

7 〈사역동사〉 : **let** / have / make + 목적어 + **목적격 보어(동사원형)**

7 〈간접의문문〉

	〈간접의문문〉: 완전 타동사의 목적어			
완전 타동사	의문사	주격 보어	주어	동사
see and experience	how	happy	you	are

7 〈생략〉 : while(종속접속사) (**you are**) doing(현재분사) this : 종속절 안에 있는 '주어 + be동사'는 주절의 주어와 종속절의 주어가 같을 시 생략 가능함

9 〈the 비교급 ~, the 비교급 …〉 : ~하면 할수록, 더 …하다

the	비교급	~,	the	비교급	…
	-er/more			-er/more	
	more			more	

9 〈지각동사 see〉 : see + O + O·C (5) 문장에서 목적어 you가 doing하는 입장이기에 현재분사 doing이 사용됨 (목적어와 목적격 보어 관계가 능동)

10 11 〈간접의문문〉

전치사	의문사	주어	동사
of	how	you	are inspired
	how	it	makes
	how	someone	started
	how	he or she	is living

어법 & 연결어

In a process [calling / called] *seeding*, you need [to have / having] a time frame in mind. [Start / To start] telling your family [how you feel / how do you feel] about your current job. [Tell / Telling] them [how you get / how do you get] [frustrating / frustrated] and [bored / boring] with this job. [Discuss / Discussing] this [most / almost] twice a week. [When / Then] [start / to start] doing work [related / relating] to your passion on the side and let them [see / to see] and [experience / experiencing] how [happy / happily] you are [while / during] [done / doing] this. [Find / To find] a way to get your family and friends [involved / involving] in your passion. The more they see you [to do / doing] your passion, the more they connect with you emotionally. [Tell / To tell] them stories of [how you are inspired / how are you inpsired] by the passion and [how it makes / how does it make] a difference not only to you but also to others. [Give / Giving] examples of how someone [lived / living] a similar passion started his or her life and today how he or she is living happily. These stories will make them [realise / to realise] [that / what] you [mean / are meant] [to follow / following] your passion. At times they need [to surprise / to be surprised] with your small achievements, [what / which] could be some additional skills you acquired, or some awards you won in your field of passion.

전국 2021학년도 10월 고3 37번		
글의 순서	제목	흩어져 생활하는 것이 공적 생활로부터 멀어지는 것과 관련 있는 원인
	주제	흩어져 생활하는 것이 공적 생활로부터 멀어지는 것과 관련 있는 원인은 스프롤의 구조 때문일 수 있다.
	논리	원인·결과, 비교·대조, 연구

	지문	해석	단어 & 숙어
1 연구 결과	{ }:S {Living (in dispersal)} / correlates (with a shocking retreat) / (from public life), / (according to extensive analysis) / (of the Social Capital Community Benchmark Survey) / (of nearly thirty thousand people) / (begun in 2000). 〈동명사〉 V 〈현재분사〉 〈전치사〉 O p.p. 흩어져 생활하는 것은 / 멀어지는 것과 놀라울 정도로 관련이 있다고 한다 / 공적 생활로부터 / 광범위한 분석에 따르면 / 사회 자본 공동체 기준 조사 / 거의 3만 명을 대상으로 한 / 2000년에 시작된	2000년에 시작된 거의 3만 명을 대상으로 한 사회 자본 공동체 기준 조사(Social Capital Community Benchmark Survey)의 광범위한 분석에 따르면, 흩어져 생활하는 것은 공적 생활로부터 놀라울 정도로 멀어지는 것과 관련이 있다고 한다.	in dispersal 흩어져서, 분산되어 correlate with ~와 상관있다 shocking 충격적인 a retreat from ~에서의 후퇴, 멀어져 가다 public life 공적 생활 according to ~에 따르면 extensive 확장적인, 광범위한 analysis 분석 capital 자본 benchmark 비교평가 survey 조사 nearly 거의
2	( ):〈진S〉 It is hard / (to pinpoint the origin of this retreat). 〈가S〉 V S·C O 어렵다 / 이렇게 멀어지는 것의 원인을 정확히 집어내는 것은	이렇게 멀어지는 것의 원인을 정확히 집어내는 것은 어렵다.	pinpoint 정확히 찾아내다 origin 원인, 발단
3	(A) Meanwhile, / the architectures (of sprawl) / inhibit political activity / (that requires face-to-face interaction). S V O〈선행사〉 〈주·관〉 V O 한편 / 스프롤의 구조는 / 정치 활동을 억제한다 / 대면 상호 작용이 필요한	(A) 한편, 스프롤의 구조는 대면 상호 작용이 필요한 정치 활동을 억제한다.	meanwhile 다른 한 편으로 architecture 구조, 양식 sprawl 스프롤(무질서하게 뻗어 나간 도시 외곽 지역) inhibit 억제하다 face-to-face 대면의 interaction 상호 작용
4	( ):S·C It / is not (that sprawl makes political activity impossible), / but (by privatizing gathering space / and dispersing human activity), / sprawl makes / political gathering less likely. S_1 V_1 〈종·접〉 S V O O·C 〈not A but B〉 〈동명사〉$_1$ O 〈동명사〉$_2$ O S_2 V_2 O O·C 스프롤이 정치 활동을 불가능하게 만들지는 않지만 / 모임공간을 사유화하고 / 인간의 활동을 분산시킴으로써 / 스프롤은 만든다 / 정치 모임을 덜 가능하게	스프롤이 정치 활동을 불가능하게 만들지는 않지만, 모임공간을 사유화하고 인간의 활동을 분산시킴으로써, 스프롤은 정치 모임을 덜 가능하게 만든다.	make O O·C(형용사/명사) ~가 …한 상태로 만들다 activity 활동 impossible 불가능한 by + -ing ~함으로써 privatize 사유화하다, 민영화하다 gathering space 모임 공간 disperse 흩어지다, 해산하다[시키다] likely ~할 가망이 있는
5	( ):O (B) These are / both possible, / but evidence suggests / (that the spatial landscape matters). S_1 V_1 S·C S_2 V_2 〈종·접〉 S V 이 두 가지가 모두 가능하다 / 하지만 증거가 말해준다 / 공간적 상황이 중요하다는 점을	(B) 이 두 가지가 모두 가능하지만, 공간적 상황이 중요하다는 점을 증거가 말해 준다.	possible 가능한 evidence 증거, 징후 suggest 말하다, 시사하다 spatial 공간의, 공간적인 landscape 상황, 풍경 matter 중요하다
6	[ ]:O Sociologists point out / [that the suburbs have done / an efficient job / {of sorting people (into communities)} / {where they will be surrounded / (by people) / (of the same socioeconomic status)}]. S V 〈종·접〉 S V〈현재완료〉 O 〈동명사〉 O 〈선행사〉 〈관·부〉 S V〈미래수동〉 사회학자들은 지적한다 / 교외 지역이 해 왔음을 / 효율적인 일을 / 사람들을 지역 사회로 나누어 놓는 / 가운데서 살게 할 / 사람들 / 같은 사회·경제적 지위에 있는	사회학자들은 교외 지역이 사람들을 같은 사회·경제적 지위에 있는 사람들 가운데서 살게 할 지역 사회로 나누어 놓는 일을 효율적으로 해 왔음을 지적한다.	sociologist 사회학자 point out ~을 지적하다 suburb 교외 efficient 효율적인 sort A into B A를 B로 분류하다 community 지역 사회 be surrounded by ~에 둘러싸이다 socioeconomic 사회·경제적 status 지위
7 원인1	[ ]:S·C (C) It may be / [because people (in the dispersed city) have invested / so (heavily) (in private comfort) / {that they feel insulated / (from the problems) / (of the rest of the world)}]. S V 〈종·접〉 S p.p. V〈현재완료〉 〈so 형/부 that S V〉 〈종·접〉 S V S·C(p.p.) 그것은 아마도 / 분산된 도시에 사는 사람들이 투자를 해서 / 사적 편안함에 너무 많은 / 그들이 차단되었다고 느끼기 때문일 수 있다 / 문제들로부터 / 나머지 세상의	(C) 그것은 아마도 분산된 도시에 사는 사람들이 사적 편안함에 너무 많은 투자를 해서 나머지 세상의 문제들로부터 차단되었다고 느끼기 때문일 수 있다.	dispersed 흩어진, 분산된 invest 투자하다 heavily (양·정도가) 심하게[아주 많이] private 개인적인 comfort 편안(함) feel S·C(p.p.) ~라고 느끼다 insulate A from B A를 B로부터 차단하다 (수동태 시, A be insulated from B) the rest of ~의 나머지
8 원인2	[ ]:S·C It may be / [that sprawl has attracted people / {who are (naturally) less interested / (in engaging with the world), / (socially or politically)}]. S V 〈종·접〉 S V〈현재완료〉 O〈선행사〉 〈주·관〉 V〈수동태〉 〈동명사〉 그것은 아마도 / 스프롤이 사람들을 끌어들였을 수도 있다 / 원래 관심이 적은 / 세상일에 관여하는 데 / 사회적으로 또는 정치적으로	스프롤이 사회적으로 또는 정치적으로 세상일에 관여하는 데 원래 관심이 적은 사람들을 끌어들였을 수도 있다.	attract 끌다, 매료시키다 naturally 본래, 원래 be interested in ~에 관심이 있다 engage with ~에 관여하다, ~와 관계를 맺다 socially 사회적으로 politically 정치적으로

37 주어진 글 다음에 이어질 글의 순서로 가장 적절한 것을 고르시오. [3점] [32%]

① (A)-(C)-(B)　② (B)-(A)-(C)
③ (B)-(C)-(A)　④ (C)-(A)-(B)
⑤ (C)-(B)-(A)

정답 | ⑤

해설 | 2에서 흩어져 생활하는 것이 공적 생활로부터 멀어지는 것과 관련 있는 원인을 집어내기 어렵다고 했고, 7, 8에서는 그 원인을 추측하고 있으므로 주어진 글 다음에 (C)가 이어진다.
5에 These는 7과 8의 내용을 가리키므로 (C) 다음에 (B)가 이어진다.
6에서는 교외 지역에 관한 내용이 제시되었고, 3에서는 Meanwhile과 함께 스프롤에 관한 내용이 제시되었으므로 (B) 다음에 (A)가 이어진다.

문법

1 〈동명사구 주어〉: [**Living** in dispersal (동명사구)] + **correlates** (단수동사) : 모든 구/절은 단수 취급

1 〈according to/as〉

~에 따르면	전치사구	**according to**	(동)명사
	종속접속사	according as	주어 동사

1 〈주격 관계대명사 + be동사 생략〉: Survey of ~ people [(which/that was) begun(과거분사)]: 과거분사가 명사 뒤에서 후치 수식하는 경우

2 〈가주어, 진주어 구문〉

가주어	동사	진주어
It (this, that, there 사용불가)	–	that + 주어 + 동사 (완전한 절)
		to 동사원형
		동명사
		의문사 + 주어 + 동사 (간접의문문)
		if/whether + 주어 + 동사
It	is	to pinpoint

2 〈hard / hardly〉

	형용사	부사
hard	**어려운, 단단한**	열심히
hardly	–	거의 ~하지 않는

3 8 〈주격 관계대명사절〉: 선행사를 포함하는 관계대명사 what 사용 불가

	주격 관계대명사절		
선행사	주격 관계대명사	~~주어~~	동사
activity	that		requires
people	who		are

3 4 5 6 7 8 〈what vs. that〉

	관계대명사 (불완전한 문장)	접속사 (완전한 문장)
what	○ 선행사를 포함하고 있기 때문에 what 앞에 선행사 불필요	×
that	○ that 앞에 선행사 필요	○

4 〈make 상태동사〉: 수동태 시, be made + 주격 보어(형용사/명사)

make	목적어	목적격 보어	해석
상태동사	명사 / 명사 상당어구	**형용사**	~가 …한 상태로 만들다
		명사	

5 〈조동사 should의 용법〉: **suggests** that the spatial landscape **matters** (suggest가 '제안'이 아닌 '사실'로 쓰일 경우)

주절			종속절 : 명사절 (타동사의 목적어)			
주어	타동사		종속접속사 (that)	주어	동사	
	주장	insist, argue			당위성일 경우	(should) 동사원형
	요구/요청/부탁	require, demand, ask, desire, request, stipulate, move, beg, mandate				
	명령	command, order				
	충고	advise, urge			일반적 사실인 경우	주절의 동사와 시제 일치
	결정	agree, decide, decree, determine				
	소망	wish, pray, prefer				
	제안 / 권장	**suggest**, propose, recommend				

6 〈관계부사 where 용법〉: 관계대명사 which 사용 불가

선행사 있는 경우	선행사(장소) + where + 주어 + 동사 ~ (완전한 절)	형용사절 : 선행사가 앞에 있는 경우 : ~하는
(선행사) 없는 경우	where + 주어 + 동사 ~ (완전한 절)	부사절/명사절 : 선행사를 포함하고 있는 경우 : ~하는 곳[점]
	where + 주어 + 동사 ~ (완전한 절), 주어 + 동사 …	상황의 부사절을 이끌어 : ~하는 경우에

7 〈원인과 결과를 동시에 나타내는 표현〉: '너무 ~해서 그 결과 …하다' (종속접속사 that 생략 가능)

〈원인〉: 너무 ~해서				〈결과〉: 그 결과 …하다		
so	형용사/부사	(a(n) + 명사)		**(that)**	**주어**	**동사**
such	(a(n))	형용사	명사	that	주어	동사

어법 & 연결어

[**Live / Living**] in dispersal correlates with a shocking retreat from public life, according [**to / as**] extensive analysis of the Social Capital Community Benchmark Survey of [**near / nearly**] thirty thousand people begun in 2000. It is [**hard / hardly**] to pinpoint the origin of this retreat. It may be [**because / because of**] people in the [**dispersed / dispersing**] city have invested so heavily in private comfort [**what / that**] they feel [**insulated / insulating**] from the problems of the rest of the world. It may be [**what / that**] sprawl has attracted people who [**is / are**] naturally less interested in engaging with the world, socially or politically. These are [**either / both**] possible, but evidence suggests [**what / that**] the spatial landscape matters. Sociologists point out [**that / what**] the suburbs have done an efficient job of sorting people into communities [**where / which**] they [**will surround / will be surrounded**] by people of the same socioeconomic [**statue / status**]. (　　　　　　　　), the architectures of sprawl inhibit political activity [**what / that**] [**require / requires**] face-to-face interaction. It is not [**what / that**] sprawl makes political activity [**impossible / impossibly**], but by privatizing gathering space and [**disperse / dispersing**] human activity, sprawl makes political gathering less [**alike / likely**].

전국 2021학년도 10월 고3 38번

문장 삽입

제목	수은 배출을 규제하는 조약
주제	수은 배출을 규제하는 조약의 합의가 이루어졌으며, 이것에 드는 비용은 잘 쓰인 투자이다.
논리	질문·답변

	지문	해석	단어 & 숙어
1	{Getting mercury (out of our production processes)} / will be hard work / and it will cost money, / (for sure). { }: S1 〈동명사〉 O V1 S·C S2 V2 O 수은을 우리의 생산 공정에서 제외시키는 것은 / 힘든 일이 될 것이다 / 그리고 그것은 돈이 들 것이다 / 확실히	수은을 우리의 생산 공정에서 제외시키는 것은 확실히 힘든 일이 될 것이고 그것은 돈이 들 것이다.	get A out of B A를 B에서 제외시키다 mercury 수은 production process 생산 공정 cost (값·비용이) ~이다[들다] for sure 확실히
2	Government warnings and stark statistics / (about mercury-contaminated fish) / have become so routine / {that we (barely) take note}. S1 S2 p.p. V〈현재완료〉 S·C 〈종·접〉 S V O 정부의 경고와 확실한 통계가 / 수은에 오염된 생선에 대한 / 너무 일상화되어 〈so 형/부 that S V〉 / 우리는 거의 주목하지 않는다	수은에 오염된 생선에 대한 정부의 경고와 확실한 통계가 너무 일상화되어 우리는 거의 주목하지 않는다.	government 정부 warning 경고 stark 확실한 statistics 통계 contaminated 오염된 so 형/부 (that) S V 너무 ~해서 그 결과 …하다 routine 일상적인 barely 거의 ~않게, 가까스로 take note 주목하다
3 질문	(①) I have to ask: / why have these warnings been aimed / [at getting people {to cease (eating fish)}], / rather than [at getting the industries / {to stop (putting mercury) / (into our environment)}]? S V 〈의문사〉 S V〈현재수동〉 〈동명사〉 O { }: O·C 〈동명사〉 O ( ): O 〈A rather than B〉 〈동명사〉 O { }: O·C 〈동명사〉 O ( ): O 나는 물어볼 수밖에 없다 / 왜 이러한 경고들이 목표를 해왔을까 / 사람들이 생선 먹는 것을 중단하게 하는 것 / 산업체로 하여금 / 수은을 배출하지 못하게 하는 것이 아니라 / 우리의 환경에	나는 물어볼 수밖에 없는데, 왜 이러한 경고들이 산업체로 하여금 우리의 환경에 수은을 배출하지 못하게 하는 것이 아니라 사람들이 생선 먹는 것을 중단하게 하는 것을 목표로 해 왔을까?	have to R ~해야만 한다 warning 경고 be aimed at ~을 목표로 하다 get O O·C(to R) (5) ~가 …하도록 하다 cease O(-ing) ~하는 것을 중단하다 A rather than B B라기보다는 오히려 A industry 산업체 stop O(-ing) ~하는 것을 멈추다 put A into B A를 B에 넣다 environment 환경
4 답변	(②) **Finally** / (in February 2009), / near-global consensus was reached: / more than 140 countries / (convened by the United Nations Environment Programme (UNEP)) / (unanimously) / agreed (to create an international mercury treaty). S V〈수동태〉 S 〈선행사〉 p.p. V O ( ): O 마침내 / 2009년 2월에 / 거의 전 세계적인 합의가 이루어졌다 / 140개가 넘는 국가들이 / 유엔 환경계획(UNEP)에 의해 소집된 / 만장일치로 / 국제 수은 조약을 만드는 데 동의했다	마침내 2009년 2월에 거의 전 세계적인 합의가 이루어졌는데, 유엔 환경계획(UNEP)에 의해 소집된 140개가 넘는 국가들이 만장일치로 국제 수은 조약을 만드는 데 동의했다.	finally 마침내 near-global 거의 전 세계적인 consensus 합의 reach 이루어지다 convene 소집하다 unanimously 만장일치로 agree O(to R) ~에 대해 동의[합의]하다 international 국제적인 treaty 조약
5	(③) They (also) urged / immediate action / (through a voluntary Global Mercury Partnership) / (while the treaty is being finalized). S V O 〈종·접〉 S V〈현재진행수동〉 그들은 또한 촉구했다 / 즉각적인 조치를 / 자발적인 Global Mercury Partnership을 통한 / 그 조약이 완성되는 동안에	그들은 또한 그 조약이 완성되는 동안에 자발적인 Global Mercury Partnership을 통한 즉각적인 조치를 촉구했다.	urge 촉구하다 immediate 즉각적인 action 조치, 행동 through ~을 통해 voluntary 자발적인 while ~ 동안 finalize 마무리하다
6 TS	(④) **But** / investments (in eliminating mercury) / are investments / (well spent). S 〈동명사〉 O V S·C〈선행사〉 〈부사〉 p.p. 그러나 / 수은을 제거하는 데 이루어진 투자는 / 투자이다 / 잘 쓰인	그러나 수은을 제거하는 데 이루어진 투자는 잘 쓰인 투자이다.	investment 투자 eliminate 없애다 well spent 뜻있게 사용된, 효과적으로 소비된
7	(⑤) UNEP estimates / {that every kilogram (of mercury) / (taken out of the environment) / can lead (to up to $12,500 worth) / (of social, environmental, and human health benefits)}. S V { }: O 〈종·접〉 S 〈선행사〉 p.p. V 〈전치사〉 〈형용사〉1 〈형용사〉2 〈형용사〉 〈형용사처럼 쓰이는 명사〉 O UNEP는 추정한다 / 수은이 1킬로그램씩 / 환경에서 제거될 때마다 / 12,500달러에 달하는 이어질 수 있다고 / 사회적, 환경적 그리고 인간 건강상의 혜택으로	UNEP는 환경에서 수은이 1킬로그램 제거될 때마다 12,500달러에 달하는 사회적, 환경적 그리고 인간 건강상의 혜택으로 이어질 수 있다고 추정한다.	estimate 추정하다 take A out of B B에서 A를 꺼내다, 제거하다 lead to ~으로 이어지다 up to ~까지 worth 가치, (얼마) 어치 (of) health 건강 benefit 혜택

38 글의 흐름으로 보아, 주어진 문장이 들어가기에 가장 적절한 곳을 고르시오. [45%]

정답 | ④

해설 | 주어진 문장에서 수은을 제거하는 일에는 큰돈이 들 것이라고 했지만, (④)에서는 But과 함께 큰돈이 들지라도 잘 쓰인 투자라고 했으므로 주어진 문장은 (④)에 들어가는 것이 가장 적절하다.

문법

1 〈hard / hardly〉

	형용사	부사
hard	어려운, 단단한	열심히
hardly	–	거의 ~하지 않는

2 〈원인과 결과를 동시에 나타내는 표현〉: '너무 ~해서 그 결과 …하다' (종속접속사 that 생략 가능)

〈원인〉: 너무 ~해서				〈결과〉: 그 결과 …하다		
so	형용사/부사	(a(n) + 명사)		(that)	주어	동사
such	(a(n))	형용사	명사	that	주어	동사

2 〈become 동사의 쓰임〉

	주격 보어	2형식
become	명사	(~으로) 되다
	형용사	
	과거분사	
	목적어	3형식
	명사	어울리다, 잘 맞다 (진행형/수동태 불가)

2 **7** 〈what vs. that〉

	관계대명사 (불완전한 문장)	접속사 (완전한 문장)
what	○ 선행사를 포함하고 있기 때문에 what 앞에 선행사 불필요	×
that	○ that 앞에 선행사 필요	○

2 〈부정어의 종류〉

부정어	완전부정어	부사	not (~아닌)
			never (결코 ~아닌)
		형용사	no (~도 아닌)
		대명사/부사/형용사	neither (~도 아닌)
		대명사/부사/형용사	none (아무도 ~아닌)
		대명사/부사/명사	nothing (조금도[결코] ~않은)
	준부정어	부사	hardly (거의 ~않는)
			scarcely (거의 ~않는)
			barely (거의 ~아니게)
			seldom (좀처럼 ~않는)
			rarely (좀처럼 ~하지 않는)
		형용사/부사	little (거의 ~없는)
			few (거의 ~없는)

3 〈get 동사의 쓰임〉: 5형식일 경우

get	목적어	목적격 보어	5형식	목적어와 목적격 보어와의 관계
		형용사	~을 …의 상태가 되게 하다	능동
		현재분사	~을 …의 상태가 되게 하다	
		to 동사원형	**(남에게) …시키다**	
		과거분사	(물건을) …하게 하다	수동

3 〈stop 동사의 쓰임〉

stop	부가어/목적어	1형식/3형식
	to 동사원형(부가어)	~하기 위해서 멈추다(1형식)
	동명사(목적어)	**~하는 것을 멈추다(3형식)**

4 **6** **7** 〈주격 관계대명사 + be동사 생략〉

–	생략 가능	
명사 (선행사)	(주격 관계대명사 + be동사)	현재분사(-ing) – 능동 (~하고 있는, ~하는)
		과거분사(p.p.) – 수동 (~되어진, ~당한)
		명사
		형용사(구) (~하는, ~할)
		부사
		전치사구
countries	(which/that were)	convened
investments	(which/that are)	spent
mercury	(which/that is)	taken

4 〈목적어 자리에 to부정사를 취하는 완전 타동사〉

주어	완전 타동사	목적어
–	afford / **agree** / ask / attempt / care / choose / claim / dare / decide / demand / desire / determine / elect / expect / fail / guarantee / hope / intend / learn / manage / need / offer / plan / pretend / promise / refuse / resolve / seek / threaten / volunteer / want / wish 등	to 동사원형

5 〈혼동 어휘〉

through	전치사	~을 통하여
throughout	전치사	(장소) ~의 도처에, (시간) ~ 동안, ~ 내내
	부사	도처에, 완전히, 철저하게
though	접속사	~에도 불구하고
thorough	형용사	철저한, 완전한

5 시간 (~ 동안)

전치사	during	+ 명사 / 명사 상당어구
종속접속사	**while**	**+ 주어 + 동사**

어법 & 연결어

Government warnings and stark statistics about mercury-contaminated fish have become so **[routine / routinely]** **[that / what]** we barely take note. I have to ask: why have these warnings **[aimed / been aimed]** at getting people **[to cease / ceasing]** **[to eat / eating]** fish, rather than at getting the industries **[to stop / stopping]** **[to put / putting]** mercury into our environment? (　　　　　) in February 2009, near-global consensus **[reached / was reached]**: more than 140 countries **[convening / convened]** by the United Nations Environment Programme (UNEP) unanimously agreed **[creating / to create]** an international mercury treaty. They also urged immediate action **[through / thorough]** a voluntary Global Mercury Partnership **[during / while]** the treaty **[is finalizing / is being finalized]**. **[Get / Getting]** mercury out of our production processes will be **[hardly / hard]** work and it will cost money, for sure. (　　　) investments in **[elimination / eliminating]** mercury **[is / are]** investments well **[spending / spent]**. UNEP estimates **[what / that]** every kilogram of mercury **[taken / taking]** out of the environment can lead to up to $12,500 worth of social, environmental, and human health benefits.

전국 2021학년도 10월 고3 39번		
문장 삽입	제목	인간 사회의 문화적 정보 연구의 필요성
	주제	문화는 인간이 지구 생물체 중에서 큰 통제력을 얻게 하는데 기여했고, 인간 사회의 작동 또한 이것의 영향을 고려해야 한다.
	논리	주장과 근거

	지문	해석	단어 & 숙어
1	{To understand / (how human societies operate)}, / it is therefore not sufficient / {to only look at / their DNA, their molecular mechanisms and the influences / (from the outside world)}. ( ): O〈간·의〉 〈의문사〉 S V 〈가S〉 V S·C { }: 〈진S〉 O_1 O_2 O_3 이해하려면 / 인간 사회가 어떻게 작동하는지를 / 따라서 충분하지 않다 / 보는 것만으로는 / 인간의 DNA와 분자 메커니즘, 그리고 영향을 / 외부 세계로부터의	따라서 인간 사회가 어떻게 작동하는지를 이해하려면, 인간의 DNA와 분자 메커니즘, 그리고 외부 세계로부터의 영향을 보는 것만으로는 충분하지 않다.	sufficient 충분한 look at ~을 (자세히) 살피다 DNA 디엔에이, 디옥시리보핵산 (deoxyribonucleic acid) [대부분의 생명체(일부 바이러스 제외)의 유전 정보를 담고 있는 화학 물질의 일종] molecular 분자의 mechanism 방법, 메커니즘 influence 영향 outside world 외부 세계
2	A meaningful level (of complexity) / (in our history) / consists (of culture): / information / {stored (in nerve and brain cells) / or (in human records) / (of various kinds)}. 〈형용사〉 S V p.p. 의미 있는 수준의 복잡성은 / 우리의 역사에서 / 문화로 구성된다 / 정보로 / 신경과 뇌세포 안에 저장된 / 또는 인간 기록 안에 / 다양한 종류의	우리의 역사에서 의미 있는 수준의 복잡성은 문화, 즉 신경과 뇌세포 또는 다양한 종류의 인간 기록 안에 저장된 정보로 구성된다.	meaningful 의미 있는, 중요한 level 수준 complexity 복잡성, 복잡함 consist of ~으로 구성되다 store 저장하다 nerve 신경 brain cell 뇌세포 record 기록
3	The species / (that has developed this capacity the most) / is, (of course), humankind. S 〈주·관〉 V〈현재완료〉 O V S·C 종은 / 이 능력을 가장 많이 발달시킨 / 물론 인간이다	이 능력을 가장 많이 발달시킨 종은 물론 인간이다.	species (분류상의) 종(種) develop 발달시키다 capacity 능력 humankind 인류
4	(①) (In terms of total body weight), / our species (currently) makes up / about 0.005 (per cent) / (of all planetary biomass). 〈전치사〉 O S V O 총 체중 면에서 / 우리 인간은 현재 차지한다 / 약 0.005%를 / 전체 지구 생물량의	총 체중 면에서 우리 인간은 현재 전체 지구 생물량의 약 0.005%를 차지한다.	in terms of ~ 면에서 body weight 체중 make up 차지하다, 구성하다 planetary 지구의, 행성의 biomass (특정 지역 내의) 생물량 [생물의 총량]
5	(②) {If all life (combined) / were only a paint chip}, / all human beings (today) / would (jointly) amount / (to no more than a tiny colony of bacteria) / (sitting on that flake). 〈종·접〉 S p.p. V S·C S V 〈전치사〉 O 〈선행사〉 〈현재분사〉 모든 생명체를 합친 것이 / 겨우 벗겨진 페인트 조각에 불과하다면 / 오늘날의 모든 인간은 / 다 합쳐도 해당할 것이다 / 아주 작은 박테리아 군체에 / 그 조각 위에 놓여 있는	모든 생명체를 합친 것이 벗겨진 페인트 조각에 불과하다면, 오늘날의 모든 인간은 다 합쳐도 겨우 그 조각 위에 놓여 있는 아주 작은 박테리아 군체에 해당할 것이다.	combined 결합된, 화합한 paint chip 페인트 조각 jointly 공동[합동]으로 amount to (합계가) ~에 달하다[이르다] no more than 단지 ~에 불과한 것 colony 군체 sit on ~의 위에 있다 flake 얇은 조각
6	(③) Yet / (through their combined efforts) / humans have learned / {to control a considerable portion / (of the terrestrial biomass)}, / (today) (perhaps) / (as much as between 25 and 40 percent of it). 〈전치사〉 p.p. O S V〈현재완료〉 { }: O O 하지만 / 자신들의 협력을 통해 / 인간은 배웠다 / 상당 부분을 통제하는 것을 / 지구 생물량의 / 아마도 오늘날에는 / 그 중 25%~40%나 되는 부분을 충분히	하지만 인간은 자신들의 협력을 통해 지구 생물량의 상당 부분, 아마도 오늘날에는 그 중 25%~40%나 되는 부분을 통제하게 되었다.	through ~을 통해 combined effort 협력 learn O(to R) ~하는 것을 배우다 control 통제하다 considerable 상당한 portion 부분 terrestrial 지구(상)의 perhaps 아마도 as much as ~ 만큼 많은 between A and B A와 B 사이에
7 TS 근거	(④) In other words, / (thanks to its culture) / this tiny colony of microorganisms / (residing on a paint chip) / has gained control / (over a considerable portion) / (of that flake). 〈전치사〉 O S 〈선행사〉 〈현재분사〉 V〈현재완료〉 O 다시 말해서 / 자신들의 문화 덕분에 / 이 아주 작은 미생물 군체는 / 페인트 조각 위에 살고 있는 / 통제력을 얻었다 / 상당 부분에 대한 / 그 조각의	다시 말해서, 자신들의 문화 덕분에 페인트 조각 위에 살고 있는 이 아주 작은 미생물 군체는 그 조각의 상당 부분에 대한 통제력을 얻었다.	in other words 즉, 다시 말해서 thanks to ~ 덕분에 culture 문화 microorganism 미생물 reside 거주하다 gain[have] control (over) 통제권을 쥐다[갖다]
8 주장	(⑤) We (also) need / (to study the cultural information) / [that humans have been using / {for shaping their own lives / as well as considerable portions / (of the rest of nature)}]. S V ( ): O O〈선행사〉 〈목·관〉 S V〈현재완료진행〉 〈동명사〉 O_2 〈B as well as A〉 O_1 또한 우리는 필요가 있다 / 문화적 정보를 연구할 / 인간이 사용해 온 / 그들 자신의 삶을 형성하기 위해 / 뿐만 아니라 상당 부분을 / 나머지 자연의	인간이 그들 자신의 삶뿐만 아니라 나머지 자연의 상당 부분을 형성하기 위해 사용해 온 문화적 정보 또한 우리는 연구할 필요가 있다.	need O(to R) ~을 할 필요가 있다 study 연구하다 use for ~을 위해 사용하다 shape 형성하다 B as well as A A뿐만 아니라 B도 the rest of ~의 나머지

39 글의 흐름으로 보아, 주어진 문장이 들어가기에 가장 적절한 곳을 고르시오. [3점] [34%]

정답 | ⑤

해설 | 7에서 인간 사회에서 문화의 중요성이 제시되었고, 주어진 문장에서는 therefore과 함께 인간 사회의 작동을 문화를 제외한 다른 요소들로 보는 것은 충분하지 않다고 했고, 8에서는 also와 함께 문화 연구의 필요성을 이야기하므로 주어진 문장은 (⑤)에 들어가는 것이 가장 적절하다.

문법

1 〈간접의문문〉

	〈간접의문문〉 : 타동사의 목적어 (완전한 문장)		
타동사	의문사	주어	동사
understand	how	human societies	operate

1 〈가주어, 진주어 구문〉 : it(가주어) ~ to only look at(진주어)

1 〈분리부정사〉 : to only look at

부정사	원형부정사	동사원형		
	to부정사	to	동사원형	
	분리부정사	**to**	**부사**	**동사원형**
			~~형용사~~	

2 〈consist of〉

be	composed	of	~로 구성되다
	comprised		
	made up		
= **consist of**			

2 5 7 〈주격 관계대명사 + be동사 생략〉

–	생략할 수 있음	–
명사 (선행사)	(주격 관계대명사 + be동사)	**현재분사/과거분사**
information	(which/that is)	stored
all life	(which/that is)	combined
bacteria	(which/that are)	sitting
microorganisms	(which/that are)	residing

3 〈주격 관계대명사절의 수의 일치〉 : 선행사를 포함하고 있는 관계대명사 what 사용 불가

	주격 관계대명사절		
선행사	주격 관계대명사	~~주어~~	동사
The species	that		~~have developed~~
			has developed

3 〈혼동 어휘〉

	대명사	형용사	부사
most	대부분의 것들[사람들]	대부분의	**가장 (많이)**
almost	–	–	거의
mostly	–	–	주로, 일반적으로

5 〈가정법 과거〉 : 현재 사실에 대한 반대를 가정할 때 사용한다. (만약 ~한다면, …할 텐데.) : 종속절과 주절은 서로 자리가 바뀌어도 무관

종속절			주절	
(Even) **If**	주어	동사	주어	동사
		과거형 동사		조동사 과거형 (**would**/should/could/might + **동사원형**)
		were		
		were not[weren't]		
		were to 동사원형		
		조동사 과거형 (would/should/could/might + 동사원형)		
	(주어 + be동사) 현재분사/과거분사			

5 〈명사의 복수형〉 : 외래어 복수(um/on → a)

단수	복수	뜻
datum	data	자료
medium	media	중간, 매체
bacterium	**bacteria**	**박테리아**
memorandum	memoranda	비망록, 메모
phenomenon	phenomena	현상, 사건
criterion	criteria	기준, 표준

6 〈혼동 어휘〉

through	전치사	~을 통하여
throughout	전치사	(장소) ~의 도처에, (시간) ~ 동안, ~ 내내
	부사	도처에, 완전히, 철저하게
though	접속사	~에도 불구하고
thorough	형용사	철저한, 완전한

6 8 〈목적어 자리에 to부정사를 취하는 완전 타동사〉

주어	완전 타동사	목적어
–	afford / agree / ask / attempt / care / choose / claim / dare / decide / demand / desire / determine / elect / expect / fail / guarantee / hope / intend / **learn** / manage / **need** / offer / plan / pretend / promise / refuse / resolve / seek / threaten / volunteer / want / wish 등	to R

8 〈목적격 관계대명사 that〉 : 타동사의 목적어가 없는 경우 / 선행사를 포함하고 있는 관계대명사 what 사용 불가

	목적격 관계대명사절			
선행사	목적격 관계대명사	주어	동사	~~목적어~~
information	(that) 생략 가능	humans	have been using for	

어법 & 연결어

A meaningful level of complexity in our history **[consists / is consisted]** of culture: information **[stored / storing]** in nerve and brain cells or in human records of various kinds. The species **[what / that] [have / has]** developed this capacity the most is, of course, humankind. In terms of total body weight, our species currently makes up about 0.005 per cent of all planetary biomass. If all life **[combining / combined] [were / had been]** only a paint chip, all human beings today would **[joint / jointly]** amount to no more than a tiny colony of bacteria **[sit / sitting]** on that flake. ( ) **[through / thorough]** their **[combined / combining]** efforts humans have learned **[controling / to control]** a **[considerable / considerate]** portion of the terrestrial biomass, today perhaps as much as between 25 **[or / and]** 40 percent of it. ( ), thanks to **[its / their]** culture this tiny colony of microorganisms **[residing / resided]** on a paint chip has gained control over a considerable portion of that flake. To understand **[how human societies operate / how do human societies operate]**, it is ( ) not sufficient to only look at their DNA, their molecular mechanisms and the influences from the outside world. We also need **[studying / to study]** the cultural information **[what / that]** humans have been **[using / used]** for shaping their own lives as well as considerable portions of the rest of nature.

전국 2021학년도 10월 고3 40번		
문단 요약	제목	마술 기법을 누설하는 것에 대한 마술사들의 염려
	주제	마술사들은 마술 기법을 모방하는 것에 대해서는 걱정하지 않지만, 마술 기법을 폭로하는 것에 대해서는 걱정한다.
	논리	원인·결과, 인용

	지문	해석	단어 & 숙어
1	(Perhaps) / (not surprisingly), / {given (how long magicians have been developing their craft)}, / a lot of creativity (in magic) / is of the tweaking variety / — some of the most skilled and inventive magicians / gained fame / [by refining the execution of tricks / {that have been known / (for decades), / or (sometimes) (centuries)}]. 아마도 / 당연히 / 얼마나 오랫동안 마술사들이 자신들의 기술을 발전시켜 왔는지를 생각해 보면 / 마술에 존재하는 많은 창의성은 / 살짝 변화를 준 다양성에 관한 것인데 / 가장 숙련되고 창의적인 마술사 중의 일부는 / 명성을 얻었다 / 마술 기법의 실행을 정교하게 함으로써 / 알려져 온 / 수십 년 / 혹은 때로는 수 세기 동안	아마도 당연히, 마술사들이 자신들의 기술을 얼마나 오랫동안 발전시켜 왔는지를 생각해 보면, 마술에 존재하는 많은 창의성은 살짝 변화를 준 다양성에 관한 것인데, 가장 숙련되고 창의적인 마술사 중의 일부는 수십 년 혹은 때로는 수 세기 동안 알려져 온 마술 기법의 실행을 정교하게 함으로써 명성을 얻었다.	not surprisingly 놀랄 것 없이, 당연히 given ~을 고려해 볼 때 craft 기술 creativity 창의성 tweak 살짝 조정하다, 수정하다 variety 다양(성) skilled 숙련된 inventive 창의적인 gain fame 명성을 얻다 refine 다듬다 execution 실행 trick 기법, 속임수 be known for ~ ~로 알려지다 decade 10년 century 100년, 세기
2 인용	Nevil Maskelyne, / one (of magic's old masters), / claimed / [that "the difficulty (of producing a new magical effect) / is (about) equivalent / {to that (of inventing a new proposition) / (in Euclid)}."] Nevil Maskelyne은 / 마술의 옛 거장 중 한 명인 / 주장했다 / 새로운 마술적 효과를 내는 어려움은 / 거의 같은 것이다 / 새로운 명제를 만들어 내는 어려움과 / 유클리드 기하학에서	마술의 옛 거장 중 한 명인 Nevil Maskelyne은 '새로운 마술적 효과를 내는 어려움은 유클리드 기하학에서 새로운 명제를 만들어 내는 어려움과 거의 같은 것이다.'라고 주장했다.	master 거장, 대가 claim (사실을) 주장하다 produce 만들어내다, 생산하다 equivalent to ~에 등가인, ~와 같은 invent 발명하다, 창조하다 proposition 명제 Euclid 유클리드 기하학 (기원전 300년경에 Alexandria에 살았던 그리스의 수학자, 유클리드 기하학의 창조자; 「기하학의 아버지」로 불림)
3	〈Whether it's [because there's little / {that's (completely) new}], / or (for some other reason)〉, / magicians seem / {to worry less (about imitation)}. 거의 없기 때문이든 / 완전히 새로운 것이 / 아니면 어떤 다른 이유 때문이든 / 마술사는 보인다 / 모방에 대해 덜 걱정하는 것으로	완전히 새로운 것이 거의 없기 때문이든, 아니면 어떤 다른 이유 때문이든, 마술사는 모방에 대해 덜 걱정하는 것으로 보인다.	whether A or B A이든 B이든 completely 완전히 seem S·C(to R) (~하는 것으로) 생각되다, 느껴지다, 여겨지다 worry about ~에 대해 걱정하다 imitation 모방
4	They do, however, worry / (a lot) (about *traitors*) / — those magicians / {who expose the secrets / (behind a trick) / (to the public)}. 하지만 그들은 정말 걱정한다 / '배신자'에 대해 / 즉 마술사들 / 비밀을 누설하는 / 마술 기법 뒤에 숨겨진 / 대중에게	하지만 그들은 '배신자', 즉 마술 기법 뒤에 숨겨진 비밀을 대중에게 누설하는 마술사들에 대해 정말로 걱정한다.	traitor 배신자 expose A to B B에게 A를 노출[누설]하다 secret 비밀 behind ~ 뒤에 public 대중
5 원인	{Once a trick is exposed / (in this way)}, / its value (as "magic") / is destroyed, / and this harms / everyone / (in the industry). 하나의 마술 기법이 누설되면 / 이런 식으로 / '마술'로서 그것의 가치가 / 없어지고 / 이것은 피해를 준다 / 모든 사람에게 / 그 업계에 종사하는	이런 식으로 하나의 마술 기법이 누설되면 '마술'로서 그것의 가치가 없어지고, 이것은 그 업계에 종사하는 모든 사람에게 피해를 준다.	once 한 번[일단] ~하면 in this way 이런 방식으로 value 가치 destroy 파괴하다 harm 피해를 끼치다 industry 산업, 업계
6 결과	For this reason, / magicians' norms are focused / (mostly) / (on punishing magicians) / {who expose tricks / (to the public)} / — (even if the trick is the exposer's own invention). 이런 이유로 / 마술사들의 규범은 초점이 맞춰져 있다 / 주로 / 마술사를 처벌하는 데에 / 마술 기법을 누설하는 / 대중에게 / 비록 그 마술 기법이 그 누설자 자신이 발명한 것이라고 하더라도	이런 이유로, 마술사들의 규범은, 비록 그 마술 기법이 그 누설자 자신이 발명한 것이라고 하더라도, 마술 기법을 대중에게 누설하는 마술사를 처벌하는 데 주로 초점이 맞춰져 있다.	for this reason 이런 이유로, 이 때문에 norm 규범 focus A on B A를 B에 집중하다 (수동태 시, A be focused on B) punish 처벌하다, 벌주다 even if 비록 ~일지라도 exposer 노출시키는 사람[것] invention 발명품, 발명
7 TS 요약	Magicians, / {having (long) refined existing tricks}, / are not much worried / (about ____(A)____ tricks), / but they are very strict / (about ____(B)____ the methods) / (of tricks) / (as it damages their industry). 마술사들은 / 오랫동안 기존의 마술 기법을 정교하게 다듬어 온 / 그다지 걱정하지 않지만 / 마술 기법을 모방하는 것에 대해 / 그들은 매우 엄격하다 / 방법을 누설하는 것에 대해 / 마술 기법의 / 그것(누설)이 자신들의 업계에 피해를 주기 때문에	→ 오랫동안 기존의 마술 기법을 정교하게 다듬어 온 마술사들은 마술 기법을 (A) 모방하는 것에 대해 그다지 걱정하지 않지만, 그들은 그것(누설)이 자신들의 업계에 피해를 주기 때문에 마술 기법의 방법을 (B) 누설하는 것에 대해 매우 엄격하다.	refine 정제하다 existing 기존의 not A but B A가 아니라 B copy 모방하다 strict 엄격한 disclose 폭로하다 method 방법 as ~ 때문에 damage 피해를 주다

40 다음 글의 내용을 한 문장으로 요약하고자 한다. 빈칸 (A), (B)에 들어갈 말로 가장 적절한 것은? [62%]

	(A)		(B)
①	copying	……	blending
②	copying	……	disclosing
③	criticizing	……	distorting
④	modifying	……	evaluating
⑤	modifying	……	underestimating

정답 | ②

해설 | ① 모방하는 – 섞는

② 모방하는 – 누설하는 : 3에서 마술사들이 '모방'에 대해 덜 걱정한다고 했으므로 (A)에는 copying이 적절하다.

4에서 마술 기법을 '누설'하는 것에 대해서는 걱정한다고 했으므로 (B)에는 disclosing이 적절하다.

③ 비평하는 – 왜곡하는

④ 변경하는 – 평가하는

⑤ 변경하는 – 과소평가하는

문법

1 〈if를 대신하는 어구〉 given : 〈전치사적/접속사적〉 ~을 가정하면; ~을 고려하면 (*종종 that을 수반함)

~을 가정하면	imagine (that), suppose (that), supposing(that)
~라는 조건이라면	providing (that), provided (that), so long as (that), on (the) condition (that)
~을 고려해본다면	**given (that)**, giving (that)

1 〈간접의문문〉

	〈간접의문문〉 : 과거분사의 목적어 (완전한 문장)		
과거분사	의문사	주어	동사
given	how	magicians	have been developing

1 3 4 6 〈주격 관계대명사절〉

	주격 관계대명사절		
선행사	주격 관계대명사	~~주어~~	동사
tricks	that		have been known
little	that		is
those magicians	who		expose
magicians	who		expose

2 〈동격〉 : A(명사), B(명사) (A가 주어)

동격 (B라는 A)				
명사(A) : 주어	,(콤마)	명사(구/절)(B)	,(콤마)	동사
Nevil Maskelyne		one ~ masters		claimed

2 3 〈what vs. that〉

	관계대명사 (불완전한 문장)	접속사 (완전한 문장)
what	○ 선행사를 포함하고 있기 때문에 what 앞에 선행사 불필요	×
that	○ that 앞에 선행사 필요	○

3 〈whether의 용법〉

종류				명사절	부사절
whether	(or not)	주어	동사	~인지 아닌지	~든지 말든지, ~하든 말든, ~인지 아닌지
	주어	**동사**	**(or not)**		
	A	or	B	A 이거나 B	

3 〈원인/이유: ~ 때문에〉 : 〈전치사〉 because of / due to / for / on account of / owing to / thanks to // 〈종속접속사〉 as / **because** / now (that) / since

3 〈There/Here is 도치구문〉

긍정문	**There** (Here)	**is**	**단수 주어**	~이 있다 (여기에 ~이 있다)
		are	복수 주어	
부정문	There (Here)	is no	단수 주어	~이 없다 (여기에 ~이 없다)
		are no	복수 주어	

3 〈혼동 어휘〉

	부사
complimentarily	찬사로, 무료로
completely	완전히, 전적으로
competitively	경쟁적으로
competently	유능하게

3 〈seem 동사의 쓰임〉

주어	seem	주격보어	2형식
		(to be) 보어	~처럼 보이다, 보기에 ~하다; ~인 듯하다 [것 같다], ~인 것처럼 생각되다
		to 동사원형	

4 〈동사 강조 표현〉 : do worry

do/does/did	+ 동사원형
정말로 (= really, certainly)	

7 〈분사의 완료시제〉 : having refined (본동사 시제보다 한 시제 앞선 시제)

어법 & 연결어

Perhaps not surprisingly, **[given / giving]** how long magicians have been **[developing / developed]** their craft, a lot of creativity in magic is of the tweaking variety — some of the **[most / almost]** skilled and inventive magicians gained fame by refining the execution of tricks **[that / what] [have known / have been known]** for decades, or sometimes centuries. Nevil Maskelyne, one of magic's old masters, claimed **[that / what]** "the difficulty of **[product / producing]** a new magical effect is about **[equivalent / equivalently]** to **[that / those]** of **[invention / inventing]** a new proposition in Euclid." **[If / Whether]** it's **[because / because of]** there's **[little / few]** that's completely new, or for some other reason, magicians seem to worry less about imitation. They do, (   ), **[worry / to worry]** a lot about *traitors* — those magicians who **[expose / exposes]** the secrets behind a trick to the public. Once a trick **[exposes / is exposed]** in this way, its value as "magic" **[destroys / is destroyed]**, and this harms everyone in the industry. (   ), magicians' norms **[focus / are focused] [most / mostly]** on punishing magicians who **[expose / exposes]** tricks to the public — **[even if / as if]** the trick is the exposer's own invention.

→ Magicians, **[long refining / having long refined]** existing tricks, are not much **[worried / worrying]** about copying tricks, but they are very strict about disclosing the methods of tricks as it damages their industry.

전국 2021학년도 10월 고3 41번~42번

장문 독해 (1)

제목	미디어 정보 홍수의 문제점
주제	미디어 정보의 홍수는 균형 잡힌 관점을 갖는데 방해물이 될 수 있다.
논리	통념·진실, 예시, 비유

	지문	해석	단어 & 숙어
1	(In many ways), / the proliferation (of news sources) / has been a wonderful thing. 여러 면에서 / 뉴스 출처의 확산은(S) / 놀라운 것이었다(V〈현재완료〉, O)	여러 면에서 뉴스 출처의 확산은 놀라운 것이었다.	in many ways 여러 면에서, 여러모로 proliferation 확산 source 출처 wonderful 훌륭한
2	The public (now) has / multiple ways / {to check facts and learn / (about (a) differing points of view)}. 대중은(S) 이제 가지고 있다(V) / 다양한 방법을(O) / 사실을(①, O) 확인하고 배울(②) 수 있는 / 다양한 관점에(〈동명사〉, O) 대해	대중은 이제 사실을 확인하고 다양한 관점에 대해 배울 수 있는 다양한 방법을 가지고 있다.	public 대중, 일반 사람들 multiple 많은, 다수[복수]의, 다양한 check 확인하다 fact 사실 learn about ~에 대해 배우다 differing 상이한, 다른 point of view 관점, 입장, 의견
3 통념	(In theory), / this access should improve / our ability / (to have meaningful discussions) / (with one another) / and our ability / (to form informed opinions). 이론적으로 / 이러한 접근은(S) 개선할 것이다(V) / 능력을(O_1) / 의미 있는 토론을 할 수 있는 / 서로 / 그리고 능력을(O_2) / 정보에 입각한(p.p.) 의견을(O) 형성하는	이론적으로, 이러한 접근은 서로 의미 있는 토론을 할 수 있는 능력과 정보에 입각한 의견을 형성하는 능력을 개선할 것이다.	in theory 이론상[원칙적]으로는 access 접근 improve 향상[개선]시키다, 향상하다 an ability to R ~할 수 있는 능력 meaningful 의미 있는 discussion 논의, 토론 with one another 서로서로 form 형성하다 informed 정보를 받은, 정보에 근거한 opinion 의견
4 TS 진실	But / this isn't (always) the case. 하지만 / 이것은(S) 항상 그런 것은(S·C) 아니다(V)	하지만 항상 그런 것은 아니다.	not always 언제나[반드시] ~인[하는] 것은 아니다 be the case 사실이 그러하다
5 비유	One / (of the most significant developments) / is {that media has become / (like a Las Vegas buffet)} / — we have too many choices. 하나는(S) / 가장 중요한 발전 중 / 이다(V) / { }: S·C, that〈종·접〉 미디어가(S) 되었다는(V〈현재완료〉) 것이다 / 라스베이거스 뷔페처럼(like〈전치사〉, O) / 즉 우리는(S) 너무 많은 선택을(O) 갖고 있다(V)	가장 중요한 발전 중 하나는 미디어가 라스베이거스 뷔페처럼 되었다는 것인데, 즉 우리는 너무 많은 선택을 갖고 있다.	one of + 복수명사 + 단수동사 ~들 중의 하나는 …이다 significant 중요한 development 발전 buffet 뷔페 choice 선택
6	(When you consider / all of the information options) / — [including niche media and personalized social media networks / {where developers utilize algorithms / (to serve up ideal content)}] / — there just isn't enough time / (to (b) explore them all). When〈종·접〉 you(S) consider(V) 검토할 때 / 모든 정보의 선택 사항을(O) / including〈전치사〉 틈새 미디어와(O_1) 개인에게 맞춰진(p.p.) 소셜 미디어 네트워크를(O_2) 포함한 (O_1~O_2〈선행사〉) / where〈관·부〉 개발자가(S) 알고리즘을(O) 사용하여(V) / 이상적인 콘텐츠를(O) 제공하는 / 시간이(S) 충분하지 않다(V) / 그 모든 것을(O) 탐색하기에는	개발자가 알고리즘을 사용하여 이상적인 콘텐츠를 제공하는, 틈새 미디어와 개인에게 맞춰진 소셜 미디어 네트워크를 포함한 모든 정보의 선택 사항을 검토할 때, 그 모든 것을 탐색하기에는 시간이 충분하지 않다.	option 선택, 선택사항 niche 틈새(시장) personalized 개인이 원하는 대로 할 수 있는 social media network 소셜네트워크, 사회연결망[관계망] (SMN) developer 개발자 utilize 활용하다 algorithm 알고리즘(어떤 문제를 해결하기 위한 절차, 방법, 명령어들의 집합) serve up 제공하다, (음식을) 차려 내다 ideal 이상적인, 이상 content 내용(물) explore 탐색하다
7	(In this space) / it is easy / {to become trapped / (in an *echo chamber*)}, / {where your own opinions are reinforced / (by others)} / {without introducing / new or conflicting content / (into the mix)}, / (which restricts public discourse / and can lead to (c) extremes). 이 공간에서는 / it(〈가S〉) is(V) 쉽다(S·C) / { }: 〈진S〉 갇히기(S·C) / '반향실(反響室)'에(〈선행사〉) / where〈관·부〉 자신의 의견이(S) 강화되는(V〈수동태〉) / 타인에 의해 / without〈전치사〉 받아들이는(O〈동명사〉) 것 없이 / 새롭거나(〈형용사〉) 상반된(〈현재분사〉) 내용을(O) / 섞이게 / which〈주·관〉 이것은 공론화를(O) 제한한다(V_1) / 그리고 극단으로 이어질 수 있다(V_2)	이 공간에서는 새롭거나 상반된 내용을 받아들여 섞이게 하지 않아서 자신의 의견이 타인에 의해 강화되는 '반향실(反響室)'에 갇히기 쉬우며, 이것은 공론화를 제한하고 극단으로 이어질 수 있다.	space 공간 trap (함정에) 가두다, (덫으로) 잡다 chamber (특정 목적의) 방 echo chamber 반향실(흡음성(吸音性)이 적은 재료로 벽을 만들어 소리가 잘 되울리도록 한 방) reinforce 강화하다 without ~없이, ~하지 않고 introduce 소개하다, 도입하다, 들여오다 conflicting 갈등하는, 서로 다투는 restrict 제한하다 discourse 담화 public discourse 공론화 lead to ~로 이어지다 extreme 극단

문법

3 **〈access vs. assess〉**

	동사	명사	형용사
access	접근하다, 입력하다	**접근**	–
accessible	–	–	접근하기 쉬운
assess	평가하다, 할당하다	–	–
assessment	–	평가	–
assessable	–	–	평가[산정]할 수 있는

4 **〈부분부정 vs. 전체부정〉**

부분부정	**not** + all, **always**, necessarily, exactly, extremely
전체부정	not + ever (= never), not either (= neither), not any one (= none) not + anything (= nothing), not anywhere (= nowhere)

5 **〈one of + 복수명사 + 단수동사 : ~ 중의 하나〉**

one (주어 : 단수)	of	복수명사	단수동사
one		developments	is

5 **〈혼동 어휘〉**

	대명사	형용사	부사
most	대부분의 것들[사람들]	대부분의	**가장**
almost	–	–	거의
mostly	–	–	주로, 일반적으로

5 **〈what vs. that〉**

	관계대명사 (불완전한 문장)	접속사 (완전한 문장)
what	○ 선행사를 포함하고 있기 때문에 what 앞에 선행사 불필요	×
that	○ that 앞에 선행사 필요	○

5 **〈명사의 복수형〉** : 외래어 복수(um/on → a) / **media는 종종 단수로도 사용 가능**

단수	복수	뜻
datum	data	자료
medium	**media**	중간, 매체
bacterium	bacteria	박테리아
memorandum	memoranda	비망록, 메모
phenomenon	phenomena	현상, 사건
criterion	criteria	기준, 표준

6 **〈including 용법〉**

including	현재분사 (형용사)	~을 포함하는	명사를 뒤에서 후치 수식함
	분사구문 (부사)	~을 포함하여	부대상황 (무인칭 독립분사구문)
	전치사	~을 포함하여	형용사구, 부사구
			유사 표현 : regarding, concerning, considering

6 7 **〈관계부사〉** : 관계부사절은 완전한 문장이 나오고, 선행사와 관계부사는 서로 같이 사용할 수도 있고 둘 중 하나는 생략할 수도 있다.

용도	선행사	관계부사	전치사 + 관계대명사
시간	the time	when	in/at/on + which
장소	the place **(= niche ~ networks / an echo chamber)**	**where**	in/at/on + which
이유	the reason	why	for which
방법	(the way)	how	in which
	the way how는 같이 사용 못함 the way, the way in which, the way that은 사용 가능 (how 대신에 사용되는 that은 관계부사 대용어라고 함)		

6 **〈There/Here is 도치구문〉**

긍정문	**There** (Here)	**is**	**단수 주어**	~이 있다 (여기에 ~이 있다)
		are	복수 주어	
부정문	There (Here)	is no	단수 주어	~이 없다 (여기에 ~이 없다)
		are no	복수 주어	

6 **〈enough 수식〉**

전치 수식	enough	명사
후치 수식	명사	enough
	형용사/부사/동사	enough
		enough for (동)명사
		enough to R

7 **〈가주어, 진주어 구문〉**

가주어	동사	진주어
It (this, that, there 사용불가)	–	that + 주어 + 동사 (완전한 절)
		to 동사원형
		동명사
		의문사 + 주어 + 동사 (간접의문문)
		if/whether + 주어 + 동사
it	is	to become

7 **〈become 동사의 쓰임〉**

become	주격 보어	2형식
	명사	(~으로) 되다
	형용사	
	과거분사	
	목적어	3형식
	명사	어울리다, 잘 맞다 (진행형/수동태 불가)

7 **〈주격 관계대명사절〉** : 계속적 용법으로는 that 사용 불가

		주격 관계대명사절		
선행사	콤마(,)	주격 관계대명사	~~주어~~	동사
to become trapped in an *echo chamber*	계속적 용법	which		restricts

	지문	해석	단어 & 숙어
8 예시	This / is most evident / (in the realm of politics). S V S·C 이것은 아주 뚜렷하다 정치 영역에서	이것은 정치 영역에서 아주 뚜렷하다.	evident 분명한 realm 영역 politics 정치
9	(Traditionally), / mass media / has been a place / {to tune in and hear / nonpartisan reporting / (of facts) / (about a situation or candidate)}, / [giving everyone (d) equal access / (to the vital information) / {necessary / (to form opinions / and make decisions)}]. S V〈현재완료〉 S·C ① ② O 〈현재분사〉 I·O D·O 〈선행사〉 〈형용사〉 ① O (to) ② O 전통적으로 대중 매체는 공간이었다 (채널을) 맞추고 듣는 공정한 보도에 사실의 어떤 상황이나 후보자에 대한 모든 사람이 동등하게 접근할 수 있게 했다 중요한 정보에 필요한 의견을 형성하는 데에 결정을 내리고 [ ]: 〈분사구문〉	전통적으로 대중 매체는 어떤 상황이나 후보자에 대한 사실의 공정한 보도에 (채널을) 맞추고 듣는 곳이었으며, 모든 사람이 의견을 형성하고 결정을 내리는 데 필요한 중요한 정보에 동등하게 접근할 수 있게 했다.	traditionally 전통적으로 mass media 대중 매체 tune in 채널을 맞추다 nonpartisan 공정한 reporting 보도 situation 상황 candidate 후보자 give I·O D·O ~에게 …을 주다 equal 동일한, 동등한 access to ~에 접근 vital 필수적인, 중요한 information 정보 necessary to ~에 필요한 make a decision 결정을 하다
10	Cable news networks and partisan online sources / can (e) enhance / the audience's ability / (to access accurate, full-picture information). S_1 S_2 V O 〈형용사〉$_1$ 〈형용사〉$_2$ O 케이블 뉴스 네트워크와 편파적인 온라인 출처는 높일 수 있다 시청자의 능력을 정확하고 완전한 정보에 접근할 수 있는	케이블 뉴스 네트워크와 편파적인 온라인 출처는 시청자가 정확하고 완전한 정보에 접근할 수 있는 능력을 높일(→ 제한할) 수 있다.	partisan 당파적인, 편파적인 source 출처, 근원 enhance (장점·가치·지위를) 높이다[향상시키다] audience 시청자, 청중 an ability to R ~할 수 있는 능력 access 접근하다 accurate 정확한 full-picture 완전한
11	(In some cases), / audience members have made / the conscious decision / (to only engage with content) / {that is (in line with their ideals)}. S V〈현재완료〉 O 〈분리부정사〉 〈선행사〉 〈주·관〉 V 〈전치사〉 O 어떤 경우에는 시청자들이 했다 의식적인 결정을 콘텐츠에만 관심을 두는 자신의 이상에 부합하는	어떤 경우에는 시청자들이 자신의 이상에 부합하는 콘텐츠에만 관심을 두는 의식적인 결정을 했다.	in some cases 경우에 따라서는, 어떤 경우에는 conscious 의식적인 engage with ~와 부합하다 be in line with ~와 일치하다, ~에 부합하다

문법

8 〈혼동 어휘〉

	대명사	형용사	부사
most	대부분의 것들[사람들]	대부분의	**가장**
almost	–	–	거의
mostly	–	–	주로, 일반적으로

9 **〈명사의 복수형〉** : 외래어 복수(um/on → a) / **media는 종종 단수로도 사용 가능**

단수	복수	뜻
datum	data	자료
medium	**media**	중간, 매개체
bacterium	bacteria	박테리아
memorandum	memoranda	비망록, 메모
phenomenon	phenomena	현상, 사건
criterion	criteria	기준, 표준

9 〈giving ~〉 : 〈분사구문〉이 문미에 있는 경우 (능동) [= and it has given]

9 10 〈access vs. assess〉

	동사	명사	형용사
access	**접근하다**, 입력하다	**접근**	–
accessible	–	–	접근하기 쉬운
assess	평가하다, 할당하다	–	–
assessment	–	평가	–
assessable	–	–	평가[산정]할 수 있는

9 **〈주격 관계대명사 + be동사 생략〉**

–	생략할 수 있음	
명사 (선행사)	(주격 관계대명사 + be동사)	현재분사(-ing) – 능동(~하고 있는, ~하는)
		과거분사(p.p.) – 수동 (~되어진, ~당한)
		명사
		형용사(구) (~하는, ~할)
		부사
		전치사구
information	(which/that is)	necessary

11 **〈분리부정사〉** : to only engage

부정사			
부정사	원형부정사	동사원형	
	to부정사	to	동사원형
	분리부정사	**to**	**부사** (~~형용사~~)	**동사원형**

11 **〈주격 관계대명사절의 수의 일치〉** : 선행사를 포함하고 있는 관계대명사 what 사용 불가

	주격 관계대명사절		
선행사	주격 관계대명사	~~주어~~	동사
content	that		~~are~~
			is

[41~42] 다음 글을 읽고, 물음에 답하시오.

41 윗글의 제목으로 가장 적절한 것은? [45%]

① Efforts to Develop Ideal Content for Online Media
② Cable News Networks: Places for Public Discourse
③ Techniques of Utilizing Media Content for Political Data
④ Analysis of Quality Competition Among Media Platforms
⑤ Flood of Media Information: Barriers to Balanced Perspectives

42 밑줄 친 (a)~(e) 중에서 문맥상 낱말의 쓰임이 적절하지 않은 것은? [3점] [40%]

① (a) ② (b) ③ (c) ④ (d) ⑤ (e)

정답 | ⑤, ⑤

41 해설 | ① 온라인 미디어를 위해서 이상적인 콘텐츠를 개발하는 노력: 이상적인 콘텐츠를 개발한다는 내용은 없다.
② 케이블 뉴스 네트워크 : 대중의 담론을 위한 장소: 대중의 담론에 관한 내용은 없다.
③ 정치적 데이터를 위해서 미디어 콘텐츠를 사용하는 비법: 정치적 데이터에 관한 내용은 없다.
④ 미디어 플랫폼들의 품질 경쟁에 대한 분석: 미디어 플랫폼의 품질에 관한 내용은 없다.
⑤ 미디어 정보의 홍수: 균형 잡힌 관점을 갖는데 장애물 : 7에서 미디어 정보의 양이 많은 상태에서 균형 잡힌 관점을 갖기 어려울 수 있다고 했으므로 정답으로 적절하다.

42 해설 | ① 3에서 대중들이 의미 있는 토론을 할 수 있는 능력이 개선된다고 했으므로 다양한 관점을 배울 수 있다는 differing은 적절하다.
② 5에서 우리는 너무 많은 선택지를 가지고 있다고 했으므로 모든 것을 '탐색' 할 시간이 불충분하다는 explore는 적절하다.
③ 7 내에서 새롭거나 상반된 내용이 받아들여지지 않는다고 했으므로 극단으로 이어질 수 있다는 extreme은 적절하다.
④ 9 내에서 전통적으로 대중 매체는 공정한 보도에 맞추고 있다고 했으므로 사람들에게 동등하게 접근할 수 있도록 했다는 equal은 적절하다.
⑤ 7에서 새롭거나 상반된 내용은 받아들여지지 않는다고 했으므로 완전한 정보에 접근할 수 있는 능력을 높인다는 enhance는 적절하지 않다. enhance → restrict

어법 & 연결어

In many ways, the proliferation of news sources has been a wonderful thing. The public now has multiple ways to check facts and learn about differing points of view. In theory, this **[access / assess]** should improve our ability to have meaningful discussions with one another and our ability to form **[informed / informing]** opinions. (   ) this isn't always the case. One of the **[most / almost]** significant developments is **[what / that]** media has become **[like / alike]** a Las Vegas buffet — we have too many choices. When you consider all of the information options — including niche media and personalized social media networks **[which / where]** developers utilize algorithms to serve up ideal content — there just isn't enough time to explore **[it / them]** all. In this space **[this / it]** is easy to become **[trapped / trapping]** in an *echo chamber*, **[which / where]** your own opinions **[reinforce / are reinforced]** by others without **[introduction / introducing]** new or **[conflict / conflicting]** content into the mix, **[which / what]** **[restrict / restricts]** public discourse and can lead to extremes. This is **[most / almost]** evident in the realm of politics. Traditionally, mass media has been a place to tune and **[hear / hears]** nonpartisan reporting of facts about a situation or candidate, **[giving / given]** everyone equal **[access / assess]** to the vital information **[necessary / necessarily]** to form opinions and make decisions. Cable news networks and partisan online sources can restrict the audience's ability to access accurate, fullpicture information. In some cases, audience members have made the conscious decision to only engage with content **[what / that]** **[is / are]** in line with their ideals.

전국 2021학년도 10월 고3 43번~45번

장문 독해 (2)

제목	Jacob의 참스승인 Green 선생님
주제	상황이 좋지 못했던 Jacob은 1학년 때 Green 선생님 덕분에 성장할 수 있었고, 그 이후 선생님을 찾아가게 되었다.
논리	이야기

	지문	해석	단어 & 숙어
1	(A) Mr. Green was startled / (by the sudden appearance) / (in the doorway) / (of a tall young man). S: Mr. Green / V〈수동태〉: was startled Green 선생님은 깜짝 놀랐다 / 갑자기 나타나 / 문간에 / 키가 큰 젊은이가	(A) Green 선생님은 키가 큰 젊은이가 문간에 갑자기 나타나 깜짝 놀랐다.	be startled 깜짝 놀라다 sudden 갑작스러운 appearance 출현, 겉모습 doorway 출입구, 문간
2	His dark trench coat caught / Mr. Green's attention. S: His dark trench coat / V: caught / O: Mr. Green's attention 그의 짙은 색 트렌치코트가 끌었다 / Green 선생님의 주의를	그의 짙은 색 트렌치코트가 Green 선생님의 주의를 끌었다.	dark 짙은, 어두운 (색깔의) trench coat 트렌치코트 (특히 비가 올 때 입는, 군복 스타일의 겉옷) catch one's attention 주목을 끌다
3	He was Jacob. S: He / V: was / S·C: Jacob 그는 Jacob이었다	그는 Jacob이었다.	
4	He had grown (a bit) / {since Mr. Green (last) saw him} / and his demeanor / was (certainly) different, / but Mr. Green recognized / the lost, insecure first grader / {(a) he had taught and loved / (many years ago)}. S_1: He / V_1〈과거완료〉: had grown / since〈종·접〉 / S: Mr. Green / last〈부사〉 / V: saw / O: him / S_2: his demeanor / V_2: was / certainly〈부사〉 / S·C: different / S_3: Mr. Green / V_3: recognized / lost: p.p. / insecure〈형용사〉 / O〈선행사〉: the lost, insecure first grader / (목·관 that) / S: he / V_1〈과거완료〉: had taught / (had) V_2: loved 그는 조금 성장했고 / Green 선생님이 마지막으로 본 이후로 / 그의 행동거지는 / 확실히 달랐지만 / Green 선생님은 알아봤다 / 그 방황하고 불안정했던 1학년 학생을 / 자신이 가르쳤고 사랑했던 / 여러 해 전에	그는 Green 선생님이 마지막으로 본 이후로 조금 성장했고, 그의 행동거지는 확실히 달랐지만, Green 선생님은 자신이 여러 해 전에 가르쳤고 사랑했던 그 방황하고 불안정했던 1학년 학생을 알아봤다.	since ~ 이후(로) demeanor 행동거지 certainly 확실히, 정말로 recognize 알아보다, 알아채다 lost 방황하는 insecure 불안정한 grader [서수사와 함께] (초·중등 학교의) ~학년 (학)생 teach 가르치다 (teach – taught – taught – teaching)
5	At that time, / some children didn't have / the privilege / (of a nurturing family). S: some children / V: didn't have / O: the privilege / nurturing〈현재분사〉 / O: family 그 당시에 / 몇몇 아이들은 받지 못했다 / 특권을 / 보살펴 주는 가족의	그 당시에 몇몇 아이들은 보살펴 주는 가족의 특권을 받지 못했다.	at that time 그 당시에 have the privilege of ~의[하는] 특권[영광]을 가지다 nurture 양육하다
6	(B) Even (after Jacob left first grade), / he would return / (year after year), / {willing (to give up his recess time) / (to see Mr. Green)}. after〈종·접〉 / S: Jacob / V: left / O: first grade / S: he / V: would return / willing〈형용사〉 / O: his recess time / O: Mr. Green / { }: 〈분사구문〉 Jacob이 1학년을 마친 후에도 / 그는 돌아와 / 해마다 / 기꺼이 자신의 쉬는 시간을 포기하고 / Green 선생님을 보러 왔다	(B) Jacob이 1학년을 마친 후에도, 그는 해마다 돌아와 기꺼이 자신의 쉬는 시간을 포기하고 Green 선생님을 보러 왔다.	even after ~한 후에도 leave 떠나다 return 돌아오다 year after year (여러 해 동안) 해마다[매년] willing to R 자발적으로[기꺼이] ~하는 give up 포기하다 recess time 쉬는 시간
7	Jacob / (simply) needed / that unconditional acceptance. S: Jacob / V: needed / O: that unconditional acceptance Jacob은 / 단지 필요했다 / 그러한 무조건적 수용이	Jacob은 단지 그러한 무조건적 수용이 필요했다.	simply 단지, 그저 unconditional 무조건의 acceptance 수용
8	Family circumstances / (eventually) took Jacob (to another state), / and (with a heavy heart) / Mr. Green thought / {he would never see him (again)}. S_1: Family circumstances / V_1: took / O: Jacob / S_2: Mr. Green / V_2: thought / (종·접 that) / S: he / V: would never see / O: him / { }: O 가정 형편으로 / 결국 Jacob은 다른 주로 이사를 가게 됐고 / 무거운 마음으로 / Green 선생님은 생각했다 / 자신이 그를 결코 다시는 볼 수 없으리라고	가정 형편으로 Jacob은 결국 다른 주로 이사를 가게 됐고, Green 선생님은 무거운 마음으로 자신이 그를 결코 다시는 볼 수 없으리라고 생각했다.	circumstance 상황, 환경 eventually 결국 take A to B A를 B로 가져가다[데려가다] state 주(州) with a heavy heart 무거운 마음으로 never 절대, 결코, 한 번도 ~않다
9	(b) He was worried / (how life would treat Jacob). S: He / V〈수동태〉: was worried / (about) / how〈의문사〉 / S: life / V: would treat / O: Jacob / ( ): O〈간·의〉 그는 걱정되었다 / 삶이 Jacob을 어떻게 대할지	그는 삶이 Jacob을 어떻게 대할지 걱정되었다.	worried 걱정[우려]하는, 걱정스러워하는 treat 대우하다
10	So, / Mr. Green felt / great relief and joy / [to see him {standing / (in the doorway)}]. S: Mr. Green / V: felt / O_1: great relief / O_2: joy / O: him / standing〈현재분사〉 / { }: O·C 그래서 / Green 선생님은 느꼈다 / 큰 안도감과 기쁨을 / 서 있는 그를 보고 / 문간에	그래서 Green 선생님은 문간에 서 있는 그를 보고 큰 안도감과 기쁨을 느꼈다.	relief 안도(감) see O O·C(-ing) (5) ~이 …하는 것을 보다, 목격하다 (수동태 시, be seen S·C(-ing)) stand 서다, 서 있다 doorway 출입구

문법

4 〈since 용법〉

종속접속사	시간	~이래 (죽), ~한 때부터 내내
	이유	~이므로, ~이니까
전치사	시간	~이래 (죽), ~부터 (내내)
부사	시간	(그때)이래 (죽), 그 뒤[후] 줄 곧

주어	동사		since	주어	동사
	현재완료	have/has p.p.	종속접속사 (~한 이래로)	–	과거
	과거완료	**had p.p.**			

4 〈목적격 관계대명사 that〉 : 타동사의 목적어가 없는 경우 / 선행사를 포함하고 있는 관계대명사 what 사용 불가

	목적격 관계대명사절			
선행사	목적격 관계대명사	주어	타동사	~~목적어~~
the ~ grader	(that) 생략 가능	he	had taught and loved	

6 〈분사구문, 생략〉 : 주절의 주어와 종속절의 주어와 같을 시 종속절의 '주어 + be동사'는 생략 가능

주절		종속절 → 분사구문		
주어	동사	종속접속사 〈그대로 사용하면 의미 강조〉	(주어 + be동사) 〈주절의 주어와 같을 경우 생략 가능〉	-ing(현재분사)
				p.p.(과거분사)
				형용사
				명사
he	would return	(as)	(he was)	willing

8 **another 또 다른 하나 (나머지 있음)** / the other 그 나머지 (나머지 없음)

8 〈혼동 어휘〉 : 철자가 비슷해서 혼동

stat	e	주, 국가, 말하다, 상태
	ue	동상
	ure	키, 신장, 위상
	us	지위, 상태

8 〈목적격 종속접속사 that 생략〉 : 완전 타동사의 목적어로 사용된 경우 / 관계대명사 what 사용 불가

	종속절 (명사절: 목적어) (완전한 절)		
완전 타동사	목적격 종속접속사	주어	동사
thought	(that) 생략 가능 (~하는 것을)	he	would never see

10 〈지각동사〉

지각동사		목적어	목적격 보어
see	보다	–	〈목적어와 목적격 보어의 관계가 **능동**일 때〉 동사원형(R) – 완료 **현재분사(-ing) – 진행, 순간, 찰라, 계속** 〈목적어와 목적격 보어의 관계가 수동일 때〉 과거분사(p.p.) 〈to부정사는 불가〉 : 수동태 문장 전환 시 가능
watch			
look at			
behold			
(over)hear	듣다		
listen to			
feel	느끼다		
observe	관찰하다		
perceive	인식하다		
notice			
see		him	standing

	지문	해석	단어 & 숙어
11	He waved / Jacob to come in. S V O O·C 그는 손짓했다 Jacob에게 들어오라고	그는 Jacob에게 들어오라고 손짓했다.	wave O O·C(to R) (5) ~에게 …하라고 손을 흔들다, 손짓하다 come in 밀려[들어]오다
12	(C) Jacob / was one (of those children). S V S·C Jacob은 그런 아이 중의 하나였다	(C) Jacob은 그런 아이 중의 하나였다.	one of ~ 중 하나
13	(In the first grade), / (c) he required / constant reassurance and redirection / (from his teachers). S V O_1 O_2 1학년 때 그는 필요했다 지속적인 안심시키는 말과 재지시가 교사들의	1학년 때, 그는 교사들의 지속적인 안심시키는 말과 재지시가 필요했다.	require 요구하다, 필요로 하다 constant 일정한, 지속적인, 변함없는 reassurance 안심시키기, 안도 redirection 재지시
14	He / (often) was unable or unwilling / {to participate or (to) cooperate / (in the classroom)}. S V $S·C_1$ $S·C_2$ ① ② 그는 자주 하지 못하거나 하고 싶어 하지 않았다 참여 혹은 협력하는 것을 수업에	그는 자주 수업에 참여 혹은 협력하는 것을 하지 못하거나 하고 싶어 하지 않았다.	unable ~하지 못하는 unwilling 내키지 않는 participate 참여하다 cooperate 협력하다
15	Mr. Green took the responsibility / not only (for Jacob's education), / but (for his social and emotional needs) (as well). S V O 〈not only A but B as well〉 〈형용사〉₁ 〈형용사〉₂ Green 선생님은 책임졌다 Jacob의 교육뿐만 아니라 그의 사회적 그리고 정서적 욕구도	Green 선생님은 Jacob의 교육뿐만 아니라 그의 사회적 그리고 정서적 욕구도 책임졌다.	take the responsibility for ~에 대한 책임을 지다 not only A but B as well A뿐만 아니라 B도 마찬가지로 education 교육 emotional 정서적인
16	Jacob (quickly) became / one (of (d) his favorites), / and began / {to willingly engage / (in the process of learning)}. S V_1 S·C V_2 { }: O 〈분리부정사〉 Jacob은 이내 되었고 그가 가장 좋아하는 학생 중의 하나가 시작했다 자발적으로 참여하기 배움의 과정에서	Jacob은 이내 그가 가장 좋아하는 학생 중의 하나가 되었고, 배움의 과정에 자발적으로 참여하기 시작했다.	one of + 복수명사 ~ 중에 하나 favorite 좋아하는 사람 begin O(to R/-ing) ~하기 시작하다 willingly 자진해서, 기꺼이 engage in ~에 참여하다 process 과정
17	(D) (Entering the classroom), / Jacob / greeted him back. ( ): 〈분사구문〉 〈현재분사〉 O S V O 교실로 들어가면서 Jacob도 선생님께 인사했다	(D) 교실로 들어가면서 Jacob도 선생님께 인사했다.	enter ~에 들어가다, 입장하다 greet 인사하다
18	His eyes darted / (around Mr. Green's classroom). S V 그의 시선이 빠르게 훑었다 Green 선생님의 교실을	그의 시선이 Green 선생님의 교실을 빠르게 훑었다.	dart 눈길을 던지다, 흘깃 쳐다보다
19	Suddenly, / (with a laugh), / he asked, / "Do you still have / that treasure chest / (for your students)?" S V S V O 갑자기 웃으며 그는 물었다 "선생님은 아직도 갖고 있으신가요 보물 상자를 학생들을 위한"	그는 갑자기 웃으며, "선생님은 아직도 학생들을 위한 보물 상자를 갖고 있으신가요?"라고 물었다.	suddenly 갑자기 with a laugh[smile] 웃으면서 still 아직, 여전히 a treasure chest 보물 상자
20	Mr. Green reached / (under (e) his desk) / (to pull out the old treasure chest). S V O Green 선생님은 손을 뻗었다 자신의 책상 밑으로 그 낡은 보물 상자를 꺼내기 위해	Green 선생님은 자신의 책상 밑으로 손을 뻗어 그 낡은 보물 상자를 꺼냈다.	reach (손을) 뻗다 pull A out A를 꺼내다
21	Jacob began / {digging (for his favorite candy)}. S V { }: O 〈동명사〉 Jacob은 시작했다 자신이 가장 좋아하는 사탕을 뒤져서 찾기	Jacob은 자신이 가장 좋아하는 사탕을 뒤져서 찾기 시작했다.	begin O(to R/-ing) ~하기를 시작하다 dig 파다, 찾아내다, 뒤지다
22	They sat down / (for conversation) / (over the candies). S V 그들은 앉았다 대화를 나누기 위해 사탕을 먹으며	그들은 사탕을 먹으며 대화를 나누기 위해 앉았다.	sit down 앉다 conversation 대화 over ~하는 동안에, ~하면서
23	Jacob must have eaten / ten / (before he was finished). S V O 〈종·접〉 S V〈수동태〉 Jacob은 분명히 먹었을 것이다 열 개는 끝내기까지	Jacob은 끝내기까지 분명히 열 개는 먹었을 것이다.	must have p.p. ~이었음에 틀림없다 (과거 사실에 대한 강한 추측) finish (대화, 일 등을) 끝내다, 완료하다
24	(On the way out) / he gave / Mr. Green / both a hug and a look (of gratitude). S V I·O 〈both A and B〉 $D·O_1$ $D·O_2$ 밖으로 나가면서 그는 주었다 Green 선생님에게 포옹과 감사의 표정 둘 다	밖으로 나가면서 그는 Green 선생님을 안으며 감사의 표정을 지었다.	on the way out 나가는 길에 give A a hug A를 껴안다, 포옹하다 both A and B A와 B 둘 다 give A a look A를 한 번 보다 gratitude 감사
25	Both his stomach and his emotional "bucket" / were filled. 〈both A and B〉 S_1 S_2 V〈수동태〉 그의 배와 그의 정서적 '양동이'가 모두 채워졌다	그의 배와 그의 정서적 '양동이'가 모두 채워졌다.	stomach 배, 위 emotional 정서적인 bucket 양동이 fill 채우다

문법

11 **〈5형식 불완전 타동사의 목적격 보어〉**: 수동태 전환 시, 2형식 문장(be p.p. + to R)

주어	불완전 타동사	목적어	목적격 보어
–	advise / allow / ask / assume / beg / bring / cause / command / compel / condition / decide / design / drive / enable / encourage / expect / forbid / force / inspire / instruct / intend / invite / lead / like / motivate / order / permit / persuade / predispose / pressure / proclaim / prod / program / provoke / push / require / teach / tell / train / trust / urge / want / warn / **wave** / wish 등	–	to 동사원형

15 **〈not only A but also B〉**: A뿐만 아니라 B도

not only = just = simply = merely = alone	~	but 주어 also 동사	~	
		but 주어 + 동사		**(as well)**
		;(세미콜론) 주어 + 동사		as well
		,(콤마) 주어 + 동사		as well
		.(마침표) 주어 + 동사		as well
= B as well as A (주어는 B)				

16 **〈become 동사의 쓰임〉**

become	주격 보어	2형식
	명사	(~으로) 되다
	형용사	
	과거분사	
	목적어	3형식
	명사	어울리다, 잘 맞다 (진행형/수동태 불가)

16 **〈3형식에서 목적어 자리에 to R / -ing 둘 다 사용 가능〉**

주어	완전 타동사	목적어
–	**begin(~을 시작하다)** / cease(~을 중단하다) / continue(~을 계속하다) / dislike(~을 싫어하다) / hate(~을 싫어하다) / like(~을 좋아하다) / love(~을 사랑하다) / neglect(~하는 것을 소홀히 하다) / prefer(~쪽을 좋아하다) / start(~을 시작하다)	to R / -ing (의미 차이 없음)

16 **〈분리부정사〉**: to willingly engage

부정사	원형부정사	동사원형		
	to부정사	to	동사원형	
	분리부정사	to	부사	동사원형
			~~형용사~~	

17 Entering ~ : 〈분사구문〉이 문두에 있는 경우 (능동)

17 **〈3형식 구조를 가지는 타동사 뒤에 전치사를 사용할 수 없는 경우〉**: 예외 : attend(자동사) to (~에 주의하다, 돌보다, 처리하다) / enter(자동사) into (일/사업을 시작하다)

주어	타동사	전치사	목적어
주어	resemble	~~with~~	목적어
	marry	~~with~~	
	mention	~~about~~	
	discuss	~~about~~	
	attend	~~to~~	
	enter	~~into~~	
	reach	~~at~~	

21 **〈3형식에서 목적어 자리에 to R / -ing 둘 다 사용 가능〉**

주어	완전 타동사	목적어
–	**begin(~을 시작하다)** / cease(~을 중단하다) / continue(~을 계속하다) / dislike(~을 싫어하다) / hate(~을 싫어하다) / like(~을 좋아하다) / love(~을 사랑하다) / neglect(~하는 것을 소홀히 하다) / prefer(~쪽을 좋아하다) / start(~을 시작하다)	to R / -ing (의미 차이 없음)

22 **〈sit / seat / set〉**

원형	과거	과거분사	현재분사	뜻
sit	**sat**	sat	sitting	vi. 앉다, ~에 놓여있다
seat	seated	seated	seating	vt. 앉히다
set	set	set	setting	vt. 두다, ~을 놓다

23 **〈조동사 + have + p.p.〉**

1. 과거사실에 대한 추측

종류	뜻	의미
may[might] have p.p	~이었을지도 모르다	과거 사실에 대한 약한 추측
must have p.p.	~이었음에 틀림이 없다	과거 사실에 대한 강한 추측
cannot have p.p.	~이었을 리가 없다	과거 사실에 대한 부정적인 추측
could have p.p.	~할 수도 있었다	과거 사실에 대한 아쉬움이나 가능성
would have p.p.	~했을 것이다	과거 사실에 대한 유감

2. 과거사실에 대한 후회

종류	뜻
should[ought to] have p.p.	~했었어야 했는데 (하지 못했다)
need not have p.p.	~할 필요가 없었는데 (했다)
shouldn't have p.p.	~하지 말았어야 했는데 (했다)

24 **25** **〈상관접속사〉**: 병렬구조

종류				뜻
not	A	but	B	A가 아니라 B (= B, not A)
not only		but also		A뿐만 아니라 B도 (= B as well as A)
either		or		A와 B 둘 중 하나
neither		nor		A와 B 둘 다 아닌
both		**and**		**A와 B 둘 다**

24 **〈접미사 -tude〉**: 주로 라틴계의 형용사 · 동사의 과거분사와 결합하여, [성질 · 상태] 따위를 나타내는 추상명사를 만듦

단어	뜻	단어	뜻
attitude	태도, 몸가짐, 자세	longitude	경도
altitude	고도, 높이 (= height)	**gratitude**	**감사**, 고마움
aptitude	재능, 소질, 성향, 적성	magnitude	중요성, 크기
latitude	위도, 허용 범위(폭)	solitude	고독

[43~45] 다음 글을 읽고, 물음에 답하시오.

43 주어진 글 (A)에 이어질 내용을 순서에 맞게 배열한 것으로 가장 적절한 것은? [76%]

① (B)-(D)-(C) ② (C)-(B)-(D)
③ (C)-(D)-(B) ④ (D)-(B)-(C)
⑤ (D)-(C)-(B)

44 밑줄 친 (a)~(e) 중에서 가리키는 대상이 나머지 넷과 다른 것은? [63%]

① (a) ② (b) ③ (c) ④ (d) ⑤ (e)

45 윗글에 관한 내용으로 적절하지 않은 것은? [73%]

① Green 선생님은 갑자기 나타난 젊은이를 보고 놀랐다.
② Jacob은 쉬는 시간을 포기하고 Green 선생님을 보러 왔다.
③ Jacob은 가정 형편 때문에 다른 주로 이사했다.
④ Jacob은 1학년 내내 수업에 열심히 참여했다.
⑤ Jacob은 자신이 좋아하는 사탕을 찾기 시작했다.

정답 | ②, ③, ④

43 해설 | 12에서 those children은 5의 아이들을 가리키므로 (A) 다음에 (C)가 이어진다. (C)에서는 Jacob의 1학년 때 상황이 제시되었고, 6에서는 1학년을 마친 후 상황이 제시되므로 (C) 다음에 (B)가 이어진다.

11에서 Green 선생님은 Jacob에게 들어오라고 손짓했고, 17에서 Jacob이 교실로 들어갔으므로 (B) 다음에 (D)가 이어진다.

44 해설 | ① Green 선생님을 지칭한다.
② Green 선생님을 지칭한다.
③ Jacob을 지칭한다.
④ Green 선생님을 지칭한다.
⑤ Green 선생님을 지칭한다.

45 해설 | ① 1에 제시되어 있다.
② 6에 제시되어 있다.
③ 8에 제시되어 있다.
④ 13, 14에서 Jacob은 처음에는 수업에 열심히 참여하지 못했으므로 1학년 내내 수업에 열심히 참여했다는 것은 적절하지 않다.
⑤ 21에 제시되어 있다.

어법 & 연결어

Mr. Green was **[startled / startling]** by the sudden appearance in the doorway of a tall young man. His dark trench coat caught Mr. Green's attention. He was Jacob. He **[has grown / had grown]** a bit since Mr. Green last saw him and his demeanor was certainly different, but Mr. Green recognized the lost, insecure first grader he had taught and loved many years ago. (   ), some children didn't have the privilege of a nurturing family. Jacob was one of those children. In the first grade, he required constant reassurance and redirection from his teachers. He often was unable or unwilling to participate or cooperate in the classroom. Mr. Green took the responsibility not only for Jacob's education, but for his social and emotional needs as well. Jacob quickly became one of his favorites, and began to **[willing / willingly]** engage in the process of learning. Even after Jacob left first grade, he would return year after year, **[willing / willed]** to give up his recess time to see Mr. Green. Jacob simply **[needed / needing]** that unconditional acceptance. Family circumstances eventually took Jacob to **[the other / another]** **[state / statue]**, and with a heavy heart Mr. Green thought **[that / what]** he would never see him again. He was **[worrying / worried]** **[how life would treat / how would life treat]** Jacob. (   ), Mr. Green felt great relief and joy to see him **[to stand / standing]** in the doorway. He waved Jacob to come in. **[Entering / Entered]** the classroom, Jacob **[greeted back him / greeted him back]**. His eyes darted around Mr. Green's classroom. (   ), with a laugh, he asked, "Do you still have that treasure chest for your students?" Mr. Green reached under his desk to pull out the old treasure chest. Jacob began digging for his favorite candy. They sat down for conversation over the candies. Jacob **[should have eaten / must have eaten]** ten before he **[finished / was finished]**. On the way out he gave Mr. Green **[either / both]** a hug and a look of **[attitude / gratitude]**. **[Either / Both]** his stomach and his emotional "bucket" **[filled / were filled]**.